21 世纪全国高等院校物流专业创新型应用人才培养规划教材

# 供应链设计理论与方法

主　编　王道平　李　淼

## 内 容 简 介

本书系统地介绍了供应链设计的基本理论与方法。本书共分 9 章，包括供应链管理导论、供应链设计基础、供应链建模方法、供应链的协作、供应链柔性管理、供应链优化方法、集成化供应链管理、供应链合作伙伴的评价选择和供应链绩效评价。

本书提供了与供应链设计有关的大量阅读案例、例题和形式多样的习题，以供读者阅读和训练使用，便于读者理解和巩固所学知识。本书侧重于实用性和操作性，使读者能够学以致用。

本书可作为高等院校物流管理、物流工程等专业的教材，也可作为从事物流领域工作人员的参考用书。

#### 图书在版编目 (CIP) 数据

供应链设计理论与方法/王道平，李淼主编．—北京：北京大学出版社，2012.1
（21 世纪全国高等院校物流专业创新型应用人才培养规划教材）
ISBN 978-7-301-20018-6

Ⅰ.①供… Ⅱ.①王…②李… Ⅲ.①物资供应—物资管理—高等学校—教材 Ⅳ.①F252

中国版本图书馆 CIP 数据核字（2011）第 278189 号

| | |
|---|---|
| 书　　　名： | 供应链设计理论与方法 |
| 著作责任者： | 王道平　李　淼　主编 |
| 策 划 编 辑： | 李　虎　刘　丽 |
| 责 任 编 辑： | 刘　丽 |
| 标 准 书 号： | ISBN 978-7-301-20018-6/U·0065 |
| 出　版　者： | 北京大学出版社 |
| 地　　　址： | 北京市海淀区成府路 205 号　100871 |
| 网　　　址： | http://www.pup.cn　　http://www.pup6.cn |
| 电　　　话： | 邮购部 62752015　发行部 62750672　编辑部 62750667　出版部 62754962 |
| 电 子 邮 箱： | pup_6@163.com |
| 印　刷　者： | 北京富生印刷厂 |
| 发　行　者： | 北京大学出版社 |
| 经　销　者： | 新华书店 |
| | 787 毫米×1092 毫米　16 开本　16.25 印张　375 千字 |
| | 2012 年 1 月第 1 版　2012 年 1 月第 1 次印刷 |
| 定　　　价： | 32.00 元 |

未经许可，不得以任何方式复制或抄袭本书之部分或全部内容。
版权所有，侵权必究　　举报电话：010-62752024
　　　　　　　　　　　　电子邮箱：fd@pup.pku.edu.cn

# 21世纪全国高等院校物流专业创新型应用人才培养规划教材
## 编写指导委员会

(按姓名拼音顺序)

| | | | | |
|---|---|---|---|---|
| 主 任 委 员 | 齐二石 | | | |
| 副主任委员 | 白世贞 | 董千里 | 黄福华 | 李荷华 |
| | 王道平 | 王槐林 | 魏国辰 | 徐 琪 |
| 委 员 | 曹翠珍 | 柴庆春 | 丁小龙 | 甘卫华 |
| | 郝 海 | 阚功俭 | 李传荣 | 李学工 |
| | 李於洪 | 林丽华 | 柳雨霁 | 马建华 |
| | 孟祥茹 | 倪跃峰 | 乔志强 | 汪传雷 |
| | 王海刚 | 王汉新 | 王 侃 | 吴 健 |
| | 易伟义 | 于 英 | 张 军 | 张 浩 |
| | 张 潜 | 张旭辉 | 赵丽君 | 周晓晔 |

# 丛 书 总 序

物流业是商品经济和社会生产力发展到较高水平的产物,它是融合运输业、仓储业、货代业和信息业等的复合型服务产业,是国民经济的重要组成部分,涉及领域广,吸纳就业人数多,促进生产、拉动消费作用大,在促进产业结构调整、转变经济发展方式和增强国民经济竞争力等方面发挥着非常重要的作用。

随着我国经济的高速发展,物流专业在我国的发展很快,社会对物流专业人才需求逐年递增,尤其是对有一定理论基础、实践能力强的物流技术及管理人才的需求更加迫切。同时随着我国教学改革的不断深入以及毕业生就业市场的不断变化,以就业市场为导向,培养具备职业化特征的创新型应用人才已成为大多数高等院校物流专业的教学目标,从而对物流专业的课程体系以及教材建设都提出了新的要求。

为适应我国当前物流专业教育教学改革和教材建设的迫切需要,北京大学出版社联合全国多所高校教师共同合作编写出版了本套《21世纪全国高等院校物流专业创新型应用人才培养规划教材》。其宗旨是:立足现代物流业发展和相关从业人员的现实需要,强调理论与实践的有机结合,从"创新"和"应用"两个层面切入进行编写,力求涵盖现代物流专业研究和应用的主要领域,希望以此推进物流专业的理论发展和学科体系建设,并有助于提高我国物流业从业人员的专业素养和理论功底。

本系列教材按照物流专业规范、培养方案以及课程教学大纲的要求,合理定位,由长期在教学第一线从事教学工作的教师编写而成。教材立足于物流学科发展的需要,深入分析了物流专业学生现状及存在的问题,尝试探索了物流专业学生综合素质培养的途径,着重体现了"新思维、新理念、新能力"三个方面的特色。

1. 新思维

(1) 编写体例新颖。借鉴优秀教材特别是国外精品教材的写作思路、写作方法,图文并茂、清新活泼。

(2) 教学内容更新。充分展示了最新最近的知识以及教学改革成果,并且将未来的发展趋势和前沿资料以阅读材料的方式介绍给学生。

(3) 知识体系实用有效。着眼于学生就业所需的专业知识和操作技能,着重讲解应用型人才培养所需的内容和关键点,与就业市场结合,与时俱进,让学生学而有用,学而能用。

2. 新理念

(1) 以学生为本。站在学生的角度思考问题,考虑学生学习的动力,强调锻炼学生的思维能力以及运用知识解决问题的能力。

(2) 注重拓展学生的知识面。让学生能在学习到必要知识点的同时也对其他相关知识有所了解。

(3) 注重融入人文知识。将人文知识融入理论讲解,提高学生的人文素养。

3. 新能力

(1) 理论讲解简单实用。理论讲解简单化，注重讲解理论的来源、出处以及用处，不做过多的推导与介绍。

(2) 案例式教学。有机融入了最新的实例以及操作性较强的案例，并对案例进行有效的分析，着重培养学生的职业意识和职业能力。

(3) 重视实践环节。强化实际操作训练，加深学生对理论知识的理解。习题设计多样化，题型丰富，具备启发性，全方位考查学生对知识的掌握程度。

我们要感谢参加本系列教材编写和审稿的各位老师，他们为本系列教材的出版付出了大量卓有成效的辛勤劳动。由于编写时间紧、相互协调难度大等原因，本系列教材肯定还存在不足之处。我们相信，在各位老师的关心和帮助下，本系列教材一定能不断地改进和完善，并在我国物流专业的教学改革和课程体系建设中起到应有的促进作用。

齐二石

2009 年 10 月

**齐二石** 本系列教材编写指导委员会主任，博士、教授、博士生导师。天津大学管理学院院长，国务院学位委员会学科评议组成员，第五届国家 863/CIMS 主题专家，科技部信息化科技工程总体专家，中国机械工程学会工业工程分会理事长，教育部管理科学与工程教学指导委员会主任委员，是最早将物流概念引入中国和研究物流的专家之一。

# 前　言

　　20世纪90年代以来，企业所面临的市场环境发生了巨大的变化。经济全球化的趋势日益明显，信息技术、生产技术飞速发展。顾客需求趋于多样化、个性化，市场的不确定性也随之增加。这既给企业带来了市场机遇，同时也增加了竞争的激烈程度。企业之间的竞争已经演变成了供应链之间的竞争，供应链管理也被提到了企业的战略高度。

　　供应链设计是供应链管理的重要内容之一。供应链设计在供应链运作中起到非常重要的作用，其设计是否科学合理，是否能够满足客户的要求，是否具有竞争优势等，都将影响供应链运营的绩效。一个设计优良的供应链可以使企业获得提高客户服务水平、达到成本和服务之间的有效平衡、提高企业竞争力、通过降低库存提高工作效率等利益。学习和掌握供应链设计的理论和方法对于组织高效率、低成本的供应链物流活动具有十分重要的意义。

　　本书结合作者多年的教学实践，旨在让读者全面了解和掌握供应链设计的概念、原理与方法。通过学习，读者能够将所学知识应用于实际供应链设计中。

　　本书共分9章。第1章介绍供应链及供应链管理知识，并介绍供应链管理方法中两种最为常见的方法：快速反应和高效客户响应，以及两者的差异与共性；第2章介绍供应链结构的构成及不同角度的划分类别、供应链的基本结构模型和企业内部结构模型，以及供应链的设计基础理论；第3章介绍供应链建模方法：图形化建模方法、数学建模方法和仿真建模方法等；第4章介绍供应链失调的现象——"牛鞭效应"、供应链协作的必要性及供应链协作的机制，并介绍供应链协作的3种实施方法：协作规划、预测和补货，供应商管理库存和联合库存管理；第5章介绍供应链柔性的基本概念、作用、能力构成等知识，并且介绍供应链柔性的模型设计和未来的柔性供应链，最后通过供应阶段、生产阶段、需求阶段和企业文化方面说明了增强供应链柔性的途径；第6章介绍供应链优化的两种方法：分类管理和时间管理，并分别介绍供应链中的采购、生产及库存的相关知识和优化的方法和策略；第7章介绍集成化供应链管理的相关知识，并对影响集成化供应链管理的主要内容，包括战略联盟、信息管理、质量管理，以及风险防范等进行介绍；第8章介绍供应链合作伙伴与传统供应商关系的比较、供应链合作伙伴评价选择的相关知识，并运用层次分析法对供应链合作伙伴进行评价选择，最后总结了供应链合作伙伴维护和管理的相关知识；第9章介绍供应链绩效评价和供应链企业激励的基本知识，并介绍供应链绩效评价中常用的两种方法：供应链平衡计分卡和标杆法，并大致介绍两种方法的具体应用方向。

　　本书的特点是全面系统、由浅入深、注重实用性和操作性。本书提供了与供应链设计有关的大量案例（包括导入案例、阅读链接、案例分析等）和形式多样的习题，供读者阅读和训练，便于读者巩固和灵活应用所学的知识。

　　本书由王道平和李淼担任主编，负责制定写作提纲、组织编写和最后的统稿等工作。参加编写的人员还有张学龙、李建立、杨岑、邢志艳、宁静、吕晓雷、干红丽、李明芳、程肖冰和斯晓雪等。

本书在编写的过程中，参考了大量相关的书籍和资料，特向文献、资料的作者表示衷心的感谢！

由于编者水平所限，对供应链设计领域的知识和内容研究还不够深入，加之供应链设计理论和实践的快速发展，书中难免有不足之处，恳请广大读者、专家和学者给予批评指正。

王道平

2011 年 10 月

# 目 录

## 第1章 供应链管理导论 ... 1
- 1.1 供应链概述 ... 3
  - 1.1.1 供应链的概念与特征 ... 3
  - 1.1.2 供应链的组成要素及流程 ... 5
  - 1.1.3 供应链的类型 ... 6
- 1.2 供应链管理概述 ... 9
  - 1.2.1 供应链管理的概念 ... 9
  - 1.2.2 供应链管理的基本内容和目标 ... 11
  - 1.2.3 供应链管理的实施步骤 ... 13
  - 1.2.4 供应链管理的发展趋势 ... 14
- 1.3 供应链管理方法 ... 15
  - 1.3.1 快速反应 ... 15
  - 1.3.2 高效客户响应 ... 16
  - 1.3.3 快速反应与高效客户响应的比较 ... 17
- 本章小结 ... 18
- 习题 ... 19

## 第2章 供应链设计基础 ... 23
- 2.1 供应链结构及分类 ... 27
  - 2.1.1 供应链结构的构成 ... 27
  - 2.1.2 供应链结构的分类 ... 29
  - 2.1.3 供应链结构的特性 ... 32
- 2.2 供应链结构模型 ... 33
  - 2.2.1 供应链的基本结构模型 ... 33
  - 2.2.2 企业供应链结构模型 ... 35
  - 2.2.3 供应链网络结构均衡模型 ... 36
- 2.3 供应链设计 ... 37
  - 2.3.1 供应链设计的基本问题 ... 37
  - 2.3.2 供应链设计的内容 ... 38
  - 2.3.3 供应链设计的原则 ... 40
  - 2.3.4 供应链设计的步骤 ... 41
  - 2.3.5 供应链设计的策略 ... 44
- 本章小结 ... 47
- 习题 ... 48

## 第3章 供应链建模方法 ... 52
- 3.1 供应链建模方法概述 ... 54
  - 3.1.1 常用的建模思路 ... 54
  - 3.1.2 建模方法分类 ... 56
  - 3.1.3 供应链模型建立步骤 ... 56
- 3.2 图形化建模方法 ... 57
  - 3.2.1 图形化建模方法概述 ... 57
  - 3.2.2 甘特图建模方法 ... 58
  - 3.2.3 SCOR模型建模方法 ... 59
- 3.3 数学建模方法 ... 66
  - 3.3.1 数学建模方法概述 ... 66
  - 3.3.2 线性规划建模方法 ... 67
- 3.4 仿真建模方法 ... 70
  - 3.4.1 仿真建模方法概述 ... 70
  - 3.4.2 系统动力学建模方法 ... 70
  - 3.4.3 Petri网建模方法 ... 71
  - 3.4.4 Agent建模方法 ... 74
- 本章小结 ... 76
- 习题 ... 76

## 第4章 供应链的协作 ... 82
- 4.1 供应链"牛鞭效应"的分析 ... 84
  - 4.1.1 "牛鞭效应"概念的提出 ... 84
  - 4.1.2 "牛鞭效应"产生的原因 ... 86
  - 4.1.3 "牛鞭效应"对经营业绩的影响 ... 87
  - 4.1.4 缓解"牛鞭效应"的策略 ... 88
- 4.2 供应链协作的机制 ... 89
  - 4.2.1 供应链协作的委托—代理机制 ... 89
  - 4.2.2 供应链协作的信任机制 ... 92
  - 4.2.3 供应链协作的整合机制 ... 93
- 4.3 供应链的信息共享 ... 94
  - 4.3.1 信息共享的内容 ... 94
  - 4.3.2 供应链企业间信息共享的策略 ... 95
- 4.4 协作规划、预测和补货 ... 95
  - 4.4.1 CPFR的起源及概述 ... 96

4.4.2 CPFR 供应链的实施 …………… 96
4.4.3 常见的 CPFR 情形 …………… 98
4.5 供应链的库存协作策略 …………… 100
  4.5.1 供应商管理库存 …………… 100
  4.5.2 联合库存管理 …………… 104
本章小结 …………… 106
习题 …………… 107

## 第5章 供应链柔性管理 …………… 111

5.1 供应链柔性相关理论 …………… 114
  5.1.1 柔性的定义 …………… 114
  5.1.2 供应链柔性 …………… 115
5.2 柔性供应链的构建 …………… 121
  5.2.1 柔性供应链的动态特性分析 …………… 121
  5.2.2 柔性供应链模型的建立 …………… 122
5.3 提高供应链柔性的途径 …………… 126
  5.3.1 提高供应阶段柔性的途径 … 127
  5.3.2 提高生产阶段柔性的途径 … 129
  5.3.3 提高需求阶段柔性的途径 … 131
本章小结 …………… 132
习题 …………… 132

## 第6章 供应链优化方法 …………… 136

6.1 供应链优化概述 …………… 139
  6.1.1 供应链优化的概念及必要性 …………… 139
  6.1.2 供应链优化的原则 …………… 139
6.2 供应链采购的优化 …………… 141
  6.2.1 供应链采购概述 …………… 141
  6.2.2 供应链采购的模式 …………… 142
  6.2.3 供应链采购优化的策略 …………… 144
  6.2.4 供应链采购的外包 …………… 147
6.3 供应链生产的优化 …………… 149
  6.3.1 供应链生产概述 …………… 149
  6.3.2 供应链协同生产计划的优化策略 …………… 150
6.4 供应链库存优化 …………… 152
  6.4.1 供应链库存概述 …………… 152
  6.4.2 供应链库存优化方法 …………… 154
本章小结 …………… 157
习题 …………… 157

## 第7章 集成化供应链管理 …………… 160

7.1 集成化供应链管理的基础理论 …… 162
  7.1.1 集成化供应链的概念 …………… 163
  7.1.2 集成化供应链的基本特征 …………… 163
7.2 集成化供应链管理的基本原理 …… 164
  7.2.1 资源横向集成原理 …………… 164
  7.2.2 系统集成原理 …………… 164
  7.2.3 多赢互惠原理 …………… 165
  7.2.4 信息共享原理 …………… 165
7.3 集成化供应链管理的内容 …………… 166
  7.3.1 集成化供应链战略联盟 …………… 166
  7.3.2 集成化供应链信息管理 …… 168
  7.3.3 集成化供应链质量管理 …… 171
  7.3.4 集成化供应链风险防范 …… 173
7.4 集成化供应链的实现 …………… 182
  7.4.1 基础建设 …………… 182
  7.4.2 职能集成 …………… 183
  7.4.3 内部供应链集成 …………… 183
  7.4.4 外部供应链集成 …………… 184
  7.4.5 集成化供应链动态联盟 …… 185
本章小结 …………… 185
习题 …………… 186

## 第8章 供应链合作伙伴的评价选择 … 189

8.1 供应链合作伙伴关系概述 …………… 191
  8.1.1 供应链合作伙伴关系的定义与特点 …………… 191
  8.1.2 供应链合作伙伴关系与传统供应商关系的比较 …………… 192
  8.1.3 供应链合作伙伴关系的发展演进 …………… 193
  8.1.4 供应链合作伙伴关系建立的动力 …………… 194
8.2 供应链合作伙伴关系的类型与发展 …………… 196
  8.2.1 供应链合作伙伴关系的类型 …………… 196
  8.2.2 供应链合作伙伴关系的发展 …………… 197
8.3 供应链合作伙伴的评价选择 ……… 198
  8.3.1 供应链合作伙伴评价选择的原则 …………… 198
  8.3.2 供应链合作伙伴评价选择的流程 …………… 199

8.3.3 供应链合作伙伴评价选择的指标体系 ………… 201
8.3.4 供应链合作伙伴选择方法概述 ………… 203
8.4 供应链合作伙伴关系的维护和管理 ………… 209
8.4.1 供应链合作伙伴的维护 …… 209
8.4.2 供应链合作伙伴关系的管理 ………… 212
8.4.3 供应链合作伙伴信息共享及其方式 ………… 213
本章小结 ………… 215
习题 ………… 215

# 第9章 供应链绩效评价 ………… 220

9.1 供应链绩效评价概述 ………… 223
9.1.1 供应链绩效评价的概念 …… 223
9.1.2 供应链绩效评价的原则和作用 ………… 225
9.1.3 供应链绩效评价体系的特征 ………… 226

9.2 供应链绩效评价的指标体系 ……… 227
9.2.1 供应链绩效评价的层次 …… 227
9.2.2 供应链绩效评价的关键点 ………… 227
9.2.3 供应链绩效评价的具体指标 ………… 229
9.3 供应链绩效评价方法 ………… 231
9.3.1 供应链绩效评价体系和评价方法概述 ………… 231
9.3.2 供应链平衡计分卡 ………… 234
9.3.3 标杆法 ………… 237
9.4 供应链企业激励机制 ………… 239
9.4.1 供应链企业管理的委托—代理问题 ………… 240
9.4.2 供应链企业激励机制的特点 ………… 241
9.4.3 供应链企业激励方式 ……… 242
本章小结 ………… 243
习题 ………… 243

**参考文献** ………… 246

# 第1章 供应链管理导论

【本章教学要求】

| 知识要点 | 掌握程度 | 相关知识 | 应用方向 |
|---|---|---|---|
| 供应链的概念与特征 | 熟悉 | 供应链的不同概念及7个特征 | 掌握供应链的概念、结构模型及流程，在理解的基础上能够在实际中正确辨析供应链的类型 |
| 供应链的组成要素及流程 | 重点掌握 | 供应链的5个组成要素及其包含的3个流程 | |
| 供应链的类型 | 熟悉 | 根据不同标准划分的供应链类型 | |
| 供应链管理的概念 | 熟悉 | 供应链管理的不同概念 | 掌握供应链管理的概念、基本内容和目标，以及实施供应链管理的步骤，了解供应链管理的发展趋势，在此基础上能够正确分析供应链管理的关键问题 |
| 供应链管理的基本内容与目标 | 了解 | 供应链管理涉及的领域、主要问题及其目标 | |
| 供应链管理的实施步骤 | 了解 | 实施供应链管理遵循的4个步骤 | |
| 供应链管理的发展趋势 | 了解 | 供应链管理的3个主要发展趋势 | |
| 快速反应 | 重点掌握 | 快速反应的含义与实施条件 | 掌握供应链管理常用的两种方法：快速反应和高速客户响应，根据实际情况采用相应的方法进行供应链管理 |
| 高速客户响应 | 重点掌握 | 高速客户响应的含义与实施原则 | |

## 亚马逊公司：设计具有竞争力的供应链[①]

亚马逊公司（Amazon）在图书行业中创造了一种新的商业模式，它通过 Internet 销售图书、音像制品及其他商品。亚马逊公司的总部设在美国西雅图，最初从分销商处购买图书来满足所有的订单，如图1.1所示。

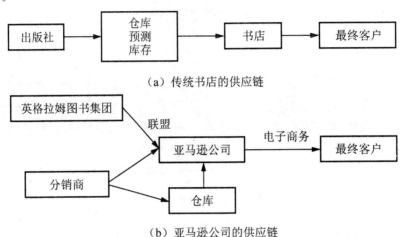

图1.1 传统书店和亚马逊公司的供应链

亚马逊公司能够蓬勃发展的原因之一是它没有供顾客逗留的实体书店。它通过 Internet，充分利用电子商务技术的优势。亚马逊公司首席执行官杰夫·贝佐斯曾经说过："零售行业的基础是不动产，与之相对应，电子商务的基础是技术。当不动产越来越贵的时候，技术却变得越来越便宜。亚马逊公司充分利用了 Internet 的优势，并且采用了高效的库存管理策略，这样就节约了大量的资金。"

亚马逊公司通过与供应商建立良好的合作关系，实现了对库存的有效控制。亚马逊公司的库存图书很少，维持库存的只有200种最受欢迎的畅销书。一般情况下，亚马逊公司是在顾客下了订单后，才从出版商那里进货。购书者以信用卡向亚马逊公司支付书款，而亚马逊公司却在图书售出46天后才向出版商付款，这就使得它的资金周转比传统书店要顺畅得多。由于保持了低库存，亚马逊公司的库存周转速度很快，并且从2001年以来越来越快。2002年第三季度库存平均周转次数达到19.4次，而世界最大零售企业沃尔玛公司（Warl Mart）的库存周转次数仅在7次左右。

亚马逊公司通过美国邮政局和其他像联合包裹服务公司（United Parcel Service In c，UPS）、联邦快递公司（FedEx）这样的包裹承运商将图书配送给顾客。将国际物流委托给专业物流公司，自己则集中精力去发展主营和核心业务，这样可以减少投资、降低经营风险，又能充分利用专业物流公司的优势，节约物流成本。

配送中心的配置是图书业一个关键的供应链环节。亚马逊公司对配送中心进行了整合，关闭了7个仓库中的2个，并且对剩余的5个仓库的内部布局进行了改造，以便更容易对顾客的订单进行定位、分类和配送。当前，亚马逊公司合理地在美国境内布局了5个配送中心，配送中心按商品类别设立，不同的商品由不同的配送中心进行配送。这样做有利于提高配送中心的专业化作业程度，使作业组织简单化、规范化，既能提高配送中心作业的效率，又能降低配送中心的管理和运转费用。

---

[①] 资料来源：李令遐. 供应链管理：概念、方法与实践[M]. 北京：中国财政经济出版社，2009.

此外，亚马逊公司还采用了独特的采购战略。它与英格拉姆图书集团（Ingram Book Group）建立了伙伴关系，当亚马逊公司的图书缺货时，英格拉姆图书集团可以直接将该类图书支付给亚马逊公司的顾客。作为回报，亚马逊公司会向英格拉姆图书集团支付订单履行的费用。与玩具反斗城、博德斯书店和塔吉特百货店建立的伙伴关系则不同，亚马逊公司负责库存和运费，作为回报，它按一定比率从销售额中提取报酬。这些合作伙伴则支付库存处理成本并承担库存过剩所带来的风险。

**讨论题**

（1）亚马逊公司在进行供应链设计时，解决了哪些主要问题？

（2）亚马逊公司的供应链与传统书店的供应链相比，在哪些方面更具有竞争力？

英国著名物流专家马丁·克里斯托弗曾经说过："市场上只有供应链而没有企业，真正的竞争不是企业与企业之间的竞争，而是供应链与供应链之间的竞争。"供应链已经成为企业生存的灵魂，企业要想在市场竞争中立于不败之地，必须对供应链进行良好地设计并不断地进行优化。本章主要介绍供应链、供应链管理的基本知识，使读者对供应链设计的相关知识有基础性的掌握，从而更好地学习其他有关供应链设计的内容。

## 1.1 供应链概述

当前，全球市场的激烈竞争、产品寿命周期的缩短，以及客户期望的提高，促使企业更加关注其供应链。同时通信技术和运输技术方面的进步，也使供应链及供应链管理技术不断发展。供应链涵盖了从供应商的供应商到客户的客户之间有关最终产品或服务的形成和交付的一切业务活动。在一个组织内部，供应链涵盖了实现客户需求的所有职能，包括新产品开发、采购、生产、分销、财务和客户服务等。本节将详细介绍供应链的概念与特征、组成要素与包含的流程、供应链的类型等内容。

### 1.1.1 供应链的概念与特征

**1. 供应链的概念**

供应链（Supply Chain，SC）的概念出现于20世纪80年代，至今尚未形成统一的定义。许多学者从不同角度给出了它的定义。

早期的观点认为，供应链是生产企业中的一个内部过程，它是指企业把外部采购的原材料和零部件，通过生产转换和销售等活动，再传递给零售商和客户的一个过程。这种供应链的概念局限于企业内部操作层面上，注重企业自身资源的利用，并没有关注其他与之相关的企业。

随着供应链理念的发展，有些学者把供应链的概念与采购、供应链管理相关联，用来表示制造商与供应商之间的关系。这种观点得到了研究合作关系、准时采购（Just In Time，JIT）关系、精细供应、供应商行为评估和客户满意度等问题的学者的重视。但这样一种关系也仅仅局限在制造商与供应商之间，而且供应链中各企业独立运作，忽略了与外部供应链其他成员和企业的联系，往往造成企业之间的目标冲突。

后来，学者们注意到供应链的概念与其他企业的联系和供应链的外部环境，认为供应链是一个"通过链中不同企业的制作、组装、分销、零售等过程将原材料转换成产成品，再将产成品送到最终客户的转换过程"。这是更大范围、更为系统的概念。例如，美国学者史蒂文斯（Stevens）认为，"通过增值过程和分销渠道控制从供应商的供应商到客户的客户的流就是供应链，它开始于供应的源点，结束于消费的终点"。

在供应链管理相关的文献中对供应链给出了几个不同的定义，其中最为广泛接受的是由Lee 和 Billington 于 1993 年提出的，即供应链是一个由供应商、制造商、分销商、零售商及客户构成的系统，该系统中物料从供应商流动到下游的客户，而信息流则在两个方向传播。

当前，供应链的概念注重围绕核心企业的网链关系，如核心企业与供应商、供应商的供应商及与一切上游企业的关系，与客户、客户的客户及一切下游企业的关系。对供应链的认识从线性的单链转向非线性的网链，形成了一个网链的概念。哈里森将供应链定义为，"执行采购原材料，将其转化为中间产品和成品，并且将成品销售到客户的功能网链"。我国学者马士华认为，"供应链是围绕核心企业，通过对信息流、物流、资金流的控制，从采购原材料开始，制成中间产品以及最终产品，最后由销售网络把产品送到消费者手中的供应商、制造商、分销商、零售商直到最终客户连成一个整体的功能网链结构模式。"它是一个范围更广的企业结构模式，包含所有加盟的节点企业，从原材料的供应开始，经过链中不同企业的制造加工、组装、分销等过程直到最终客户。它不仅是一条连接供应商到客户的物料链、信息链、资金链，而且是一条增值链，物料在供应链中因加工、包装、运输等过程而增加其价值，给相关企业都带来效益。

尽管上述各种定义不尽相同，表述也不尽一致，但是都强调了供应链的基本内容和实质。实际上，供应链涵盖了生产、流通和消费。从广义上讲，供应链涉及了企业的生产、流通，再进入到下一个企业的生产和流通，并连接到批发、零售和最终客户。它既是一个社会再生产的过程，又是一个社会再流通的过程。从狭义上讲，供应链是企业从原材料采购开始，经过生产、制造、销售到终端客户的全过程。这些过程的设计、管理、协调、调整、组合及优化是供应链的主体；通过信息和网络手段使其集成化、协调化和最优化是供应链的内涵；运用供应链管理实现生产、流通、消费的最低成本、最高效率和最大效益是供应链的目标。

2. 供应链的特征

供应链是从供应商的供应商到客户的客户的关系，它不是单一链状结构，而是一个网链结构，由围绕核心企业的供应商、供应商的供应商和客户、客户的客户组成。一个企业是一个节点，节点企业和节点企业之间是一种需求与供应关系。一般来说，供应链具有以下几个特征。

1）复杂性

供应链节点企业组成的跨度和层次不同，供应链往往由多个、多类型或多国企业构成，其关系错综复杂，交易繁多。因此，供应链结构模式比一般单个企业的结构模式更为复杂。

2）增值性

供应链的特征还表现在其是增值的。企业的生产运营系统是将一些资源进行转换和组合，增加适当的价值，然后通过供应链把产品分送到客户手中，并为顾客创造价值，更好地满足顾客的需求。

3）需求性

供应链的形成、存在、重构都是基于一定的市场需求而发生的。在供应链的运作过程中，客户的需求拉动是供应链中信息流、物流、资金流运作的驱动源。

4）交叉性

在供应链的网链结构中，一个节点企业既可以是某个供应链的成员，同时又可以是另一个供应链的成员，众多的供应链形成交叉结构。

5）动态性

供应链企业的战略随市场需求的变化而变化，这些节点企业需要动态地更新和调整，这就使得供应链具有明显的动态性。

6）集成性

供应链的节点企业之间应建立起合作伙伴关系，通过这种关系将客户需求、企业内部运作、供应商资源等整合在一起。这种集成不是简单地把两个或多个节点企业连在一起，而是将原来没有联系或联系不紧密的节点企业组成具有一定功能的、紧密联系的新系统。

## 1.1.2 供应链的组成要素及流程

1. 供应链的组成要素

按照供应链的定义，产品从生产到消费的全过程是一个非常复杂的网链模式，覆盖了从原材料供应商、零部件供应商、生产制造商、分销商、零售商直至客户的整个过程。一个企业是一个节点，节点企业与节点企业之间是一种需求与供应关系，这些基本要素构成了复杂的供应链。各要素的具体含义如下所述。

（1）供应商，即给生产厂家提供原材料或零部件的企业。

（2）制造商，即核心企业。核心企业制造产品，是产品生产的最重要环节，负责产品生产、开发和售后服务等。

（3）分销商，即将产品送到经营地理范围每一个角落而设的产品流通代理企业。

（4）零售商，即将产品销售给客户的企业。

（5）客户，即最终的消费者。

供应链由所有加盟的节点企业组成，其中有一个核心企业，该企业对供应链中的物流、信息流和资金流具有调度和协调的作用。核心企业既可以是产品制造企业，也可以是大型零售企业。节点企业在需求信息的驱动下，通过供应链的职能分工与合作，以物流、资金流和信息流为媒介实现整个供应链的不断增值。

2. 供应链的流程

供应链包含了一系列流程，这些流程发生在一个组织内部或供应链中不同组织之间，这些流程结合在一起共同实现客户对产品的需求。供应链一般包括物料流程、信息流程、资金流程等，这3个流程有各自不同的功能以及不同的流动方向。

1）物料流程

物料流程是指物料（或商品）的流通过程，同时也是一个发送货物的程序。该流程的方向是由供应商经由制造商、分销商与零售商等指向客户。长期以来企业的管理都是围绕产品实物展开的。因此，目前物料流程被人们广泛重视。

2）信息流程

信息流程是指商品及交易信息的流程。该流程是在供应商、制造商、客户之间双向流动的。过去人们往往把重点放在实物上，因而信息流程一直被忽视。

3）资金流程

资金流程是指货币的流通过程。为了保障企业的正常运作,必须确保资金的及时回收,否则,企业就无法建立完善的经营体系。该流程的方向是由消费者经零售商、分销商、制造商等指向供应商。

### 1.1.3 供应链的类型

由于供应链的主导企业、主导产品、流通渠道等不同,实际运作的供应链各有特色,有多种类型。为了更好地认识供应链,可以从不同角度对供应链进行划分。根据不同的划分标准,供应链可以分为不同的类型。

**1. 根据主导流的标准划分**

根据主导流的标准划分,可以将供应链划分为推动式供应链和拉动式供应链。

（1）推动式供应链是指从原材料出发,经由半成品、产成品、市场,直至最终客户的物流主导过程,如图 1.2 所示。

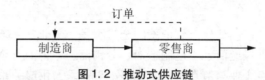

图 1.2　推动式供应链

（2）拉动式供应链是指从客户的需求出发,按照客户的需求设计产品或服务,再根据设计组织材料进行生产,这是一种以需求信息流为主导的供应链,如图 1.3 所示。一般认为,拉动式供应链是现在主要的供应链类型。

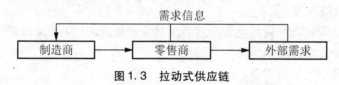

图 1.3　拉动式供应链

推动式供应链和拉动式供应链的优缺点比较如表 1.1 所示。

表 1.1　推动式供应链和拉动式供应链的优缺点比较

| 优缺点 | 推动式供应链 | 拉动式供应链 |
| --- | --- | --- |
| 优　点 | 能够稳定供应链的生产负荷,提高机器设备利用率,缩短提前期,增加交货可能性 | 大大降低各类库存和流动资金占用,减少库存变质和失效的风险 |
| 缺　点 | 需要有较多的原材料、在制品和制成品库存,库存占用的流动资金较大,当市场需求发生变化时,企业应变能力较弱 | 将面对能否及时获取资源和及时交货以满足市场需求的风险 |

**2. 根据分布范围划分**

根据分布范围划分,可以将供应链划分为以下 3 种类型。

1）企业内部供应链

企业内部供应链是指由企业内部产品生产和流通过程中涉及的采购部门、生产部门、仓储部门、销售部门等组成的供需网络,是将采购的原材料、零部件通过生产转换和销售等环节,传递到制造企业的客户的过程。

2) 产业供应链

集团供应链和扩展供应链称为产业供应链,是公司内部供应链在企业(或部门)之间的延伸和发展。随着全球经济一体化和企业之间依存度的提高,企业必须学会与上下游企业合作,实现整个产业供应链的最优。

3) 全球网络供应链

Internet 的应用,以及电子商务的出现,彻底改变了商业方式,也改变了现有供应链结构。如图 1.4 表示的是基于 Internet 的全球网络供应链。它转换、削减、调换了在传统销售、交易方面投资的实体资产,通过省略销售过程的中间商来压缩供应链的长度,创建了在电子化市场上运作的扩张性企业、联合制造业和跨部门集团,在贸易伙伴间进行实时数据存取、传递。

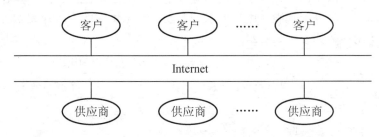

图 1.4 基于 Internet 的全球网络供应链

3. 根据供应链存在的稳定性划分

根据供应链存在的稳定性划分,可以将供应链划分为稳定供应链和动态供应链两种。

稳定供应链是指构成供应链的具有供需关系的节点企业之间的关系相对稳定,这主要取决于市场需求的稳定性。需求单一的市场组成的供应链,其动态性较弱、市场稳定性较强、市场脉搏容易把握。

需求变化相对频繁、市场环境复杂的情形下形成的供应链是动态供应链,其动态性必然较高,因需求的变化,必然导致供需关系的变化,进而导致供应链的变化。在实际运作中,需要根据不断变化的需求,相应地改变供应链的组成,对供应商和客户进行重新选择。

4. 根据供应链容量与用户需求的关系划分

根据供应链容量与用户需求的关系划分,可以将供应链划分为平衡的供应链和倾斜的供应链。

供应链具有一定的、相对稳定的设备容量和生产能力(所有节点企业能力的综合,包括供应商、制造商、运输商、分销商、零售商等),但用户需求处于不断变化的过程中,当供应链的容量能满足用户需求时,供应链则处于平衡状态。

而当市场变化加剧,造成供应链的生产超时、成本增加、库存增加、浪费增加等现象时,企业不是在最优状态下运作,供应链则处于倾斜状态,如图 1.5 所示。

5. 根据供应链的功能模式划分

根据供应链的功能模式(物理功能和市场中介功能)划分,可以将供应链划分为物理有效性供应链(Efficient Supply Chain)和市场反应性供应链(Responsive Supply Chain)。

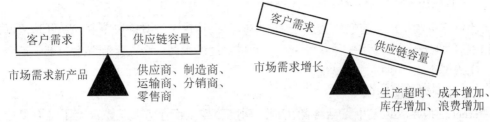

(a) 平衡的供应链　　　　　　　　(b) 倾斜的供应链

**图 1.5　平衡的供应链和倾斜的供应链**

物理有效性供应链主要体现供应链的物理功能，即以最低的成本将原材料转化成零部件、半成品、产品，以及在供应链中的运输等。市场反应性供应链主要体现供应链的市场中介的功能，即把产品分配到满足用户需求的市场，对未预知的需求作出快速反应等。两种类型的供应链的比较如表 1.2 所示。

**表 1.2　市场反应性供应链和物理有效性供应链的比较**

| 项目 | 市场反应性供应链 | 物理有效性供应链 |
| --- | --- | --- |
| 基本目标 | 尽可能地反映不同不可预测的需求，以使缺货、降价、废弃库存达到最小化 | 以最低的成本供应可预测的需求 |
| 制造核心 | 配置多余的缓冲库存 | 保持较高的利润率 |
| 库存策略 | 部署好零部件和库存品的缓冲库存 | 产生高收入而使整个供应链的库存最小化 |
| 提前期 | 大量投资于缩短提前期 | 尽可能短的提前期（在不增加库存的前提下） |
| 选择供应商的方法 | 以速度、柔性、质量为核心 | 以成本和质量为核心 |
| 产品设计策略 | 用模型设计以尽可能地减少产品的差别 | 最大化绩效、最小化成本 |

**阅读链接 1-1**

## 戴尔电脑的市场反应性供应链

戴尔公司设计、制造和销售的电脑产品范围十分广泛，包括台式电脑、笔记本电脑、工作站和网络服务器。戴尔公司还销售软件、外围设备以及服务与支持项目。为缩短产品配送周期并降低成本，戴尔公司努力减少零售商和其他销售商，这其中的关键要素有两个：直销模式和以顾客为中心。戴尔公司通过互联网和呼叫中心向全球市场的顾客直接销售计算机系统和相关服务。

图 1.6(a) 所示的是传统的个人电脑供应链，因为其中有一个配送网络，所以供应链显得比较长。图 1.6(b) 所示的是戴尔公司个人电脑的直销供应链，为了缩短订货周期，戴尔公司利用互联网和呼叫中心推广它的直销模式。顾客可以从戴尔公司直接订购个人电脑，并根据自身需求进行定制。订单将直接发送给制造公司，在那里进行个人电脑的生产测试并发送到顾客手中。从顾客下订单起，整个过程只需要 5~7 天。戴尔公司的直销模式能够更快地对顾客需求作出反应。

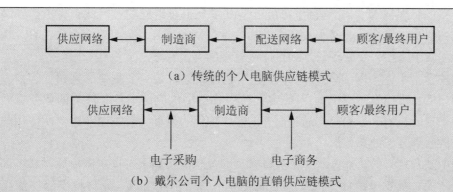

图1.6 传统个人电脑制造商和戴尔公司的供应链模式

为了缩短采购周期，戴尔公司从采用传统的装配生产线转为采用单元制造技术，并与主要的供应商建立战略联盟。戴尔公司与信誉良好的供应商建立合作关系，而不是自己生产零部件。由于新的零部件推出的速度很快，库存可能在几个月甚至更短的时间内过时，所以，戴尔公司只持有10天的库存。同时，戴尔公司每天至少向它的供应商提供一次库存数据和产品需求。由于与供应商的密切协作，有些零部件戴尔公司只维持几个小时的库存，有些零部件则维持几天的库存。戴尔公司的直销模式同时具有电子商务和准时制造战略的优点。

对于戴尔电脑的市场反应性供应链来说，其核心能力在于虚拟的供应网络、准时生产系统和灵活的按订单装配或按订单配置的制造战略。

（资料来源：李令遐．供应链管理：概念、方法与实践［M］．北京：中国财政经济出版社，2009．）

## 1.2 供应链管理概述

### 1.2.1 供应链管理的概念

供应链管理（Supply Chain Management，SCM）源于迈克·波特1980年发表的《竞争优势》一书中提出的"价值链"（Value Chain）的概念。其后，SCM的概念、基本思想和相关理论在美国开始迅速发展。到20世纪90年代初，关于SCM的文献大量出现，SCM相关的学术组织也开始涌现，到目前为止，比较公认的几个SCM定义如下所述。

美国Willian C. Copacino将SCM定义为管理从物料供应者一直到产品消费者之间的物料和产品的流动的技术。管理科学到目前为止将主要的注意力放在业务流程内各个环节的改进上，但是SCM强调的是将注意力放在从物料供应一直到产品交付的整个业务流程的流动和相互连接上。

1996年成立于美国的供应链协会将SCM定义为：SCM是为了生产和提供最终产品，包括从供应商的供应商到顾客的顾客的一切努力。该定义表明SCM是一种跨企业、跨企业多种职能、多个部门的管理活动。

日本经营学杂志《日经情报》在其"供应链革命"特集中，将SCM定义为"跨越企业组织的边界，作为各完整的流程共享经营资源和信息，以整体优化为目标，彻底消除流程中的浪费的管理技术"。它强调了供应链是由多个企业组成的。因此，为了达到供应链整体优化的目标，多个企业必须共享资源，这首先就需要多个企业建立合作关系。这个定义从某种意义上来说，反映了日本式供应链管理的突出特点。

日本的学术团体 SCM 研究会认为以上各定义都忽略了一个重要的视角：客户。该研究会从客户的角度出发，提出 SCM 的定义为"将整个供应链中各个环节的业务看做一个完整的、集成的流程，以提高产品和服务的客户价值为目标，跨越企业边界所使用的流程整体优化的管理方法的总称"。

综合上述各定义的特点，可将供应链管理的概念概括如下：供应链由原材料零部件供应商、生产商、批发经销商、用户、运输商等一系列企业组成。原材料零部件依次通过"链"中的每个企业，逐步变成产品，产品再通过一系列流通配送环节，最后交到最终用户手中，这一系列的活动就构成了一个完整供应链的全部活动。供应链管理的思想是要把整条"链"看做一个集成组织，把"链"中的各个企业都看做合作伙伴，对整条"链"进行集成管理。供应链管理的目的主要是通过"链"中各个企业之间的合作和分工，致力于整个"链"中物流、商流（链上各个企业之间的关系形态）、信息流和资金流的合理性和优化，从而提高整条"链"的竞争能力。

供应链管理的概念是观念上的创新，其对企业资源管理的影响，可以说是一种资源配置的创新。供应链中每个节点企业在供应链网络中扮演不同的角色，在分工基础上相互依赖，通过资源共享，优势互补，结成伙伴关系或战略联盟，谋求整体利益最大化，而在利益分割中又相互矛盾和冲突。要使一个供应链获得良好的整体绩效，实现各节点企业的双赢或者多赢，使整个供应链的价值最大化，在供应链之间的竞争中获得优势，就必须对供应链中各节点企业进行有效地组织和协调，尽可能减少矛盾和冲突，对供应链中的物流、信息流、资金流以及伙伴关系进行有效地系统计划、组织、协调和控制，使供应链中的各个节点企业以及节点企业之间的信息、资金、物料能够高效流动。

供应链管理体现的是集成的系统管理思想和方法，正如全球供应链论坛所描述的"为消费者带来有价值的产品、服务以及信息，从源头供应商到最终消费者的集成业务流程"。供应链管理是把供应链中的各个节点企业作为一个不可分割的整体，通过对节点企业的相关经营活动进行同步化、集成化管理，整合其竞争力和资源，从而形成更强的竞争力，为客户提供最大价值。通过贯穿于供应链中从供应商到最终客户的物料流、信息流、资金流的计划和控制的全过程的管理活动，将供应链中各企业分担的采购、生产、分销和销售的职能联系起来并协作运营，从而使生产资料以最快的速度，通过生产、分销环节变成增值的产品，到达客户手中，以寻求在快速多变的市场中处于领先地位。

供应链管理与传统物流管理的角度和侧重点不同，这些区别主要体现在以下几个方面。

（1）供应链管理分析问题的角度不同。它是从整个供应链的角度出发，寻求供应链物流成本与客户服务之间的均衡。

（2）供应链管理强调和依赖战略管理。"供应"是整个供应链中节点企业之间事实上共享的一个概念（任意两节点企业之间都是供应与需求关系），同时它又是一个有重要战略意义的概念，因为它影响或者决定了整个供应链的成本和市场占有额。

（3）供应链管理最关键的是需要采用集成的思想和方法，更侧重与供应链成员企业间接口物流活动的管理优化,这也是供应链管理的利润空间所在。

(4) 供应链管理具有更高的目标,更注重组织之间的关系管理,通过合作和联盟等关系去达到高水平的服务,而不是仅仅完成一定的市场目标。

(5) 供应链管理作为一种新的管理思想,是对整个供应链中各参与组织、部门之间的物料流、信息流与资金流进行计划、协调和控制等,其目的是通过优化提高所有相关过程的速度和确定性,最大化所有相关过程的净增加值,提高组织的运作效率和效益。

### 1.2.2 供应链管理的基本内容和目标

1. 供应链管理的基本内容

1)供应链管理涉及的主要领域

供应链管理覆盖了从供应商的供应商到客户的客户的全过程。我国著名的供应链学者马士华教授认为供应链管理主要涉及供应、生产计划、物流和需求4个领域,如图1.7所示。包括战略性供应商和客户合作伙伴关系管理,供应链产品的需求预测和计划,供应链设计(节点企业、材料来源、生产设计、分销系统与能力设计、管理信息系统和物流系统设计等),企业内部和企业之间的物料供应与需求管理,基于供应链的客户服务和物理(运输、库存、包装),企业间资金管理,基于Internet/Intranet的供应链交互信息管理。

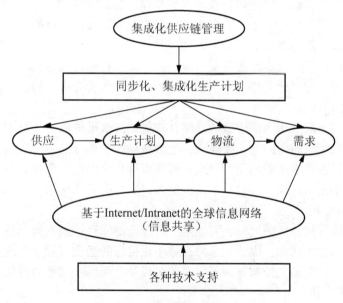

**图1.7 供应链管理涉及的领域**

由图1.7可见,供应链管理是以同步化、集成化生产计划为指导,以各种技术为支撑,尤其以Internet/Intranet为依托,围绕供应、生产计划、传统物流、满足需求来实施的,主要包括计划、合作、控制从供应商到客户的物料(零部件和成品等)和信息。在图1.7所示的供应链4个领域的基础上,可以从另一角度把供应链管理分为职能领域和辅助领域。其中,职能领域主要包括产品工程、产品技术保证、采购、生产控制、库存控制、仓储管理、分销管理;而辅助领域主要包括客户服务、制造、设计工程、会计核算、人力资源、市场营销。

2) 供应链管理涉及的主要问题

供应链管理涉及的不仅仅是物料实体在供应链中的流动,还注重对以下问题研究。

(1) 随机性问题,包括供应商可靠性、运输渠道可靠性、需求的不确定性、价格不确定性、汇率变动影响、随机固定成本、提前期的确定、客户满意度的确定等研究。

(2) 供应链结构性问题,包括规模经济性、选址决策、生产技术选择、产品决策、联盟网络等研究。

(3) 供应链全球化问题,包括贸易壁垒、税收、政治环境、产品各国差异性等研究。

(4) 协调机制问题,如供应—生产协调,生产—销售协调,库存—销售协调等。

2. 供应链管理的目标

供应链管理的目标是使成员企业在分工基础上密切合作,通过外包非核心业务、资源共享和协调整个供应链,不仅可以降低生产成本、减少库存、增强企业竞争力,而且通过信息网络、组织网络,实现生产与销售的有效连接和物流、信息流、资金流的合理流动,使各类资源得到优化配置。因此,供应链管理的目标就是要在总成本最小化、客户服务最优化、总库存最小化、总周期最短化以及物流质量最优化等目标之间寻找最佳平衡点,以实现供应链绩效的最大化。

1) 总成本最小化

供应链管理的目标在于提高客户服务水平和降低总的交易成本,并且寻求两个目标之间的平衡。采购成本、运输成本、库存成本、制造成本以及供应链的其他成本都是相互联系的。因此,实现有效的供应链管理必须将供应链各成员企业作为一个有机整体来考虑,并使整个供应链的供应物流、制造装配物流与实体分销物流之间达到高度平衡。从这一意义出发,总成本最小化目标是指整个供应链运作与管理的所有成本的总和最小化。

2) 客户服务最优化

供应链管理的本质在于为供应链的最终客户提供高水平的服务。低成本与高客户服务水平之间的关系是矛盾的。因此,要建立一个效率高、效果好的供应链网络系统,就必须考虑总成本与客户服务水平的均衡。供应链管理以客户为中心。因此,供应链管理的主要目标就是要以最小化的总成本实现整个供应链客户服务的最优化。

3) 总库存最小化

在实现供应链管理目标的同时,要使整个供应链的库存控制在最低的程度,零库存反映的是这一目标的理想状态。因此,总库存最小化目标的达成有赖于实现对整个供应链的库存水平与库存变化的最优控制,而不只是单个成员企业库存水平的最低。

4) 总周期最短化

当今的市场竞争不再是单个企业之间的竞争,而是供应链之间的竞争。从某种意义上说,供应链之间的竞争实质上是基于时间的竞争。如何对客户的需求实现快速有效的反应,最大限度地缩短从客户发出订单到获取满意交货的整个供应链的总周期时间,已成为决定企业成功的关键因素之一。

5) 物流质量最优化

企业产品或服务质量的好坏直接关系企业的成败。同样,供应链管理下的物流服务质量的好坏直接关系供应链的存亡。因此,达到与保持物流服务质量的高水平是供应链物流管理的重要目标。而这一目标的实现,必须从原材料、零部件供应的零缺陷开始,直至供应链管理全过程、全人员、全方位质量的最优化。

从传统的管理思想来看，上述目标相互之间呈现出互斥性：客户服务水平的提高、总周期时间的缩短、交货品质的改善，必然以库存、成本的增加为前提，否则无法达到最优。然而，通过运用供应链一体化的管理思想，从系统的观点出发，改进服务、缩短时间、提高产品质量与减少库存、降低成本是可以兼得的。

### 1.2.3 供应链管理的实施步骤

实施供应链管理大致可分为以下 4 个步骤。

**1. 分析市场竞争环境，提高客户价值**

为了识别企业所面对的市场特征和市场机会，需要进行竞争环境分析。要完成这一过程，需要通过调查、访问、分析等手段，对供应商、客户、现有竞争者及潜在竞争者进行深入研究，掌握第一手准确的数据、资料。这项工作一方面取决于企业经营管理人员的素质和对市场的敏感性；另一方面企业应该建立一种市场信息采集监控系统，并应用复杂信息的分析和决策技术，如一些企业建立的客户服务管理系统，就是掌握客户需要，进一步开拓市场的有效工具。

供应链管理的目标在于提高客户价值和降低总的交易成本，管理者要从客户价值的角度来定义产品或服务，并在不断提高客户价值的情况下，寻求最低的交易成本。客户价值是指客户从给定产品或服务中所期望得到的所有利益，包括产品价值、服务价值、人员价值和形象价值。但发现了市场机会并不意味着真正了解某种产品或服务在客户心目中的价值。因此，必须真正从客户价值的角度出发来定义产品或服务的具体特征，不断为客户提供超值的产品，才能满足客户的需求。

**2. 进行战略设计，制订可行计划**

从客户价值出发找到企业产品或服务的定位之后，就要确定相应的竞争战略。竞争战略形式的确定可以使企业认识到要选择什么样的合作伙伴，以及与合作伙伴的联盟方式。根据迈克尔·波特的竞争理论，企业获得竞争优势有 3 种基本战略形式：成本领先战略、差别化战略和目标集中战略。例如，当企业确定应用成本领先战略时，往往会与具有相似资源的企业联盟，以形成规模经济；当企业确定应用差别化战略时，它选择的合作伙伴往往具有很强的创新能力和应变能力。供应链管理战略决策包括如何构造供应链，决定供应链的配置，以及供应链的每个环节（组织）执行什么样的流程，生产和仓储设施的位置和能力，在各个地点制造或存放的产品，根据不同交货行程采用的运输模式，以及将要使用的信息系统的类型等。

在供应链管理战略确定之后，需要有相应的供应链管理实施计划。首先要有针对性地设定项目目标，使项目成员保持一致的前进方向，同时还可以作为今后活动的判断、评价基准，计划包括决定哪个地点供应哪些市场，计划库存多少，是否外协制造，备货和库存政策，备货点设定（以防缺货），以及促销时间和规模等；其次是完善信息系统和推进业务的标准化，使采购、生产、库存、物流、销售这一系列供应链业务的信息统一、准确；最后是从企业内部的生产流程为切入点，在实施跨越企业的供应链管理之前，调整本企业内的协作机制，消除瓶颈。在企业内部实施项目的各部门，可看成合作伙伴关系，基本部门间的合作伙伴关系是从整个企业的最佳化着想推进项目的实施。

3. 分析企业的核心竞争力，选择合作伙伴

供应链管理注重的是提高企业核心竞争力，企业把内部资源集中在有核心竞争优势的活动上，将剩余的其他活动移交给在该业务上有优势的专业公司，从而使整个供应链具有竞争优势。

选择合适的对象（企业）作为供应链中的合作伙伴，是加强供应链管理的重要基础。企业需要从产品的交货时间、供货质量、售后服务、产品价格等方面全面考核合作伙伴。如果企业选择合作伙伴不当，不仅会侵蚀企业的利润，还会使企业失去与其他企业合作的机会，从而无形中抑制企业竞争力的提高。

4. 实施计划，进行评价

供应链的合作伙伴选定后，首先应以小的项目为对象，实施小规模的实验项目，在取得成功的基础上，循序渐进地应用供应链，以取得更大的成效。在这一阶段，共同分享利润和风险，转变观念和改变业务模式是计划与设计实施的 3 个要点。这就要求合作伙伴企业本着共享利润和风险的同时，相互公开各自经营现状和信息，公开其责任和成果的测定方法，求得认同，共同构建准确把握活动的责任，努力构建多赢关系。供应链运作是短期决策，通常具有需求不确定性。因此，运作的目的就是要利用这种不确定因素的减少，在供应链配置和计划的约束下取得更优性能。

在供应链管理的实施过程中，人力、物力和财力投入非常大，面临的经营风险也非常大。因此，进行严格的绩效评价，才能实现企业供应链管理的目标。对结束的项目活动进行评价，并将其评价结果用于下一个项目，特别是成功经验的积累，有利于加快下一个项目实施的步伐。评价的标准主要有以下 4 个方面。

（1）企业选择的标准是否合适，是否有利于企业选择合作伙伴，企业与合作伙伴的关系是否是一种长期相互信赖的合作关系。

（2）企业如何进行库存管理，采用何种库存管理方式，库存管理的目标是什么，是否使用库存管理系统，企业的库存周转率在同行业水平如何。

（3）企业如何进行物流网络设计和管理，在进行物流网络设计前是否有详细的规划，企业的物流网络是否有效提高了企业的经营效率。

（4）企业是否有对供应链管理进行绩效评价的指标体系，主要采用了哪些指标。通常供应链绩效评价的指标有交货能力、存货周转率、企业的生产柔性等。

## 1.2.4 供应链管理的发展趋势

随着科技的进步和经济的发展，企业所面临的竞争环境已经发生了很大的变化。企业经营模式的进一步发展和通信技术、运输技术的不断进步，使得供应链及供应链管理也在不断的演变和发展。以下简单介绍供应链管理的发展趋势。

1. 面向客户的价值流管理

供应链的成本和时间非常重要，最终都有价值流的问题。所以，不能只专注于企业，而是首先应该从客户考虑，能不能提供给客户价值是非常重要的。关注客户的价值流是一个新的理念，要面向客户的价值流进行管理，而不是面向企业价值流进行管理，这也是未来供应链管理新的趋势。

2. 供应链管理绿色化

供应链管理绿色化，就是要发展绿色供应链。绿色供应链管理强调企业在设计、生产、物流等各个环节中都应该考虑消耗的资源。要从整个生命周期来考虑整个供应链，并强调反向回收，让环保理念渗透到整个供应链管理中。

3. 集成化供应链管理

在日益激烈的市场竞争中，单靠一个企业的努力难以取得竞争优势，所以，就要多个企业结成"联盟"，共同与其他"联盟"竞争。而联盟的"盟友"通常是与本企业经营内容相关的上下游企业，即供应链中的其他成员。集成化供应链动态联盟就是这样的企业联盟。

集成化供应链策略的目标，是在整个供应链中创建生产制造与物流功能的无缝连接。企业从传统的管理模式转向集成化供应链管理模式，一般要经过 5 个阶段，即从最低层次的基础建设，到职能集成、内部供应链集成、外部供应链集成，再到最高层次的集成化供应链动态联盟。从而使供应链成为一个能快速重构的动态组织结构，即集成化供应链动态联盟。

集成化供应链动态联盟是基于一定的市场需求、根据共同的目标而组成的，通过实时信息的共享来实现集成。主要应用的信息技术是 Internet/Intranet 的集成，同步化的、扩展的供应链计划和控制系统是主要的工具。基于 Internet 的电子商务取代传统的商务手段是供应链管理发展的必然趋势。

## 1.3 供应链管理方法

### 1.3.1 快速反应

1. 快速反应的含义

快速反应（Quick Response，QR）是从美国纺织服装业发展起来的一种供应链管理方法，它是由美国零售商、服装制造商以及纺织品供应商开发的整体业务概念。QR 是指在供应链中，为了实现共同的目标，零售商和制造商建立战略伙伴关系，利用电子数据交换（Electronic Data Interchange，EDI）等信息技术，进行销售时点的信息交换及订货补充等其他经营信息的交换，用多频度、小数量配送补充商品，以实现缩短交货周期，减少库存，提高客户服务水平和企业竞争力的供应链管理方法。其最终目的是减少从原材料到销售点的时间和整个供应链中的库存，最大限度地提高供应链管理的运作效率。

2. 快速反应的实施条件

美国学者 Black Burn 在对美国纺织服装业研究的基础上，认为供应链中的企业成功实施 QR 必须具备以下 5 个条件。

1) 改变传统的经营方式、经营意识和组织结构

企业不能局限于依靠本企业独自的力量来提高经营效率的传统经营意识，要树立通过与供应链成员建立合作伙伴关系，努力利用成员的资源来提高经营效率的现代经营意识。零售商在 QR 系统中起主导作用，是 QR 系统的起始点。在 QR 系统内部，通过 POS 数据

等销售信息和成本信息的相互公开和交换,来提高各个企业的经营效率。在明确了 QR 系统内各个企业之间的分工协作范围和形式的基础上,才能消除重复作业,建立有效的分工协作框架。企业还必须通过利用信息技术实现事务作业的无纸化和自动化,改变传统的事务作业的方式。

2) 开发和应用现代信息处理技术

企业可以采用的信息技术包括条码技术、电子订货系统(Electronic Ordering System,EOS)、POS 系统、EDI 系统、供应商管理库存(Vendor Managed Inventory, VMI)、连续补货(Continuous Replenishment Program, CRP)等。

3) 与供应链成员建立合作伙伴关系

企业与供应链其他成员建立合作伙伴关系时,首先要积极寻找和发现战略合作伙伴,然后在合作伙伴之间建立分工和协作关系。合作的目标是为了削减库存,避免缺货现象的发生,从而降低商品风险,避免大幅度降价现象发生,还可以减少作业人员和简化事务性作业等。

4) 实现信息的充分共享

企业需要将自身的销售信息、库存信息、生产信息、成本信息等与合作伙伴进行交流与共享,并与合作伙伴一起发现问题、分析问题和解决问题。

5) 缩短生产周期并降低商品库存

供应链中的供应商企业应该缩短商品的生产周期,进行多品种、少批量的生产和多频度、少数量的配送,降低零售商的库存水平,提高顾客服务水平。同时还可以采用准时化方式组织生产,减少供应商自身的库存水平。

## 1.3.2 高效客户响应

**1. 高效客户响应的含义**

高效客户响应(Efficient Consumer Response,ECR)是以满足顾客要求和最大限度降低物流过程费用为原则,能及时作出准确反应,使提供的物品供应或服务流程最佳化的一种供应链管理方法。

运用 ECR 方法的最终目标是建立一个具有高效反应能力和以客户需求为基础的系统,使零售商及供应商以合作伙伴的方式进行合作,提高整个供应链的效率,而不是单个环节的效率,从而大大降低整个系统的成本、库存和物资储备,同时为客户提供更好的服务。其优点在于,供应链各方为了提高消费者满意这个共同的目标进行合作,同时分享信息。

**2. 高效客户响应的实施原则**

实施 ECR 的总体原则是以较低的成本,不断致力于向供应链提供更优的产品、更高的质量、更好的分类、更好的库存服务以及更多的便利服务,具体体现在以下 3 个方面。

(1) 必须由相关的商业带头人启动,用代表共同利益的商业联盟取代旧式的贸易关系,而达到获利的目的。

(2) 必须利用准确、适时的信息以支持有效的市场、生产及后勤决策。这些信息将以 EDI 的方式在贸易伙伴间自由流动,它将影响以计算机信息为基础的系统信息的有效利用。

(3) 必须建立共同遵循的成果评价体系。该体系需要注重对整个系统的有效性(即通过降低成本与库存以及更好的资产利用,实现更高的价值)的评价,清晰地标识出潜在的回报(即增加的总值和利润),促进对回报的公平分享。

**阅读链接 1-2**

ECR 方法产生的背景

> ECR 系统的提出与美国食品行业的危机有直接关系。由于食品种类和品种日益增多,食品生产和流通企业适应顾客需求越来越困难,传统的商品供应体制很难适应现代流通市场的需求,销售额日益减少。消费者很少再像以前那样去反复购买同一种食品,原有的营销方法也不适用了。消费者对商品价格、品质的日益敏感,然而商品的供应方式却并未改变,与消费者的需求相离越来越远。零售商在与进货商的销售利润率呈现下降的趋势。
>
> 在此背景下,食品业开始探索新的运作方法。1992 年年初,美国食品营销协会(Food Marketing Institute, FMI)成立了一个特别工作组,研究商品供应的新体制,具体作业分析由 KSA 公司执行。该公司对食品行业展开调查,提出物流、品种、促销和新商品的引入 4 个需要改革的领域。KSA 公司针对这 4 个领域的改革措施和信息技术提出了一种综合运作方法,这就是 ECR 方法。该方法在 1993 年召开的 FMI 大会上公开发表。
>
> (资料来源:http://baike.baidu.com/view/3201740.html.)

### 1.3.3 快速反应与高效客户响应的比较

1. 快速反应与高效客户响应的差异

QR 和 ECR 的主要差异体现在它们适用的行业不同。QR 适用于产品单位价值高、季节性强、可替代性差、购买频率低的行业;ECR 适用于产品单位价值低、库存周转率高、毛利少、可替代性强、购买频率高的行业。另外,QR 侧重于缩短交货提前期,快速响应客户需求;ECR 侧重于减少和消除供应链的浪费,提高供应链运行的有效性。

在管理方法上,QR 主要借助信息技术实现快速补货,通过联合产品开发缩短产品上市时间;ECR 除新产品快速有效引入外,还实行有效商品管理、有效促销。由于所处的环境不同,所以改革的重点是为应对不同的挑战。对于 QR 适用的行业来说,改革的重点是效率和成本;对于 ECR 适用的行业来说,重点是补货和订货的速度,目的是最大限度地消除缺货,并且只在商品有需求时才去采购。

2. 快速反应与高效客户响应的共性

1) 共同的外部环境

实施 QR 和 ECR 的行业都要受到两种外部变化的影响。

(1) 经济增长速度的放慢加剧了竞争,因为零售商必须生存并保持客户的忠诚度。

(2) 零售商和供应商之间的交易平衡发生了变化。由于通信技术的发展以及向传统领域之外扩张的欲望,零售商变得越来越向全国化、国际化方向发展,交易平衡的重心已偏向零售商。

在引入 QR 和 ECR 之前,供应商和零售商的两者之间往往缺乏信任感。两者都各自追求自己的目标，而忘记了经营的真正原因——满足客户的需要。当前，供应商和零售商都受到了新的贸易方式的威胁。对于零售商来说，威胁主要来自大型综合超市、廉价店以及折扣店等新型零售形式，这些竞争者采用新的低成本进货渠道。这些新的竞争者把精力集中在每日低价、绝对的净价采购及快速的库存周转等策略上。对于供应商来说，压力来自其他品牌商品的快速增长，这些商品威胁了供应商的市场份额。

2）共同的目标

QR 和 ECR 的目标都是进行快速补货，从而降低供应链运行成本，提高销售额和经营收益，提高客户满意度和忠诚度。尽管按照各环节的业绩测量标准，采用这两种方法都是有效的，但是从整个供应链来说，其效率并不令人满意。提升 QR 和 ECR 效率的途径在于集中一个共同的目标，以最低的总成本向消费者提供其真正想要的商品，从而提高供应链整体的效率。

3）共同的策略

QR 和 ECR 都重视供应链的核心业务，对业务进行重新设计，以消除资源的浪费。这些业务包括以下几个方面。

（1）补货。这项业务是指对于那些可随时补货的商品，以尽可能低的存货水平和成本来保持较高的顾客服务水平。

（2）品种管理。这项业务是指决定每家店铺应该销售哪种商品，以何种方式展示和销售。

（3）产品开发。这项业务是指开发和导入更能满足顾客需要的产品。

（4）促销。这项业务是指向顾客沟通商品的现货情况和价值。

4）共同的信息技术

采用 QR 和 ECR 的企业都通过灵活运用信息技术来提高供应链运作效率。企业间订货、发货业务全部通过 EDI 来进行，实现订货数据、出货数据的传送无纸化。同时，贸易伙伴间共享商业信息，零售商将 POS 系统商品管理数据提供给制造商和分销商，制造商和分销商通过对这些数据的分析来实现高精度的商品进货、调达计划，从而降低产品库存，防止出现次品，以及制订、实施对应的生产计划。

## 本 章 小 结

本章首先介绍了供应链相关理论知识，包括供应链的概念及特征、组成要素、所包含流程，以及根据不同标准划分的供应链类型；之后介绍了供应链管理的概念、基本内容、目标、实施步骤及发展趋势；最后介绍了供应链管理方法中两种最为常见的方法：快速反应和高效客户响应，以及两者的差异与共性，使读者对供应链管理的基本理论内容有大体的了解。

通过本章的学习，使读者对供应链、供应链管理基本理论与方法有所了解和掌握，为以后各章的学习奠定基础。

**关键术语**

| 供应链 | 供应链组成要素 | 供应链管理（SCM） |
| 市场反应性供应链 | 物理有效性供应链 | 平衡供应链 |
| 倾斜供应链 | 快速反应（QR） | 高效客户响应（ECR） |

# 习 题

1. 选择题

(1) 供应链不仅是一条连接供应商到客户的物流链、信息链、资金链，还是一条_____。
   A. 生产链　　　B. 运输链　　　C. 分销链　　　D. 增值链

(2) 供应链的组成要素包括供应商、制造商、分销商、_____和客户。
   A. 零售商　　　B. 投资商　　　C. 物流合作商　　　D. 政府

(3) 供应链管理最关键的是需要采用_____思想和方法。
   A. 集成的　　　B. 整体的　　　C. 分步的　　　D. 发散的

(4) 根据供应链的功能可以把供应链划分为物理有效性供应链和_____供应链。
   A. 功能型　　　B. 市场反应性　　　C. 推动式　　　D. 稳定的

(5) 供应链的基本特征不包括_____。
   A. 复杂性　　　B. 增值性　　　C. 动态性　　　D. 周期性

(6) 供应链管理研究的内容涉及的主要领域包括：供应、生产计划、需求和_____。
   A. 销售　　　B. 采购　　　C. 物流　　　D. 售后服务

(7) 运用QR方法时，企业需要将自身的销售信息、库存信息、生产信息、_____等与合作伙伴进行交流与共享。
   A. 利润信息　　　B. 成本信息　　　C. 采购信息　　　D. 客户信息

(8) 运用ECR方法的最终目标是建立一个具有高效反应能力和以_____为基础的系统。
   A. 制造商生产能力　　　　　　B. 客户需求
   C. 供应商供货能力　　　　　　D. 零售商销售能力

2. 简答题

(1) 供应链的基本概念和特征是什么？
(2) 简述市场反应性供应链与物理有效性供应链的区别与联系。
(3) 简述供应链系统各组成要素。
(4) 简述供应链管理涉及的主要问题。
(5) 供应链管理的目标是什么？
(6) 简述快速反应的实施条件。
(7) 简述高效客户响应的实施原则。
(8) 简述快速反应和高效客户响应的共性。

3. 判断题

(1) 供应链是一条从供应商的供应商到客户的物流链。　　　　　　　　　　（　　）
(2) 供应链系统中物料流从供应商流动到下游的客户，而信息流则在两个方向传播。
　　　　　　　　　　　　　　　　　　　　　　　　　　　　　　　　　（　　）
(3) 根据主导流的标准划分，可以将供应链划分为推动式供应链和拉动式供应链。
　　　　　　　　　　　　　　　　　　　　　　　　　　　　　　　　　（　　）

(4) 供应链管理覆盖了从供应商到客户的全过程，主要涉及供应、生产计划、物流、需求和资金的主要领域。（　　）

(5) 供应链管理的目标就是要在总成本最小化、客户服务最优化、总库存最小化、总周期最短化以及物流质量最优化等目标之间寻找最佳平衡点，以实现供应链绩效的最大化。（　　）

(6) QR 是用多频度、大数量配送补充商品，以实现缩短交货周期，减少库存，提高客户服务水平和企业竞争力的供应链管理方法。（　　）

(7) 运用 ECR 方法的最终目标是提高供应链每个单独环节的效率，从而大大降低整个系统的成本、库存和物资储备，同时为客户提供更好的服务。（　　）

(8) QR 和 ECR 的共性在于其适用的行业相同。（　　）

4. 思考题

(1) 供应链的类型是如何划分的？是否还有其他的划分标准？

(2) 供应链中主要包含的流程有哪些？这些流程是以何种方向进行的？

(3) 在供应链的运作过程中会面临哪些风险？

**案例分析**

## 雅芳公司的供应链设计①

雅芳公司是世界领先的美容产品直销公司，除化妆品、护肤品、香水和人身护理用品外，雅芳公司还生产范围广泛的礼品项目，包括珠宝、女式内衣和时尚饰品。它通过390万独立的销售代表向145个国家的消费者进行销售。但是，在20世纪90年代，强大的增长趋势却几乎使它的供应链组织面临崩溃。

雅芳公司最初的重点是营销和销售，多年来一直忽视了供应链的管理。回顾20世纪80年代，在欧洲，雅芳公司仅仅在6个国家设立了分支机构，每一个分支机构都有独自的工厂和仓库来供应当地的市场。这些分支机构都是独立运作的，有独立的信息系统，没有整体的计划，也没有共同的生产、营销和分销体系。

这种经营方式在小范围内运行得很好，每个机构都对本地的需求承担绝对的责任。但是，到了20世纪90年代初期，雅芳公司开始把它的关键品牌进行全球化，并且通过推出新产品、新包装和广告活动来改变自己的形象，旨在争取更年轻的消费者。

在进行全球化的过程中，雅芳公司遇到的首要问题是销售周期与供应链根本不匹配。在大部分欧洲市场，雅芳公司每3个星期就会开展一轮新的销售活动——推出新的宣传材料、新的赠品和促销活动。这种短销售周期是雅芳公司直销模式的基石。由于定期提供新的产品和促销，雅芳公司的销售代表可以经常与客户联系，从而能够加强销售代表和客户之间的关系，促进销售。短的销售周期需要一个灵活、反应灵敏的供应链。这一点雅芳公司感到做得不够。它的工厂根据预测生产每一种产品，然后在每3周一次的销售活动开始前把货物运到各个国家的仓库。某些产品会大受欢迎，分支机构会再向工厂下紧急补充订单。然而，产品要经过从原材料到生产、再到分销的整个供应链循环，平均需要12周的时间。

这种时间上的不匹配导致了在每一次销售活动的过程中都会出现一些仓促的解决方法和大量的低效率现象。雅芳公司依靠员工的竭诚服务来满足消费者的需求，毫不顾及成本。但是，随着业务的增长，满足不同市场和精确预测不同产品需求的难度越来越大。自从雅芳公司开始以每年进入2~3个新市场的速度增长以来，难度就更大了。由于40%~50%品种的销售都会超出预期，而工厂的设计模式是适于大

---

① 资料来源：http://www.examda.com/wuliu/anli/20071225/092445400.html.

批量生产的，所以，工厂要经常打断进度表，从生产一种产品转到生产另一种产品，转换成本很高，滞销的产品也会带来高昂的成本。在每一个销售周期里都会有些产品的销售量小于预测数，所以，雅芳公司积压的商品逐渐增加，存货水平高达150天。

雅芳公司设置了一个集中的计划职能来解决这些关键问题。首先，雅芳公司建立了一个公共数据库。团队花了几个月的时间来设置标准产品代码、产品描述和其他信息，使所有的国家都使用同一种语言。这个数据库使雅芳公司能够了解销售的趋势和存货情况，使管理者具有一种跨区域的视野，能够同时监控供给和需求。雅芳公司还设置了一个供应链和进度计划系统来支持跨区域的规划和协调职能。为了管理越来越复杂的企业，还设置了一个区域计划组织，在全面了解整个供应链的基础上，决定服务水平、存货和成本。

下一个关键步骤就是以一种操作上比较合理的方式重新设计供应链。雅芳公司保留了它在德国的工厂，同时把其他的工厂都集中到了波兰。这个措施扩大了雅芳公司在新兴市场的核心部分的生产能力。雅芳公司还在波兰建立了一个集中的存货中心，为公司在欧洲的分支机构服务。之所以选择波兰，是因为这里离生产基地比较近。

一旦雅芳公司能把供应链看成一个整体，那些从单一职能的角度看似乎不太明智的决定就会突然显示出实实在在的利益，而且经常是意想不到的利益。例如，雅芳公司已经考虑要自己给包装瓶贴标签，而不是依靠供应商来完成，这样它就可以一直到销售趋势比较清晰的时候再决定应该把哪种语言的标签贴在产品上。多年来，市场营销部门一直在阻挠这种想法，因为市场销售部门认为这会影响产品包装的美观。从财务角度考虑，这种战略也同样是不明智的。制作标签和粘贴标签都需要增加设备和劳动力，可能会抵消这一措施带来的成本节约。

只有当雅芳公司把供应链看做一个端到端的过程时，真正的收益才显得比较清晰。雅芳公司只需要买一种空白的包装瓶来装洗发水或润肤水就可以了，而不需要买印着5、6种不同语言的包装瓶。工厂可以持续地生产，而不需要频繁地更换包装瓶。客户服务水平也会得到改善。

与此紧密联系的就是存货中心系统。雅芳公司的两个工厂生产出的产品都运到波兰的集中仓库去，在那里给产品贴标签、装货，再分销到不同的区域。

雅芳公司还改变了公司与供应商合作的方式。雅芳公司过去习惯于寻找最便宜的材料，并大批量购买，以保持低成本。但是，它开始发现，价格最低不一定等于总成本最低。例如，雅芳公司公司在墨西哥找到了生产廉价玻璃瓶的供应商，但从墨西哥到欧洲的货运时间很长，用船运要8～12个星期。当产品需求量很大、需要包装瓶的时候，雅芳公司会把包装瓶空运过来，这样反而提高了成本。现在雅芳公司的大部分存货都是从离它在波兰和德国的工厂比较近的供应商那里购买的。尽管雅芳公司公司支付的单价会稍微高一些，但只需要与较少反应更灵活、更迅速的供应商建立关系，所以，总成本反而降低了。

在很多情况下，雅芳公司不得不调整自己的方法，以便供应商能够以成本效率更高的方式生产。例如，公司同意改变订单模式，以降低供应商的先期准备成本。而对于某些供应商，雅芳公司已经完全停止向其发出订单了。作为一种替代措施，它让这些供应商可以在网上浏览雅芳公司的产品信息。

雅芳公司计划把协作的概念扩展到整个供应链。公司组织了一次协作设计讨论会，参与的有各供应商、一家设计公司，以及来自市场营销部门的代表。40位参与者共同讨论一种产品的设计问题。在3天内，这个团队设计出了一个产品方案，它不仅在市场营销和设计方面非常出色，而且能够使供应链每个步骤的成本降到最低。例如，包装箱和包装瓶的适当设计，使每个货盘里的箱数和每个箱子里的瓶数达到最优。如果雅芳公司能将每辆卡车上装瓶的箱数增加20%，公司每年就能节约几十万美元的运费，只有每天装卸卡车的人了解这些情况，但过去的设计程序没有充分吸收这些人的知识。

在对供应链的流程进行重新设计之后，雅芳公司把注意力转移到自己的组织，并且围绕4个流程(计划、配置资源、生产和发货)重新设计组织的结构。重新设计完全改变了整个欧洲区一般管理者的角色和职责。以前雅芳公司管理的是自己市场上的存货，但现在一直到发货时才会给产品贴上标签。对雅芳公司来说，拥有自己的库存没有任何意义。相反，雅芳公司将存货留在供应链比较靠后的地方，以便更好地把它分配到最需要地方。在新的组织里，一般管理者主要负责销售。

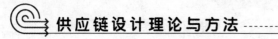

雅芳公司做了很多工作来定义主要的责任、共同的责任和考察这些责任的指标，开发了一些更侧重于操作的指标。例如，公司分解出了决定存货水平的关键驱动因素。其中一个因素是供应商的交货时间，雅芳公司已经采取措施缩短交货时间。例如，向某些供应商提供生产进度表、让供应商为按时交付原材料负责等。通过清楚地沟通这个重新设计的结构和定义新的业绩衡量指标，雅芳公司推动新的供应链组织向前迈进了一步。

雅芳公司已经着手设计一个全球性的平台来替代现有的系统并支持新的工作流程。同时，雅芳公司也在尽情享受改革的成果。通过重新思考供应链、提高效率、降低成本，雅芳公司每年将节约500万美金，利润率提高了2%。这些收益中大约有50%是公司与供应商采用新合作方式的直接结果。公司减少了供应商数量，采取本地配置资源的战略，与供应商结成合作伙伴关系及协作关系。同样重要的是，由于雅芳公司欧洲分公司现在有了一个流线型的组织结构、升级的技术、简化的流程，以及适当的业绩衡量指标，管理起来比过去容易得多。

**讨论题**

（1）分析雅芳公司在供应链设计之前企业营销中存在的主要问题。
（2）雅芳公司在进行供应链设计时解决了哪些主要问题？
（3）分析本案例中雅芳公司供应链设计的策略。

# 第 2 章 供应链设计基础

【本章教学要求】

| 知识要点 | 掌握程度 | 相关知识 | 应用方向 |
| --- | --- | --- | --- |
| 供应链结构的构成要素 | 熟悉 | 供应链结构的构成要素及其分类 | 掌握供应链结构的构成要素、结构的分类及特征,这是进行供应链设计的基础知识 |
| 供应链的结构分类 | 重点掌握 | 按照不同标准划分的供应链结构,如功能、系统要素、结构形态 | |
| 供应链的结构特征 | 熟悉 | 供应链的7个结构特征 | |
| 供应链的基本结构模型 | 重点掌握 | 供应链链状模型、网状模型 | 供应链的基本结构模型和企业内部的供应链结构模型都很重要。通过基本模型的学习,能够很好地进行供应链的设计 |
| 企业供应链结构模型 | 熟悉 | 企业内部的供应链结构模型 | |
| 供应链网络结构均衡模型 | 了解 | 供应网络结构、供应链成员的最优行为及供应链供需均衡条件、供应链网络结构均衡模型 | |

续表

| 知识要点 | 掌握程度 | 相关知识 | 应用方向 |
|---|---|---|---|
| 供应链设计的基本问题 | 了解 | 设计供应链时应注意的几个问题 | 掌握供应链设计的内容及应遵循的原则,根据实际情况采用相应的策略与步骤,完成供应链的设计 |
| 供应链设计的内容 | 熟悉 | 供应链设计的7个主要内容,涵盖了全书各章节的设计相关内容 | |
| 供应链设计的原则 | 熟悉 | 供应链设计应遵循的5点原则 | |
| 供应链设计的步骤 | 重点掌握 | 供应链设计的8个基本步骤 | |
| 供应链设计的策略 | 了解 | 供应链设计策略的4个基本要求,2种基于不同角度的供应链设计策略 | |

## 导入案例

### 中国白沙集团长沙卷烟厂供应链结构模型设计[①]

21世纪初,全球烟草行业开始战略转移,中国烟草行业积极推行多元化经营。作为中国烟草行业大型骨干企业之一的长沙卷烟厂面对大环境的变化,着手规范集团运作模式。在3C(City, Creative, Communication)时代来临之际,企业间的竞争升级为供应链之间的竞争,长沙卷烟厂构建供应链迫在眉睫。以核心竞争力为依托的白沙集团远景目标如图2.1所示。

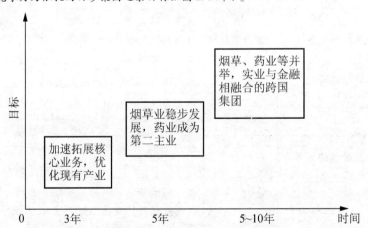

图2.1 白沙集团远景目标

1. 长沙卷烟厂供应链结构模型和建设

长沙卷烟厂供应链是围绕核心企业长沙卷烟厂,通过对信息流、物流、资金流的控制,从采购原材料开始,制成中间产品以及成品烟,最后由销售网络把产品送到消费者手中的,将供应商、长沙卷

---

① http://www.docin.com/p-113943288.html.

烟厂、烟草公司、批发零售商，直到最终客户连成一个整体的网链结构。它是一个范围广泛的企业结构模式，包含所有加盟的节点企业及各企业的内部环节，从原材料的供应开始，经过链中不同企业的制造加工、分销等过程直到最终客户。

供应链管理的目的在于追求整个系统的优化，使各个节点分享系统优化带来的好处。长沙卷烟厂供应链的设计与建设中，创新的管理思想和观念极为重要，需要把供应链的整体思维观融入供应链的构思和建设中。在制定长沙卷烟厂发展战略及长沙卷烟厂的日常管理中，不应仅限于长沙卷烟厂自身，还要将长沙卷烟厂供应链中各节点企业及与其的相互连接考虑进来，重点关注长沙卷烟厂与供应链上下游的连接，形成以长沙卷烟厂为依托、以长沙卷烟厂为核心的供应链，并不断提升其管理水平，以供应链的整体优势参与烟草市场竞争。

长沙卷烟厂供应链的设计构建和提升经历了 5 个阶段。在此过程中，供应链环节集成的程度和信息技术（Information Technology，IT）应用程度是相辅相成的，各个阶段的信息技术要求如下所述。

（1）阶段 1 和 2，对应于局部的信息系统应用。

（2）阶段 3，对应于企业资源计划系统（Enterprise Resource Planning，ERP）级别的全企业层次的IT 应用。

（3）阶段 4，对应于企业整体客户关系管理（Customer Relationship Management，CRM）、ERP、供应商关系管理（Supplier Relationship Management，SRM）系统的构建，同时对供应商和分销伙伴的IT 建设也提出了要求。

（4）阶段 5，要求社会化IT 应用格局已经形成，企业内部要求有大量的知识管理工具、智能分析工具和决策支持工具。

结合长沙卷烟厂现状流程与 IT 应用现状发现，长沙卷烟厂的供应链管理现状尚处在阶段 2 向阶段 3 的过渡之中，供应链管理的理念导入尚处在初期，远未进入取得全面应用效果的阶段。

2. 长沙卷烟厂内部供应链

长沙卷烟厂供应链整体分为 3 个部分：长沙卷烟厂供应链上游、长沙卷烟厂内部供应链和长沙卷烟厂供应链下游。长沙卷烟厂过去的管理工作中心集中在产、供、销、科研等各独立环节上，并已使这些独立环节的管理达到了较高的水准。但是由于没有引入供应链管理的思想，在企业各环节的整体协调联动，尤其是内部供应链与供应链上下游间的连接与合作等方面尚有较大的改进空间。长沙卷烟厂供应链现状如图 2.2 所示。

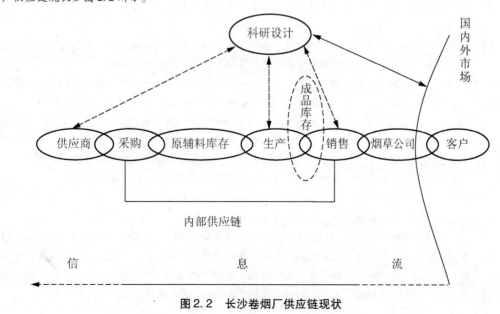

图 2.2　长沙卷烟厂供应链现状

由于业务性质及行业特点，长沙卷烟厂对供应链上游的控制能力要大于对下游的控制能力，内部供应链则基本上可以完全控制。因此，内部供应链改进是供应链改进的重点，也是业务流程重组（Business Process Reengineering，BPR）阶段的重点，后期的ERP系统实施也是基于供应链管理的思想。结合图2.2，并通过对长沙卷烟厂现状供应链从"供应链上游——内部供应链——供应链下游"3个环节的分析，其内部供应链比以前有较大改善。

(1) 加强了销售信息的搜集，并与科研、采购共享。

(2) 产品设计中考虑了原辅料的通用性，缩短了制造提前期，增强了生产过程的柔性，减少了用于机器转换的时间和费用，给采购留出足够的提前期。

(3) 合理设计和构建了生产线，进一步优化了产能分配，增加了设备对产品产量和品种变化的适应性。

(4) 建立了部门及上下级间真正的沟通，而不仅仅依赖ERP等技术手段，使产、供、销各个环节的计划从编制到执行再到调整的整个过程都协调一致。

(5) 以主要产品及服务供应商为对象，选择其中管理及技术较为完善的（如银行、部分烟草公司及运输公司）作为突破口，与其建立业务数据的连接，为今后建立以ERP为基础的供应链各环节的无缝连接做准备，以信息流先行，为供应链整体的物流、资金流的统一协调优化管理打下了基础。

3. 长沙卷烟厂外部供应链

长沙卷烟厂实现供应链管理的关键在于将企业内部供应链与外部供应链进行有效地集成，与主要供应商和分销商建立战略合作伙伴关系是供应链管理中的关键。

供应链设计中早期的关键是支持市场的反应。作为供应链下游企业的客户有责任表明其对未来发展的观点，使得作为供应链上游企业的供应商作出相应的反应。即使双方合作方案已在执行中，运作中所遇到的问题也必须及早交流。

由于烟草行业实行的是专卖体制，这种特殊行业背景对长沙卷烟厂的供应链全程都有极大的影响。从产品年销量指标的额度管理、年产量的控制到主要原辅料的国家专卖管理及市场的专卖控制，乃至对运输的控制，决定了其供应链的设计必然受到极大的限制。许多在其他非专卖行业可以运用的设计原则和具体做法，在长沙卷烟厂无法运用，尤其表现在专卖原辅料的采购及分销商烟草公司的合作上。

设计构建后的长沙卷烟厂外部供应链上游较以前具有以下优势。

(1) 采购职能整合。首先将内部的采购职能进行整合，同类产品集中采购，一致对外。

(2) 原烟管理尊重行业特色。原烟由于其具备烟草行业核心能力的特点，将其纳入长沙卷烟厂主业横向发展的范畴加大投资力度，在满足自身需求的基础上逐步进入烟叶市场领域。

(3) 战略性物资采购。物资部的非专卖产品采购部分、工程部的配件采购，以及车辆、电器等日常采购，充分利用供应链管理策略，与供应商建立战略合作伙伴关系。

(4) 对"纵向一体化"进行整合，作为突破口建立战略合作伙伴关系。

设计构建后的长沙卷烟厂外部供应链下游较以前具有以下优势。

(1) 跨地域横向一体化。为打破区域市场封锁，实行烟草主业的跨地域横向一体化，采用对异地烟草厂家的兼并、联营等多种手段将其所依托的分销商资源纳入自己的合作伙伴范围。

(2) 国际化。在全球供应链一体化的今天，长沙卷烟厂再次向国际化发展，在合资、合作等方面与海外烟草企业联手，打开了海外和国内新的销售渠道。

(3) 市场信息网络的建设。在市场信息方面，长沙卷烟厂以管理手段及经济利益为纽带，绕开烟草公司，在批发商及零售商中建立了自己的信息网。根据销售、科研、财务、生产、采购及审计等各部门提出的与市场相关的信息要素，将其归集整理后信息网定期提供，并支付一定费用，或以其他形式的回报作为交换，以此为销售、生产及采购等各环节的计划安排和工作提供统一的信息源头。

> 讨论题
> （1）长沙卷烟厂是如何设计并构建供应链的结构?
> （2）长沙卷烟厂改建后的供应链结构模型是怎样的?
> （3）重新设计构建的供应链结构模型有什么优势?

供应链结构与模型是供应链设计和管理的理论基础及重要组成部分，是后续进行供应链设计和选择的指导和根本所在。

由于市场的快速变化，单个企业依靠自己的资源进行自我调整的速度已无法适应市场变化的速度。21 世纪的竞争不再是企业与企业之间的竞争，而是供应链与供应链之间的竞争。因此，供应链的设计是企业面临的重要任务，它关系一个企业能否在供应链中获得最大的收益。供应链管理初期供应链的设计是后期成功运行的关键所在。但是，供应链的设计是一项非常困难的事情，需要综合考虑并分析各方面的影响因素，遵循一定的原则，参考相应的设计策略，结合企业的具体情况进行供应链设计。

## 2.1 供应链结构及分类

### 2.1.1 供应链结构的构成

**1. 供应链结构的构成要素的含义**

供应链结构是由节点和线这两个基本要素组成的，节点和线的含义具体如下所述。

1）节点

在供应链中供流动的商品储存、停留，以进行相关后续作业的场所称为点或节点。节点是供应链基础设施比较集中的地方。按节点所具备的功能不同可分为 3 种，如表 2.1 所示。

表 2.1 供应链节点类型及属性比较

| 节点类型 | 功　　能 | 基础设施 | 所处位置 | 适合经营模式 |
| --- | --- | --- | --- | --- |
| 单一功能节点 | 只具有某一种功能，或者以某种功能为主 | 所需基础设施比较单一和简单，但规模不一定小 | 一般处于供应链的起点或终点 | 业务比较单一，比较适合专业化经营 |
| 复合功能节点 | 具有两种以上主要物流功能 | 具备配套的基础设施 | 一般处于供应链过程的中间 | 多以周转型仓库、港口、车站等形式存在 |
| 枢纽节点 | 具有齐全的物流功能，对整个供应链起决定性和战略性的控制作用 | 具备庞大配套的基础设施以及附属设计，拥有庞大的吞吐能力 | 一般处于供应链过程的中间，一旦形成，难以改变 | 其设施一般具有公共设施性质，因而多采用第三方的方式进行专业化经营 |

2）线

连接供应链网络中点的路线称为线或连线。供应链中的线是通过一定的资源投入而形成的。供应链网络中线的特点如表 2.2 所示。

表2.2 供应链网络中线的特点

| 特 点 | 含 义 |
|---|---|
| 方向性 | 一般在同一条路线上有两个以上方向的物流同时存在 |
| 有限性 | 点是靠线连接起来的,一条线必须有起点和终点 |
| 多样性 | 线是一种抽象的表述,公路、铁路、水路等是线的具体存在形式 |
| 连通性 | 不同类型的线必须通过载体的转换才能连通,并且任何不同的线之间都是可以连通的 |
| 选择性 | 两点间具有多种线路可以选择,既可以在不同的载体之间进行选择,又可以在同一载体的不同具体路径之间进行选择 |
| 层次性 | 供应链的线包括干线和支线,各自的干线和支线又分为不同等级 |

2. 供应链结构的构成要素的分类

供应链中多个集成的成员企业可以看做是"点",将供应链集成的成员企业或要素属性在时间和空间排列,这些排列可看做是"线",这些"点"要素由不同方向的"线"排列起来,构成了供应链系统的结构。供应链结构构成要素的三维结构模型如图2.3所示,其中包括了某种产品生产供应中所涉及的所有主体。

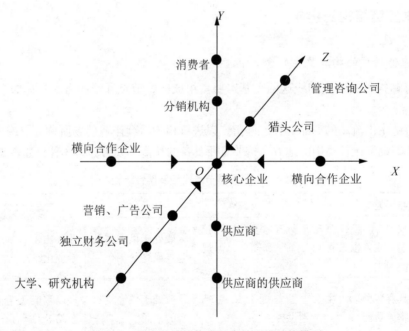

**图2.3 供应链结构构成要素的三维结构模型**

根据图2.3可以将供应链结构的构成要素分为以下3类。

1) 横向合作伙伴（$X$轴）

横向合作伙伴分布在图中的$X$轴上,是与核心企业平行的产品生产商,两者之间主要是产品协作和技术协作的关系,是一种合作竞争的关系。横向合作伙伴构成了供应链的横向结构,反映供应链中相同功能合作企业之间的结构。

横向合作伙伴之间的关系一般有两种,即生产兼组装和仅组装,其具体含义如下所述。

(1) 生产兼组装：关键部件的生产商担负起了"组装"任务，如 IBM 公司联合摩托罗拉公司和苹果公司共同开发出了 Power PC 微处理器，它既向其他信息设备生产商出售这种芯片，同时也利用它"组装"自己的商务电脑。

(2) 仅组装：只担当"组装"任务但并不生产任何部件，如戴尔公司和康柏公司就是采用这种模式。

横向合作伙伴之间的两种关系如图 2.4 所示。

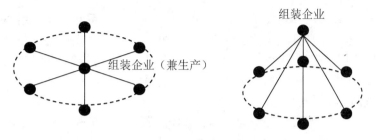

图 2.4　横向合作伙伴之间的关系

2) 纵向合作伙伴（$Y$ 轴）

纵向合作伙伴分布在图中的 $Y$ 轴上，主要包括最终产品制造商、零部件供应商、原料或中间产品供应商、分销商和最终客户，这是传统供应链所包括的成员。纵向合作伙伴构成了供应链内部的纵向结构，反映供应链上下游企业之间的结构。

3) 侧向合作伙伴（$Z$ 轴）

侧向合作伙伴分布在图中的 $Z$ 轴上，是指为企业提供生产性服务的各种主体，如为企业提供产品生产技术的大学实验室、独立的产业研究机构，提供财务服务的独立的财务咨询、管理，提供营销服务的营销顾问、广告公司，提供人事服务的猎头公司、人力资源管理公司，提供管理服务的管理咨询公司等。这些与产品生产紧密相关的"功能性"服务，在过去绝大多数都是由企业内部完成的。

在实际应用中，以上 3 个要素的区分并不是严格的，这些要素相互之间是交叉、并存和兼容。供应链的复杂性决定了供应链中的各类成员在很多情况下发生的都不是"一对一"的关系，而是"一对多"或"多对一"的关系，相同的成员在不同的供应链中可能处于不同的位置，也可能发挥不同的作用。也正因为如此，供应链更多地被视为是一种"网链"，而非"单链"。而且供应链不是封闭的，对成员企业来说，如何在这个复杂的系统中确定自己的位置，并根据系统内外部环境的变化随时调整自己的位置，是企业成功的关键。

## 2.1.2　供应链结构的分类

1. 按功能不同划分的供应链结构分类

总地来说，供应链的结构按功能不同可分成组织结构、信息结构和决策结构。

(1) 供应链的组织结构，具有相对的稳定和内生特征，对于一般属于从属地位的中小型企业而言尤其如此。内生的供应链组织结构较少受到信息结构和决策结构的限制影响，同时也是对供应链信息系统的构建具有关键决定作用的结构因素。

(2) 供应链的信息结构，是直接决定供应链信息系统的信息需求和实施构架的重要因素,它受到组织结构的限制,同时又影响了供应链的决策结构。当然,从较长时期来看,供应链信息结构也对组织结构产生反作用,即优化的信息结构有可能促进组织结构的演变,反之亦然。

(3) 供应链的决策结构,则依赖于组织结构和信息结构,一般属于供应链管理中的操作层次,直接受供应链信息系统的影响,对供应链效率的影响一般弱于组织结构和信息结构。

### 2. 按系统要素不同划分的供应链结构分类

系统结构是指系统内部各要素在时间和空间上的有机联系和相互作用的方式。系统结构是系统保持整体性并具有一定功能的内在依据。为了达到完成特定任务的目的,将各类要素按需要组成一个整体,形成一定的秩序。根据系统要素不同,可将供应链的结构分成流动结构、功能结构、治理结构和设计结构。

#### 1) 供应链的流动结构

供应链有 5 个流动要素,分别为流体、载体、流向、流量和流程。流体的自然属性决定了载体的类型和规模;流体的社会属性决定了流向、流量和流程;流体、流量、流向和流程决定采用的载体的属性,载体对流向、流量和流程有制约作用,载体的状况对流体的自然属性和社会属性均产生影响。

在网络型的供应链中,一定的流体从一个节点向另一个节点转移时,经常会发生载体的转变、流向的变更、流量的分解与合并、流程的调整等情况。这些调整是必须的,应当尽力减少调整的时间、减少环节、降低调整的成本。

#### 2) 供应链的功能结构

从供应链功能结构上分析,不同的供应链需要进行的物流作业大同小异,整个供应链的基本功能要素包括运输(含配送)、储存、包装、装卸、流通加工和物流信息处理等。

一个供应链系统的功能结构取决于生产、流通模式,其功能的重要性也有所不同,如直销模式省略了大量的中间仓库和以仓库为基础进行的各种物流作业,运输功能最重要。直销并不意味着直接减少运输成本,而是必须提高运输的集约程度。因此,路线的规划、货物组配等物流管理是必不可少的。以中间商为基础进行生产和销售的传统模式,由于环节的增加,导致中间物流作业的增加。供应链的功能结构还受可用的物流载体的影响。

因此,判断供应链功能设置和发挥是否合理,不是看供应链系统中进行了多少作业,而是看供应链为生产和销售降低了多少成本。

#### 3) 供应链的治理结构

供应链治理是指供应链资源配置的管理和控制的机制和方法。供应链的资源在区域、行业、部门、企业之间的初始配置状态是历史形成的,不是按照一个特定的物流任务的要求来分布的。如何将这种分散的供应链资源集成为能够为众多的特定的供应链系统服务,如何能够在达到这些目标的同时使供应链的集成长期进行,而不是偶尔或者借助于政府的宏观管理来进行,就需要考虑供应链的治理机制问题。不同的治理机制形成了不同的供应链治理结构。

#### 4) 供应链的设计结构

供应链的设计结构产生于供应链的设计过程,实现于供应链的运作过程,是供应链的设计质量和运作质量的集成,是供应链静态质量和动态质量的体现。一旦供应链设计完成,其设计结构性能将转化为供应链的功能,作为供应链的固有属性而存在,极大地影响或决定供应链的运行成果。

3. 按结构形态划分的供应链结构分类

根据供应链的结构形式，即制造过程中产品特色及差异化、组装程序、存货种类等不同，可以将供应链分为以下 3 种。

1)"V"型(发散型)供应链

在发散型供应链中，源头物料单一并大批量存在，一般批量生产方式将这些物料转化成为一系列中间物料，然后通过配料供应给各种各样的其他制造环节，如图 2.5 所示。

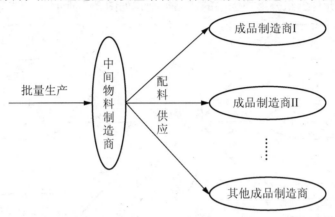

图 2.5 "V"型(发散型)供应链

一个典型的例子就是在钢铁行业中，先加工出基本的钢坯或钢条，供应给其他制造环节作为原材料，然后再制造成种类繁多的其他产品。发散型供应链是一个典型的"V"型供应链，在管理中依赖对关键性内部能力的合理安排，需要供应链成员制订统一的高层计划。

2)"A"型(会聚型)供应链

会聚型供应链的主要目标是按订单完成生产，通常以大规模装配(加工车间)为主。来自众多供应商的大量物料输入，只产出数量相对较少的最终产品。会聚型供应链的结构形状是一个典型的"A"形，又称为"A"型供应链，如图 2.6 所示。

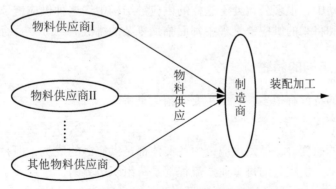

图 2.6 "A"型(会聚型)供应链

会聚型供应链的特征是大量采用外购零件和通用设备，最后大规模装配，满足客户订单需求。这种供应链受服务驱动，通常把管理的注意力聚焦于精确计划和分配满足订单生产所需的物料和能力方面，在作出订单承诺时会着重考虑供应链的有限生产能力和交付周期,高度关注关键性路径、流程中关键装配点的物料同步化问题,以及关键路径的供应链成员紧密联系与合作等问题,通常采用准时化生产方式。

3)"T"型(会聚发散型)供应链

会聚发散型供应链,介于发散型和会聚型之间,其结构形状呈"T"状,又称"T"型供应链。这种供应链的特点是既会聚又发散,从与其情形相似的供应商公司采购大量物料,为大量最终客户及合作伙伴提供构件和套件。换句话说,无限产品类别、有限元件数量,即通过有限元件的组合形成无限的产品类别,如图2.7所示。

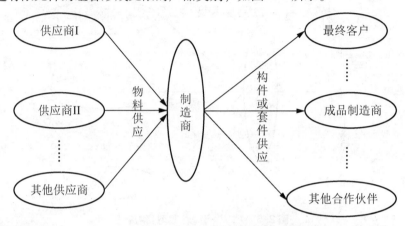

图2.7 "T"型(会聚发散型)供应链

会聚发散型供应链生产方式的控制非常困难,控制的关键在于部件缓冲。通过按单装配或者按单配置方式完成顾客订单时,需要拥有全部所需要的部件,缺一不可。在此环境中,部件缓冲策略的目标是实现高度服务水平,对零件生产商或者部件供应商均要求具有快速的反应机制。对这类供应链,预测与需求管理永远是重要因素。

供应链的核心企业通常必须考虑多节点的控制问题,如何处是最佳的生产地点,应当执行何种商业活动,某种决策会带来何种配送成本效益等。要实现有效地控制服务与价值,关键在于如何将缓冲恰当地分配于顾客的订单。会聚发散型供应链管理的难度最大,在现实的经济活动中,很多公司处于这样的供应链结构中。这种供应链以及网链中的所有参与者,在现在和将来的供应链管理中都面临最复杂的挑战。

### 2.1.3 供应链结构的特性

供应链结构的特性有很多,下面主要介绍7个特性。

1. 层次性

从组织边界的角度看,虽然供应链中各实体都是供应链的成员,但是可以通过不同的组织边界体现出来,供应链的每个业务流程都是跨组织边界的,这反映了多层业务实体相互依存与合作的特性。

2. 双向性

从横向看,使用某一共同资源(如原材料、半成品或成品)的实体之间既相互竞争又相互合作;从纵向看,供应链结构反映从原材料供应商到制造商、分销商及顾客的物流、信息流和资金流的全过程。

3. 多级性

随着供应、生产和销售关系的复杂化,供应链的成员越来越多。如果把供应链中相邻两个业务实体之间的关系看做供应—购买关系,则这种关系是多级的,而且涉及的供应商和购买商也有多个。供应链的多级结构增加了供应链管理的难度,同时也有利于供应链的优化与组合。

4. 动态性

供应链的成员通过物流、信息流、资金流连接起来,成员之间的关系并不是一成不变的,某一成员在业务上的微小调整都会引起供应链整体结构的变动。同时,供应链各成员之间、供应链与供应链之间的关系也会由于顾客需求的变化而作出适应性的调整。

5. 跨地区性

供应链中的业务实体超越了空间的限制,在业务上更紧密地合作,共同加速物流和信息流,创造更多的供应链效益。最终,世界各地的供应商、制造商和分销商将被连接成一体,形成全球供应链(Global Supply Chain,GSC)。

6. 网络性

网络性实际上是由于供应链的相互交叉产生的结果。同一个企业,往往在不同的供应链中扮演不同的角色。以摩托罗拉公司为例,它既是移动电话、民用卫星和高精尖军用设备等多条供应链中的重要供应商和采购商,同时也是为它服务的人力资源企业、销售服务企业等供应链中的重要客户。这种复杂关系为供应链在管理上增加了难度,但由于企业在多个链条中同时拥有位置,也给它提供了进行动态调整的便利,因为网络中的"连接线路"是随着节点的增加而成指数形式增长的。

7. 开放性

开放性体现在理念和技术两个方面。

(1) 理念方面。参与供应链的企业要敢于向自己的合作伙伴开放内部运作,这是供应链企业紧密合作的客观要求。例如,日立公司和 IBM 公司在计算机主机市场上,一直是竞争对手,但现在却成了合作伙伴。日立公司买进 IBM 公司的主机 CMOS 处理芯片,并制造 IBM 公司结构的主机(经 IBM 许可),然后使用日立公司的品牌进行销售。

(2) 技术方面。主要体现在供应链企业之间的网络互联上。例如,思科公司的外部供应商可通过思科公司的内部网,对客户订单的完成情况进行直接监控,并在当天将组装完毕的硬件送至客户手中。

## 2.2 供应链结构模型

### 2.2.1 供应链的基本结构模型

从供应链结构模型的发展来看,经历了从简单模型到复杂模型、从单阶段模型到多阶段模型、从单产品模型到多产品模型、从国家模型到国际模型、从确定型模型到随机型模型的发展过程。下面介绍两种基本的供应链结构模型。

1. 供应链的链状模型

供应链的各成员企业构成链条结构的各个节点，物流、信息流、资金流构成供应链的连线。

1）链状模型

链状模型是一种最简单的静态模型，表明供应链的基本组成和轮廓概貌。产品在到达客户之前经历了供应商、制造商、分销商和零售商几级传递，并在传递过程中完成产品加工、产品装配运输等转换过程，被客户消费掉的最终产品仍旧回到自然界，完成物质循环。例如，在煤矿开采煤炭，供居民作燃料，居民消费后废气和炉渣回归自然界。

简化、抽象的链状模型如图 2.8 所示。该模型把商家都抽象成一个一个的点，称为节点，并用字母表示。节点以一定的方式和顺序连接成一串，构成一条图形上的链条。

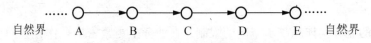

图 2.8　简化、抽象的链状模型

在图 2.8 所示的链状模型中，若假定 C 为制造商，则 B 为供应商，D 为分销商；同样，若假定 B 为制造商，则 A 为供应商，C 为分销商。产品的最初来源（自然界）和最终去向（自然界）都被隐含抽象掉了。

2）供应链的方向

供应链中物流的方向定义为供应链的方向，以确定供应商、制造商和分销商之间的顺序关系。链状模型中的箭头方向即表示供应链的物流方向。在特殊情况下（如产品退货），产品在供应链中的流向相反。

3）供应链的级

在图 2.8 所示的链状模型中，如果定义 C 为制造商时，可以相应地认为 B 为一级供应商，A 为二级供应商，而且还可以定义三级供应商、四级供应商；同样地，可以认为 D 为一级分销商，E 为二级分销商，并递归地定义三级分销商、四级分销商。一般地讲，企业应尽可能地考虑多级供应商或分销商，这样有利于从整体上了解供应链的运行状态。

2. 供应链的网状模型

1）网状模型

现实中的产品供应关系是非常复杂的，一个厂家会与多个厂家相互联系，也就是说，在网状模型中，$C_1 \sim C_k$ 的供应商可能不止一家，而是有 $B_1$，$B_2$，$\cdots$，$B_n$ 等 $n$ 家，同样 $C_1 \sim C_k$ 的一级分销商也可能有 $D_1$，$D_2$，$\cdots$，$D_m$ 等 $m$ 家。考虑到供应链的级，则 $C_1 \sim C_k$ 的二级供应商，即 $B_1 \sim B_n$ 的供应商有 $A_1$，$A_2$，$\cdots$，$A_p$ 等 $p$ 家。$C_1 \sim C_k$ 的二级分销商有 $E_1$，$E_2$，$\cdots$，$E_q$ 等 $q$ 家。同理，向前和向后延伸，就形成一个网状模型，如图 2.9 所示。

网状模型更能说明现实世界中产品的复杂供应关系。从广义的角度看，网状结构模型在理论上可以涵盖世界上所有企业组织，而每一个企业组织都可看成是其上面的一个节点，并认为这些节点存在供需联系。当然，这些联系有强有弱，并且在不断地变化。从狭义的角度看，通常一个企业仅与有限个企业发生联系，但这并不影响对供应链模型的理论假设。网状结构模型对企业供应关系的描述性很强很直观，适合于对供应关系的宏观把握。

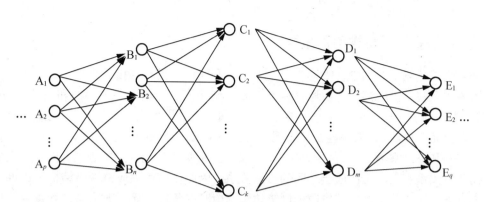

图 2.9 网状模型

2)核心企业的供应链网状结构模型

在核心企业网状供应链中,存在一个核心企业(或主体企业),在供应链的组建及运行过程中起主导作用。核心企业的价值认同方式、管理理念及组织、信息模式对整个供应链的相应方面有绝对性的影响,从某种程度上说这一供应链是围绕核心企业的运作而建立起来的。具有这种地位与能力的核心企业往往是那些控制产品的核心技术,或拥有知名品牌,或有极强研发能力和渠道控制能力的企业。例如,在图 2.9 的供应链中,$C_1 \sim C_k$ 成员企业的位置只有一个核心 C 企业,并且核心 C 企业在供应链的设计和运行过程中起主导作用,那么整条供应链就应该以 C 企业为核心,供应链中的其他成员企业就应该围绕着 C 企业展开经营活动。

这种核心企业往往并不局限于生产企业,生产企业方面的例子如以通用公司为核心的供应链、以宝洁公司为核心的供应链,还有以海尔公司为核心的供应链;非生产企业方面的例子如耐克公司、李宁公司等。这种特殊的供应链表现在供应链的组织结构图上时,有一个明显的特点是供应链的核心级一般只有一个节点。

## 2.2.2 企业供应链结构模型

在企业内部,不同的部门都通过供应链参与增值活动,如采购部门是资源的来源部门,生产部门则直接增加产品价值,管理客户订单和配送的仓库服务部门从流通意义上实现产品的价值,而产品的创新和个性化产品的设计是由设计开发等部门来完成的,营销部门则直接参与增值活动。此外,生产部门内部的上下工序或班组之间也存在供应链关系。这些部门、工序或班组组成了企业内部供应链,如图 2.10 所示。

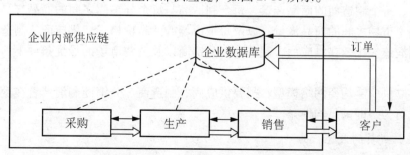

图 2.10 企业内部供应链结构模型

注:⇒ 表示物流;→ 表示信息流。

### 2.2.3 供应链网络结构均衡模型

随着全球化竞争的加剧,被称为"企业第三利润源"的供应链管理越来越受到企业界和学术界的重视。供应链通常由原材料供应商、制造商、分销商、零售商和消费市场(客户)等众多参与者组成。由于同一个参与者可能同属于若干条供应链(如同时为不同供应链服务的多商品零售商),供应链整体表现为具有一定层次结构的复杂网络。供应链网络中,参与个体的利益经常不一致(甚至冲突),但又相互依赖和影响,主要表现为同一层次成员之间的竞争关系和上下层次成员之间的协调关系。因此,描述供应链网络结构及内部成员之间的竞争与协调关系,探求供应链网络达到均衡时的条件,显得尤为紧迫和重要。供应链网络均衡模型在经济、金融、电信、供应链、交通等领域有广泛运用。

若干供应商、制造商、分销商和市场组成的供应链网络,其均衡状态表现为供给市场达到供应商、制造商竞争均衡,分销市场达到分销商竞争均衡,以及消费市场达到供需均衡。

**1. 供应网络结构**

在图 2.9 中,令 $B_1 \sim B_n$ 为 $n$ 个供应商,$C_1 \sim C_k$ 为 $k$ 个制造商,$D_1 \sim D_m$ 为 $m$ 个分销商,$E_1 \sim E_q$ 为 $q$ 个市场。

$n$ 个供应商为制造商提供各种原材料,$k$ 个制造商生产同一种商品,每个分销商可以从其中一个制造商处购入商品,再将商品出售给来自 $q$ 个不同市场的客户。

供应商根据制造商的订单为其提供相应数量的原材料,供应商需要支付生产原材料的费用、工厂的经营费用(包括库存成本费用等)及交易费用,从为制造商提供原材料中谋求利润。

每个制造商确定自己的生产量,然后生产、出厂、运输给分销商,制造商需要付出采购原材料的费用、生产经营费用和交易费用,而从分销商处获得利益。

分销商从制造商处购进商品,需要付出购买商品的费用,以及商品在其商店中的经营费用(包括商品的展示和存储费用等),而从商品出售中谋求利润,但商品市场价格只能是消费者愿意且能够支付的价格。

消费者需要确定其消费水平(即购买商品的数量),这依赖于不同分销商的商品价格及消费者从分销商处购买商品的营业费用(如销售渠道建立的费用和运输费用等)。在商品流动过程中,所有决策者之间是不合作且相互竞争的关系。

在供需均衡、产销均衡和市场均衡的条件下,确定每个供应商与每个制造商之间的原材料提供量、每个制造商的商品产量、每个制造商与每个分销商之间的商品交易量、每个分销商与每个市场之间的商品流量,以及每个市场的商品价格,使供应商、制造商和分销商获得的利润最大化。在供应商、制造商、分销商以及消费市场的最优条件下,供应链网络达到均衡。

为了建立供应链均衡网络模型,需要供应商、制造商、分销商和消费者在交易过程中均达到最优行为,即满足均衡条件。

**2. 供应链成员的最优行为**

1) 供应商的最优行为

供应商在与制造商之间供需均衡的条件下达到利润最大,供应商的利润等于收入与支出之差，供应商的收入等于原材料的供应价与供应量的乘积，支出包括生产经营及保有原材料的费用与交易费用。

2) 制造商的最优行为

由供应链的管理原理可知，制造商在产销均衡的条件下才能达到利润最大，制造商的利润等于其收入与支出之差，制造商的收入等于商品的供应价与商品生产量的乘积，支出包括采购原材料的费用、生产经营费用和交易费用。制造商的最优行为是追求利润最大。

3) 分销商的最优行为

分销商在从制造商那里购买商品，并将商品出售给消费者，所以，一个分销商会与制造商和需求市场的消费者都进行交易。与制造商一样，分销商也是在非合作竞争下追求获得利润(收入与支出之差)最大。

4) 市场(客户)的最优行为

一般而言，一个市场的客户对商品的需求不但取决于在该市场上商品的需求价格，还取决于其他市场上商品的需求价格。也就是说，一个市场上的客户还要和其他市场上的客户竞争。因此，客户在进行消费决策时，会考虑到不同分销商给出的商品批发价及在不同分销商处购买商品所需的营业费用。

3. 供应链网络均衡模型

在供应链网络结构中，要在供需均衡、产销均衡和市场均衡的条件下，使供应商、制造商和分销商获得的利润最大，需要供应商、制造商、分销商和客户都实现其最优行为，综合起来就得到所谓的均衡供应模式，也就是供应链均衡网络模型。

在图 2.9 所示的供应链网络中，不同节点之间的箭线表示彼此之间的交易联系。在供需均衡、产销均衡和市场均衡的条件下，每个节点都是均衡点，即流入节点的商品流等于流出节点的商品流，此时它是一个均衡网络。

在均衡条件下的供应链网络中，每个制造商采购的原材料总量等于所有供应商提供的各种原材料数量之和；每个分销商进货的商品总量等于流出的商品总量，这意味着在利润最大化下，每个分销商从制造商处购进的商品量就等于它在需求市场中出售的商品量。在均衡网络中，供应商和制造商之间的箭线表示供应商和制造商之间的均衡物料流；制造商和分销商之间的箭线表示制造商和分销商之间的均衡商品流；分销商和市场(客户)之间的箭线表示分销商和客户之间的平衡商品流。

## 2.3 供应链设计

### 2.3.1 供应链设计的基本问题

1. 供应链设计的系统观

系统是由相互作用、相互影响、相互依赖的若干个组成部分按一定规律组成的具有特定功能的统一体。供应链就是一个复杂的系统。从供应链的概念上说，供应链是由一系列相互关联的企业由于某种原因结成的网络。这些企业为了实现快速响应满足市场需求的目的，形成一个虚拟企业联盟体系。供应链中的企业或相关部门之间相互作用、相互影响、相互制约，其组成和结构具有一定的规律，其运行也有一定规律。在进行供应链的设计时，必须认识到供应链具有系统一般特征的概念，从系统的角度进行设计和优化。

2. 供应链设计与物流系统设计

物流系统是供应链的物料流通道，是供应链管理的重要内容。物流系统设计是指原材料和零部件所经历的采购、存储、投料、加工制造、装配、包装、运输、分销、零售等一系列物流过程的设计。物流系统设计也称为供应链通道设计（Supply Chain Channel Designing），是供应链系统设计中最主要、最重要的工作。

设计一个结构合理的物流系统对于降低库存、减少成本、缩短提前期、实施JIT生产与供销、提高供应链的整体运作效率都是很重要的。但供应链的设计却不等同于物流系统的设计，特别是从集成化供应链设计的角度看，供应链设计是从更广泛的思维空间——企业整体角度去勾画企业蓝图，是扩展的企业模型。供应链设计既包含物流系统，又包括信息和组织以及价值流和相应的服务体系建设。在供应链的设计中，创新性的管理思维和观念极为重要，要把供应链的整体思维观融入供应链的构思、设计和建设中，才能在企业之间实现并行的运作模式，这是供应链设计中最为重要的思想。

3. 供应链设计与先进制造模式

供应链的设计构建既是从管理新思维的角度去改造企业，又是先进制造模式的客观要求和推动的结果。如果没有全球制造、虚拟制造（Virtual Manufacturing）这些先进的制造模式的出现，集成化供应链的管理思想是很难实现的。正是先进制造模式的资源配置沿着从劳动密集向设备密集、信息密集、知识密集的方向发展，才使得企业的组织模式和管理模式发生相应的变化，从制造技术的技术集成演变为组织和信息等相关资源的集成。供应链管理适应了这种趋势。因此，供应链的设计应把握这种内在的联系，使供应链管理成为适应先进制造模式发展的先进管理思想。

**阅读链接 2-1**

虚拟制造技术

基于虚拟现实技术的虚拟制造技术是在一个统一模型之下对设计和制造等过程进行集成，它将与产品制造相关的各种过程与技术集成在三维的、动态的仿真真实过程的实体数字模型之上。其目的是在产品设计阶段，借助建模与仿真技术及时地、并行地、模拟出产品未来制造过程乃至产品全生命周期的各种活动对产品设计的影响，预测、检测、评价产品性能和产品的可制造性等。从而更加有效地、经济地、柔性地组织生产，增强决策与控制水平，有力地降低由于前期设计给后期制造带来的回溯更改，达到产品的开发周期和成本最小化、产品设计质量的最优化、生产效率的最大化。

（资料来源：http://baike.baidu.com/view/238938.htm.）

### 2.3.2 供应链设计的内容

战略层面的供应链设计主要包括以下内容。

1. 供应链结构设计

供应链的结构主要由供应链成员企业和供应链间工序连接方式两方面要素组成。为了使非常复杂的网络更易于设计和合理分配资源，有必要从供应链整体出发，以全局的视角进行供应链网络结构的设计，并且在结构设计过程中将网络均衡条件考虑进去。

2. 供应链的建模方法的设计

供应链建模过程，是对所设计供应链的未来行为与状态变化进行预测，通过建模对供应链进行研究、分析和说明，揭示出所设计的供应链已表现和未表现的状态变量之间的复杂关系，为供应链的设计决策寻找最佳方案。为了使得所建立的模型与现实实体行为状态之间的差异尽可能小、模型尽可能逼真，对建模者的知识水平和系统分析能力要求比较高。建模既包含大量的技术内容，又要通过塑造具体反映现实、反映设计者的思想。

3. 供应链协作机制和柔性的设计构建

要实现所设计的供应链的同步化运作，需要建立一种供应链的协作机制。使信息无缝地、顺畅地在供应链中传递，减少因信息失真而导致过量生产、过量库存现象的发生，使整个供应链能够根据客户需求而步调一致，也就是使供应链能够同步响应市场需求变化。

供应链所面对的内外部环境迅速变化，不断增加的不确定性因素给供应链的设计带来前所未有的困难。这些不确定性会对供应链上下游产生巨大的影响，可能会使供应链中断，不能满足消费者需求，同时也会带来"牛鞭效应"（Bullwhip）、浪费资源等。通过提高供应链柔性，可以提高所设计的供应链的响应速度、客户的满意程度，同时可以加强供应链各成员企业间的战略合作伙伴关系。

4. 供应链基本业务流程模式的设计与优化

供应链基本业务流程包括供应链采购管理、生产管理和库存管理。相应地，在供应链基本业务流程的设计中要针对这几个模块进行分别设计，具体内容主要有采购模式及采购策略、生产模式及生产计划策略、库存管理方法等。

由于每个企业的经营范围相对集中于核心业务，企业经营发展所需要的许多资源本企业并不具备，这样企业就需要将其他企业所拥有并能为本企业所用的资源整合起来，实现企业的价值目标，这就决定了企业必须根据环境的变化不断地对供应链的基本业务流程以及各成员企业的关系进行优化。供应链的发展过程是一个持续优化的过程，而供应链优化是一项系统的工作，涉及供应链决策优化的目标、策略、模式、方法等内容。

5. 供应链集成化

供应链各阶段集成化发展程度并不相同，不同的企业间集成化度也相互各异，即使同一个企业，其不同的业务流程集成化的发展也不完全一致。集成化供应链管理主要是针对供应链发展各阶段，包括战略联盟、信息技术、质量管理、风险管理等内容，通过集成化供应链管理的设计，引导企业从运行之初就向集成化供应链管理发展，尽早实现供应链的集成化，从而降低产品的生产成本，提高产出效率，实现集约化生产。

6. 供应链成员及合作伙伴选择

一个供应链是由多个供应链成员组成的。供应链成员包括了为满足客户需求，从原产地到消费地，供应商或客户直接或间接相互作用的所有企业和相关组织。

合作伙伴选择的合适与否直接关系供应链的整体竞争优势和供应链中每一个成员的切身利益。因此，合作伙伴的选择是供应链设计的关键。建立供应链合作伙伴关系之后，如何保持和优化这种合作关系，即协调供应链企业之间的各种冲突与问题，直接影响供应链的运营效率，是供应链管理的一项重要任务，也是供应链设计需要重点考虑的问题。

7. 供应链绩效评价指标体系的设计

供应链管理作为一项综合性和复杂性很强的管理活动，需要一个特定的绩效评价系统，以使供应链企业能够判断既定的目标是否能实现，并以一种发展的、科学的、全面的角度分析和评价供应链的运营绩效。因此，在供应链的设计阶段、供应链管理阶段及后续的供应链评价阶段，都要充分考虑企业内部、企业间和整个供应链的绩效，强调组织的协调性、供应商的选择、物流系统的高效准确性和客户的满意度。

### 2.3.3 供应链设计的原则

在供应链的设计过程中，应遵循一些基本的原则，以保证供应链的设计能满足供应链管理思想得以实施和贯彻。

1. 自上而下和自下而上相结合的设计原则

在系统建模设计方法中，存在两种设计方法，即自上而下和自下而上的方法。前者是从全局走向局部的方法，是系统分解的过程；后者是一种从局部走向全局的方法，是一种集成的过程。在设计一个供应链系统时，往往是先由企业高层作出战略规划与决策，规划与决策的依据来自市场需求和企业发展规划，然后由企业具体部门实施战略规划。因此，供应链的设计是自上而下和自下而上的综合。

2. 简洁性原则

简洁性是供应链的一个重要原则。为了能使供应链具有灵活快速响应市场的能力，供应链的每个节点都应是简洁而有活力的，能够实现业务流程的快速组合。例如，供应商的选择就应以少而精的原则，通过和少数供应商建立战略伙伴关系，以有利于减少采购成本，实施 JIT 采购法和准时生产。生产系统的设计更是应以精益思想（Lean Thinking）为指导，从精益的制造模式到精益的供应链是企业努力追求的目标。

**阅读链接 2-2**

精益思想的产生

精益思想（Lean Thinking）源于 20 世纪 80 年代日本丰田发明的精益生产方式，精益生产方式造成日本汽车的质量与成本优势，曾经压得美国汽车抬不起头。世界汽车工业重心已向日本倾斜。精益思想更进一步从理论的高度归纳了精益生产中所包含的新的管理思维，并将精益方式扩大到制造业以外的所有领域，尤其是第三产业，把精益生产方法外延到企业活动的各个方面，不再局限于生产领域，从而促使管理人员重新思考企业流程，消灭浪费，创造价值。

（资料来源：http://baike.baidu.com/view/1013099.html.）

3. 协调性原则

供应链绩效好坏取决于供应链合作伙伴关系是否和谐,及供应链动态连接合作伙伴的柔性程度。因此,利用协作性原则建立战略伙伴关系的合作企业关系模型是实现供应链最佳绩效的保证。只有和谐而且协调的系统才能避免各个节点企业产生利益本位主义而动摇组成系统的各个节点企业之间的关系,从而发挥最佳的效能。

4. 创新性原则

创新设计是系统设计的重要原则,没有创新性思维,就不可能有创新的管理模式。因此,在供应链的设计过程中,创新性是很重要的一个原则。要产生一个创新的系统,就要敢于打破各种陈旧的思维框框,用新的角度、新的视野审视原有的管理模式和体系,进行大胆的创新性设计。

进行供应链的创新性设计,需要遵循以下几项原则。

(1) 创新必须在企业总体目标和战略的指导下进行,并与战略目标保持一致。

(2) 要从市场需求的角度出发,综合运用企业的能力和优势。

(3) 发挥企业各类人员的创造性,集思广益,并与其他企业共同协作,发挥供应链整体优势。

(4) 建立科学的供应链和项目评价体系和组织管理系统,进行技术经济分析和可行性论证。

5. 战略性原则

从核心企业战略发展的角度设计供应链,有助于建立稳定的供应链体系模型。因此,供应链的设计应有战略性观点,通过战略的观点考虑减少不确定的影响。从供应链的战略管理的角度考虑,供应链建模的战略性原则还体现在供应链发展的长远规划和预见性上。供应链的系统结构发展应和企业的战略规划保持一致,在企业战略指导下进行。

## 2.3.4 供应链设计的步骤

不同的供应链虽然具有各自的特点,但其设计过程都有诸多相同之处。根据系统生命周期法的一般原理,供应链设计的过程一般要经过分析核心企业的现状、分析核心企业所处的市场竞争环境、明确供应链设计的目标、分析组成供应链的各类资源要素、提出供应链的设计框架、评价供应链设计方案的可行性、调整新的供应链及检验已产生的供应链这8个步骤完成供应链的设计过程,如图2.11所示。

1. 分析核心企业的现状

该阶段的工作主要侧重于对核心企业的供应、需求管理现状进行分析和总结。如果核心企业已经有了自己的供应链管理体系,则对现有的供应链管理现状进行分析,以便及时发现在供应链的运作过程中存在的问题,或者说哪些方式已出现或可能出现不适应时代发展的端倪,同时挖掘现有供应链的优势。该阶段的目的不在于评价供应链设计标准中哪些更重要和更合适,而是着重于研究供应链设计的方向或是设计定位,同时将可能影响供应链设计的各种要素分类罗列出来。

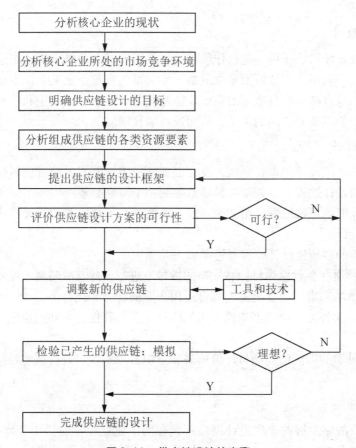

图 2.11　供应链设计的步骤

**2. 分析核心企业所处的市场竞争环境**

通过对核心企业现状分析，了解企业内部的情况；通过对市场竞争环境的分析，了解哪些产品的供应链需要开发，现在市场需求的产品、其特别的属性，及对已有产品和需求产品的服务要求；通过对市场各类主体，如用户、零售商、生产商和竞争对手的专项调查，了解产品和服务的细分市场情况、竞争对手的实力和市场份额、供应原料的市场行情和供应商的各类状况、零售商的市场拓展能力和服务水准、行业发展的前景，以及诸如宏观政策、市场大环境等因素可能产生的作用和影响等。这一步的工作成果是有关产品的重要性排列、供应商的优先级排列、生产商的竞争实力排列、用户市场的发展趋势分析，以及市场不确定性的分析评价的基础。

**3. 明确供应链设计的目标**

基于产品和服务的供应链设计的主要目标在于获得高品质的产品、快速有效的用户服务、低成本的库存投资、低单位成本的费用投入等几个目标之间的平衡，最大限度地避免这几个目标之间的冲突。同时，还需要实现以下基本目标：进入新市场、拓展原来的市场、开发新产品、调整原来的产品、开发分销渠道、改善售后服务水平、提高用户满意程度、建立战略合作伙伴联盟、降低成本、降低库存和提高工作效率。在这些设计目标中，有些目标很大程度上存在冲突，有些目标是主要目标，有些目标是首要目标，这些目标的实现级次和重要程度随不同企业的具体情况而有所区别。

4. 分析组成供应链的各类资源要素

该阶段要对供应链中的各类资源,如供应商、用户、原材料、产品、市场、合作伙伴与竞争对手的作用、使用情况、发展趋势等进行分析。在这个过程中要把握可能对供应链设计产生影响的主要因素,同时对每一类因素产生的风险进行分析研究,给出风险规避的各种方案,并将这些方案按照所产生作用的大小进行排序。

5. 提出供应链的设计框架

分析供应链的组成,确定供应链中主要的业务流程和管理流程,描绘出供应链物流、信息流、资金流、作业流和价值流的基本流向,提出组成供应链的基本框架。在这个框架中,供应链中各组成成员,如生产制造商、供应商、运输商、分销商、零售商及用户的选择和定位是这个步骤必须解决的问题,另外,组成成员的选择标准和评价指标应该基本上得到完善。

6. 评价供应链设计方案的可行性

供应链设计框架建立之后,需要对供应链设计的技术可行性、功能可行性、运营可行性、管理可行性进行分析和评价。这不仅是供应链设计策略的罗列,而且是进一步开发供应链结构、实现供应链管理的关键的、首要的一步。在供应链设计的各种可行性分析的基础上,结合核心企业的实际情况以及对产品和服务发展战略的要求,为开发供应链中技术、方法、工具的选择提供支持。同时,这一步还是一个方案决策的过程,如果分析认为方案可行,就可继续进行下面的设计工作;如果方案不可行,就需要重新进行设计。

7. 调整新的供应链

供应链的设计方案确定以后,这一步可以设计产生与以往有所不同的新供应链。因此,这里需要解决以下关键问题。

(1) 供应链的详细组成成员。包括供应商、设备、作业流程、分销中心的选择与定位、生产运输计划与控制等。

(2) 原材料的供应情况。包括供应商、运输流量、价格、质量、提前期等。

(3) 生产设计的能力。包括需求预测、生产运输配送、生产计划、生产作业计划和跟踪控制、库存管理等。

(4) 销售和分销能力设计。包括销售/分销网络、运输、价格、销售规则、销售/分销管理、服务等。

(5) 信息化管理系统软、硬平台的设计。包括系统结构设计、性能设计、实现技术、系统安全保障设计及系统运行环境设计等。

(6) 物流通道和管理系统的设计等。包括运输、存储和配送等环节的设计。

在供应链设计中,需要广泛地应用许多工具和技术,如归纳法、流程图、仿真模拟、管理信息系统等。

8. 检验已产生的供应链:模拟

供应链设计完成以后,需要对设计好的供应链进行检测。通过模拟一定的供应链运行环境，借助一些方法、技术对供应链进行测试、检验或试运行。如果模拟测试结果不理想，就返回第 5 步重新进行设计；如果没有什么问题，就完成供应链的设计从而可以实施了。

### 2.3.5 供应链设计的策略

**1. 供应链设计策略的基本要求**

供应链的设计策略可能会因为不同行业或是不同商业模式而各有侧重，但一个行之有效的供应链设计策略必然存在其最基本的共性。一个能够提高供应链竞争力的供应链设计策略必须满足以下几项基本要求。

（1）供应链网络应该具有良好的抗风险能力。一方面要考虑供应链的运行环境（地区、政治、文化、经济等因素），同时还应该考虑未来环境的变化对实施供应链的影响。要用发展的、变化的眼光来设计供应链，无论是信息系统的构建还是物流通道设计都应具有较高的柔性，以提高供应链对环境的适应能力。关于供应链柔性的构建在后面章节中具体讲解。

（2）供应链设计策略应该突出互补性，即集成各自的优势业务，做到强强联合。供应链各成员企业要专注于各自的核心业务，实现资源外用。例如，跨国公司将产品的制造和装配等环节转移到低工资的发展中国家或地区，将有限的资源用于研发和市场营销等环节，缩短产品从开发、设计、生产到销售的时间，获得竞争优势。

（3）供应链设计策略要具有协调性。要保证供应链网络沟通良好，信息通畅。和谐是描述系统是否形成了充分发挥系统成员和子系统的能动性、创造性及系统与环境的总体协调性。只有和谐而协调的系统才能发挥最佳的效能。

（4）实现知识共享与创新。设计构建的供应链网络不只是物流网路。因此，供应链设计策略不应局限于物流系统的设计。在信息高速发展的今天，知识越来越成为企业核心竞争力的重要组成部分，其对于供应链的作用也越来越不容忽视。实现知识的共享与创新，能够最大限度地调动供应链网络的优势。这是实现供应链竞争力提高的重要组成部分，而且其重要性将越来越突出。

不同的供应链设计策略对于供应链竞争力有不同程度的影响，但综合各方面利弊，一个最优的或者说是在特定情况下最适合各节点企业的供应链设计策略是可以找到的。当然一个优良的供应链设计策略不只是要理论上可行，还要与企业的战略、商业模式相吻合，与环境的发展相一致。

**2. 基于产品的供应链设计策略**

1）产品生命周期对供应链设计的影响

产品生命周期（Product Life Cycle，PLC）是指产品的市场寿命，即一种新产品从开始进入市场到被市场淘汰的整个过程，通常把一种典型产品的生命周期描绘成一条 S 型曲线。产品生命周期分为 4 个阶段，即引入阶段、成长阶段、成熟阶段和衰退阶段。

对应各个不同的阶段，存货的可得性以及企业服务方案中的响应时间会随着市场机会及其面临的竞争形势而变化。因此，在产品生命周期的不同阶段，对供应链设计的要求也是不断变化的。

**阅读链接 2-3**

### 生命周期法

> 生命周期法也称结构化系统开发方法,是目前国内外较流行的信息系统开发方法,在系统开发中得到了广泛的应用和推广,尤其在开发复杂的大系统时,显示了无比的优越性。它也是迄今为止开发方法中应用最普遍最成熟的一种。
>
> 生命周期法的基本思想是将软件工程学和系统工程的理论和方法引入计算机系统的研制开发中,按照用户至上的原则,采用结构化、模块化自顶向下对系统进行分析和设计。具体来说,它将整个信息系统开发过程划分为独立的六个阶段,包括系统分析、程序设计、系统测试、运行和维护以及系统评估。这六个阶段构成信息系统的生命周期。
>
> (资料来源: http://baike.baidu.com/view/1248033.html。)

(1) 引入阶段对供应链设计的影响。引入阶段是产品引入市场时销售缓慢增长的时期。在新产品引入阶段,需要有高度的产品可得性和物流灵活性。如果存货短缺或递送不稳定,就会引起客户的不满,这使得企业不得不在物流活动上进行大量的投资,以保证存货的可得性。此时供应链的设计必须适应产品种类和有关库存单位的变化。具体的运输、仓储等需求将会随着产品种类的扩大而扩大,因而要求供应链系统具有更大的灵活性。同时,产品种类的扩大将会需要特殊的生产设备和运输设备,如冷藏火车等,这就又增加了供应链系统的复杂性。

(2) 成长阶段对供应链设计的影响。成长阶段是产品被市场迅速接受和利润大量增加的时期。此时,物流活动的重点从集中物力和财力以提供客户所需的服务,转变为更趋于平衡的服务和成本绩效。企业的关键就是要尽可能实现收支平衡的销售量,然后提高市场份额。处于成长阶段的企业具有最大的机会去设计供应链以获取利润。

如果企业想提高对客户需求的反应能力,就必须付出一定的代价,使企业面临较高的物流成本。有些企业未能正确地评估服务水平对其成本投入的影响,从而导致了不现实的客户期望,这无疑是一种盲目的策略,所以,在供应链设计时要注意正确平衡两者的影响。

(3) 成熟阶段对供应链设计的影响。成熟阶段是因为产品已被大多数的潜在购买者所接受而造成的销售减慢的时期。在产品生命周期的成熟阶段,市场竞争趋于激烈化,由于某种产品的成功往往会引来各种替代品的竞争和竞争对手的效仿。作为响应,企业就会调整价格和服务,以提供独特的增值服务努力在主要客户中创造一种忠诚的气氛。因此,企业相应地会在供应链的各项活动上投入更多的费用,以确保向关键客户提供服务。

在这一阶段,传统的分销渠道会变得模糊而复杂,使得各种业务关系必须重新定位。成品可以通过分销商、零售商等进行多重安排,甚至可以从制造商处直接运往零售商处。而在有些情况下,产品则可以绕过传统的零售商,直接运往客户处。这类处在变化中的活动需要供应链支持系统进行大量的调整。

为了能在产品生命周期的成熟阶段调整多重分销渠道,许多企业建立了配送仓库。企业建立仓库网络的目的,就是要有能力满足来自不同渠道的各种服务要求。在成熟阶段中成品直接递送到多个客户的任务,通常都是由各种配送方案来完成的。在多渠道的条件下,递送到每个目的地的产品流量一般都比较小,并且需要为特殊的客户提供服务。由此可见,成熟阶段的竞争状态增加了供应链的复杂性,提高了作业要求的灵活性。

(4) 衰退阶段对供应链的影响。衰退阶段是产品销售下降的趋势增强和利润不断下降的时期。当一种产品进入弯曲衰退阶段时,成长阶段和成熟阶段的盛景就结束了。当一种产品即将消亡时,企业所面临的抉择是放弃该产品还是继续持续有限的配送。因此,企业一方面要继续相应的递送业务;另一方面,当产品被市场抛弃时又不至于冒太大的风险。此时,作为企业的目标,如何最大限度地降低风险比最大限度地降低成本显得更为重要。

当然,产品生命周期理论将产品的整个生命周期人为地划分为4个阶段,为供应链的设计提供了根据客户需求进行调整的大致范围。一般来说,新产品的引入需要高水准的活动性和灵活性,以适应计划生产量的迅速变化;在生命周期的成长阶段和成熟阶段,重点将转移到服务与成本的合理化上;而在衰退阶段,企业要对作业活动(尤其是物流活动)进行重新定位,使风险处于最低限度。此外,供应链必须维持灵活性,能在特定的时间进行调整,以对抗竞争性的活动。这就要求企业有清晰的思路,也就是要了解市场上的客户需求,以及该如何满足客户的这种需求。

2) 基于产品的供应链设计

供应链的设计首先要明确客户对企业产品的需求,产品寿命周期、需求预测、产品多样性、提前期和服务的市场标准等都是影响供应链设计的重要问题。产品有不同的特点,供应链有不同的功能,只有两者相匹配,才能起到事半功倍的效果。企业应当根据不同的产品设计不同的供应链,即与产品特性一致的供应链,这就是所谓的基于产品的供应链设计(Product-Based Supply Chain Design,PBSCD)。

不同类型的产品对供应链设计有不同的要求,高边际利润、不稳定需求的革新性产品(Innovative Products)的供应链设计就不同于低边际利润、有稳定需求的功能性产品(Functional Products)。两种不同类型产品的比较如表2.3所示。

表2.3 两种不同类型产品在需求上的比较

| 需求特征 | 功能性产品 | 革新性产品 |
| --- | --- | --- |
| 产品寿命周期 | >2年 | 1~3年 |
| 边际贡献 | 5~20 | 20~60 |
| 产品多样性 | 低(每目录10~20种) | 高(每目录上千种) |
| 预测的平均边际利润率 | 10% | 40%~100% |
| 平均缺货率 | 1%~2% | 10%~40% |
| 季末降价率 | 0 | 10%~25% |
| 按订单生产的提前期 | 6个月~1年 | 1天~2周 |

正因为这两种产品的不同,才需要有不同类型的供应链去满足不同的管理需要。

(1) 功能性产品需求具有稳定性、可预测性。这类产品的寿命周期较长,但其边际利润较低,不适用于高成本供应链。功能性产品一般用于满足客户的基本要求,如生活用品(柴米油盐)、男式套装、家电、粮食等,其特点是变化很少。功能性产品的供应链设计应尽量减少供应链中物理功能的成本。

(2) 革新性产品的需求一般难以预测,寿命周期较短,但利润空间较高。这类产品是按订单制造，如计算机、流行音乐、时装等。生产这种产品的企业没接到订单之前不知道干什么，接到订单就要快速制造。革新性产品供应链设计应更多地关注向客户提供所需属性的产品，重视客户需求并对此作出快速反应。

3. 基于多代理的集成供应链设计策略

1）基于多代理的集成供应链模式

随着信息技术的发展，供应链不再是由人、组织简单组成的实体，而是以信息处理为核心，以计算机网络为工具的人—信息—组织集成的超智能体。基于多代理集成的供应链模式是涵盖两个世界的三维集成模式，即实体世界的人—人、组织—组织集成和软体世界信息集成（横向集成），以及实体与软体世界的人—机集成（纵向集成）。

2）动态建模基本思想

动态建模需要多种理论方法的支持，其基本流程为多维系统分析、业务流程重构、建模、精简/集成、协调/控制，在建模中并行工程思想贯穿于整个过程。

3）建模方法

用于基于多代理集成供应链的建模方法主要有基于信息流的建模方法、基于过程优化的建模方法、基于案例分析的建模方法，以及基于商业规则的建模方法这几种。

过程优化思想在 BPR 建模中得到应用，并且 BPR 支持工具被列为 BPR 研究的一项重要内容。过程优化最关键的是过程诊断，即过程存在问题的识别，可采用基于神经网络的企业过程诊断法、基于物元理论系统诊断法以及变化矩阵法。集成动态建模过程如图 2.12 所示。

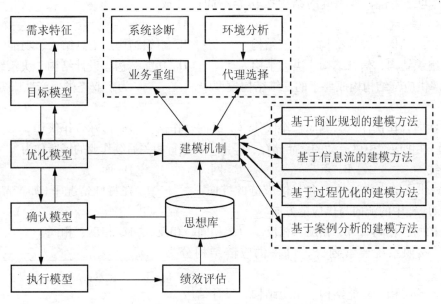

图 2.12　基于多代理的集成供应链动态建模方法

# 本 章 小 结

供应链的结构的类别可以根据不同的标准有多种划分，本章在介绍供应链结构的构成要素的基础上列举了几种供应链结构的划分类别。然后介绍了供应链的两种基本结构模型和企业内部的供应链结构模型,并简单介绍了供应链网络结构均衡模型。供应链的设计正是建立在对供应链结构的学习基础之上。最后详细介绍了供应链设计的内容及原则、设计策略、设计步骤等相关内容,使读者对供应链设计的基本理论内容有大体的了解。

供应链基本结构模型是本章学习的重点,只有很好地掌握了供应链基本结构模型的理论知识才能更好地进行供应链的设计。对于供应链结构模型的选择,应根据企业的战略、战术和作业层活动,采用自顶向下的分析方法,对供应链管理中的物流、信息流、资金流等管理分析概括并进行具体描述。在此基础上设计供应链,应着眼于供应链管理的整个生命周期(包括供应链的分析、设计、开发、实施和运行等环节),同时强调对供应链管理的不断改善和优化。

### 关键术语

业务流程重组(BPR)　　　　　发散型供应链　　　　　会聚型供应链
会聚发散型供应链　　　　　　供应链基本结构模型　　　供应链网络均衡模型
物流系统设计　　　　　　　　虚拟制造

## 习　　题

1. 选择题

(1) 总地来说,供应链的结构按功能不同可分成＿＿＿＿、＿＿＿＿和＿＿＿＿3种。

A. 组织结构、设计结构、决策结构　　B. 组织结构、信息结构、功能结构
C. 组织结构、信息结构、决策结构　　D. 功能结构、设计结构、决策结构

(2) 供应链结构构成要素的三维结构模型中,＿＿＿＿为企业提供生产性服务的各种主体。

A. 横向合作伙伴　B. 侧向合作伙伴　C. 纵向合作伙伴　D. 边际合作伙伴

(3) 在供应链中供流动的商品储存、停留,以进行相关后续作业的场所称为＿＿＿＿。

A. 线　　　　　　B. 点　　　　　　C. 网　　　　　　D. 面

(4) 供应链中物流的方向与供应链的方向＿＿＿＿,在特殊情况下(如产品退货),产品在供应链中的流向与供应链方向＿＿＿＿。

A. 相同、相同　　B. 相反、相反　　C. 相同、相反　　D. 相反、相同

(5) 按照系统要素划分,可将供应链结构分为＿＿＿＿、＿＿＿＿、＿＿＿＿和＿＿＿＿。

A. 流动结构、功能结构、组织结构、设计结构
B. 组织结构、流动结构、信息结构、决策结构
C. 设计结构、信息结构、治理结构、功能结构
D. 流动结构、功能结构、治理结构、设计结构

(6) 受服务驱动,通常把管理的注意力聚焦于精确计划和分配满足订单生产所需的物料和能力方面,在作出订单承诺时会着重考虑供应链的有限生产能力和交付周期,通常采用JIT的生产方式的供应链是按照结构形态划分的供应链结构类别中的＿＿＿＿。

A. 会聚型供应链——"A"供应链

B. 会聚发散型供应链——"T"供应链

C. 会聚型供应链——"V"供应链

D. 发散型供应链——"V"供应链

（7）关于企业内部供应链的说法错误的是_____。

A. 在企业内部，并非所有部门都通过供应链参与增值活动

B. 在企业内部，采购部门是资源的来源部门，生产部门则直接增加产品价值

C. 在企业内部，管理客户订单和配送的仓库服务部门从流通意义上实现产品的价值

D. 在企业内部，产品的创新和个性化产品的设计是由设计开发等部门来完成的，营销部门则直接参与了增值活动

（8）在供应链的设计过程中，应遵循自上而下设计和_____设计相结合的原则。

A. 自左而右　　B. 自下而上　　C. 自前而后　　D. 自整体而局部

（9）物流系统设计也称为供应链_____。

A. 系统设计　　B. 通道设计　　C. 结构设计　　D. 组成成员设计

2. 简答题

（1）根据供应链结构构成要素的三维结构模型，供应链的3个结构构成要素是什么？

（2）供应链的流动结构中5个要素是什么？相互间有什么关系？

（3）供应链的结构特性有哪些？

（4）画出简单抽象的供应链链状模型，并标明物流方向。

（5）画出有一个核心企业的企业外部供应链结构模型，并指出物流和资金流的方向。

（6）简述供应链设计和物流系统设计的区别。

（7）简述供应链设计时应遵循的原则。

（8）简述供应链设计的基本步骤。

3. 判断题

（1）供应链中的复合功能节点一般处于供应链的起点或终点。　　　　　　（　　）

（2）决策结构对供应链效率的影响一般弱于组织结构和信息结构。　　　　（　　）

（3）直销意味着直接减少运输成本，提高运输的集约程度。因此，路线的规划、货物组配等物流管理是必不可少的。　　　　　　　　　　　　　　　　　　　　（　　）

（4）连接供应链网络中点的路线称为线或连线。供应链中的线是通过一定的资源产出收益而形成的。　　　　　　　　　　　　　　　　　　　　　　　　　　　（　　）

（5）供应链网状结构是有点点相连的线组成的非常复杂的网络，它的最大优点是方便销售、效率较高。　　　　　　　　　　　　　　　　　　　　　　　　　　（　　）

（6）在发散型供应链中，源头物料单一并大批量存在，一般已批量生产方式将这些物料转化成为一系列中间物料，然后通过配料供应给各种各样的其他制造环节。　（　　）

（7）判断供应链功能设置和发挥是否合理，不是看供应链为生产和销售降低了多少成本，而是看供应链系统中进行了多少作业。　　　　　　　　　　　　　　（　　）

（8）若干生产商、零售商和需求市场组成的供应链网络，其均衡状态表现为供给市场达到生产商竞争均衡、零售市场达到零售商竞争均衡，以及需求市场达到供需均衡。

（　　）

（9）先进制造模式的资源配置沿着从设备密集向劳动密集、信息密集、知识密集的方

向发展,才使得企业的组织模式和管理模式发生相应的变化。 (  )

（10）功能性产品的需求一般难以预测,寿命周期较短,但利润空间高。 (  )

**4. 思考题**

（1）两种横向合作伙伴之间关系有何异同？画图并举例说明。

（2）供应链设计步骤中"调整新的供应链"这一步要解决的问题有哪些？需要应用的工具和技术都包括什么？

（3）在供应链的设计过程中会面临哪些风险？

**案例分析**

### 美国惠普台式打印机产品供应链的设计①

惠普（Hewlett-Packard Development Company，HP）公司成立于1939年。HP台式打印机于1988年开始进入市场,并成为惠普公司的主要成功产品之一。但是随着台式打印机销售量的稳步上升,库存的增长也紧随其后。在实施供应链管理之后,这种情况得到改善。

DeskJet打印机是HP公司的主要产品之一。该公司有5个位于不同地点的分支机构负责该种打印机的生产、装配和运输。从原材料到制成最终产品的生产周期为6个月。在以往的生产和管理方式下,各成品厂装配好通用打印机之后直接进行客户化包装,为了保证98%的顾客订单及时满足率,各成品配送中心需要保存大量的安全库存（一般需要7周的库存量）。产品将分别销往美国、欧洲和亚洲。

1. HP公司的生产及销售组织方式

HP打印机的生产、研究开发节点分布在16个国家,销售服务部门节点分布在110个国家,而其产品种类超过22 000种。欧洲和亚洲地区对于台式打印机电源供应（电压110V和220V的区别,以及插件的不同）、语言（操作手册）等有不同的要求。以前这些都由温哥华的公司完成,北美、欧洲和亚太地区是它的3个分销中心。这样一种生产组织策略,称为"工厂本地化（Factory Localization）"。HP公司的分销商都希望尽可能地降低库存,同时尽可能快地满足客户的需求。这样导致HP公司在保证供货的及时性方面压力很大,从而不得不采用备货生产的模式以保证对分销商供货准时的高可靠性,因而分销中心成为有大量安全库存的库存点。制造中心是一种拉动式的,计划的生成是为了通过JIT模式满足分销中心的目标安全库存,同时它本身也必须建立一定的零部件、原材料安全库存。

零部件、原材料的交货质重（如到货时间推迟、错误到货等问题是否存在）、内部业务流程、需求等的不确定性是影响供应链运作的主要因素。这些因素导致不能及时补充分销中心的库存,需求的不确定性导致库存堆积或者分销中心的重复订货。HP公司将产品海运到欧洲和亚太分销中心需要用大约一个月的时间,这么长的提前期导致分销中心没有足够的时间去对快速变化的市场需求作出反应,而且欧洲和亚太地区就只能以大致的安全库存来保证对客户需求的满足。这占用了大量的流动资金,若某一地区产品缺货,为了应急,可能会将原来为其他地区准备的产品拆开,重新包装,造成更大的浪费。同时提高产品需求预测的准确性也是一个主要难点。

减少库存和同时提供高质量的服务成为温哥华HP公司管理的重点,着重于供应商管理以降低供应的不确定性,并减少机器闲置时间。

具体来说,需要公司通过管理创新达到以下目的：减少分销中心库存；降低生产不均衡,提高生产设备的利用率；提高服务质量,改善客户服务水平；降低成本。

2. HP公司的解决方案

HP公司管理者希望在不牺牲顾客服务水平的前提下改善这一状况。供应商、制造点、分销中心、分

---

① 资料来源：王道平,鲍新中. 供应链管理教程——理论与方法[M]. 北京：经济管理出版社,2009.

销商和消费者组成 HP 台式打印机供应链的各个节点，供应链是一个由采购原材料、把原材料转化为中间产品和最终产品，最后交到客户手中的过程所组成的网络。重新设计的供应链如图 2.13 所示。

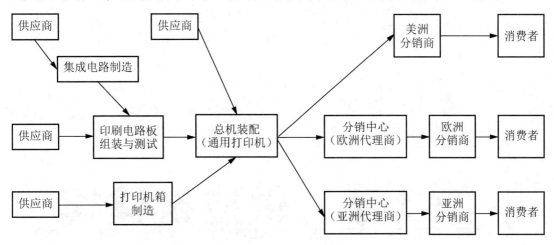

图 2.13　重新设计的 HP 公司供应链，PCAT

在这个新的供应链中，主要的生产制造过程由在温哥华的惠普公司完成，包括印刷电路板组装与测试(Printed Circuit Board Assembly and Test，PCAT)和总机装配(Final Assembly and Test，FAT)。PCAT 过程中，电子组件(如 ASICs、ROM 和粗印刷电路板)组装成打印头驱动板，并进行相关的测试；FAT 过程中，电动机、电缆、塑料底盘和外壳、齿轮、印刷电路板总装成打印机，并进行测试。

其中各种零部件原材料由 HP 的子公司或分布在世界各地的供应商供应。在温哥华生产通用打印机，通用打印机运输到欧洲和亚洲后，再由当地分销中心或代理商加上与地区需求一致的变压器、电源插头和用当地语言写成的说明书，完成整机包装后由当地分销商送到消费者手中，通过将定制化工作推迟到分销中心进行("延迟"策略)，实现了根据不同客户需求生产不同型号产品目的。这样一种生产组织策略，称为"分销中心本地化"。并且在产品设计上作出了一定变化，电源等客户化需求的部件设计成了即插即用的组件，从而改变了以前由温哥华的总机装配厂生产不同型号的产品，保持大量的库存以满足不同需求的情况。

为了达到 98%的订货服务目标，原来需要 7 周的成品库存量现在只需要 5 周的库存量，一年大约可以节约 3 000 万美元，电路板组装与总装厂之间也基本实现无库存生产。同时，打印机总装厂对分销中心实施 JIT 供应，以使分销中心保持目标库存量(预测销售量与安全库存量的总和)。

通过供应链管理，HP 公司实现了降低打印机库存量的目标，改善了服务水平。重新设计的供应链改进了供应商管理，减少了因原材料供应而导致的生产不确定性和停工等待时间，供应链前段基本实现零库存。安全库存周期减少为 5 周，从而减少了库存总投资的 18%，仅这一项改进便可以每年节省 3 000 万美元的存储费用。由于通用打印机的价格低于同类客户化产品，从而又进一步节省了运输、关税等项费用。除了降低成本，客户化延迟使得产品在企业内的生命周期缩短。从而对需求预测不准确性或是外界的需求变化都具有很好的适应性，一旦发现决策错误，可以在不影响顾客利益的情况下以较小的损失更快地加以纠正。

**讨论题**

(1) 惠普公司如何选择供应链的结构？选择的原则是什么？
(2) 改进后的供应链结构较以前有什么进步和优势？
(3) 在供应链之间竞争的国际环境下，HP 公司应该如何通过供应链结构的持续改进增强其竞争力？

# 第3章 供应链建模方法

【本章教学要求】

| 知识要点 | 掌握程度 | 相关知识 | 应用方向 |
| --- | --- | --- | --- |
| 建模方法概述 | 熟悉 | 供应链建模的5种思路 | 在了解掌握供应链建模的基本知识的基础上，正确分析供应链建模的思路 |
| 建模方法分类 | 熟悉 | 描述型模型和规范型模型；5种供应链建模方法 | |
| 供应链建模的步骤 | 重点掌握 | 供应链建模的7个步骤 | |
| 图形化建模方法 | 了解 | 两种图形化建模方法 | 了解和掌握供应链模型的建模方法，科学合理地进行供应链优化设计 |
| 数学建模方法 | 重点掌握 | 数学建模方法的一般步骤和线性规划建模方法 | |
| 仿真建模方法 | 重点掌握 | 3种仿真建模方法 | |

## 全能五金供应公司降低库存成本的控制方法[①]

全能五金供应(Complete Hardware Supply, CHS)公司的总部坐落在美国俄亥俄州的克利夫兰,蒂姆·奥黑尔先生是该公司分销部经理。CHS公司最近被统一公司收购,统一公司的管理人员坚持认为要制定严格的管理制度来限制 CHS 公司的库存投资。CHS 公司向俄亥俄州东北部地区的地方五金店分销各种五金制品。公司从全国各地的供应商那里采购种类繁多的五金制品。

五金店的订单由 CHS 公司在克利夫兰的仓库履行。以前,蒂姆使用再订货点法(Q 系统)确定向供应商再次订购的数量,并控制库存水平。为解决新的库存资金限额问题,蒂姆从 500 种产品中选择了 30 种具有代表性的产品进行分析。

企业准备和传输部分的采购订单成本是 15 美元。企业的年库存持有成本是 25%,则每周的库存持有成本为 0.48%(25%/52)。现在,蒂姆将提前期内的现货供应比率设定为 98%,来控制客户服务水平,该比率是在征求销售人员意见后设定的。

将统一公司的资金限额分摊到所有产品上,这 30 种产品的总资金不能超过 18 000 美元。但蒂姆认为,要保持收入不变,每年的缺货比率不能高于现在。身处困境,蒂姆采取以下措施来降低库存水平。

(1) 更快地传输订单。
(2) 要求供应商使用更快的运输方式。
(3) 降低预测误差。
(4) 牺牲一定的客户服务水平。

蒂姆可以购买一台价值 1 500 美元的传真机(寿命 5 年),使订单传输时间缩短为几秒钟。不过,他估计,采购订单的成本将由于电话费从 15 美元涨到 17 美元。如果与联合包裹服务公司签定特殊协议,可以保证到美国各地的递送服务在两天之内完成。这将对运距在 600 英尺以上的货物产生影响,产品价格会增加 5%。

最后,蒂姆还可购买价值 50 000 美元的新型预测软件。他希望软件被应用后,预测误差能降低 30%。

**讨论题**

(1) 为了降低库存水平,蒂姆应该采取哪种措施?
(2) 蒂姆应如何与统一公司的管理人员讨论 CHS 公司的情况?
(3) 你认为 CHS 公司花费 5 万美金降低预测误差是否有必要?可以采用哪些建模方法来降低预测误差?

供应链管理是一种适应市场全球化和客户需求多样化而产生的一种管理技术,它强调供应链中各企业及其活动的整体集成,从而可更好地协调供应链上各企业之间的关系,有效地协调和控制供应链中物流、信息流、价值流,保持灵活和稳定的供需关系,使整个供应链中企业效益最大化。为了更好地实施供应链管理技术,研究供应链建模技术,建立相应的供应链运作参考模型以实现供应链的优化是十分必要的。本章主要介绍建模方法概述、图形化建模方法、数学建模方法、仿真建模方法和智能优化方法,重点是供应链建模的图形化建模方法、数学建模方法和仿真建模方法等。

---

[①] 资料来源:蒋长兵.供应链理论技术与建模[M].北京:中国物资出版社,2009.

## 3.1 供应链建模方法概述

### 3.1.1 常用的建模思路

供应链模型的建立过程,是预测供应链未来行为与状态变化的智力结构和数量化方法,通过模型对供应链进行研究、分析和说明,揭示出供应链已表现和未表现的状态变量之间的复杂关系,为供应链决策提供一个综合分析的结构、寻找最佳方案。模型与现实实体行为状态之间的差异应尽可能小,而模型的逼真程度则取决于建模者的知识水平和系统分析能力。建立模型是一种创造性劳动,它既有大量的技术内容,又有通过塑造具体反映现实、反映作者思想的艺术内容。

供应链建模是一种系统工程,而在系统工程中使用的模型,通常都包括可控变量和不可控变量,可有以下形式。

$$U = f(X_i, Y_i) \tag{3.1}$$

式(3.1)中,$U$ 为描述系统功能质量的效用或准则值,有时也称为目标函数,一般希望达到最大值(如利润、效益等)或最小值(如成本、支付、亏损等);$X_i$ 为可控变量;$Y_i$ 为不可控变量;$f$ 为 $U$ 与 $X_i$ 和 $Y_i$ 之间的关系函数。

常见的模型建立思路有以下几种。

**1. 直接分析法**

对于系统较简单,问题也比较明确的情况,可以使用直接分析法建立模型,这种方法按照问题的性质直接建立模型。

【例3.1】流通加工中的下料问题。试求面积为一定值的矩形中,周长和为最小时的各边长度。

因为下料的要求是矩形,所以,对边两两相等。设其一边为 $x$,邻边长为 $y$,则周长 $L = 2(x + y)$。如果矩形的面积为 $A$,则

$$A = x \cdot y \text{ 或 } y = A/x$$

代入周长 $L$ 的关系式,可得

$$L = 2(x + y) = 2(x + A/x) \tag{3.2}$$

式(3.2)中,$A$ 是定值,即 $A$ 是不可控变量。如果欲求 $L$ 最小时的 $x$ 值,可用一次导数为零来求解。解得 $x = y$。结果表示:要保持 $A$ 不变而周长 $L$ 最小时,$x$ 与 $y$ 应相等,即是一个正方形。

**2. 数据分析法**

当系统结构的性质尚不清楚,但是通过分析系统功能的已有数据或新做的试验所获取的数据可以建立系统的模型,如供应链中见到的产品质量问题,影响的因素很多,其中有的可控,有的却不可控(或难以控制)。这些因素作用的大小及其与质量指标之间的关系,可能还不够清楚。在这种情况下,往往可以使用回归分析等工具来帮助建立模型,再进一步分析各因素的作用。

例如,评价钢盔和防弹背心的保护价值时,不可能用人来做实验,把评价防弹背心的效率准则取为弹片碰到背心后的残余速度,残余速度越低保护效率越高。人们曾构造过一

个数学模型来进行评价，取得了效果。又如，对于化学铣切工艺质量有光参数的优选问题，经过多次实验，发现影响加工质量的主要可控变量是铝合金($x$)和碱浓度($y$)。利用已取得的数据构造外观质量与可控变量的回归方程，有了这个模型，就可以用优选法来选定 $x$ 和 $y$ 值，使外观、质量的分数(10 分制)最高。

3. 实验分析法

对于某些问题，现有的数据分析尚不能确定个别变量对整个系统工作指标的影响，又不可能做大量试验时，也可以在系统上做局部实验，确定关键的本质变量，弄清楚其本质特性及其对所关心的指标的影响。逐渐分析，发现矛盾，建立实验模型，直到取得满意的效果为止。

【例3.2】某厂按照过去的经验，当广告费用增加时，销售额度呈正比例递增，如图 3.1(a)所示。但是系统分析人员在研究其他产品时发现，当广告费用增加到一定数量时不一定保证销售量会随之增加，而是出现了一段平台期，如图 3.1(b)所示。这样系统分析人员联想到心理学中有一种典型的反映函数形式，如图 3.1(c)所示。这一心理学刺激反应规律说明一个道理，即推销员总是推销一种产品，顾客由于逆反心理反而不愿意购买它。因此，必然有一个最佳广告费用，即使销售量刚刚达到饱和时的费用。但现在的数据又不能确定这一最佳值，而厂家又不愿意承担实验的风险。该工厂选定 250 个销售区中的 18 个区做实验，证明每一类顾客的反应确实符合如图 3.1(c)所示的形状，通过 18 个区的实验，大致找到了"最佳"广告费的范围，得到了广告费的平均值、最小值及最大值。

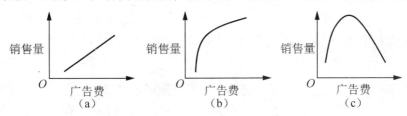

图 3.1 实验分析法示意图

4. 主观想象法

当系统结构性质不明确，又无足够的数据，在系统上无法做实验时，此时看来无法建立模型。但实际上还是可以利用"主观想象"来人为地实现一个模型的。例如，人们想研究未来若干年以后的大系统，如经济系统、军事系统、生态系统等，设想一些情况，然后构造一个简单的模型，据此推出一些结果，如此往复多次，最后随着人们认识的深化，模型逐渐逼近一个真实的系统。

5. 人工实验法

当系统结构复杂、性质不明确、没有足够的数据，又无法在系统上做实验，或者不允许做实验时，可以利用人工实验法逐步建立模型。一些供应链系统有时属于这类模型。例如对于某些复杂的供应链系统不能利用现实做实验，可借用人工现实，将人工现实分解成一些初等系统，从局部的小事件中了解情况，摸清底细，这样就比较容易形成模型；然后在返回到人工现实形成第一次模型；根据实际情况进行适当的补充修改，使之形成更加接近实际供应链系统的第二次模型，如此反复进行直到获得具有更为一般性和满意的模型为止。

### 3.1.2 建模方法分类

近年来,关于供应链的研究已经成为热门课题,伴随着供应链思想在实践领域的广泛运用,供应链建模逐渐成为企业界和理论界的研究热点。由于使用的建模方法不同,对于具有不同特征的供应链所建立的供应链模型也不尽相同。

供应链模型大体上可分为描述性模型(Descriptive Model)和规范模型(Normative Model)两类。

(1) 描述性模型大多以图形方式表示供应链的构成以及其中要素之间的关系,其主要是为了对供应链有更好的理解,但无法直接用来对供应链进行定量的分析和设计。

(2) 规范模型则是为了帮助管理者更好地作出决策而建立的。规范指的是确定企业或供应链应该努力达到标准或最优化的过程,也可称为优化模型。

供应链建模是对供应链进行流程再造和优化的前提。随着各种建模思想和工具在供应链管理领域的广泛运用,出现了非常多的供应链建模方法。根据不同的形式化表达方法和表达机理,主要从图形化建模、数学建模、基于语法的建模、仿真建模和智能优化建模对供应链建模方法的相关研究进行分析。

### 3.1.3 供应链模型建立步骤

不同条件下的建模方法虽然不同,但是建模的全过程始终离不开了解实际系统、掌握真实情况、抓住主要因素、弄清变量关系、构造模型、反馈使用效果、不断修改以逐步向实际逼近这几个方面。因此,建立模型的步骤可以归纳为以下几个步骤。

1. 弄清问题,掌握真实情况

要清晰准确地了解系统的规模、目的和范围以及判定准则,确定输入、输出变量及其表达形式。对于经济模型而言,要根据有关经济理论,假定结构方程,确定变量关系,设定随机量的概率分布。

2. 搜集资料

搜集真实可靠的资料,全面掌握资料,对资料分类,概括本质内涵,分清主次变量,把已研究过或成熟的经验知识或实例,进行挑选作为基本资料,供新模型选择和借鉴。将本质因素的数量关系,尽可能用数学语言来表达。

3. 确定因素之间的关系

确定本质因素之间的相互关系,列出必要的表格,绘出图形和曲线等。

4. 构建模型

在充分掌握资料的基础上,根据系统的特征和服务对象,构建一个能代表所研究系统的数量变换的数学模型,这个模型可能是初步的、简单的。

5. 求解模型

用解析法或数值法求解模型最优解。对于较复杂的模型,有时需编出框图和计算机程序来求解。

6. 检验模型的正确性

检验模型的正确性目的在于肯定模型是否在一定精确度的范围内正确地反映了所研究的问题。必要时要修改和反复订正，如除去一些变量、合并一些变量、改变变量性质或变量间的关系以及约束条件等，使模型进一步符合实际，满足在可信度范围内可解、易解的要求后投入使用。

## 3.2 图形化建模方法

### 3.2.1 图形化建模方法概述

在建模技术发展的早期，建模方法多偏向于采用图形这种易于理解的形式化表达方法来对模型进行描述和分析，其中比较典型的就是流图(Flow Chart)和数据流图(Data Flow Diagrams)。流图一般被定义为对一组逻辑序列、业务流程或组织结构的一种形式化的描述。数据流图是应用最为广泛的一种描述过程或系统的结构化分析方法和工具。科学管理大师 Henry Laurence Gantt 提出了甘特图(Gantt Chart)，甘特图是将某些已经完成的工作和即将要做的工作绘制在一条时间轴(横轴)上，将承担各项工作的人或设备绘制在纵轴上，以简洁直观的图形方式图形化和量化了生产调度算法的复杂数据。

另外，角色活动图(Role Activity Diagram，RAD)方法也广泛用于供应链建模过程中，作为一种结构化流程建模技术，它强调角色、角色间的相互作用和活动，以及与外部事件的联结，通过一些标准化的图形元素符号全面描述企业过程的主要特征(目标、角色、决策等)。在 RAD 的基础上，结合 Jacobson 的对象交互图(Object Interaction Diagrams，OID)，出现了角色交互图(Role Interaction Diagram，RID)。在角色交互图中活动通过矩阵与角色相关联，活动都纵向排列在左边，角色都横向排列在上方顶部，通过箭头来表述角色之间的关系，同时辅以文字说明。

在 1962 年，德国 Carl Adam Petri 提出了 Petri 网方法，它是一种适用于多种系统的图形化、数学化建模工具，为描述和研究具有并行、异步、分布式和随机性等特征的信息加工系统提供了强有力的手段。同时比较重要的另外一种图形化建模方法是 Meta 图方法，它是 Basu 在 1992 年提出的，主要用于系统描述和分析的图形结构，该结构不仅可以对各种系统进行直观的图形表述，而且有很强的形式化描述和分析能力，可被应用于决策支持系统、层次化建模等领域。

当今图形化的建模方法越来越多，已成为供应链流程建模方法的一个重要流派。除了上述提到的一些建模方法，还有一些主要的建模方法都可归为图形建模方法，如 Rational Software 公司的 Grady Booch，Jim Rumbaugh 和 Ivar Jacobson 开发的统一建模语言(Unified Modeling Language，UML)方法，它是面向对象分析方法的一个标准的建模语言，是一种可以应用于任何软件开发过程的标记法和语法语言。UML 主要采用图形化表示，定义了 5 类模型图，也可以算是图形化的建模方法。另外，还有现在比较热门的工作流图(Work Flow)法等。

图形化建模方法发展到现在最为经典和最具有代表性的就是由供应链协会(Supply Chain Council International，SCCI)开发的适合于不同工业领域的供应链运作参考模型(Supply - Chain Operations Reference - model，SCOR)，SCOR 模型是新兴的概念建模方法，其侧重于采用标准的图形、符号形式来分析供应链特征要素,是一种高效实用的供应链设计和再造的利器。供应链运作参考模型是将业务流程重组、标杆管理及最佳实践集成为多功能一体化的模型结构。SCOR 模型指出供应链管理过程必须开始于"业务流程再造",这不同于"企业流程再造",因为前者必须在跨企业间进行,后者则是企业内部运作优化问题,其结构是建立在 5 个不同的管理流程之上,即计划、采购、生产、配送与退货。SCOR 模型按流程定义可分为 3 个层次,每个层次都是通过图形、符号和标准术语来进行。在第 3 层以下还可以有第 4、5、6 等更详细的属于各企业所特有的流程描述层次,如第 4 层实施层定义了具体的运作方式以获得竞争优势和适应不断变化的商业环境,但这些层次中的流程定义不包括在 SCOR 模型中。

### 3.2.2 甘特图建模方法

甘特图又叫横道图或条状图(Bar Chart)。它是以图示的方式通过活动列表和时间刻度形象地表示出任何特定项目的活动顺序与持续时间。由于甘特图形象简单,在简单、短期的项目中,甘特图都得到了最广泛的运用。

在生产系统的供应链建模过程中,使用甘特图是基于作业排序的目的,将供应链中的活动与时间联系起来的最早尝试之一,该图能帮助企业描述对如工作中心、超时工作等资源的使用图。当用于负荷时,甘特图可以显示几个部门、机器或设备的运行和闲置情况。这表示了该系统的有关工作负荷状况,这样可使管理人员了解何种调整是恰当的。

当某一工作中心处于超负荷状态时,则低负荷工作中心的员工可临时转移到该工作中心以增加其劳动力,或者在制品存货可在不同工作中心进行加工,则高负荷工作中心的部分工作可移到低负荷工作中心完成,多功能的设备也可在各中心之间转移。但甘特负荷图有一些重要的局限性,它不能解释生产变动,如意料不到的机器故障及人工错误所形成的返工等。例如在生产系统中,某一工作可以分解为 A、B、C 和 D 4 项任务,根据每一项任务逻辑顺序,按照时间的先后顺序分别表示在图 3.2 上。在图 3.2 中,A、B、C 和 D 四项任务的开始时间分别在第 0、0、2 和 4 的时间点上,完成时间分别占用 6、5、5 和 4 个时间单位,即可得到完成这四项任务的时间分别位于第 6、5、7 和 8 的时间点上,而最后完成该工作总共需要 8 个时间单位。

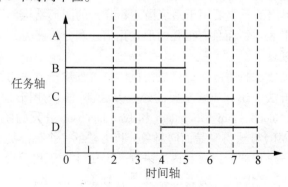

图 3.2 甘特图示意图

甘特图可用于检查工作完成进度,它表明哪件工作如期完成,哪件工作提前完成或延期完成。在实践中还可发现甘特图的多种用途。

在绘制甘特图时,应遵循以下几个步骤。

(1) 明确项目涉及的各项活动、项目。内容包括项目名称(包括顺序)、开始时间、工期,任务类型(依赖/决定性)和依赖于哪一项任务。

(2) 创建甘特图草图。将所有的项目按照开始时间、工期标注到甘特图上。

(3) 确定项目活动依赖关系及时序进度。使用草图,并且按照项目的类型将项目联系起来,并且安排。

此步骤将保证在未来计划有所调整的情况下,各项活动仍然能够按照正确的时序进行,也就是确保所有依赖性活动能并且只能在决定性活动完成之后按计划展开,同时避免关键性路径过长。关键性路径是由贯穿项目始终的关键性任务所决定的,它既表示了项目的最长耗时,也表示了完成项目的最短可能时间。关键性路径会由于单项活动进度的提前或延期而发生变化,而且要注意不要滥用项目资源,对于进度表上的不可预知事件要安排适当的富裕或松弛时间(Slack Time)。但是,富裕或松弛时间不适用于关键性任务,因为作为关键性路径的一部分,其时序进度对整个项目至关重要。

(4) 计算单项活动任务的工时量。

(5) 确定活动任务的执行人员及适时按需调整工时。

(6) 计算整个项目时间。

### 3.2.3 SCOR 模型建模方法

1. SCOR 模型建模方法概述

SCOR 是 1996 年年底由供应链协会开发支持发布的,适合于不同工业领域的供应链运作参考模型。1996 年春,美国波士顿两家咨询公司——Pittiglio Rabin Todd & McGrath (PRTM) 和 AMR Research(AMR) 为了帮助企业更好地实施有效的供应链,实现从职能管理到流程管理的转变,牵头成立了供应链协会,并于当年底发布了供应链运作参考模型。SCOR 模型是第一个标准的供应链流程参考模型,是供应链的诊断工具,它涵盖了所有行业。SCOR 模型使企业间能够准确地交流供应链问题,客观地评测其性能,确定性能改进的目标,并影响今后供应链管理软件的开发。流程参考模型通常包括一整套流程定义、测量指标和比较基准,以帮助企业开发流程改进的策略。SCOR 模型不是第一个流程参考模型,但却是第一个标准的供应链参考模型,如图 3.3 所示。

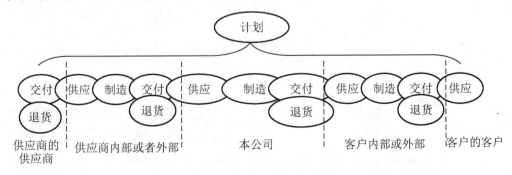

图 3.3 SCOR 模型

供应链委员会提出供应链参考模型的目的是开发、维护、测试并验证跨行业的供应链过程标准,它提供了通用的供应链结构、标准的术语定义、与评价有关的通用标准和最佳实施分析,可用于评价、定位和实施供应链应用软件的公共模型。

SCOR模型已经发展成可以用来描述与满足客户需求所有环节相关联的全部商业活动的一个模型。模型是围绕计划、供应、制造、交付和退货5个基本管理流程展开的,通过分析这5个供应链基本流程,该模型可以用一系列通用的标准定义对任何非常简单或者非常复杂的供应链进行描述,从而使不同类型的行业都可以通过标准化的供应链参考模型对其供应链进行深度和广度的分析。SCOR模型已经成功地为致力于供应链改进的全球项目和地区项目提供了一个基础工具。

SCOR模型的范围是所有与客户互动的环节(包括从收到客户订单到客户付款),所有的供应链过程(包括从供应商的供应商到客户的客户的一切关于设备、供货、备件、散装品、软件等的流动)以及所有的市场互动活动(包括从理解市场总需求到完成每个订单)。由此可以看出SCOR模型并不试图对每一个商业流程或活动进行描述,特别是SCOR模型不会涉及销售和市场(需求产生)、产品开发、研发以及客户售后服务流程。

2. SCOR模型的层次和内容

对SCOR模型的应用开发包括3个基本层次和1个附加的执行层次,其层级结构如表3.1所示。这些层次对应着企业期望对所属供应链流程管理开发的不同深度。根据开发的不同层次,SCOR模型会呈现出不同的结果,表现出企业供应链流程的实际状况,发现现存的低效或荣誉环节,然后企业就可以对现有供应链进行流程重组。

表3.1 SCOR模型层次结构

| | 层次 | 描述 | 示意图 | 含义 |
|---|---|---|---|---|
| 供应链参考模型 | 1 项目范围 | 最高层(流程类型) | 计划 外购 制造 交货 | 第1层定义SCOR的范围和内容。此处设立了竞争目标的基础 |
| | 2 | 配置层(流程目录) | | 一个企业可以从26种流程类型中选择构造自己的供应链,据此实施运作战略。 |
| | 3 | 流程要素层(流程分解) | | 企业微调建立的运作战略。第3层定义企业的在选定市场上成功竞争的能力,包括:①流程要素定义;②流程要素信息输入与输出;③标杆应用;④最好实施方案;⑤支持实施方案的系统能力 |
| 不在项目范围 | 4 | 实施层(流程要素分解) | | 企业实施特定的供应链管理系统。第4层定义了取得竞争优势和适应企业变化条件的方案 |

第1层(顶层)是SCOR模型的最高层次,主要是从企业的战略决策角度定义供应链的范围和内容,SCOR模型分析企业需要达到何种极小目标和战略发展方向。该层次规定了

SCOR 的范围和内容，并明确定义了计划、供应、制造、交付和退货过程的类型，是企业确立供应链性能和目标的基础。企业通过对第 1 层 SCOR 模型的分析，可根据供应链运作性能指标作出基本的战略的决策，第 1 层的性能特征和衡量指标，如表 3.2 所示。

表 3.2  SCOR 模型第 1 层性能特征和衡量指标

| 性能特征 | 性能特征定义 | 第 1 层衡量指标 |
| --- | --- | --- |
| 供应链配送可靠性 | 在正确的时间，将正确的产品送到正确的地点，交给正确的客户 | 配送性能<br>完成率<br>完好订单履行率 |
| 供应链的反应 | 将产品送到客户的速度 | 订单完成提前期 |
| 供应链的柔性 | 面对市场变化获得和维持竞争优势的灵活性 | 供应链响应时间<br>生产的柔性 |
| 供应链成本 | 供应链运营所耗成本 | 产品销售成本<br>供应链管理总成本<br>增值生产力<br>产品保证成本/退货处理成本 |
| 供应链管理的资产利用率 | 一个组织为满足需求利用资本的有效性 | 现金周转时间<br>供应库存总天数<br>净资产周转次数 |

然而，企业不可能对上述所有供应链性能指标都进行评价和优化。因此，企业可以根据实际情况合理地选择一些对企业的成功最为重要的指标来评价其供应链性能和具体运作情况。

第 2 层是供应链的配置层。SCOR 模型在这个层次将描述出供应链流程的基本布局结构，如图 3.4 所示。在这个层次确认了企业的基础流程，并将每一个流程都按照 SCOR 模型的 30 个基本流程的分类规则进行定位，这样就可以直观地体现出企业采购—制造—发运的具体过程，每一个流程定义都包括一系列具体的操作步骤。例如，库存产品采购流程中包括计划产品发送时间表、产品入库、确认产品、库存转移等操作步骤，这些具体的操作步骤在 SCOR 模型中都有非常细致的定义。

SCOR 模型第 2 层次包括一些具体的分析步骤。首先，在这个层次上建立一个实际的供应链地理分布图；其次，根据地理分布情况，把供应链中每一个流程都按照 SCOR 模型的元素定义描述出来，将供应链中的各流程分成模块中的子项元素，作出流程图；然后，将流程中元素进行分解，通过流程元素定义，每一个流程都可以再描述出一系列的具体步骤，如从输入到输出的具体操作环节，此时，企业通过使用 SCOR 模型可以了解每一个流程元素需要哪些信息输入，并期望哪些信息输出。企业主要在这一层上进行战略调节。

SCOR 模型第 3 个层次定义了企业是否能在特定市场中取得成功的竞争实力。该层次是信息的收集分析层次，所选择的有效指标将通过实际情况和目标的对比直接地体现出供应链整体表现。

SCOR 模型中规定了一些基本的衡量企业竞争能力的关键指标，如订单完成率、供应链响应时间等。企业可以根据在第 1 层次中确定的目标要求，从中选择一些关键指标进行信息收集和分析。确定正确的信息资料是一个困难的过程，一般的做法是通过调查或是研究公司的财务和运营报告获得。如果这些资料难以收集整理，通用的做法是运用标杆法和其他同类企业作对比估算。取得资料数据后，可以利用记分卡的形式分析现有指标执行情况和目标的差距，归纳出这些指标表现的情况，比较是达到目标，还是差距很大。把选定的绩效指标进行分解，纳入流程图中。再将记分卡分析出的实际绩效表现数据归纳到流程图中去，就可以把供应链运作中的绩效表现不佳的环节和操作步骤体现出来，企业就可以发现有哪些流程环节影响绩效指标的表现，一目了然地发现影响供应链整体表现的瓶颈环节。企业主要在这一层上调节作业战略。

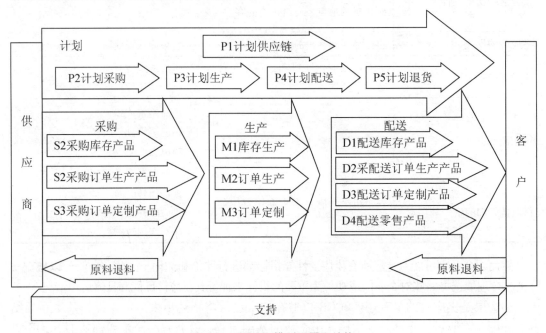

图 3.4 SCOR 模型配置层结构

第 4 层（底层）即实施层，也被称为 SCOR 模型的执行层次，它定义了在变化的商业条件下实现竞争优势的实践行为。在实施层次，企业可以利用 SCOR 模型分析出的结果，进行整体计划、开发和构架去支持新的产品流程。虽然这个层次不包括在 SCOR 模型的体系定义中，是实施供应链的优化和有效整合，却能够对企业提高竞争力起到极为关键的作用。这也是企业使用 SCOR 模型的现实意义所在。这一层随企业的具体情况而异。因此，SCOR 模型并没有进行具体的定义。

SCOR 模型是一个业务流程参考模型，描述的是流程而不是功能，换句话说，SCOR 模型关注的是流程中所涉及的活动而不是进行活动的个人或组织。SCOR 模型的独特性及其成功实施很大程度上来源于对与特定形式下供应链实施相联系的流程元素、矩阵、最佳实践及特征的利用。

流程参考模型的步骤如图 3.5 所示。

3. SCOR 模型的运用意义

SCOR 模型中所有流程元素都有流程元素的综合定义，循环周期、成本、服务质量和资金的性能属性，与这些性能属性相关的评测尺度，以及软件特性要求。值得注意的是，SCOR 不是软件指南，而是业务流程指南，但它也可作为供应链管理软件开发商的参考。在许多情况下，改变管理流程即可使企业获得最佳业绩而不需要开发软件。

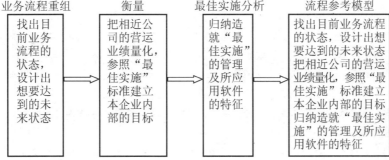

图 3.5　流程参考模型的步骤

SCOR 模型是一个崭新的基于流程管理的工具,国外许多公司已经开始重视、研究和应用 SCOR。大多数公司都是从 SCOR 模型的第 2 层开始构建供应链,此时常常会暴露出现有流程的低效或无效。因此,需要花时间对现有的供应链进行重组。典型的做法是减少供应商、工厂和配送中心的数量。一旦供应链重组工作完成,就可以开始进行性能指标的评测和争取最佳业绩的工作。

企业在运营中自始至终必须努力提高其供应链管理的效率。在提高其自身运作效率的同时,企业可以开始同供应商和客户一同发展被称为"扩展企业"(Extended Enterprise)的一种供应链成员间的战略伙伴关系。

SCOR 是第一个标准的供应链流程参考模型,是供应链的诊断工具,涵盖所有行业。SCOR 使企业间能够准确地交流供应链问题,客观地评测其性能,确定性能改进的目标,并影响今后供应链管理软件的开发。国外许多公司在中国的分公司已经开始依照其在国外应用 SCOR 的经验在中国应用 SCOR。在中国,SCOR 也开始越来越受到许多大型企业的关注。

**阅读链接**

### 基于 SCOR 模型对绿色采购管理研究

1. 供应链 SCOR 模型及绿色采购

供应链 SCOR 模型是第一个标准的供应链参考模型,它能够使企业间准确地交流供应链问题,客观地评测其性能,确定性能改进的目标,并影响今后供应链管理软件的开发。而绿色供应链的 SCOR 模型,将绿色制造的思想融入传统的 SCOR 模型中,将其改造为绿色供应链的运作模型。

目前的绿色供应链管理理论认为其核心企业应用集成管理的思想或考虑和强化环境因素在绿色供应链的领域中,主要包括 4 个环节:采购、制造、销售和回收。其中,绿色采购是绿色供应链的中心环节。所谓绿色采购主要包含两层意思:一是指产品本身不含有危害人体健康的有害化学物质;二是指在制造产品的过程中没有使用污染环境和有害人体的有害化学物,没有产生污染环境的废物,也没有造成对环境的污染。当这两者都符合相关要求,才称为绿色采购。

绿色采购的实质是以采购源头控制的方式来减少企业后期的治理成本、企业责任成本,并以此保护自然环境,提升企业的公共形象等来提高企业的绩效。

**2. 绿色采购与传统采购的比较**

采购，作为供应链的第一个环节，要求进行采购的企业要确立环保意识，绿色供应链管理融合了供应链管理和环境管理的思想，使绿色采购与传统采购区别开来。

（1）采购目标。传统采购只将关注的重点放在原材料的价格上，而绿色采购比传统采购更注重绿色成本的控制。例如，是否合理利用资源，是否节约能源、废弃物和排放物如何处理与回收，环境影响是否作出评价等。成本降低了自然会导致价格的下降，说明绿色采购目标更接近采购目标的实质，也更具有远见性。

（2）采购人员转变。对于采购人员的素质要求，由传统的只需掌握一般知识技能到现在的要求采购人员要具有高度环保意识。具体来说，必须熟悉本公司所用的各种原料的品种及其相关的卫生标准、卫生管理办法及其他相关法规，了解各种原辅料可能存在的卫生问题。对于定型包装的食品，必须仔细查看包装标识或者产品说明书，防止购进假、冒、伪、劣产品等。

（3）产品的生产周期。绿色采购要考虑产品的生产周期，也就是说考虑产品在资源开发、生产、运输、销售、使用和废旧物品的处理处置等各个环节的环境属性。要选择采购在每个环节毒性很小或对生态系统影响的较少的产品。不能采购不符合环境保护要求的产品，也不能采购生产环境不达标的企业的产品。

（4）供需双方。绿色采购不再仅仅只是采购方与供应商的一种简单买卖关系，而是更倾向建立一种长期的、互惠互利的合作关系，这种由传统双方博弈转变而来的战略合作伙伴关系，体现了企业内外资源一体化与优化的特色。

（5）采购模式。首先，绿色采购比传统采购更处于主动位置，不再是单纯被动地采购现有资源，而是更加积极地寻求资源，如许多大型跨国公司的采购范围遍布世界各地；其次，为订单而采购更有利于企业的资金周转，不会导致货物的囤积，给企业注入更多新鲜活力；最后，从对采购商品管理到对供应商管理的转变加快了企业的采购效率，节约了采购成本。

供应商是采购的源头，控制源头是绿色采购实现的基础。

（6）绩效考核标准。传统供应链绩效的主要考核指标有4个方面：即供应、过程管理、交货运送和需求管理。对于绿色采购与绿色供应链的绩效方面的研究，国外主要集中在大型企业的应用方面，国内主要集中在绿色供应链概念的引入以及环境绩效方面的评价。主要考虑的因素有3个：经济、顾客和环境。

① 针对经济方面，包括4个方面：订货量、订货提前期、库存量和采购价格。具体来说，要选择合适的地方、采购最好的原材料、选取价格最合理的材料并以最优质的服务及时运送到最佳地点。

② 针对消费者满意方面，从顾客方面考虑，注重消费者对产品的绿色程度的要求，同时需要考察顾客对产品的认可程度，特别注重绿色供应链的回收与再处理环节，方便消费者对于废物的回收与处理的需要。

③ 针对环境方面，主要考察整个采购过程对环境法规的遵循情况，环境质量管理、环境治理和污染物利用情况；严格根据供应商环境评价体系选择合适的供应商；采购时尽可能从绿色供应商处采购绿色原材料。

**3. 绿色采购管理运作模型**

采购管理运作模型是针对SCOR模型的第2个配置层，单独把采购这一部分拿出来进行分析。由于绿色采购是多种因素的共同作用结果，所以，主要从商品的选择、商品的供应商的选择、商品的运输3个部分来看绿色采购运作模型，如图3.6所示。

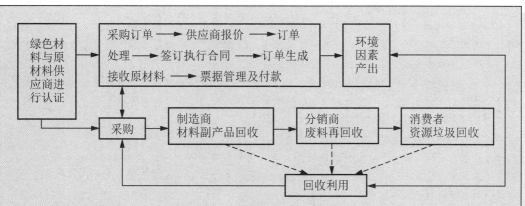

图3.6 绿色采购运作模型

(1) 商品的选择。超市业采购商品主要是对商品的种类、数量、质量和包装进行选择。传统超市采购的商品种类繁多,主要分为4个部分:食品类,包括生鲜食品、农副食品、保健食品;日用品类,包括个人卫生用品、家庭生活用品、护肤品;电器类;服饰类,包括衣服、鞋、帽子、食品、饰品。与传统采购不同的是绿色采购要选取绿色原材料,主要把握两个原则:一是对于食品类,要采购无污染的,不含有害化学物质的,对人体无害的食物;二是对于非食品类的要采购选用与环境友好兼容的材料、零部件来替代有毒、有害及有辐射性的材料,用可再生、可再循环利用的新材料或易于降解和再加工的材料制作的物品。

商品采购的数量必须具有合理的经济理由,保持材料的适当供应和维持最经济的存量才能不浪费资源,使资源最大化地被利用。对商品的质量管理,要求商品达到环境标准,如获得采购商认可的绿色采购体系认证、ISO 14000 认证等。商品的包装要采用绿色包装,坚决排除严重浪费资源和破坏环境的豪华型或者超标型包装,最大限度地使用循环材料或者绿色替代材料。

(2) 商品供应商的选择。与传统供应链环境下供应商的衡量标准不同,在绿色采购环境下,对供应商的选择除了质量、成本、交付与服务这4个因素外,最大区别是要考虑供应商的环境评价体系。供应商的环境评价体系分为以下3个部分。

① 环境质量指标。生产中污染物排放情况,主要环境质量指标的达标率,各种环境资源(包括水、木材、石油、矿产等)的耗用量,有毒有害材料、物品的使用,"三废"排放量,废弃物的处理和循环利用,包装物回收率等。

② 环境管理指标。建立环境管理制度和管理体系的情况,排放未达标的污染物,排污费交纳,参与或承担的污染管理控制,通过相关认证体系等。

③ 环境投入指标。主要指清洁生产技术开发费用、新型设备购买投入、环境管理技术开发和维护人员投入、员工绿色知识教育培训费用等。

企业按照绿色采购供应商的评价标准对每个供应商进行有效评估,可以选出达标的企业,不达标的企业取消其供应商资格。

(3) 商品的运输。传统采购中的商品运输主要存在的问题是运输车辆的燃油消耗和污染造成了环境污染并加剧了城市交通阻塞。

而绿色采购中的商品的运输则科学地解决了这个问题。可以从以下两个方面着手。

① 从企业到分销商或零售商的过程。

a. 加强配送的计划性。对鲜活的食品,应实行定时定量申请、定时定量配送制,防止资源浪费;对于普通商品,要根据超市销售情况确定一个合适的存货量,再据此存货量确定一个合理的订货周期,由配送中心综合考虑协调,建立一个定期申请、定期配送制度。

b. 确定合理的配送路线。在满足超市的配货要求下，根据配货中心的配货能力范围，配货量不超过车辆的规定载重量，最大限度地节约配货时间。这样减少了运输车辆的燃油消耗造成的环境污染，也缓解了城市交通阻塞，降低货运成本。

　　② 从分销商或零售商到消费者的过程。这个过程最主要的是分销商或零售商要融入绿色营销的理念。要把企业自身利益、消费者需要和环境利益统一起来，向消费者宣传绿色消费的观念，使绿色概念贯穿定价、促销和分销的每个营销环节。

　　绿色采购环节是绿色供应链管理中最重要的一个环节。我国目前超市业对绿色采购远远落后与西方发达国家的跨国超市。从绿色采购模型来看，绿色采购模型比传统采购模型更具有经济效益，而且更方便引导企业去按照"绿色标准"来进行采购，不仅节省了人力、物力、财力，更使企业的运营能力有了很大的提高。

　　综上所述，针对SCOR模型，企业应该采取以下措施。

　　(1) 研发自己的绿色产品。主要应抓好绿色设计、绿色生产和绿色销售等几个环节。

　　(2) 制定适当的绿色供应商评价标准。企业与供应商协调达到一致的标准才是可行的。

　　(3) 建立一个绿色运输体系。主要是指有效利用车辆，消除交错运输、迂回运输，减少车辆运行，提高配送效率等。

　　(资料来源：盛祥，张琦. 基于SCOR模型对绿色采购管理研究[J]. 交通企业管理，2009.)

## 3.3　数学建模方法

### 3.3.1　数学建模方法概述

　　采用数学建模方法建立的供应链模型，侧重于描述供应链过程中各变量以及各项活动之间的数量和逻辑关系，主要用于对供应链进行定量分析以达到优化的目的。其建立的模型一般为规范模型，目的是为了帮助管理者更好地作出决策而建立的。数学建模方法主要运用的数学工具是线性规划法（Linear Programming，LP）、混合整数规划法（Mixed Integer Programming，MIP）和统一最优化方法论（Unified Optimization Methodology，UOM），以及单纯形法、分支定界法、拉格朗日（Lagrange）松弛方法、本德（Bender）分解方法和行因子化方法等模型求解方法。

　　供应链系统的数学模型的构建过程如图3.7所示，整个过程分为6个主要环节：模型假设、模型构成、模型求解、模型分析、模型检验及模型应用。

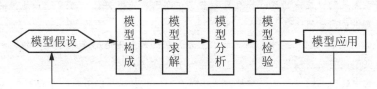

图3.7　供应链模型构建过程

1. 模型假设

　　为了利用数学方法，通常要对问题作出必要的、合理的假设，使问题的主要特征凸显出来，忽略问题的次要方面。在供应链的过程中，包括仓储、运输、包装装卸等环节，如果对于各个部分都进行细致的研究，主要特征可能不会在大量的琐碎特征中凸显出来，这不利于对于供应链系统的特征的抽象和供应链基本规律的总结，也不利于对于供应链系统的规划和实施。

2. 模型构成

根据所做的假设以及事物之间的联系，构造各种量之间的关系，把问题化为数学问题，注意要尽量采用简单的数学工具。数学是一种工具，是一种辅助解决问题的手段，所以，在构建模型中，尽量合理地利用相对简单的数学工具，而不要一味地追求数学问题的复杂化。简单的数学工具构造的模型，可以比较容易地调节以适应不同情况下的供应链情况，同时容易理解和分析，对于工程应用来说，简单的数学模型具有很好的实用性。

3. 模型求解

利用已知的数学方法来求解上一步所得到的数学问题，此时往往还要作出进一步的简化或假设。构造数学模型就是因为由于随着计算机技术和工程技术的不断发展，数学模拟可以越来越方便地进行计算机的模拟，而且在这个过程中，可以根据实际情况的变化和研究要求对模拟进行不断地调整，这就包含进一步的简化模型的某些方面和对模型提出新的假设。

4. 模型分析

对所得到的解答进行分析，特别要注意当数据变化时所得结果是否稳定。模拟模型的目的是为了预见和解决实际问题，这个目的的前提首先是模拟可以较好地分析目前的实际情况，可以输入不同的变量模拟不同的环境，观察在数据变化甚至极限情况下模拟的结果是否稳定。

5. 模拟检验

分析所得结果的实际意义，与实际情况比较，看是否符合实际，如果不够理想，应该修改、补充假设或重新建模，不断完善。当模型在试验情况下，可以得到比较稳定的结果输出，是为了模拟的实际应用打下良好的基础。将运行的结果和实际情况进行修改，包括对模拟结构、假设条件、模型参数的调节。

6. 模拟应用

所建立的模拟必须在实际应用中才能产生效益，在应用中不断改进和完善。模拟和科学研究可以对发生的事情进行合理的解释，而这一切的目的是为了对未来发生的事情进行预期和改进，是为了对实际的生产或者商业活动有一定的指导。同样，模拟解释实际情况的目的，也是为了可以更好地预期不同的策略对未来造成的不同影响。因此，在建模的过程中，把模型的出发点和落脚点都应该定位在实用上面，同时模型也只有在实际中不断地应用，才可以不断地改进和完善。

### 3.3.2 线性规划建模方法

在供应链建模的数学模型中，常用的一种是线性规划方法。线性规划方法很早就被应用到企业生产或运输等决策活动之中，作为一种建模技术和算法成为数学优化的主要方法，其主要原因是因为规模较大的线性规划模型在进行最优化时通常较为简单，且多数的线性规划模型可以使用通用的最优化方法进行求解，而不必考虑每个模型可能具有的特殊性质。随着数学建模运用的不断扩大，实际问题越来越复杂，模型中的某些约束条件使用了二元变量和整数变量，线性规划模型就转变成为更复杂的 MIP 模型。在供应链建模方法时，最先应用 MIP 方法是去建立配送系统模型并优化求解的，该 MIP 模型用于从待选的位置集合中选择一些作为配送中心，构建多产品生产—配送系统。

MIP 方法是最常用的一种数学建模方法，是只要求当中几个未知数为整数的线性规划方法。最常遇到的整数变量是二元变量（Binary Variable），这样的变量被用来描述成本关系、约束和逻辑条件，这些都不能使用线性规划模型来解决。MIP 模型和方法提供了一种严格的供应链分析方法。模型准确地表达了一个供应链问题的重要决策选择、约束和目标。

只要决策人员有足够的耐心寻找算法，那么这种供应链分析方法就能找到这些模型的满意解，并能产生最优解。许多供应链数学模型的建立过程中都运用到了 MIP 方法，其中全局供应链管理模型（Global Supply Chain Management，GSCM）是到目前为止最全面的 MIP 模型，考虑了客户、供应商、人力资源、各种运输模式的运输时间和费用、减免税情况、返税率和产品本地化目标、出口法规、关税、返税率等多方面因素。但是 GSCM 中没有考虑到供应链中的随机因素，它采用最小化带权重的全部成本和活动时间的组合来对供应链进行性能评估以求达到优化。

例 3.3 是对一种多阶段供应商选择进行供应链建模时，使用 MIP 模型的例子。

【例 3.3】 在对多阶段的供应商进行选择，在模型中不单单只考虑一层供应商，还要考核供应商的供应商等的绩效。在一个多方采购的供应链模型中，考虑每个潜在供应商的能力约束，即单个供应商可能无法满足客户的采购量，所以，在进行供应商选择的同时，需要确定对这些入选供应商的采购订单数量分配。产品价格、质量、配送水平是评价潜在供应商的 3 个准则，根据准则的重要性付以不同的权重，对由各个供应商在这 3 个方面所产生的总的不满意度进行计算。

在供应链模型中考虑两种情况：一种情况是传统上的供应商选择，即每一个采购商从自己的角度对各自供应商进行选择和评价，计算由供应商引起的成本，然后由供应商又对各自供应商进行选择，分配采购订单数量，依次往上进行供应商选择和分配订单数量，最后将这些成本相加得出一个总成本；另一种情况是制造商不单单只考虑直接供应商，还考虑供应商的供应商等绩效，这样得到一个全局最优的结果，最后将这两种情况的总成本进行比较，这两个模型的约束条件是一样的，只是目标函数不同。为了模型简单直观，假设每一个阶段只考虑采购一个产品。

在该模型建立时，其目标是不满意度的最小值。

传统的供应商选择的建模模型为

$$Z_1 = \sum_n \sum_i \min(w_{1n} Z_{1in} + w_{2n} Z_{2ni} + w_{3n} Z_{3in}) \tag{3.3}$$

多阶段供应链选择的建模模型为

$$Z_1 = \min \sum_n \sum_i (w_{1n} Z_{1in} + w_{2n} Z_{2ni} + w_{3n} Z_{3in}) \tag{3.4}$$

在约束条件中，对物料的约束为

$$\begin{cases} \sum_j \sum_i Q_{i_n,j_{(n-1)}} = q_n, & n = 1,2,\cdots,N \\ \sum_i Q_{i_n,j_{(n-1)}} = a_n \sum_k Q_{j_{(n-1)},k_{(n-2)}}, & 对于任意 j 值, n \in [2,3,\cdots,N] \\ \sum_j Q_{i_n,j_{(n-1)}} \leq q_{oin} \end{cases} \quad (3.5)$$

对订货数量的约束为

$$\begin{cases} \sum_j Q_{i_n,j_{(n-1)}} - V_{in}\max(q_{in}^{\min}, q_{oin}^{\min}) \geq 0 \\ \sum_j Q_{i_n,j_{(n-1)}} - V_{in}\min(q_{in}^{\max}, q_{oin}^{\max}) \leq 0 \\ \sum_i V_{in} = p_n \end{cases} \quad (3.6)$$

而对供应链的绩效评估为

$$\begin{cases} Z_{1in} = (P_{in} - P_{Tn})\sum_j Q_{i_n,j_{(n-1)}} \\ Z_{2in} = (R_{in} - R_{Tn})\sum_j Q_{i_n,j_{(n-1)}} \\ Z_{3in} = (LD_{in} - LD_{Tn})\sum_j Q_{i_n,j_{(n-1)}} \end{cases} \quad (3.7)$$

其中，$V_{in} = \begin{cases} 1, & 选择第 n 阶段的供应商 i \\ 0, & 不选择第 n 阶段的供应商 \end{cases}$，$Q_{i_n,j_{(n-1)}} \geq 0$。

所有变量与参数含义为

$i_n$：第 $n$ 阶段的供应商 $i$；

$j_{n-1}$：第 $n-1$ 阶段的供应商 $j$；

$k_{n-2}$：第 $n-2$ 阶段的供应商 $k$；

$N$：供应链阶段数；

$a_n$：第 $n$ 阶段的原材料的利用率；

$w_{ln}$：第 $n$ 阶段的标准 $l$ 的权重；

$Z_{lin}$：第 $n$ 阶段的供应商 $i$ 对标准 $l$ 的不满意度；

$P_{in}$：第 $n$ 阶段的供应商 $i$ 的价格实际值；

$P_{Tn}$：第 $n$ 阶段的价格目标值；

$R_{in}$：第 $n$ 阶段的供应商 $i$ 的被拒绝率实际值；

$R_{Tn}$：第 $n$ 阶段的被拒绝率目标值；

$LD_{in}$：第 $n$ 阶段的供应商 $i$ 的未及时配送率实际值；

$LD_{Tn}$：第 $n$ 阶段的未及时配送率目标值；

$q_n$：第 $n$ 阶段的供应商总的订货量；

$q_{oin}$：第 $n$ 阶段供应商愿意提供的订货量；

$q_{in}^{\max}$：可以给第 $n$ 阶段的供应商 $i$ 的最大订货量；

$q_{oin}^{\max}$：第 $n$ 阶段的供应商 $i$ 的最大生产或采购能力；

$q_{in}^{\min}$：可以给第 $n$ 阶段的供应商 $i$ 的最小订货量；

$q_{oin}^{\min}$：第 $n$ 阶段的供应商 $i$ 的最小订货量；

$Q_{i_n,j_{(n-1)}}$：第 $n$ 阶段的供应商给第 $n-1$ 阶段的供应商 $j$ 的订货量；

$Q_{j_{n-1},k(n-2)}$：第 $n-1$ 阶段的供应商 $j$ 给第 $n-2$ 阶段的供应商 $k$ 的订货量；

$P_n$：选择第 $n$ 阶段的供应商 $i$ 的个数。

(1) 当 $n=1$ 时，模型就变为单阶段供应商选择问题，模型(3.3)和模型(3.4)也就成为同一个模型，所以这里就不再计算说明了。

(2) 当 $n \geq 2$ 时，从上述两个目标函数能很容易得出：$Z_1 \geq Z_2$。

## 3.4 仿真建模方法

### 3.4.1 仿真建模方法概述

仿真是指用来模拟现实系统行为的一系列方法。这里的现实系统可能是自然的或人工的、现存的或未来所计划的。仿真可以分为两种基本类型：确定性仿真(Deterministic Simulation)和随机性仿真(Random Simulation)。也可以按其他标准分为：静态仿真(Static Simulation)、动态仿真(Dynamic Simulation)、连续性仿真(Continuous Simulation)、离散性仿真(Discrete Simulation)、混合系统仿真(Combined Discrete - Continuous Simulation)、蒙特卡罗仿真(Monte Carlo Simulation)等。

仿真技术作为一种改善供应链运作的工具已经得到广泛应用。随着仿真技术的发展，在现实中运用仿真方法去模拟供应链业务过程已成为可能。仿真的方法应用于供应链过程建模，就是利用数学公式、逻辑表达式、图表、坐标等抽象概念来表示实际供应链系统的内部状态和输入输出关系，通过计算机对模型进行试验取得改善供应链系统或设计新的供应链系统所需要的信息。仿真建模方法是以其他方法为基础的，如 Petri 网或面向对象技术。目前供应链仿真建模主要包括以下几种方法。

(1) 基于系统动力学的仿真建模，通过仿真供应链的动态行为，对其进行控制和管理。

(2) 基于 Petri 网的仿真建模，用来分析供应链的业务过程重组，比较不同的供应链方案。

(3) 基于 Agent 技术的仿真建模，如利用 Agent 技术在 Swarm 平台上仿真集成了供应链的订单执行过程。IBM 公司为进行供应链管理利用通用仿真系统 Simprocess 建立了该公司的供应链仿真模型 IBM - SCS(Supply Chain Simulator)。该系统由面向过程的供应链仿真器、存储优化器、供应计划器、数据库和财务报告制表等构成。可对由顾客、制造商、分销商、运输商、存储策略、需求预测和供应计划进行仿真。仿真实验后对供应链的动态行为进行分析和决策，给出经过优化的策略。

### 3.4.2 系统动力学建模方法

系统动力学(System Dynamics，SD)出现于 1956 年，创始人为美国麻省理工学院(Massachusetts Institute of Technology，MIT)的福瑞斯特(J. W. Forrester)教授，主要为分析生产管理及库存管理等企业问题而提出的系统仿真方法，最初叫工业动态学，是一门分析研究信息反馈系统的学科，也是一门认识系统问题和解决系统问题的交叉综合学科。从系统方法论来说，系统动力学是结构的方法、功能的方法和历史的方法的统一。它基于系统论，吸收了控制论、信息论的精髓，是一门综合自然科学和社会科学的横向学科。福瑞斯特教授在

《工业动力学：决策者的主要突破》一文中首次将系统动力学模型应用在供应链管理中，1961 年的著作《工业动力学》又在基础模型上进行了更进一步的详细分析，将模型的构建与管理培训结合起来，如图 3.8 所示，即为经典的 Forrester 工业动力学模型。因此，系统动力学的研究一开始就聚焦到了供应链设计与管理上。

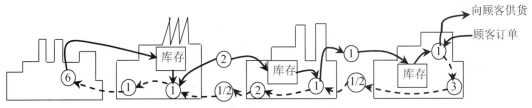

图 3.8　Forrester 供应链模型

注：——→ 表示物流；- - -→ 表示订单流(信息流)；①②①/②③⑥表示延迟时间单位。

此模型是一个简单的 4 阶供应链模型，包含工厂、工厂仓库、分销商、零售商 4 个节点。描述了从工厂到终端客户的顺流而下的物料流和逆流而上的信息流，并且 Forrester 还指出在此生产—分销模型中 6 个相互交互的系统流还包含订单流、资金流、人力流、固定设备流。通过系统动力学的仿真，Forrester 分析并解释了涉及供应链管理的各个议题，包括需求放大、库存波动、信息共享、分布式控制、广告策略对生产波动的影响等。需要指出的是，尽管 Forrester 模型由于简单而历经批判，但它还是给后续的研究者应用和拓展 Forrester 的议题和结论提供了基础。通过洞察供应链的动态学机制，Forrester 开创了系统动力学与供应链设计研究的结合。然而，工业动力学模型在实际供应链中的应用性建模和理论界的研究从 20 世纪 90 年代中期才开始从较长期的酝酿中复苏。

20 世纪 80 年代，Sharman 指出"伴随着产品生命周期的缩短、产品线的扩散、分销渠道的转换和技术变革，供应链管理已经变成企业成功的核心"。伴随着近来集成供应链和供应链网络的研究，人们对供应链的认识从物料流、信息流、资金流为基础，包含采购、生产与传递产品与服务的过程，并且认识到对于供应链动态性和复杂性的理解直接决定了供应链的绩效，在这种背景下系统动力学的方法在供应链管理中获得较为广泛的应用。

系统动力学在 20 世纪 80 年代初引入国内，国内一些学者作为先驱参与了系统动力学在中国的应用研究工作，国内现有的研究多集中在库存控制上，并应用系统动力学进行了库存控制的计算机仿真和模拟。

### 3.4.3　Petri 网建模方法

Petri 网是由德国学者 Carl A. Petri 于 1962 年提出的一种用于描述事件和条件关系的网络。Petri 网是一种用简单图形表示的组合模型，特别对描述和分析资源并发和冲突系统有独到之处。Petri 网又是严格而准确定义的数学对象，可借助数学工具，得到 Petri 网的分析方法和技术。Petri 网已成功地应用于供应链设计与建模中。

在 1962 年之后的 30 多年，Petri 网的研究与应用不断扩大，在普通网的基础上扩展出许多"扩展 Petri 网"（Extended Petri Net）。近年来，Petri 网已广泛地应用于离散事件系统的分析、设计和实施过程中，它具有以下优点。

（1）采用图形建模方法，使该建模方法易于理解。

(2) 可以清楚地描述系统内部的相互作用，如并发冲突等。

(3) 可以采用自顶向下的方法(递阶 Petri 网)来建立模型，使得所建模型层次分明。

(4) 有良好的形式化描述方法，用 Petri 网建立的模型具有成熟的数学分析方法，如可达性、可逆性及死锁分析等。对 Petri 网的仿真也比较简单，甚至可以直接从 Petri 网模型产生仿真模型。

(5) 用 Petri 网建立的模型，在一定条件下可以翻译为系统的控制代码。

1. Petri 网的基本概念

Petri 网是由节点和有向弧组成的一种有向图。它有两类节点：一类为库所，即状态元素，它表示一个场所，而且在该场所存放了一定的资源，用圆圈"○"表示；另一类为变迁，它指资源的消耗、使用以及对应状态元素的变化，用短竖线"｜"表示。另外，资源指的是与系统状态发生变化有关的因素。例如，原料、零部件、产品、工具、设备、数据以及信息等。资源按照在系统中的作用分类，每一类放在一起，则这一类抽象为一个相应的状态元素。

用从 $x$ 到 $y$ 的有向弧表示有序偶 $(x, y)$。如果 $(x, y)$ 是从 $x$ 到 $y$ 的有向弧，就称 $x$ 是 $y$ 的输入，$y$ 是 $x$ 的输出。

一个 Petri 网记为 $N$，它是一个三元组：$N = (S, T, F)$，满足以下条件。

(1) $S$ 和 $T$ 分别是库所和变迁的有限集，满足 $S \cap T = \varnothing$ 和 $S \cup T \neq \varnothing$，$\varnothing$ 表示空集。

(2) $F$ 是由一个 $S$ 元素和一个 $T$ 元素组成的有序偶的集合，满足 $F \subseteq S \times T \cup T \times S$，$F$ 称为 $N$ 的流关系。

(3) 令 $F$ 所含有序偶的第一个元素和第二个元素所组成的集合分别为 $dom(F)$ 和 $cod(F)$，满足 $dom(F) \cup cod(F) = S \cup T$，即

$$dom(F) = \{x \mid \exists y, (x, y) \in F\}$$
$$cod(F) = \{x \mid \exists y, (y, x) \in F\}$$

其中，不属于 $dom(F)$ 和 $cod(F)$ 的元素称为孤立元素。此时，$N$ 不能有孤立元素，从而 $F, S, T$ 均不能为空集。Petri 网又称有向网，简称网。$X = S \cup T$ 称为 $N$ 的元素集。一个 Petri 网可以表示成图 3.9 所示的图形，图中的 Petri 网包括 5 个库所和 3 个变迁，即 8 个元素。

设 $s \in S$ 和 $t \in T$，令 $°t = \{s \mid (s, t) \in F\}$ 为变迁 $t$ 的输入库所集，$t° = \{s \mid (t, s) \in F\}$ 为变迁 $t$ 的输出库所集。

图 3.9 所示的 Petri 网用公式可写成 $N = (S, T, F)$。其中，库所集 $S = \{s_1, s_2, s_3, s_4, s_5\}$；变迁集 $T = \{t_1, t_2, t_3\}$；流关系 $F = \{(s_1, t_1), (t_1, s_2), (t_1, s_3), (s_2, t_2), (s_3, t_2), (s_3, t_3), (t_2, s_4), (s_4, t_3), (t_3, s_5)\}$。

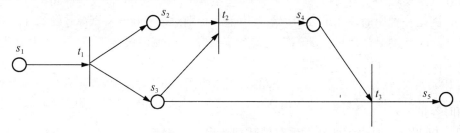

图 3.9　一个简单的 Petri 网示例

## 2. 网系统

网是系统静态结构的基本描述,要模拟系统的动态特性,需要定义网系统。

设 $N = (S, T, F)$ 为有向图,存在以下关系。

(1) 设 $K$ 为 $N$ 上的容量函数,它是库所到正整数集的映射 $K: S = \{1, 2, \cdots\}$。

(2) 记 $M$ 为 $N$ 的一个标识,它是一个从库所到非负整数集的映射 $M: S = \{0, 1, \cdots\}$,且满足 $\forall s \in S, M(s) \leq K(s)$。

(3) 映射 $W: F \to \{1, 2, \cdots\}$ 称为 $N$ 的权函数,它对各弧线赋权,用 $w(s, t)$ 或 $w = (t, s)$ 表示由 $s$ 指向 $t$ 或 $t$ 指向 $s$ 的有向弧的权重。弧线都用其权重来标注,如果弧线的权重等于 1,则标注可以省略。

在说明容量、权和标识的含义之前,先看下面的例子。

【例 3.4】有一条工业供应生产线,它要完成两项工业操作,这两项操作用变迁 $t_1$ 和变迁 $t_2$ 表示。第一个变迁 $t_1$ 将传入生产线的半成品 $s_1$ 和部件 $t_2$ 用两个螺丝钉固定在一起,变成半成品 $s_4$。第二个变迁 $t_2$ 再将 $s_4$ 和部件 $s_5$ 用 3 个螺丝钉固定在一起,得到新的半成品 $s_6$。完成操作 $t_1$ 和 $t_2$ 时都要用到工具 $s_7$。假定由于存放空间的限制,部件 $s_4$ 和部件 $s_5$ 最多不能超过 100 件,停放在生产线上的半成品 $s_4$ 最多不能超过 5 件,螺丝钉 $s_3$ 存放最多不能超过 1 000 件。

该生产线的生产过程的 Petri 网,如图 3.10 所示。弧上标出的正整数用以表示某一变迁对资源的消耗量或产品的生产量(未标明的地方假定是 1),也就是弧上的权值。用 $K$ 说明某一库所中允许存放资源的最大量,即为库所的容量值。未加标注的库所容量为无穷大。库所中的黑点数表示该库所当前的实际资源/产品数。

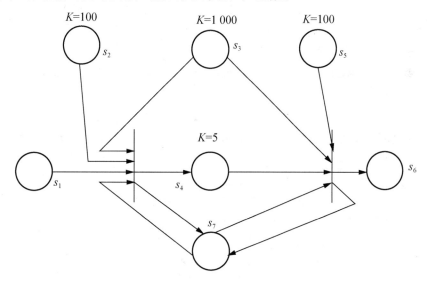

图 3.10 生产供应线 Petri 网模型

结合图 3.10 可以说明以下问题。

(1) 容量 $K(s)$ 表示库所 $s$ 中允许存放令牌的最大数量,其值标在表示库所的圆圈旁;不标明时容量为 $\infty$。

(2) 权 $W(x, y)$ 表示变迁发生时消耗和产出的令牌数量,其值标在弧 $(x, y)$ 上;不标明时表示权为 1。

(3) 令牌表示原料、部件、产品、人员、工具、设备、数据和信息等组成系统的"资源",标识 $M(s)$ 的值用令牌数表示,而令牌则表示为库所中的黑点。

3. Petri 网用于供应链建模的特点

供应链应用 Petri 网方法的特点,表现在以下 5 个方面。

(1) 能够很好地描述和表达离散事件动态系统(Discrete Event Dynamic Systems, DEDS)建模中经常遇到的并行、同步、冲突和因果依赖等关系。

(2) 为形式化分析提供了良好的条件,因为 Petri 网有良好的数学基础和语义清晰的语法。

(3) 使用图形来描述系统,使系统形象化,易于理解,降低了建模的难度,提高了模型的可读性。

(4) 对于柔性制造系统(Flexible Manufacturing System, FMS)那样的分布式递阶结构,可以分层次建立 Petri 图。

(5) 与系统结构关系密切,对系统内部的数据流和物流都可以描述,容易在控制模型的基础上直接实现控制系统。

### 3.4.4 Agent 建模方法

基于 Agent 的建模是一种自底向上的建模方法,它把 Agent 作为系统的基本抽象单位,采用相关 Agent 技术,先建立组成系统的个体 Agent 模型(大多数是比较简单的),然后采用合适的 MAs 体系结构来组装这些个体 Agent,最终建立系统模型。由于 Agent 是一种计算实体,所以,最终模型就是该系统的程序模型,这极大地便利了研究人员对系统进行仿真研究和开发人员的应用开发(从分析到设计、实现可平滑过渡)。

基于 Agent 建模的核心思想可以概括为以下几点。

(1) 对系统进行 Agent 抽象。根据组成系统的物理实际和系统目标的要求,将系统的相应实体(或特定功能)抽象为 Agent。

(2) Agent 之间的交互组成系统的 Agent,为实现自己的和(或)系统的特定功能,两者之间需要交换信息和(或)提供服务,所以,必须要进行交互,协调运作(Agent 之间可能有冲突,必须相互协调)。系统的 Agent 可能只需要局部的信息就可以完成相应的使命,其在地理上允许是分布的。

(3) Agent 的智能。根据研究的需要和技术的可行性,可使 Agent 具有合适的智能特性,如理性、诚实性等。

1. 面向 Agent 的供应链建模步骤

一般情况下,基于 Agent 的供应链模型是由若干个 Agent 组成的多 Agent,为了建立系统多 Agent 供应链模型,可按以下几个步骤实施。

(1) 识别 Agent,即识别系统中所有反映问题域和系统目标的实体,并将其确定为相应 Agent 的候选者。要处理的关键问题是抽象的粒度(什么层次上的抽象)和抽象的内容(什么被抽象为 Agent)。建立多 Agent 系统,首先要确定各个 Agent 的功能,明确 Agent 与现实系统各个实体的对应关系,即确定 Agent 角色。确定 Agent 角色的方法主要有两种:功能分解法与物理分解法。

功能分解法把供应链运行的整个过程分解成为一个个串行或并行的功能实体,如订单处理、原料采购、生产计划、生产调度、库存管理、运输管理等,并设计相应的 Agent 来表示与实现这些实体的功能。这种方法所划分出来的 Agent 与企业中的管理部门与物理实体没有一一对应的关系。

物理分解法则是严格依照实际存在的管理部门或物理实体,如工人、生产设备、运输设备、销售部门、采购部门、生产计划部门,设计 Agent 与之相对应。这种方法所划分出来的 Agent 与企业中的管理部门与物理实体一般存在一一对应的关系。

(2) 建立个体 Agent 特征模型,即确定 Agent 的结构与特征,包括内部状态(内部数据,如变量)和行为规则(如函数、方法等),也就是个体 Agent 的模型。当前较为成熟的 Agent 模型有基于逻辑的 Agent 模型(类似于专家系统)、反应式 Agent 模型(类似于一般的控制器)和信念—愿望—意图 Agent 模型等。

(3) 建立多 Agent 供应链体系结构,即对组成系统的 Agent 群体进行集成,主要是 Agent 之间的层次关系以及群体之间的交互(如通信和协调等问题)。

2. 一个多 Agent 的供应链框架模型

供应链是由供应商、制造商、销售商组成的复杂网络,把供应链中各种功能单元,如供应商、制造商、销售商对物料或最终产品的管理、生产、计划、采购和销售等,均看成是独立自主的 Agent,把供应链网络中人、组织和机器间的交互合作、共同完成任务的活动描述为 Agent 间的自主作业。在分布式供应链系统中,将供应链视作由多个子多 Agent 系统组成的网络,每一个 Agent 具有一定的功能,并可与其他 Agent 进行协作。

一个基于多 Agent 的供应链框架模型,如图 3.11 所示。

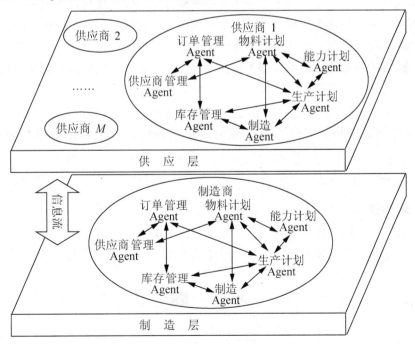

图 3.11　一个多 Agent 的供应链框架模型

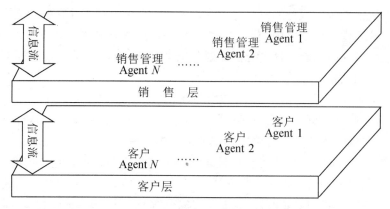

图 3.11 一个多 Agent 的供应链框架模型(续)

该供应链框架模型共分成 3 个层次：销售层、制造层和供应层。销售层直接与客户连接，获得客户需求的原始信息；制造层是生产基地；供应层是原材料或零部件的供应源。每个层次的每个企业实体均被视为一个多 Agent 的子系统，多个多 Agent 的子系统通过 Agent 之间的相互通信以及协调连接成一个供应链模型系统。

# 本 章 小 结

供应链管理可以使整个供应链中企业效益最大化，供应链建模可以实现供应链的优化。供应链建模一般遵循 5 种思路：直接分析法、数据分析法、实验分析法、主观想象法和人工实验法等。本章主要介绍了 3 种供应链建模方法：图形化建模方法用易于理解的形式化表达方法来对模型进行描述和分析，常用的图形化方法有甘特图建模方法、Meta 图建模方法和 SCOR 模型建模方法等；数学建模方法建立的供应链模型侧重于描述供应链过程中各变量以及各项活动之间的数量和逻辑关系，主要用于对供应链进行定量分析以达到优化的目的；另外还有仿真建模方法等。

通过对本章知识的学习，可以在了解掌握供应链建模的基本知识的基础上，正确分析供应链建模的思路，掌握供应链模型的建模方法，科学合理地进行供应链优化设计。

**关键术语**

| 建模方法 | 图形建模方法 | 数学建模方法 | 仿真建模方法 |
| SCOR 模型 | 线性规划法 | 系统动力学 | Petri 网 |

# 习 题

1. 选择题

(1) 当供应链系统结构复杂，性质不明确，没有足够的数据，又无法在系统上做实验，或者不允许做实验时，可以利用_____逐步建立模型。

A. 直接分析法　　B. 数据分析法　　C. 主观意象法　　D. 人工实验法

（2）在供应链模型中，_____大多以图形方式表示供应链的构成以及其中要素之间的关系，其主要是为了对供应链有更好的理解，但无法直接用来对供应链进行定量地分析和设计。

A. 规范型模型　　B. 描述型模型　　C. 数学模型　　D. 智能优化模型

（3）在图形化建模方法中，_____是新兴的概念建模方法，其侧重于采用标准的图形、符号形式来分析供应链特征要素，是一种高效实用的供应链设计和再造的利器。

A. 甘特图模型　　　　　　　B. 角色活动图模型
C. Petri 网方法　　　　　　D. SCOR 模型

（4）_____建模方法是一种用于系统描述和分析的图形结构的供应链形式化建模方法。

A. Meta 图　　B. 甘特图　　C. SCOR 模型　　D. Petri 网

（5）_____方法建立的供应链模型侧重于描述供应链过程中各变量以及各项活动之间的数量和逻辑关系，主要用于对供应链进行定量分析以达到优化的目的。

A. 图形化建模　　B. 数学建模　　C. 仿真建模　　D. 甘特图建模

（6）下列不属于语法建模规则的是_____。

A. 所有的过程和事件有且只有一个流入/流出连接
B. 每一个过程都必须以事件开始，并且以事件或过程接口结束
C. 单个事件后面可以跟或和异或对象
D. 流程中的对象符号必须满足"事件—依赖—过程—依赖—事件"的顺序

（7）福瑞斯特（J. W. Forrester）教授于1958年为分析生产管理及库存管理等企业问题而提出的系统仿真方法是_____。

A. 系统动力学　　B. Petri 网方法　　C. Agent 方法　　D. 遗传算法

（8）当前 Petri 网已广泛地应用于供应链设计和建模中，尤其应用于_____的分析、设计和实施过程中。

A. 连续事件系统　B. 离散事件系统　C. 静态事件系统　D. 动态事件系统

2. 简答题

（1）简述供应链模型的建立一般可遵循的几种思路。
（2）简述供应链模型建立的步骤。
（3）在供应链图形化建模方法中，简述绘制甘特图的步骤。
（4）简述在 SCOR 模型中流程参考模型的形成需经历步骤。
（5）简述语法建模方法中的语法规则。
（6）Petri 网已广泛地应用于离散事件系统的分析、设计和实施过程中，简述 Petri 网具有哪些优点。
（7）简述基于 Agent 建模的核心思想。
（8）简述面向 Agent 的供应链建模步骤。

3. 判断题

（1）供应链建模者有时无法得到准确完备的系统数学模型，但这并不影响供应链系统模拟技术的使用效果。　　　　　　　　　　　　　　　　　　　　　　（　　）

(2) 供应链管理能有效地协调和控制供应链中物料流、信息流、价值流,保持灵活和稳定的供需关系,使整个供应链中企业效益最大化。                （  ）

(3) Meta 图建模方法是一种适用于多种系统的图形化、数学化建模工具。（  ）

(4) 供应链模型的建立过程,是预测供应链未来行为与状态变化的智力结构和数量化方法。                                                （  ）

(5) 供应链建模是对供应链进行流程再造和优化的前提。              （  ）

(6) Petri 网方法是一种用于系统描述和分析的图形结构的供应链形式化建模方法。                                                          （  ）

(7) 供应链参考模型(SCOR)是开发、维护、测试并验证跨行业的供应链过程标准。                                                        （  ）

(8) 用 Petri 网建立的模型,在一定条件下可以翻译为系统的控制代码。（  ）

(9) 系统动力学是一门分析研究信息反馈系统的学科,也是一门认识系统问题和解决系统问题的交叉综合学科。                                （  ）

(10) 基于 Agent 的建模是一种自上向下的建模方法。                 （  ）

4. 思考题

(1) 根据本章学习,谈一下供应链建模在供应链设计中的作用。

(2) 通过对供应链建模方法的学习,你还了解其他供应链建模方法吗?试举例说明。

**案例分析**

### 宝洁公司的 B2B 供应链库存管理变革①

对绝大部分公司来说,打造灵活应变、顾客导向的供应链时,分销体系中的大量库存都是个令人头疼的问题,因为它占用了巨大的流动资金。对于宝洁公司来说,这意味着 38 亿美元的成本。

小修小补不足以为 B2B 供应链库存问题提供突破性的解决方法,为此,宝洁公司在咨询公司 Bios-Group 公司的帮助下,找到了更为激进的方法,打造了一个灵活性和适应性更高、以顾客为中心的供应网络。

几年前,有两个数字让宝洁公司的高层寝食难安。一个是库存数据,在宝洁公司的分销体系中,有价值 38 亿美元的库存;另一个是脱销量,在零售店或折扣店中最重要的 2 000 种商品中,任何时刻都有 11% 的商品脱销。宝洁公司的产品在其中占有相当的比重。有时没找到所需商品的客户会推迟购买,但很多客户会买别的品牌或不买。

令人不解的是,系统中的大量库存并未降低脱销量。事实上,货架上脱销的商品常常堆积在仓库中。虽然库存系统表明有货,库存管理人员却无法找到佳洁士牙膏或 Charmin 纸巾的包装箱。库存堆积如山,而顾客却经常买不到宝洁公司的产品。

虽然尽了很大努力,公司尝试过的对策都无法永久地改变这一矛盾。于是,宝洁公司的经理开始探索更激进的、突破性的解决方法。宝洁公司定下目标:在不恶化脱销问题的前提下,减少 10 亿美元库存。

---

① 资料来源:http://b2b.toocle.com/comments/news-3543773.1.html.[2008.08.11].

这是 2005 年的故事。2007 年，宝洁公司的库存成本下降了，2008 年又进一步下降 6 亿美元。不仅如此，宝洁公司在通往动态生产、规划和供应系统的道路上更进了一步，离成为具有适应性的企业的目标也越来越近了。如果说宝洁公司过去采取的是"批量"流程，生产周期很长并造成库存堆积，新的宝洁公司则更趋向于根据需求来生产。

1. 合作：寻求适应性

几年前，宝洁公司的经理人花三天时间拜访了好几个公司，接触研究人员和咨询顾问，寻求供应链管理中最近的创新。其中一个公司是 BiosGroup 公司，这是一家利用新科技解决复杂商业问题的咨询及软件开发公司。刘易斯是当时宝洁公司的物流副总裁，他很欣赏 BiosGroup 公司的合伙创始人、理论生物学家考夫曼所著的《宇宙为家》一书。在此书中，考夫曼研究了类混沌状态的生物领域中的"自组织"的潜在原则，并探讨了如何将这些原则应用在其他的领域。

BiosGroup 公司将供应链看做复杂的适应性系统，并在这方面进行了领先的探索。该公司的一个专长领域是创建电脑模型，证明企业如何模仿自然界的自组织，分析各种刺激源如何影响这些模型，并提出战略手段提高企业的效率。

急剧变化的环境要求宝洁公司的管理层变得更加敏捷、快速和高效，公司意识到，必须拥有更加具有适应性的供应链。而现有的做法无法缩短订货至发货的循环周期，削减不必要的安全存货（Safety Inventory，指公司为了避免供应短缺而保留在手上的超出定购量的库存），并且向快速流通配送（Flow-through）的方向转变。

传统的供应链管理方法无法降低库存，而 BiosGroup 公司则可能帮助宝洁公司做到这一点，为此宝洁公司要求 BiosGroup 公司将库存减少 50%。

以往的供应链管理软件提供了允许企业规划和管理产品流动、设计运输网络并安排生产的方案，BiosGroup 公司的解决方案却大相径庭。该公司的研究人员创建了一个模型，形象地描绘了虚拟世界里产品在系统中的流动。通过创建和操纵这一虚拟世界，BiosGroup 公司和宝洁公司能比以前更准确地测量各种需求变化和分销决策的影响。

2. 建模：模拟供应链

为了模拟宝洁公司的供应链，BiosGroup 公司运用了被称为"基于供应链实体（Agent）的建模"技术。在模型建立的过程中，小的软件模块代表了系统中各种实体组成部分。一个实体代表生产线，其他实体则代表货车、仓库、客户和消费者。BiosGroup 公司首先为去头屑洗发水产品建立了运输和后勤模型。

模型代表了一个理想的情形，其中的消费者每天都在同样的商店购物，每次购买一瓶洗发水，支付同样的价格。在这个理想世界中，每件事情都有条不紊地平稳发展着，供应链就像瑞士手表一般以精确和可预测的方式工作。BiosGroup 公司将这种效率称为"层流（Laminar Flow）"。

为了更好地理解层流的概念，可以将其描述成一条安静的河流，没有激流或瀑布，一切都平稳地向前流动。而如果是"湍流"，水的流动就很难预料，要么突然停止，或者发生其他改变。如果它停止，就像一个划独木舟的人突然被困在漩涡中。商业上类似的情况则是存货在仓库中堆积。层流可以防止堆积，在任何时候，一切都流畅地移动。纯粹的层流在供应链中是不可能实现的，但它可以作为一个目标。

在创建了在消费者方面没有不稳定状况的理想模型后，BiosGroup 公司开始引入不稳定性，并测量其影响。这被称为"基于事件的模拟器"，这些模型是根据消费者行为的概率分布（如消费者何时购物、购买多少）以及货架的状态（即产品是否脱销）来建立的。

该模拟器也来自特别促销活动的概率分布：当产品为通常价格时，一个消费者会买一个产品，而当产品是特价时，可能购买两到三个。BiosGroup 公司也考虑了在宝洁洗发水脱销时，消费者购买竞争对手的产品的可能性，力图把握供给和需求的复杂性。

当模型中加入了真实世界的不稳定性，BiosGroup 公司便能测量，当宝洁公司变动供应链的各部分，整个系统会如何表现。该项目团队进行了数千次模拟，希望向宝洁公司展示，应如何改善，以求变得更有效率并将存货成本减半。

3. 突破：惯例的束缚

项目中一个主要的关注领域是宝洁公司在零售合作伙伴买进整车商品时给予折价的做法。定价政策基于一个很简单的问题：如何优化运输成本。道理是显而易见的，只要把货车装满就能用最少的车辆来运送货物。因此，为了减少成本，货车应完全装满，并应采取价格刺激来鼓励客户购买整车数量的商品。然而，这一政策有重大的缺陷。宝洁公司的客户经常推迟订货，直到能购买整车货物，甚至因此导致脱销也在所不惜。也就是说，宝洁公司从不为不到满车的货品提供折扣。最后宝洁公司认识到，这种不灵活的做法事实上既损害了宝洁公司自身，又对客户不利。于是，BiosGroup 公司分析了如果宝洁公司在装车要求上灵活处理时会发生什么情况。结果清楚地表明，当客户必须遵守严格的规则，即必须订购整车货品时，客户承担了高于其需求的存货，因为客户倾向于把需求量"化零为整"之后再下订单。这一多余的存货导致两个主要问题。

一是产品老化，如果渠道中有太多库存，客户必须在市场营销周期的末尾从零售商处回收，而增加的产品处理导致更多的货物受损。此外，与通常的逻辑相反，多余的库存事实上导致产品难以获得，因为零售商的库存空间有限，而产品如果淹没在拥挤的仓库中就更难找到了。BiosGroup 咨询公司还发现，像 Walgreens 公司（美国著名零售商）或者 Safeway 公司（英国著名零售商）这样的客户，当其每次不得不等待订货量的累积以便装满货车时，宝洁公司都丢失了一些重要的数据，它无法得知真正的需求。此外，客户可能将订货推迟到真正需要进货时，从而造成脱销状况。要求客户大量订货的政策在减少运输成本方面有帮助，但它却阻碍了供应链的其他部分。研究表明，如果宝洁公司允许客户更及时地订货，并且稍微放松有关满车的限制，会产生令人惊讶的效果。虽然宝洁公司将不得不让并未装满的货车发货，并因此大幅增加运输成本，但允许货车只装满95%时，将把系统的总体不稳定性降低30%之多。宝洁公司的建模工作使得公司对此问题的看法来了个180°的大转弯，从要求满车装载到认识到不将货车装满的好处。

另一个分析领域是后期分销。在后期分销流程中，商店每晚检查其存货，每天将需求发送到总部。如果商店经理在一周的开始阶段发现卖出了三瓶潘婷洗发水，他便将订单发送给总部，总部将订单转送到宝洁公司，但这一产品从分销体系中返回要花 7~10 天。很多零售商在商品到达分销中心时会严格按照商店的订货量装运。但那时数据可能已经是 10 天前的，商店处于与其在订货时完全不同的存货状况。因此，BiosGroup 公司分析了如果送货车到达城里的所有零售商，从库存过多的商店装货送到库存不足的商店时的情形。这就像小镇里拥有两三家店面的杂货店，商品每周送一次，员工开着卡车在店面间来回平衡库存。现在，有了能提供先进的透明度的软件和流动性良好的分销中心，就能向着按需运送而不是按订单运送的理想状况靠近。

4. 解决：顾客导向，按需生产

在 BiosGroup 公司建模的基础上，宝洁公司开始建立消费者驱动的供应网络。"顾客驱动"这一称呼本身就反映了宝洁公司进行了重大的重新定位。首先，现在供应链始于消费者而非供应者。宝洁公司所做的一切都是为了满足消费者需求。因此，"供应链"的称呼其实是措词不当的。宝洁公司的新流程并非围绕供应方，并且也非链状。"链"意味着长时间的按顺序的交接，对于这一流程，这恰恰是错误的术语。而宝洁公司正在建造的，是能灵活改变、快速适应的网络。

宝洁公司通过与 BiosGroup 公司共同工作，正在建立有多个组成部分的系统，并正在开始采取以下举措。建立实时需求启动装置，如可以从零售商的条码扫描器上直接获取销售点的信息，宝洁公司99%的美国客户使用电子订货，这使宝洁公司能在销售发生后 5~7 天获得实际的销售数据。为了寻求更快地得到这一关键数据的方法，宝洁公司成为产品电子条码（Electronic Product Code，EPC）的创始赞助人，这一产品基于无线射频识别技术（Radio Frequency Identification，RFID）。EPC 将出现在运货台、装货箱和每个消费商品上,商店内的条码扫描器会将此信息传送到一个无线传感网络;制造商也能随时了解消费者何时购买了产品。麻省理工学院自动 ID 中心正在与包括宝洁在内的 50 多个赞助商一起开发 EPC。

宝洁公司也正在 50 个零售店中进行另一种销售点系统的试验计划,这几乎已成为推广普及的市场化产品。通过这一计划,宝洁公司发现,更好的信息获取系统能将 11% 的脱销率下降为 2%~3%。

改变规划和生产产品的方式。宝洁公司认识到,为达成这一目标,通过与其 ERP 系统供应商 SAP 公司共同开发具有适应性的资源规划模型,便可以在得到实时或接近实时的信息的情况下每天 2~3 次更新规划,而不是每天进行一次批量规划。目前,宝洁公司已在其最大量的库存单位(Stock Keeping Unit,SKU)中实现了 30% 的按需生产系统。

放宽传统规则的限制。对于低于整车的送货量,宝洁公司的管理层决定以最大 10% 的幅度调整满车装运规则。公司在西海岸的一个客户仓库进行试验:运送整箱的商品,不加以成本上的障碍,并监控效果。目前的变化表明系统的总体不稳定性在下降。

所有的一切会聚到了一起:更少量但更容易取得的存货减少了脱销率,优化的客户需求信息导致更好的产品流动和更少的库存。不少宝洁公司的经理曾经怀疑按需生产是不是供应链问题的对症良药,但其无法突破公司内部建立的长生产周期的传统制造方式所造成的成本障碍。在 BiosGroup 公司的建模结果面前,高层管理人员态度改变了。对于宝洁公司,这意味着巨大的变革:对生产做更快的改变,缩短生产周期,这些将要花费大量的投资。

宝洁公司与美国零售客户有约 75 个同类项目正在进行,并计划与 BiosGroup 公司再次合作。在完全实施这一项目之前,这个消费产品巨头希望开始为下一代项目进行建模。事实上,在第一阶段的末尾,宝洁公司对 BiosGroup 公司进行了投资。宝洁公司今天的项目将在两到三年后完全展开。宝洁公司想继续做行业的领导者,公司领导人相信 BiosGroup 公司能帮助公司做到这点。

**讨论题**

(1) 根据本案例,简述宝洁公司是如何进行供应链建模的。
(2) 供应链建模对宝洁公司产生了什么影响?
(3) 在供应链的建模时,你认为有哪些方法?

# 第4章　供应链的协作

【本章教学要求】

| 知识要点 | 掌握程度 | 相关知识 | 应用方向 |
| --- | --- | --- | --- |
| 供应链的"牛鞭效应" | 熟悉 | "牛鞭效应"的概念、产生的原因;"牛鞭效应"对经营业绩的影响 | 掌握供应链协作的基本知识,包括协调策略和协作机制等,在此基础上进行有效地协作,提高供应链的竞争优势 |
| 供应链协作的策略 | 重点掌握 | 解决供应链失调的4个策略 | |
| 供应链的协作机制 | 熟悉 | 供应链协作的3个机制 | |
| 供应链委托—代理机制的风险 | 了解 | 逆向选择和道德风险两类风险 | |
| 供应链整合机制 | 了解 | 供应链整合的3种机制 | |
| 信息共享的内容 | 熟悉 | 信息共享的5个方面 | 为了促进供应链中各节点企业的协作,可以通过CPFR、VMI、JMI等协作方式来缓解"牛鞭效应" |
| 信息共享的策略 | 了解 | 信息共享的3种方式 | |
| CPFR的概述 | 熟悉 | CPFR的概念和CPFR管理模式的优势 | |
| CPFR的实施 | 重点掌握 | CPFR实施的4项活动、3大过程和9个步骤 | |
| VMI的基本思想 | 熟悉 | VMI的目标、实质及4个原则 | |
| VMI的实施 | 重点掌握 | VMI实施的4个步骤 | |
| JMI的基本思想 | 熟悉 | 与VMI相比,提出JMI库存管理模式 | |
| JMI的实施策略 | 重点掌握 | JMI实施的4个策略 | |

## 希捷推行 VMI 库存管理模式，打造需求驱动供应链①

希捷公司是全球最大的磁盘驱动器制造商，年收入达到 80 亿美元。希捷公司每年硬盘驱动器的出货量高达 1 亿台，每天要消耗 9 000 万个零部件，产品销售到全球各地，广泛应用于 PC、笔记本电脑、游戏机、电视机、数码相机和汽车等领域。

希捷公司应用供应商管理库存(Vendor Management Inventory，VMI)模式主要是呼应其需求驱动型供应链策略。它的目标包括 4 个方面：消除供应链每个阶段的过量库存、缩短库存周转时间、向客户提供更优质的服务和增强对需求变化的应变能力。

通过推行 VMI 库存管理模式，希捷公司实现了产量从每季度 400 万台增加到 2 500 万台的目标，同时营运总人数的减少达 50%，且年库存周转次数从原来的 8 次加快为 16 次。VMI 本质上的运作流程是供应商基于客户的预测需求，将库存分配给客户，并帮助客户进行库存管理，客户根据实际需求提货，实现完全按客户订单制造和交付产品。

1. 希捷公司的 VMI 解决方案

希捷公司的制造策略是只关注给自己带来竞争力的关键技术和器件，而通用元器件和装配等由其供应商负责。希捷公司所面临的挑战是客户拥有广泛的产品线，而且这些产品的功能不断提升，产品生命周期越来越短，每周都有新产品推出，同时也有旧产品在不断淘汰。由此造成的结果是，希捷公司的客户需求变化越来越快，却很少提前通知，但是客户对希捷及时和准确出货仍抱有较高期望。

在传统按预测驱动的供应链里，这种需求波动导致库存过量、库存转移，带来物流成本增加、高流程成本、高设施和相关资产投资成本等一系列问题。为解决这一问题，希捷转移到需求驱动型供应链策略，并推行高效率的 VMI 项目。在这条供应链中，希捷公司设立了两个 VMI 中心，一个设在希捷与客户之间，称为 JIT 中心，由希捷公司自己负责管理；另一个设在希捷公司与其供应商之间，外包给第三方物流供应商管理(3PL、VMI)。

通过推行需求驱动供应链策略，希捷公司的供应链转变为拉动模式(Pull)，完全根据客户实际需求制造和交付产品。实施 VMI 项目之后，希捷公司的信息和物品流动的方式发生了改变，如图 4.1 所示。在新的流程下，希捷客户发出提货信号，从 JIT 中心提取硬盘产品，这个中心由希捷代表客户进行运作。当该中心库存量低于需求预测水平，就会自动产生一个信号，发给希捷工厂，希捷工厂向其 VMI 中心发出元器件需求信号，而该中心根据这一信号安排出货和向供应商发出新的采购需求。供应商根据采购需求交货到 VMI 中心库，由 VMI 中心根据实际生产需求送往希捷的工厂生产成品，最后送到希捷 JIT 中心，根据客户订单交货。

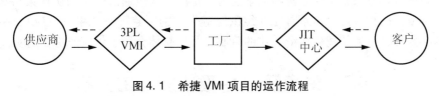

图 4.1　希捷 VMI 项目的运作流程

---

① 资料来源：http://wenku.baidu.com/view/24a875370b4c2e3f572763bc.html。

### 2. 希捷公司所获得的收益

由于实现客户订单信息在整条供应链中的实时传递，希捷公司可以完全根据客户的订单安排生产，从而为生产制造带来更多弹性，并大幅减少库存量。在流程改善前，希捷需要30天的补货周期，包括每周将客户订单手工输入ERP系统，然后系统根据已有库存进行评估，手工进行计划安排。更新之后的计划发送到那些需要了解订单最新变化的工厂主管，工厂再对更新信息进行响应，制定一个13周交货承诺时间表。最后，工厂根据新的时间表生产、包装和运输产品到库存中心。重新设计流程和实现运作自动化之后，希捷30天的补货周期减少一半，而且由于消除了手工操作，供应链团队不仅可以很快获得信息，而且减少了大量人工成本。例如，改善以前，当希捷公司的成品仓库收到一个客户订单信号时，希捷公司需要安排人员在ERP系统中输入销售订单，并产生出货副本，为保证及时输入，希捷公司安排一个全职团队，将每周超过两万个客户提货需求输入ERP系统中，而且耗费大量纸张进行确认。借助自动化流程，希捷公司将人力与相关成本减少到50%以内。

通过采用需求驱动型供应链策略，希捷公司获得了令人瞩目的收益：在其将产量从每季度400万套增加到2500万套的同时，供应链流程中的员工人数缩减了一半；年库存次数从8次增加到16次；很好地消除了关键元器件短缺的状况；客户整体满意度得到大幅度改进。

这些收益归结为希捷公司有效地将供应链转变为以拉动模式为基础的需求驱动策略，并执行了高效的VMI程序，实现了整个供应链端对端流程的自动化。希捷公司的供应商和客户有效地用信息代替了库存，团队将关注重点转移到异常管理，并持续优化这一程序，更进一步减少了手工作业流程。

**讨论题**

（1）简述希捷公司所处的供应链的特征。

（2）分析希捷公司实施VMI项目的目标。

（3）试分析通过实施VMI项目，希捷公司从中所获得的收益。

供应链管理通过对供应链中的物流、信息流、资金流进行协调和管理，旨在提高企业间协作及整体运行效率。而供应链协作是指协作企业通过与上下游伙伴企业建立一定程度的合作关系，在一定时期内通过共同管理业务过程、共享信息、共担风险、共享收益来创造竞争优势。当供应链中的所有成员企业都能够很好地进行协作时，供应链的总成本就会降低，供应链的整体绩效就会大大提高，进而供应链节点企业的财务状况、产品质量、产量、交货期、用户满意度和业绩等也会得到改善。

然而，在理想化的结果与现实之间总是存在很大差距，自发运行的供应链由于种种原因而处于失调的状态。首先，在激烈的市场竞争中，供应链成员为追求自身利益最大化，由于供应链与外部环境、供应链内部成员之间信息不对称引起了如"牛鞭效应"、道德风险、逆向选择等问题。其次，各企业间目标存在冲突造成供应链的不协调。为此，为了提高供应链中成员企业及整个供应链的竞争能力，供应链成员通过一定的协作策略和机制来提高供应链成员的积极性。本章首先介绍供应链失调的现象——"牛鞭效应"，引出供应链协作的必要性，然后阐述供应链协作的机制，最后具体介绍了供应链协作的实施方法。

## 4.1 供应链"牛鞭效应"的分析

### 4.1.1 "牛鞭效应"概念的提出

首先从供应链的失调角度考虑，供应链失调主要有两种可能性：一种是供应链中各成员间的目标发生冲突；另一种是信息在供应链中成员之间传递的过程中发生扭曲。在供应链的模式下,供应链的各个企业是具有独立利益的经济主体,单个企业的行为目标从根本上说是自身利益的最大化,这样企业就会面临双目标(企业自身的利润最大化和满足供应链的整体要求)的决策,如零售商以销售量的大小、经营利润的高低等作为自身营运的目标。制造商和供应商只关注自身利润水平,这种各成员企业盲目追求自身利益最大化而不顾及对其他企业利益的损害的行为,加剧了供应链中各环节之间的冲突,从而导致了供应链的失调。其次是供应链中的成员同时服务于多条供应链时可能造成目标冲突。

"需求变异放大"现象在供应链管理中把它称为"牛鞭效应",它的基本思想是当供应链的各节点企业只根据来自其相邻下级的企业的需求信息作出生产或供给决策时,需求信息的非真实性会沿着供应链逆流而上,从而产生逐级放大的现象,当到供应商那里时,需求信息和实际顾客的需求发生了很大的偏差。由于这种需求放大效应的影响,上游供应商往往会维持比下游供应商更高的库存水平。这种现象反映了供应链中需求的不同步现象,它说明供应链库存管理中的一个普遍现象——看到的是非实际的。图4.2显示了"需求放大效应"的原理和需求变异加大过程。由于这种图形很像美国西部牛仔使用的赶牛的长鞭,所以,形象地称为"牛鞭效应"。

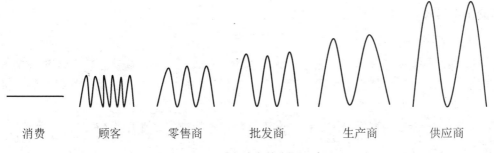

图4.2 "需求放大效应"示意图

"牛鞭效应"扭曲了供应链中的需求信息,每个环节对需求的估计不同,结果导致了供应链的失调。

"牛鞭效应"最先由宝洁公司发现。宝洁公司在研究"尿不湿"产品的市场需求时发现,该产品的零售数量是相当稳定的,波动性并不大。但在考察分销中心的订货情况时,发现波动性明显增大了,原因是其分销中心是根据汇总的销售商的订货需求量向它订货的。当进一步考察宝洁公司向其供应商(如3M公司)的订货情况时,宝洁公司也惊奇地发现订货的变化更大,而且越往供应链上游其订货偏差越大。HP公司、IBM公司等也发现了同样的问题。

1989年麻省理工学院的斯特曼(Sterman)教授设计了一个称为"啤酒分销博弈"的课堂游戏,4个参与者形成一个供应链,分别以啤酒零售商、批发商、分销商和制造商的身份独立地作出库存决策,以相邻参与者发出的订单作为唯一的信息资源。在线性成本结构下,该实验表明订货数量的变化随着向供应链上游的移动而变大。这种游戏重复多次,其成员不仅有学生而且有公司的经理,但结果是一样的:上游成员总是过分地响应下游的订货需求,从而导致供应链系统的总成本5~10倍于最优总成本。

服装行业和粮食行业也发生了类似的现象。服装供应链较长与市场变化快之间的矛盾,加速了"牛鞭效应"的产生。以苏王粳米供应链为特定案例进行从粮食"牛鞭效应"系数角度进行分析,也同样得出在粮食供应链中同样存在"牛鞭效应"。

## 4.1.2 "牛鞭效应"产生的原因

各个企业及其产品所处的地理位置及其政策环境、社会环境、市场环境等不同,以及人文环境、管理水平和工作效率上的差异,经济行为也存在多样性,导致"牛鞭效应"的具体原因和形式也有多种多样性。下面分别从需求预测、订货的提前期、批量订货、应付环境变异、供应不足等方面介绍"牛鞭效应"形成的原因。

1. 需求预测不当

供应链中的成员企业为了确定理想的库存水平和订购数量,一般利用移动平均或指数平滑等方法,用其直接下游成员的订货数据进行预测。任何预测方法都有一定的局限性,不能精确地预测未来。因此,沿着供应链向上游移动时,就会产生"牛鞭效应"。

2. 订货的提前期

供应链的各成员利用需求预测更新其目标库存水平,提前期的长短影响了需求预测变化,较长的提前期将导致目标库存水平发生较大的改变。提前期越长需要的库存量越大,订单变化也越大,从而导致整个系统的不稳定性,产生了"牛鞭效应"。

3. 批量订货

销售商为了减少订货频率,降低订货成本和规避缺货风险,往往会按照理想经济规模批量订货。因为频繁的订货也会增加供应商的工作量和成本,供应商也往往要求销售商在一定数量或一定周期订货,此时销售商为了尽早得到货物或全额得到货物,或者为备不时之需,往往会人为提高订货量。这样,由于订货策略导致了"牛鞭效应"。

4. 应付环境变异

由于自然环境、政策环境和社会环境的变化所产生的不确定性,会诱导销售商采取应对措施,而应对的手段主要是持有高库存,并且随着这些不确定性的增强,库存量会随之增大,销售商将不确定性风险转移给供应商而加大订货,所代表的并不是真实的需求,这样也会导致"牛鞭效应"。

5. 供应不足

当市场上某些商品将面临短缺,一般会引发零售商和分销商扩大订货量。但当需求减少或短缺结束后,大的订货量又突然消失,这样,容易造成需求预测和判断失误,也会导致"牛鞭效应"。

6. 缺乏信息交流与协作

由于缺乏信息交流与协作,企业无法掌握下游的真正需求和上游的供货能力,只好自行多储备货物。同时,供应链中无法实现存货互通有无和转运调拨,只能各自持有高额库存,这也会导致"牛鞭效应"。

7. 供应链链条过长

供应链链条越长,供应商距离最终客户就越远,对需求的预测就越不准确。同时经过各环节的传递及各企业安全库存的多层累加,需求信息的扭曲程度越大,"牛鞭效应"越明显。

归纳以上引发"牛鞭效应"的各种原因，可以将概括为两个方面：一是供应链中的各成员企业为追求自身利益而转嫁风险和进行投机而导致"牛鞭效应"；二是信息在处理与传递的过程中发生失真而导致"牛鞭效应"。

### 4.1.3 "牛鞭效应"对经营业绩的影响

供应链失调将导致"牛鞭效应"，从而在各个方面损害整条供应链的运作业绩。下面以宝洁公司供应链中的"牛鞭效应"为例，介绍"牛鞭效应"对企业经营业绩的影响。

1. 生产成本

"牛鞭效应"增加了供应链中的生产成本。由于存在"牛鞭效应"，宝洁公司和它的供应商必须满足比顾客需求波动更大的订单。为了应付这种增大的波动性，宝洁公司要么扩大生产能力，要么持有过量的库存，这两种做法都会增加单位产品的生产成本。

2. 库存成本

"牛鞭效应"增加了供应链的库存成本。为了满足更大的需求波动，宝洁公司不得不维持比不存在"牛鞭效应"时更高的库存水平。因此，供应链中整个库存水平增加了。库存水平的增加使得仓库存储空间增加，从而增加了库存成本。

3. 补给供货期

"牛鞭效应"延长了供应链的补给供货期。由于"牛鞭效应"增加了需求的变动性，与一般需求相比，宝洁公司及其供应商的生产计划更加难以安排，往往会出现当前生产能力和库存不能满足订单需求的情况，从而导致供应链内公司及其供应商的补给供货期延长。

4. 运输成本

宝洁公司及其供应商在不同时期的运输需求与订单的完成密切相关。由于"牛鞭效应"的存在，运输需求将会随着时间的变化而剧烈波动。因此，需要保持剩余的动力来满足高峰的需求，从而增加了运输成本。

5. 送货和进货的劳动力成本

"牛鞭效应"增加了供应链中送货和进货的劳动力成本。宝洁公司和供应商发货所需的劳动力随着订单的波动而波动。分销商和零售商收货所需的劳动力也会发生类似的波动。不同的环节要么保持过剩的劳动能力，要么根据订单的波动改变劳动能力。这两种方法都会增加劳动力成本。

6. 产品的供给水平

"牛鞭效应"降低了供应链中的产品供给水平，并导致了更多的缺货情况。过大的订单波动使得宝洁公司很难按时满足所有的分销商和零售商订单。这增大了零售商缺货的概率，从而给销售带来不良影响。

7. 供应链中的各种关系

"牛鞭效应"对每个环节的经营绩效都有负面影响，从而损害了供应链中各个环节间的关系。每个环节中的企业都认为自己尽力了，所以，将这一责任归咎于其他环节。因此，"牛鞭效应"导致供应链的不同环节的信任度减弱，使得潜在的协调努力程度减小。

由此可以得出以下结论："牛鞭效应"及其引发的供应链失调对供应链的运营业绩有较大的负面影响。"牛鞭效应"增加了成本，降低了反应能力，从而导致供应链的利润下滑。"牛鞭效应"对不同绩效指标的影响如表4.1所示。

表4.1 "牛鞭效应"对供应链经营业绩的影响

| 绩效指标 | 牛鞭效应的影响 |
| --- | --- |
| 生产成本 | 增加 |
| 库存成本 | 增加 |
| 补给供货期 | 增加 |
| 运输成本 | 增加 |
| 送货和进货成本 | 增加 |
| 产品的供给水平 | 降低 |
| 赢利水平 | 降低 |

### 4.1.4 缓解"牛鞭效应"的策略

在缺乏协调的供应链中，容易产生供应链的运行效率低下的问题。因此，在供应链的管理过程中，一个重要的问题就是如何协调供应链节点企业的行为。供应链的管理研究和实践表明，增加供应链节点企业之间的联系和合作，提高信息的共享程度，用覆盖整个供应链的决策系统代替缺乏柔性和集成度差的决策体系，使供应链的各个节点企业都能清晰地观察到物流、资金流和信息流，以达到更好地协调各个节点企业、降低供应链成本、降低各个环节的延迟时间、消除信息扭曲的"牛鞭效应"的目的，这已成为实施供应链管理的关键。下面具体介绍几种缓解"牛鞭效应"的策略。

1. 共享信息

通过在供应链中建立有效的信息共享机制，对顾客需求信息集中处理，从而减少供应链的不确定性。值得注意的是，即使供应链中各成员使用相同的数据，由于其可能使用不同的预测方法和订货策略，也会产生"牛鞭效应"。通过互联网，企业和客户可以互动交流，缩短企业与客户的距离，便于企业了解客户的需求和趋势。因此，可以提高企业对需求预测的准确性。上游企业也能够根据和客户交流所得的信息，对下游企业的订单要求进行评估判断，这就有效地缓解了"牛鞭效应"。

同时，制造商也可以通过互联网建立直销体系，减少供应链的层次，简化供应链的结构，防止信息在传递过程中过多地被扭曲，避免"牛鞭效应"的产生。例如，戴尔公司通过互联网、电话和传真等组成了一个高效的信息网络。客户可以直接向公司下订单要求进行组装、供应，使订货、制造、供应"一条线"完成，实现了供应商和客户的直接交易，有效地防止了"牛鞭效应"的产生。

2. 减少需求的可变性

通过减少顾客需求过程中的变化来降低"牛鞭效应"。例如，世界著名零售企业沃尔玛公司采用"天天平价"的策略,给顾客提供一个固定的价格,而不是周期性的促销价,这样可以减少需求的变化,产生相对稳定的顾客需求模式。

3. 缩短订货的提前期

一般来说,订货的提前期越短,订货量越准确。因此,鼓励缩短订货提前期是缓解"牛鞭效应"的一种可行方法。根据沃尔玛公司的调查,如果提前 26 周进货,需求预测的误差约为 40%;如果提前 16 周进货,则需求预测的误差降低约为 20%;如果在销售时节开始时进货,则需求预测的误差仅为 10%。并且通过运用现代信息系统可以及时获得销售信息和货物流动情况,同时通过高频率、小批量的联合运货方式,可以实现实需型订货,从而使需求预测的误差进一步降低。

从以上分析可知,提前期在很大程度上影响需求的变化。因此,通过应用先进性的信息技术和高效、快速的物流技术来缩短提前期,包括信息提前期(即处理订单的时间)和订货提前期(即生产和运输产品的时间),可以缓解"牛鞭效应"。

4. 建立战略合作伙伴关系

通过建立战略合作伙伴关系,可以改变信息独享的方式,实现供应链的内部库存管理,从而降低"牛鞭效应"。沃尔玛公司和宝洁公司一直在努力构建互惠互利的、有助于削弱"牛鞭效应"的战略伙伴关系。

综上所述,对大多数企业而言,仅仅凭借自己的实力,要想在激烈的市场竞争中求得生存和发展是相当困难的。企业之间必须通过供应链彼此联系起来,以一个有机的整体参与竞争、共同合作、优势互补、实现协同效应,从而提高供应链的竞争力,达到双赢的目的。为此,企业之间应建立诚信机制,实现信息共享,使各个节点企业能从整体最优的角度作出决策,实现供应链的不断增值,各企业也都能获利,从而求得生存和发展。

## 4.2 供应链协作的机制

要实现供应链的高效运作,需要建立供应链的协作机制。协调供应链的目的在于使信息顺畅地在供应链中传递,减少因信息失真而导致过量生产、过量库存现象发生,使整个供应链能够根据顾客的需求而步调一致,也就是使供应链能够同步响应市场需求变化。

供应链管理的核心是如何实现供应链成员间的协作,而良好的协作离不开完善健全的协作机制。供应链协作机制包括委托—代理机制、信任机制和整合机制,共同促使供应链长期稳定。委托—代理、信任和整合机制形成三角形,缺少任何一方,供应链将失衡或瓦解。委托—代理机制是协作的前提,信任是协作的基础,整合是协作的可靠保证。本节具体介绍供应链的协作机制。

### 4.2.1 供应链协作的委托—代理机制

1. 供应链委托—代理关系分析

1) 供应链中的委托—代理关系

供应链合作伙伴包括核心企业、上游企业、下游企业以及第三方物流企业的合作关系。在此以制造型核心企业为例,分析其与供应链合作伙伴中的委托代理关系。

制造企业的合作伙伴包括上游的零部件、原材料供应商和下游的经销商，以及第三方物流企业。制造企业（委托人）想使上游供应商、下游经销商以及第三方物流企业（代理人）按照它的利益选择行动，但制造企业不能直接观测到供应商、经销商以及第三方物流企业选择了什么行动，能观测到的只是另一些变量，这些变量由代理人的行动和其他外生的随机因素共同决定，因而只是代理人行动的不完全信息。委托人的问题是如何根据这些观测到的信息来奖惩代理人，以激励其选择对委托人最有利的行动。

2）供应链中的委托—代理风险

由于供应链环境下各成员企业以动态联盟的形式加入供应链，并以"委托—代理"的合作关系存在的。因此，委托—代理机制所带来的风险也必然存在，最突出的是信息不对称带来的风险。一般而言，委托人往往比代理人处于更有利的位置。

所谓信息不对称是指一方拥有另一方所没有的信息，拥有信息的一方成为代理人，缺乏信息的一方为委托人。作为独立的市场主体，供应链中各节点企业都有追求自身利益最大化的目标，其获利在一定程度上又依赖于信息不对称。因此，信息不对称是节点企业间普遍存在的现象。

信息不对称的普遍存在以及供应链系统本身缺乏有效的监督和控制机制，就可能会出现合作伙伴的逆向选择；在供应链构建之后，可能会遭遇合作伙伴的道德风险。

（1）逆向选择风险。逆向选择风险是指在签约前由于信息不对称，代理人掌握了委托人所不知道的并且不利于委托人利益的信息，签约了有利于自身利益的契约，并且可能致使委托人受到伤害，即委托人选择了不适合自身情况的代理人而发生的风险。

在选择供应链合作伙伴的过程中，作为核心企业的制造企业一般能够清楚地掌握各合作伙伴候选人的报价，包括供应商中间产品的供应价格、经销商的服务价格、物流服务商的服务价格等，但对各合作伙伴候选人的质量，包括供应商中间产品的质量及供货及时性、送货等相应服务的质量、经销商的销售能力及售后服务质量、物流服务提供商运输、仓储、配送等方面的服务质量等缺乏足够的了解。因此，有可能出现"劣品驱逐良品"的情况，将质量水平较高的候选人排除在供应链之外，而将质量水平较低的候选人纳入供应链之中。

（2）道德风险。道德风险是指签约后由于双方掌握信息的不对称，使得委托人不能完全观察到代理人的行为或由于外部环境的变化仅为代理人所观察到。在有契约的保障下，代理人采取了一些不利于委托人的行为，进而使其受损的风险。道德风险是发生在委托代理关系建立之后。

在供应链中企业间道德风险问题也是存在的。当供应商按照自身利益采取行动时，有时会给制造商带来损失。例如，供应商利用低劣的原材料以获得成本降低的好处，特别是产品存在风险时；供应商不愿意加班而采取延迟交货，因为加班可能产生附加成本；在供不应求时供应商故意隐藏其技术和质量水平，不愿意为改变质量而努力等。

2. 解决供应链委托—代理问题的对策

1）激励机制

激励机制建立的目的是，调动委托人和代理人的积极性，兼顾合作双方的共同利益，消除逆向选择和败德行为带来的风险，使供应链的运作更加顺畅，实现供应链企业共赢的目标。

激励机制的核心是设计一套完善的利润分配机制，并制定一套行之有效的行为规范。

利润分配制度把产生道德风险问题的原因和供应链的整体目标联系起来，即达到特定的供应链目标的绩效标准将会得到相应的利润分配。行为规范要求各成员企业以一定的方式达到供应链的目标。为了避免道德风险造成的损失，在签订合约时委托人需要制定一套完善的激励制度，使上下游合作者能够分享经营成果，鼓励其自觉采取符合企业最大利益的行动，从而达到"双赢"的效果，并有效地控制道德风险行为的产生，具体从以下6个方面分析。

（1）价格激励。在供应链环境下，各个企业在战略上是相互合作关系，但是各个企业的利益也不容忽视。供应链的各个企业间的利益分配主要体现在价格上。价格包含供应链利润在所有企业间的分配、供应链优化而产生的额外收益或损失在所有企业间的均衡。供应链优化所产生的额外收益或损失一般由相应企业承担，但是有些时候并不能辨别相应对象，因而必须对额外收益或损失进行均衡，这个均衡通过价格来反映。

（2）订单激励。企业获得更多的订单是一种很大的激励。因此，在供应链中的企业也需要更多的订单激励。一般来说，一个制造商拥有多个供应商。多个供应商竞争来自制造商的订单，获得更多的订单对供应商必然是一种激励。

（3）商誉激励。商誉是一个企业的无形资产，对于企业而言极其重要。商誉来自供应链中其他企业的评价和公众中的声誉，反映企业的社会地位。委托—代理理论认为，在激烈的竞争市场上，代理人的代理量决定其过去的代理质量与合作水平。从长期来看，代理人必须对自己的行为负全部责任。因此，即使没有显性激励合同，代理人也要积极工作，因为这样做可以提高在市场上的声誉，从而增加未来收入。

（4）信息激励。信息对供应链的激励实质属于一种间接的激励模式，但其激励作用不可低估。在供应链企业群体中，利用信息技术建立起信息共享机制，其主要目的之一就是为企业获得信息提供便利。如果能够快捷地获得合作企业的需求信息，本企业能够主动采取措施提供优质服务，必然使合作方的满意度大大提高。这在对合作方建立起信任关系方面有非常重要的作用。信息激励机制也在某种程度上克服了由于信息不对称而使供应链中的企业相互猜忌的弊端，消除了由此带来的道德风险。

（5）淘汰激励。淘汰激励是负激励的一种。优胜劣汰是世间事物生存的自然法则，供应链管理也不例外。为了使供应链的整体竞争力保持在一个较高的水平，供应链必须建立对成员企业的淘汰机制，同时供应链自身也面临淘汰。淘汰弱者是市场规律之一，保持淘汰对企业或供应链都是一种激励。对于优秀企业或供应链来讲，淘汰弱者使其获得更优秀的业绩；对于业绩较差者，为避免淘汰的危险它更需要求上进。

（6）新产品/新技术的共同开发。新产品/新技术的共同开发和共同投资也是一种激励机制，它可以让供应商全面掌握企业新产品的开发信息，有利于新技术在供应链企业中的推广和开拓供应商的市场。

2）监督控制机制

监督控制机制不同于单纯协调机制，监督控制包括对供应链运行过程的监控，及时发现和预防问题，还包括对冲突的事前控制和事后控制，以及对供应链运行的指导和评价。供应链监督控制机制是一种开放的、动态的、一体化的供应链管理模式。

供应链中各个企业有合作的意向是建立监督控制机制的基础。各企业虽然有合作的强烈愿望，但是在最终利益分配时，有时为了自身利益的最大化，采取有意屏蔽相关信息或伪造信息等败德行为。供应链的矛盾是不可避免的。因此，作为一个长期合作和整体发展的供应链，各成员需要共同在供应链中架构一个第三方机构，行使对整个供应链监督和控制的权利，以解决发展过程中出现的问题，保证供应链关系处于健康的状态。这种机构可以是供应链体系中各个企业一起组织起来的一个独立管理机构，也可以是聘请具有高资质的第三方管理公司。

信息不对称是供应链合作伙伴关系之间存在委托—代理问题，即逆向选择与道德风险。因此，要避免委托—代理问题带来的风险，企业需要建立有效的激励机制和监督控制机制。

### 4.2.2 供应链协作的信任机制

#### 1. 信任在供应链协作中的意义

供应链的两环节之间基于信任的关系包括两环节之间的依赖性和每个环节增进信任的能力。信任是一种信念，即认为每一个环节都要关心其他环节的利益，不会不考虑对其他环节的影响就擅自采取行动。信任在供应链管理中具有重要的意义。供应链管理是为了加强各成员企业的核心竞争力，产生更大的竞争优势。要达到这一目的，建立企业间协作的信任机制是非常重要的。信任在供应链协作中的意义主要表现在以下几个方面。

1）信任有助于降低供应链企业间的交易成本

如4.2.1小节所述，仅仅依靠激励和监督控制是不够的。随着激励和监督控制的幅度增大，也相应地增加了合作的激励成本和监督控制成本。在合作成员间存在信任的情况下，对于详细的契约和完善的监督控制的依赖程度降低，从而降低了合作企业间的交易成本，提高了双方合作的效率。

2）信任促进供应链企业间的合作

信任可以促进企业间的密切协作，增强企业的竞争力。由于信任具有感染力，加强监督控制会减少对方的信任，结果损害了供应链企业间的相互信任，损害了企业间的合作关系。因此，加强供应链企业间信任的培养将促进企业间的合作，改进生产和服务的柔性，以及在不可预测的事件发生时增强双方的责任感，从而有利于技术地创新与扩散，增强双方的竞争力。因此，供应链企业间的信任地培养对于企业间合作来说非常重要。

3）信任可以提高供应链的快速反应能力

信任可以消除重复劳动或将努力放到适当的环节，从而提高供应链的生产率。例如，如果供应商与制造商共享过程制造图，制造商在接收该供应商的原材料时就不用检查了。因此就相应地提高了企业的生产率，增加了企业的效益。

#### 2. 供应链企业间信任机制的构建

虽然供应链中的合作和信任非常重要，但是它的建立和维持相当困难。对于如何在供应链关系中构建合作和信任，有以下两种观点。

（1）基于威慑的观点。在这种观点中，涉及的双方使用各种正式的合同来保证合作。一旦合同生效，双方被假设会以信任态度进行合作。

（2）基于过程的观点。这种观点认为信任和合作是在所涉及双方进行一系列交流后逐渐建立的，积极的交流加强了与另一方合作的信念。

在许多实际情形中，以上两种观点各有偏颇。人们不可能设计一种合同，它能考虑将来所有可能发生的偶然事件。因此，可能彼此不信任的双方不得不构建信任以解决合同没有包括的事件。相反，彼此信任并保持长期合作关系的双方也依赖于合同。在许多有效的合作关系中，两种方法同时被采用。

在许多牢固的供应链关系中，初始时期通常更依赖于基于威慑的观点。随着时间的推移，关系不断向基于过程的观点靠拢。从供应链的角度来看，理想的目的性保证了每个环节在制定决策时考虑供应链的总利润。

### 4.2.3 供应链协作的整合机制

供应链管理的本质是追求企业合作的效率，以较少的产品前置时间与运营成本，来获取企业运营的竞争优势。而构成供应链的各企业可能存在经营理念、企业文化、工作流程、战略规划等方面的不同。如果不能有效地整合，即使企业选择了良好的战略伙伴和配套的供应链，建立了有效的信任机制，也未必能获得供应链的协同效应优势。因此，必须构建相应的整合机制以获得协同效应。

要实现企业间的整合，首先是各企业尤其是核心企业内部的改造与整合，推倒企业内部的"墙"，为供应链整合打好基础、创造条件；其次是核心企业与其他企业间的整合，包括以下两个方面。

1. 企业文化和战略规划的整合

由于供应链中各节点企业所处的民族、区域不同，发展历史、经营思想、产品特点等也不同，因而可能会形成不同的企业文化和战略规划。而作为虚拟组织的供应链联盟在竞争环境下有自身的战略目标和追求，要求各组成部分在文化和战略方面必须协同一致。因此，企业除了在构建供应链时选择与自己的文化内容相近的企业作为合作伙伴外，还必须考虑与其他企业进行文化和战略的协调与整合，打造供应链的统一文化或使各企业文化互相融合，增强供应链的凝聚力和竞争力。对于企业文化和战略的整合，往往需要企业进行"面对面"的交流与磋商。

2. 业务流程的整合

由于各企业的业务流程是独立设计的，且在不同角度设计的流程会有不同的功能。例如，一个企业的销售流程则是另一个企业的采购流程。因此，可以通过业务流程整合实现整体的集成和协调，来获取企业营运的竞争优势。

阅读链接 4-1

新联想公司：从流程改造入手

2004年12月8日，联想集团收购IBM公司全球PC业务，组成现在的新联想集团，曾一时成为业界的焦点。并购难，并购后的整合难上加难，如何将联想公司的本土优势的基因成功注入这位来自西方、具有高贵血统的蓝色巨人体内，是联想公司有史以来面临的最大难题，整合供应链则是解决这一难题的关键所在。

供应链包括企业的上、中、下游的各个环节，如何从中找出整合的关键点有非同寻常的意义。生产、销售、物流等各个流程的相互作用组成了现代企业的供应链系统。因此，进行供应链整合时，进行流程改造是最佳切入点。

> 新联想公司从流程改造入手，设计了3个主要流程的改造：计划流程、物流运作流程和订单交付流程。在计划流程上，新联想改变了以往根据不动的目标作计划的流程，而是根据每天不断变化的市场或预测到情况不断地更新目标去做计划。这样有效地提高了计划的准确性，降低了失误率。
>
> 在生产及订单交付环节，所有的联想及ThinkPad笔记本电脑，都可以利用中国有竞争力的成本优势在中国制造，而后大多采用空运的方式提高物流效率运输至世界各地。对于比较笨重的台式机联想则采取在世界各地建立市场，建立台式机的组装能力。不过，其中50%左右的半成品可以事先在中国做好，可以空运一些小体积高价值的物料，海运一些如机箱类的产品，在当地进行生产交付。
>
> 在物流运输的时候，新联想公司还通过采用端到端的设计来提高物流运作流程的效率。通过事先设计分货的流程，有效地缩短运输时间。
>
> 新联想公司还引进弹性供应链，使企业根据市场需要不断调整生产，避免了非弹性市场供应链状态下市场需求变化时会出现产品短缺或者库存增加的两个极端。
>
> （资料来源：如何整合供应链. http://www.baoku168.com/guanli/zhishi/gongchang2/SCM/wenjian/0045.html.）

## 4.3 供应链的信息共享

供应链管理要求供应商、制造商、销售商和顾客之间能够实时交换信息，信息只有在各成员企业之间充分共享并被企业所用才有价值。供应链中企业之间任何有意隐瞒信息的行为都是有害的，充分的信息交流是供应链高效运作的保证。供应链的协调运行建立在各个节点企业高质量的信息传递与共享的基础上。

### 4.3.1 信息共享的内容

供应链中企业间的信息共享所包含的内容很多，主要体现在以下几个方面。

1. 库存信息

共享库存信息是供应链成员间最常用的协作方式，通过获取供应链的库存情况可以降低供应链的库存水平。例如，如果零售商和供应商不共享库存信息，那么整个供应链将存在双倍的安全库存。

2. 销售数据

通常情况下，供应链成员仅仅通过订单传递需求信息，结果导致了"牛鞭效应"的出现，即向供应商订货量的波动程度大于向其顾客销售量的波动情况，并且这种波动程度沿着供应链向上游不断扩大。显然，这种现象将给企业造成严重的后果，如产品库存积压严重、服务水平不高、产品成本过高及质量低劣等。销售数据一般来源于销售点数据（Point Of Sale，POS），供应链成员可以通过销售数据来分析销售趋势、顾客偏好和顾客分布等，从而决定库存水平、货架布置和新产品开发。

3. 订单状态

通常顾客不了解商品的状态，因为顾客并不知道供应链的组成，从而也不知道商品何时到货，一般是在到了交货期的时候，才知道不能按时交货。因此，及时得知订单状态可以提高决策水平。

4. 销售预测

一致性预测描述了组织内和组织间协调不同部门(如销售、物流和市场)和不同涉及需求估计的组织的目标。通过供应链中成员的共同销售预测，可以减少"牛鞭效应"和库存水平。

5. 生产—配送计划

一方面，制造商可以利用供应商的生产—配送计划来提高自己的计划水准；另一方面，供应商可以根据制造商的生产计划来为制造商提供可靠的补给。

### 4.3.2 供应链企业间信息共享的策略

虽然供应链中的各企业都有自己的独立性和自主性，但是当供应链企业接受任务之后，供应链中的企业组成的企业联盟应该像一个企业一样协同一致地工作，完成各自承担的任务。在核心企业的组织协调下，应用先进的、功能强大的通信系统和支持软件获取和管理整个产品生命周期中的所有信息。利益伙伴之间能够充分利用信息平台上的资源，协调彼此的行为。因此，供应链应该建立在信息高度共享的基础上。技术、资源、运行策略、生产、库存等各类数据的集成，是供应链运营的基本保证，供应链的效率也直接取决于信息共享程度的高低。

供应链中的企业可以利用互联网建立以下3个层次的系统，对信息进行管理。

(1) 外部信息交换。企业首先建立一个 Web 服务器，通过互联网完成企业与分支机构和合作伙伴的信息沟通与控制，同时实现网上交易，进行售前、售中和售后服务。

(2) 内部信息交换。在建立了硬件框架后，企业关键就是要决定在互联网上共享信息的组织形式，以期完成数据处理、状态分析和趋势分析等工作。这往往涉及企业内部所有部门的业务流程。

(3) 信息系统的集成。在供应链管理系统中，要实现企业内部独立的信息处理系统之间的信息交换，需要拥有完善的系统之间信息交换的数据接口。通过互联网标准化技术，Internet 将以更方便、更低成本的方式来集成各类信息系统，更容易达到数据库的无缝连接，使企业在供应链管理系统的基础上实现信息环境的集成。

## 4.4 协作规划、预测和补货

全球经济一体化的加速，信息技术的发展，市场竞争的日益激烈和市场需求的快速多变都给企业带来了难得的机遇和严峻的挑战，企业在面对全球市场巨大商机的同时也面临交货期需要不断缩短、成本需要不断降低及质量和服务需要不断提高的巨大压力，这就要求企业应具备对不断变化的市场需求作出科学预测和快速反应的能力，通过与供应链中业务伙伴进一步联盟与合作，整合资源，共享信息，以更加紧密的协同方式进行运作。为了建立新型合作伙伴关系，一种面向供应链的策略——协作规划、预测和补货(Collaborative Planning，Forecasting and Replenishment，CPFR)应运而生，并逐渐成为供应链管理中一个热门的研究问题。

### 4.4.1 CPFR 的起源及概述

CPFR 的形成始于沃尔玛公司推动的"合作预测和补货"(Collaborative Forecast And Replenishment,CFAR)系统,CFAR 是利用 Internet 通过零售企业与生产企业的合作,共同作出商品预测,并在此基础上实行连续补货的系统。后来,在沃尔玛的不断推动之下,基于信息共享的 CFAR 系统又逐渐向 CPFR 发展。CPFR 是在 CFAR 共同预测和补货的基础上,进一步推动共同计划的制订,即不仅合作企业实行共同预测和补货,同时将原来属于企业内部事务的计划工作(如生产计划、库存计划、配送计划、销售计划等)也由供应链的各企业共同参与。

根据志愿者跨行业商务标准协会(the Voluntary Inter-industry Commerce Standards, VICS)统计,自 1998 年以来,300 家企业已经实施此过程。目前试验 CPFR 系统的零售企业有沃尔玛公司、凯玛特公司和维克曼斯公司,生产企业有宝洁公司、金佰利公司、HP 公司等 7 家企业。从实施效果来看,其取得了不错的绩效。可以说,CPFR 是目前供应链管理在信息共享方面的最新发展。

VICS 将 CPFR 定义为"在计划和完成顾客需求过程中集中各方智慧的商业实践"。这是一种面向供应链的新型合作伙伴的策略和管理模式,它应用一系列技术模型和处理手段,其协作过程跨越了企业和整个供应链,提供了覆盖整个供应链的合作过程。它通过共同管理业务过程和共享商业信息来改善供需双方的伙伴关系,提高预测的准确度,改进计划和补货的过程和质量,最终达到提高供应链效率、减少库存和提高消费者满意程度的目的。它既是一个概念,又是一个软件系统,即整个概念和模式是通过一套软件系统地运行来实现的。

CPFR 的本质在于强调供应链中合作伙伴之间相互交换预测信息。很显然交换信息后,所有人的有用信息都会增加,这样共享信息后的预测结果比各企业单独进行预测的结果准确。如果一条供应链中的所有买家和卖家的生产计划同步,就可以保证供给及时有效。如果企业的信息来源不全面,做得再好也仅仅停留在单个企业的内部流程的最优化,企业获得利润会难以突破某个界限。若在供应链流程中使用 CPFR 的管理模式,那么这个企业获得的利润会达到另外一个高度。综上所述,可以看出 CPFR 管理模式的优势在于以下几个方面。

(1) 能够使合作伙伴之间的关系更密切,在整个供应链中形成一种良性循环,可以形成共赢的局面。

(2) 能够获得供应链上游和下游的各种信息,如销售数据、促销等,在获取这些信息的基础上能够使预测更为准确。

(3) 及时获取的信息,可以使企业提前调整自己的各项行为,避免既成事实之后调整所产生的费用。

(4) 减少供应链中的无效行为,提高客户的满意度,降低库存,增加销售额,提高利润。

### 4.4.2 CPFR 供应链的实施

在沃尔玛公司等优秀企业的倡导下,特别是美国 VICS 于 1998 年发布了 CPFR 指导准则以来,越来越多的优秀企业开始采用 CPFR 来推动企业业绩的大幅提高,尤其是许多世界 500 强的企业大多已开始实施、建立或研究 CPFR。

CPFR 正越来越明显地影响企业运营管理的基本模式,它日益证明 CPFR 是当今企业供应链管理的主导趋势和骨干框架。

1. CPFR 的 4 项活动

供应链中的销售者和购买者会在以下 4 项活动中展开合作。

(1) 战略和计划。合作双方共同建立协作关系的指导方针和遵循的原则、合作的目标、协同的范围、制造商和零售商所担当的角色和应承担的责任等。然后在共同的企业计划中,确定影响需求和供应商放入重大事件,如促销、新产品推广、商店的开张/关闭及库存策略的改变。此阶段零售商的主要任务是供给商品的治理和商品品类治理,制造商的主要任务是制订相应的财务计划和市场计划。

(2) 供需治理。协作销售预测给出了合作伙伴基于 POS 的顾客需求的最好估计。然后根据销售预测、库存状态和补货提前期,协作销售预测就转化为协作订单计划,它决定将来订单和交货的要求。此阶段零售商主要进行销售数据的预测和补货计划的制订,制造商主要进行销售数据的分析和需求计划的制订。

(3) 实施。当预测被证实时,预测就成为实际的订单。而完成这些订单需要包括产品的生产、运输、储存和交付的过程。此阶段零售商的主要任务是进行订购活动和物流及配送工作,制造商的主要活动是制订生产和供给计划以及开展物流和配送工作。

(4) 分析。该活动的主要任务是确定计划和实施中的例外情况,评估用来衡量绩效、识别趋势度量值及制定可供选择的战略工作。此阶段中,零售商的主要任务是自身实施例外情况的处理和对供应商进行评估,制造商的主要任务是实施中例外情况的处理和对顾客进行评估。

成功协作的基本方面是确认和解决例外情况。例外情况是指双方的预测差异或一些其他落在或可能落在可接受范围之外的绩效度量值。这些度量值包括超过目标的库存或低于目标的产品供给。对于成功的 CPFR,设置一个允许双方解决例外情况的过程十分重要。确认和解决例外情况的详细情况请见 VICS CPFR 志愿方针 2.0(2002)。

2. CPFR 的实施过程

CPFR 的过程共有 9 个运行步骤,其中,第一个阶段包括第 1~2 步,第二个预测阶段包括 3~8 步,第三个补货阶段是第 9 步。

(1) 建立合作的商业协议。供应链中的合作伙伴,包括供应商、生产商、分销商和零售商等共同建立合作的正式商业协议,其内容包括合作的指南、目标、任务与职责、业务规则、绩效评测、保密协议和资源授权等内容。

(2) 制订联合业务计划。供应链中合作伙伴相互交换战略和业务计划信息,以发展联合业务计划。这份商业计划一般包括制定一份联合商品目录,以及与这些商品相关的促销计划、库存计划、促销活动及特别制定的价格战略。

(3) 生成销售预测。参考最终消费者的消费资料,预测品质特定期间的销售,从而促使合作双方各自单独的和共同的业务,完成一个支持共同业务计划的销售预测生成。其中消费资料包括零售商 POS、仓库出货资料、制造商的消费资料、因果资讯分析等。

(4) 识别销售预测的例外品项。根据框架协议中规定异常标准,列出销售预测可能出现问题的例外品项,如爆发性产品,对于异常的销售情形,特别要实时监控,以调整策略。

(5) 共同处理例外品项。当异常发生时,通过查询共享信息、电子邮件、电话交谈记录、会议记录等来解决异常项目,并对预测报告作相应变更。

(6) 订单预测。订单预测由供应商货物流中心主导,基于销售预测或实际销售的结果,考查制造、仓储、运输产能等制约因素,拟定未来各时点的订单,其作业内容包括结合销售预测、因果资讯与存货政策,产生未来特定时间、特定地点品项的订单预测。然后根据订单预测的结果,供应商可作相应的产能需求规划。

(7) 列出订单预测可能出现问题的例外品项。此步骤类似于步骤(4),在这要重视产品的销售量/订单百分比,若其比值大于 1 时,那么表示将会有库存发生,比值越大意味库存越多,比值大小与其合理性的关系,要视各品项而定,根据对比值的监视与控制来掌握订单异常状况的处理。

(8) 共同处理例外品项。此步骤类似步骤(5)。

(9) 订单产生。将订单预测转换为供提交的订单,订单产生可由制造厂或分销商根据能力、系统和资源来完成。

**阅读链接 4-2**

### 宝洁公司和 dm–drogerie markt GmbH 的 CPFR 项目

> 宝洁公司和 dm–drogerie markt GmbH 联合实施了一个为期 6 个月的 CPFR 试运行项目。宝洁公司在 80 个国家有 10 万多名员工,设有 300 家分支机构。dm–drogerie markt GmbH 是德国的第二大医药连锁店,有 14 000 名员工、13 000 个库存点和 1 300 个零售店。项目的目的是确保在各个配送中心和零售店都有所需的商品。两家公司都认识到更准确的预测会对公司的销售、利润和客户服务有良好的影响。
>
> 在商品促销期,如果不能准确地预测,将会在需求量很大的时候缺货或因需求不旺而在促销期末出现货物积压。这个试点项目的主要目的是帮宝适尿不湿产品的促销。帮宝适的大型促销活动每年举行 3 次,每次持续 2 周时间。宝洁公司通过一个基于互联网的供应链协同平台提供数据接入。应用这些数据,销售点采集到的需求信息沿着供应链从最终消费者到生产厂家和供应商。对促销活动所带来影响的预测数据提前 13 个星期就进行交换,并根据前 4 个星期的其他信息进行调整。通过对两家公司的订单预测进行比较,来决定误差是否在双方议定的容忍范围之内,对于突出的例外,双方也根据议定的程序进行解决。
>
> 这个试点项目的初步结果显示,预测的准确性提高了 10%,从第一次到第二次促销的生产能力提高了 4%。这些项目成功的原因可以归纳为合作中建立的信任、沟通和自由信息交换。
>
> (资料来源:http://www.dm–drogeriemarkt.de/CDA/Home.)

### 4.4.3 常见的 CPFR 情形

目前,CPFR 活动运行得比较顺利,其治理着大型企业的大部分的销售情况。在此过程中,成功的协作项目的某些难以区别的角色逐渐变得清晰。

CPFR 是一种提高供应链的效率和效果的策略，它通过需求的透明性推动供应链中各节点企业的执行来最大化最终顾客的价值。最基本的是，CPFR 的目标是使供应链从一个非协作、无效果和无效率的推动系统转变为基于最终顾客需求的协作的拉动系统。贸易伙伴通过顾客企业向最终顾客销售产品，取代了过去直接向顾客企业销售产品的经营方式。实施成功的大规模的 CPFR 项目的指导原则将有助于正在调查协作方式的企业或计划优化 CPFR 的企业。

VICS 确定了零售商与制造商之间大规模应用 CPFR 的 4 种最普遍的情形，如表 4.2 所示。

表 4.2　4 种常见的 CPFR 情形

| CPFR 情形 | 供应链中的应用领域 | 应用的行业 |
| --- | --- | --- |
| 商店补货协作 | 向商店直接送货或零售配送中心 | 大宗批发店、俱乐部商店 |
| 配送中心补货协作 | 销售配送中心或分销配送中心 | 药品、硬件、杂货店 |
| 零售活动协作 | 经常促销的渠道 | 除了实现每日低价策略的所有行业 |
| 协作分类计划 | 服装和季节性产品 | 百货商店、专业零售 |

1. 商店补货协作

在商店协作的框架下，商店补货协作是指把制造商和零售商联系起来，来预测商店销售和促销的分量，计算商店库存需求量，且对现行运营问题作出反应。商店补货协作的目标是在供应链的最重要的点上，即顾客购买产品时，增加销售、降低库存。这种形式的协作较难实施，特别是当商店较小时。商店补货协作对于大型商店如 Costco 会员仓储零售商和 Home Depot 而言较容易实施。商店补货协作的好处包括制造商可以获得清晰的销售数据，提高了补货的精确度，提高了产品的供给水平并降低了库存。这种协作对于新产品和促销来说更有益，制造商和供应商可以使用此信息来提高运作效率。

2. 配送中心补货协作

配送中心补货协作可能是实践中最常见，也是最容易实施的协作形式。在这种情形下，贸易双方协作对库存的流程进行优化，预测配送中心的出货或配送中心对制造商的期望需求同时，在运行效率最大时，获得优化的库存水平。这些预测被转化为配送中心向制造商下的订单流，这些订单在一定时间期限内被承诺或规定。此信息可以将这些订单纳入将来的生产计划，并根据实际需求生产相应的订单。因此，它降低了制造商的生产成本，也降低了零售商的缺货数量。

配送中心补货协作相对来说较容易实施，因为它需要的是综合预测协作，而不需要共享详细的 POS 数据。因此，配送中心、补货协作通常是协作的开始。随着时间的推移，这种形式的协作可以扩展到供应链的所有存储点，它从零售商货架到原材料仓库。

3. 零售活动协作

缺货问题在工业发展的今天仍然非常重要。在许多零售环境中，类似超市、促销及其他活动对需求有巨大影响，特别在顾客需求高峰期时，缺货现象比平常严重得多。这些活动中的缺货、过量库存和没有预期的物流成本不仅影响零售商和制造商的经营绩效，而且会影响顾客的忠诚度。在这种情况下，零售商和供应商之间的计划、预测和促销补货协作将非常有效。

零售活动协作要求双方确认合作中的品牌和产品最小库存单元。双方还必须共享详细的活动信息，如活动开始时间、活动持续时间、价格点、广告陈列及陈列战术。当发生变化时，零售商必须更新信息，然后进行针对活动地预测，并共享此信息，再而将这些预测转变成计划订单和交货安排。当活动进行时，监控销售量以确定任何变化（包括例外情况），这些变化和例外情况最终由双方多次协商解决。宝洁公司与许多合作伙伴，如沃尔玛公司，已经完成了某种形式的零售活动协作。

4. 协作分类计划

时装和其他季节性产品的需求适合季节性模式。因此，这些产品的协调计划需满足一个季节周期，并在季节交替时进行。由于需求存在季节性，所以，预测对历史数据依赖较少，而更依赖于对行业趋势、宏观因素和顾客品味的协作分析。在这种协作形式中，贸易伙伴共同开发分类计划。它的输出是样式、颜色、尺寸的计划采购订单。在时装表演上，双方会展示样品，并制定最终商品决策。而这份计划订单在时装表演前已经以电子方式共享了。计划订单有助于制造商采购提前期较长的原材料并安排产能。当产能具有相当的柔性且原材料对于不同的最终产品而言有一些共性时，这种协作形式最有用。

阅读链接 4-3

## 成功的 CPFR 实践

> 一个成功的 CPFR 实践是德国清洁用品制造商汉高(Henkel)公司与西班牙食品零售商(Eroski)公司之间的合作。在应用 CPFR 之前，Eroski 公司经常发现汉高公司产品缺货，尤其是在促销期间。在 1999 年 12 月开始应用 CPFR 时，70% 的销售预测的平均错误率高于 50%，只有 5% 的预测的错误率低于 20%。CPFR 实施 4 个月后，70% 的销售预测的平均错误率低于 20%，只有 5% 的错误率高于 50%。在实施 CPFR 后，顾客服务水平为 98%，平均库存仅为 5 天。即使每个月 15~20 种产品在做促销，这种绩效水平也可以达到。
> 
> 另一个成功实践的例子是强生公司与英国保健美容产品连锁店 Super-drug 之间的合作。在 2000 年 4 月开始实施 CPFR 后，Super-drug 发现其配送中心的库存水平下降了 13%，而产品供应水平提高了 1.6%。如蒂斯尔曼(Steerman, 2003)所指出的，希尔斯公司和米其林公司在 2001 年实施 CPFR 之后也获得了巨大的利益。希尔斯公司的库存供给水平提高了 4.3%。配送中心的订单完成率提高了 10.7%，总库存水平降低了 25%。
> 
> （资料来源：王道平，杨建华. 供应链物流信息系统[M]. 北京：电子工业出版社，2008.）

## 4.5 供应链的库存协作策略

### 4.5.1 供应商管理库存

供应链管理模式下库存管理的最高理想是实现供应链中企业的无缝连接、消除供应链企业之间的高库存现象。如果每个供应链节点企业都孤立地开展库存决策，零售商有自己的库存，批发商有自己的库存，供应商有自己的库存，各个供应链环节都有自己的库存控制策略。由于各自的库存策略不同，因而不可避免地产生需求的扭曲现象，即所谓的需求放大现象，使企业无法快速响应用户的需求。而供应商管理库存(Vendor Management Inventory，VMI)，能使制造商得到其上游供应商在库存上的帮助，形成信息共享，从而有效地抑制提前采购和运输的发生，降低供应链中的库存量。

1. VMI 的基本概念

供应商管理库存(VMI)是一种很好的库存管理策略。关于 VMI 的定义，国外学者认为，VMI 是一种在制造商(用户)和供应商之间的合作性策略，以对双方都是最低的成本优化产品的可获性，在一个相互同意的目标框架下由供应商管理库存。VMI 的目标是通过供需双方的合作，试图降低供应链的总库存而不是将制造商的库存前移到供应商的仓库里，从而真正降低供应链中的总库存成本。在这种库存控制策略下，允许上游组织对下游组织的库存策略、订货策略进行计划和管理。供应商和客户之间企业实现信息交换、信息共享后，信息便替代了库存，拥有最佳的信息就可以达到最小的库存，大大降低缺货的概率，更好地改善客户满意度和销售状况。

VMI 的思想打破了传统的各自为政的库存管理模式，体现了集成化的管理思想。作为供应链中第一环节的生产商，可以利用 EDI 和电子商务技术，从其零售商那里获得实时的端点数据，并调用零售商的库存文档，及时补充存货，并按照市场要求安排生产和财务计划。生产商与零售商的紧密合作大大改善了整个流程，减少了不必要的系统成本、库存和固定资产，共同着眼于最终消费者的需求，生产商不再依赖零售商的订货而组织生产和供货，从而降低了整个供应链的库存。

2. VMI 的原则

关于 VMI 也有其他的不同定义，虽然表述有所不同，但归纳起来，VMI 策略的关键措施主要体现在以下 4 个原则中。

(1) 合作性原则。在实施该策略时，供应商和零售商要有良好的合作精神，做到相互信任和信息透明。只有这样，双方才能够保持良好的合作。

(2) 互惠原则。VMI 解决的不是关于成本如何分配或谁来支付的问题，而是关于减少成本的问题。该策略可以使双方的成本都得以减少。

(3) 目标一致性原则。双方都明白各自的责任，如库存地点，支付时间，是否需要管理费，管理费用的多少等，并在观念上达成一致的目标。

(4) 连续改进原则。供需双方能共享利益和消除浪费。精心设计开发的 VMI 系统，不仅可以降低供应链的库存水平、降低成本，而且用户还可获得高水平的服务，改善资金流，与供应商共享需求变化的透明性和获得更好的用户信誉度。

VMI 策略的主要思想是供应商在用户的允许下设立库存，确定库存水平和补给策略，并拥有库存控制权。

3. VMI 模型

在供应链体系中的 VMI，并不是要建立"上游组织—下游组织"一对一的管理模式。VMI 存储在某个下游组织，是上游组织和该组织的共享资源，可以辐射周边的相关组织，形成了物流、资金流和信息流的集成应用，为科学管理供应链的库存设计了一套合理的解决方案。VMI 在供应链管理中具有集成化管理和营销的功能,如图 4.3 所示的 VMI 的集成结构,表明 VMI 成为供应商和企业之间相互联系和沟通的直接纽带,是提供供应链各结点企业之间共同利益的汇集点。所以说,VMI 可以使供应链中企业的价值联系在一起,形成一个资源和利益互动的体系。

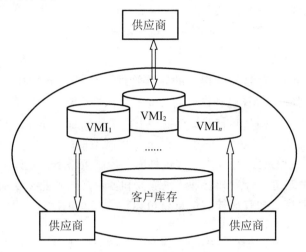

图 4.3　VMI 的集成结构

虽然 VMI 由供应商管理,但是企业是将 VMI 作为一项资源来利用的。从 VMI 的运行结构来看,企业与供应商交换的信息不仅仅是库存信息,还包括企业的生产计划、需求计划和采购计划,以及供应商的补库计划和运输计划等。VMI 的运行结构如图 4.4 所示。

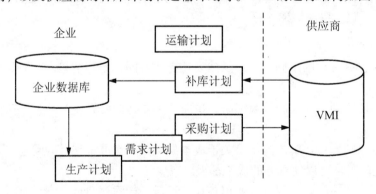

图 4.4　VMI 的运行结构

### 4. VMI 的实施步骤

零售商对供应商保持库存状态的透明性是实施供应商管理用户库存的关键。这使得供应商能随时跟踪和检查到零售商的库存状态,从而快速响应市场需求的变化,对企业的生产状态作出相应的调整。为此需要建立一种能够使供应商和用户的库存信息系统透明连接的方法——VMI。

实施 VMI 策略,要改变订单的处理方式,建立基于标准的托付订单处理模式。首先,供应商和批发商共同确定供应商的订单业务处理过程所需要的信息和库存控制参数;然后,建立订单处理的标准模式,如 EDI 标准报文;最后,把订货、交货和票据处理各个业务功能集成到供应商的系统中。VMI 策略可以分以下几个步骤实施。

（1）建立顾客情报信息系统。通过建立顾客的信息库，供应商能掌握需求变化的有关情况，把由销售商进行的需求预测与分析功能集成到供应商的系统中，以有效地管理销售库存。

（2）建立销售网络管理系统。供应商要很好地管理库存，必须建立起完善的销售网络管理系统，保证自己的产品需求信息和物流畅通。因此，必须保证自己的产品条码的可读性和唯一性，解决产品分类、编码的标准化问题，解决商品存储运输过程中的识别问题。目前已经有许多企业开始采用制造资源计划（Manufacturing Resource Planning，MRP Ⅱ）或 ERP 系统，这些软件都集成了销售管理的功能。通过对这些功能的扩展，可以建立完善的销售网络管理系统。

（3）建立供应商和销售商的合作框架协议。供应商和销售商一起通过协商，确定处理订单的业务流程以及控制库存的有关参数（如再订货点和最低库存水平等）、库存信息的传递方式等。

（4）组织机构的变革。过去一般由会计经理处理与用户有关的事情，引入 VMI 策略后，在订货部门产生了一个新的职能，负责对用户库存的控制，包括库存补给和服务水平。

通过 VMI，供应商可以客观地评价放在供应商处的存货，供应商可以决定产品的标准，决定订货点、补货存货、交货的流程，建立多种库存优化模型并进行人员培训。

VMI 已经在凯玛特公司（有约 50 家供应商）和 Fred Meyer 公司实施。凯玛特公司发现季节性商品的库存周转率（次/周）从 3 提高到 9 ~ 11，而非季节性商品从 12 ~ 15 提高到 17 ~ 20。Fred Meyer 公司发现库存降低了 30% ~ 40%，而订单完成率提高到 98%。其他成功实施 VMI 的公司还有金宝汤料公司、Frito - Lay 公司及宝洁公司等。

**阅读链接 4 - 4**

## DC 服装公司的 VMI 系统

美国达可海德（DC）服装公司把 VMI 看做增加销售量、提高服务水平、减少成本、保持竞争力和加强与客户联系的战略性措施。在实施 VMI 过程中，DC 公司发现有些客户希望采用 EDI 先进技术并且形成一个紧密的双方互惠、信任和信息共享的关系。

为对其客户实施 VMI，DC 公司选择了 STS 公司的 MMS 系统，以及基于客户机/服务器的 VMI 管理软件。DC 公司采用 Windows NT，用 PC 机做服务器，带有 5 个用户终端。在 STS 公司的帮助下，对员工进行培训，设置了必要的基本参数和使用规则。技术人员为主机系统的数据和 EDI 业务管理编制了特定的程序。

在起步阶段，DC 选择了分销链中的几家主要客户作为试点单位。分销商的参数、配置、交货周期、运输计划、销售历史数据，以及其他方面的数据，被统一输进了计算机系统。经过一段时间的运行，根据 DC 公司信息系统部副总裁的统计，分销商的库存减少了 50%，销售额增加了 23%，取得了较大的成效。

接着，DC 公司将 VMI 系统进行了扩展，并且根据新增客户的特点又采取了多种措施，在原有 VMI 管理软件上增加了许多新的功能。

> （1）某些客户可能只能提供总存储量的 EDI 数据，而不是当前现有库存数。为此，DC 公司增加了一个简单的 EDI/VMI 接口程序，计算出客户需要的现有库存数。
> （2）有些客户没有足够的销售历史数据用来进行销售预测。为解决这个问题，DC 公司用 VMI 软件中的一种预设的库存模块让这些客户先运行起来，直到积累起足够的销售数据后再切换到正式的系统中去。
> （3）有些分销商要求提供一个最低的用于展示商品的数量。DC 公司与这些客户一起工作，一起确定所需要的商品和数量（因为数量太多影响库存成本），然后用 VMI 中的工具设置好，以备今后使用。
> 
> VMI 系统建立起来后，客户每周将销售和库存数据传送到 DC 公司，然后由主机系统和 VMI 接口系统进行处理。DC 公司用 VMI 系统，根据销售的历史数据、季节款式、颜色等不同因素，为每一个客户预测一年的销售和库存需求量。
> 
> 为把工作做好，DC 公司应用了多种不同的预测工具进行比较，选择出其中最好的方法用于实际管理工作。在库存需求管理中，该公司主要做的工作是计算可供销售的数量和安全库存、安排货物运输计划、确定交货周期、计算补库订货量等。所有计划好的补充库存的数据都要复核一遍，然后根据下一周（或下一天）的业务，输入主机进行配送优化，最后确定出各配送中心装载/运输的数量。DC 公司将送货单提前通知各个客户。
> 
> 一般情况下，VMI 系统需要的数据通过 ERP 系统获得，但是 DC 公司没有 ERP。为了满足需要，同时能够兼顾 VMI 客户和非 VMI 客户，DC 公司选用了最好的预测软件，并建立了另外的 VMI 系统数据库。公司每周更新数据库中的订货和运输数据，并且用这些数据进行总的销售预测。结果表明，DC 公司和其客户都取得了预期的效益。
> 
> （资料来源：赵道致. 供应链管理[M]. 北京：中国水利水电出版社，2007.）

### 4.5.2 联合库存管理

**1. 联合库存管理的基本思想**

VMI 作为供应链集成化运作的决策代理模式，把零售商的库存决策权代理给供应商，零售商只需辅助供应商制订计划，从而零售商实现零库存，供应商的库存也大幅度地减少。然而，VMI 也存在一些缺陷和不足。例如，在 VMI 模式下，供应商承担了客户的库存管理及需求预测分析的责任，但它比其客户获取更少的利润，而未承担库存管理责任的客户却获得更多的利润，造成了责任与利益的不统一，从而影响了供应商实施 VMI 的积极性。

针对 VMI 存在的不足，有些学者提出了联合库存管理（Joint Managed Inventory，JMI）。JMI 是从相互协调的角度出发，双方风险分担的库存管理模式。地区分销中心体现了一种简单的 JMI 思想。对地区分销中心模式进行一定的扩展，并应用到供应链管理中的库存控制上，就形成了联合库存的管理模式。JMI 模式如图 4.5 所示。

JMI 能有效地改善供应链系统中出现的"牛鞭效应"现象，减少不必要的库存，提高供应链的同步化程度，进而优化供应链的整体运作性能。JMI 和供应商管理不同，它强调双方同时参与，共同制订库存计划，使供应链过程中的每一个库存管理者（供应商、制造商、分销商）都从相互之间的协调性方面来考虑，使供应链相邻两个节点企业之间的库存管理者消除了需求变异放大现象，使库存管理不再是各自为政的独立运作，而是供需连接的纽带和协调中心。

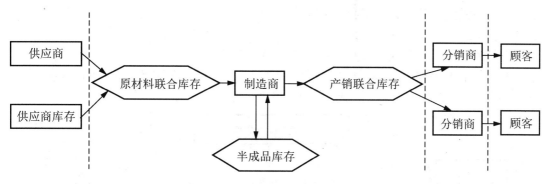

图 4.5　基于协调中心的 JMI 模式

2. JMI 的实施策略

1）建立供需协调管理机制

为了发挥联合库存管理的作用，供应链中各节点企业应从合作的精神出发，建立供应链协调管理机制，建立合作沟通的渠道，明确各自的目标和责任，为 JMI 提供有效的机制。建立完善的协调管理机制要从以下 3 个方面入手。

（1）建立供应链共同愿景。要理解供需双方在市场目标中的共同之处和冲突点，通过协商形成一致、双赢的愿景。

（2）建立联合库存的协调控制方法。JMI 中心应充当协调各方利益的角色，担负起协调整个供应链的使命。JMI 中心需要明确优化库存的具体实施方法，包括在多个需求方之间的调节与分配、安全库存水平的确定、需求预测的方法等。

（3）建立利益分配制度和有效激励机制。要有效运行基于协调中心的库存管理，必须建立一种公平的利益分配制度，并对各方进行有效地激励，防止机会主义行为，增加协作性和协调性。

2）建立集成的信息系统

JMI 的实施并非一个简单的过程，它需要供应链中各节点企业通过相应的信息系统合作沟通，并通过库存管理中心对供应链中的库存进行管理，而这需要先进的信息技术的支持。供应链中信息的有效沟通，供应链合作伙伴之间的信息共享是 JMI 得以成功实施的必要保障，而对供应链中合作伙伴之间原有的信息系统进行信息集成是共享信息的技术基础。随着 Internet 技术的发展，人们先后提出了基于传统 HTML 技术的集成方案、基于分布式技术的集成方案和基于 XML 的集成方案，这些信息集成方案对建立供应链中信息的有效畅通机制起到了良好的作用。供应链中各节点企业在信息系统集成时要将条码技术、扫描技术、POS 系统等企业系统集成起来，从而在供应链中建立畅通的信息沟通渠道。

3）充分利用已有的资源管理系统

虽然制造资源计划（MRP Ⅱ）和配送资源计划（Distribution Resources Planning，DRP）主要运行在单个企业环境中，其成熟的技术在 JMI 中依然有用武之地：在原材料库存协调中心可应用 MRP Ⅱ，在产销联合库存协调中心则可应用 DRP。这样，在供应链系统中把两种现有资源计划系统很好地结合起来，降低了整合的成本和难度。

4）发挥第三方物流系统的作用

第三方物流系统（Third Party Logistics，3PL）是供应链集成的一种技术手段。3PL 也叫做物流服务提供者（Logistics Service Providers，LSP），它为用户提供各种服务，如产品运输、订单选择、库存管理等。第三方物流系统的产生是由一些大的公共仓储公司通过提供更多的附加服务演变而来,另外一种产生形式是由一些制造企业的运输和分销部门演变而来。

把库存管理的部分功能代理给第三方物流系统管理,可以使企业更加专注于自己的业务,从而提升自身的核心竞争力。供应链的用户服务水平和运作效率也因此得到进一步地提升。第三方物流系统在供应链中的作用如图4.6所示。

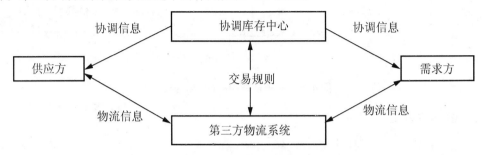

图4.6 第三方物流系统在供应链中的作用

**阅读链接4-5**

沃尔玛公司供应链库存实践

> 沃尔玛公司首先提出了CPFR,通过一个自有的称为SupplierLink的库存管理系统,将其大约2 700家商店中每一家关于销售和库存的详细信息,提供给它的1万多个供应商(Heun 2001)。沃尔玛公司已经成为VMI这种做法积极的使用者,不再对它持有的多种产品库存具有所有权。沃尔玛还使得越库技术得以出名,这是把它自己的仓库网络作为库存协调点,而不是通常的库存储存点。这些供应链创新方法的共同作用,使得沃尔玛公司与其他的折扣零售商相比,具有最高的库存周转率,并且使其成为世界最大、利润最高的零售商(Simchi-levi etal. 2000)。
> 
> (资料来源:Terry P. Harrison, Hau L. Lee, John J. Neale. 供应链管理实务[M]. 黄朔,译. 北京:中国人民大学出版社,2002.)

# 本 章 小 结

供应链管理的思想基础是将供应链中的成员企业集成起来来提高供应链的效率。本章以供应链的"牛鞭效应"分析为切入点,介绍了供应链协作的动因及其对供应链绩效的影响,并详细介绍了实现供应链协作的策略及机制,最后给出了基于信息共享的实现供应链协作的常用实施方法。

供应链的协作对于提高供应链及其节点企业的竞争优势有着重要的作用。供应链中的行为不是单个企业的行为,如果仅仅停留在单个企业内部流程的最优化,那么企业获得不了最大利润,只有整个供应链中节点相互协作、共享信息,才可能使整个供应链达到最优,而这种信息的共享会使企业的预测更准,协调性更强,如本章中介绍的CPFR实施方法,VMI和JMI等。

**关键术语**

供应链协作　　　　"牛鞭效应"　　　　战略伙伴关系　　　　协作机制
信息共享　　　　　CPFR　　　　　　VMI　　　　　　　　JMI

# 习　题

1. 选择题

(1) "牛鞭效应"产生的本质原因可以概括为_____。

A. 供应链中的库存和延期交货水平波动过大

B. 企业之间的信息不对称导致信息扭曲逐级放大现象

C. 订单的变动程度比零售数量的波动要大得多

D. 零售商和分销商对于订单的扩大订购

(2) 供应链中的委托—代理风险有两类：逆向选择风险和_____。

A. 控制风险　　　B. 道德风险　　　C. 受益风险　　　D. 信用风险

(3) 供应链协作机制，不包括_____。

A. 委托—代理机制　　　　　　　B. 信任机制

C. 决策机制　　　　　　　　　　D. 整合机制

(4) 企业通过互联网完成企业与分支机构和合作伙伴的信息沟通与控制，同时实现网上交易，进行售前、售中和售后服务属于信息管理与共享的_____这一层次。

A. 外部信息交换　　　　　　　　B. 内部信息交换

C. 信息系统的集成　　　　　　　D. 以上均错

(5) 协作计划、预测和补货策略的优势不包括_____。

A. 使合作伙伴关系更加密切，形成共赢的局面

B. 能够获得供应链上游和下游的各种信息，如销售数据等，在获取这些信息的基础上能够使预测更为准确

C. 及时获取的信息，可以使企业事后调整自己的行为

D. 减少供应链的无效行为，提高客户满意度，降低库存，最终提高利润

(6) 在 CPFR 策略的 4 项活动中，_____的主要任务是确定计划和实施中的例外情况，评估用来衡量绩效、识别趋势度量值及制定可供选择的战略工作。

A. 战略和计划　　B. 供需治理　　　C. 实施　　　　　D. 分析

(7) VMI 策略的实施所遵循的原则中，不包括_____。

A. 独立性原则　　　　　　　　　B. 双赢互惠原则

C. 目标一致性原则　　　　　　　D. 连续改进原则

(8) 以下_____不属于 JMI 的实施策略。

A. 建立完善的协调管理机制　　　B. 建立分散的信息系统

C. 充分利用已有的资源管理系统　D. 发挥第三方物流的作用

2. 简答题

(1) 什么是"牛鞭效应"？它与供应链失调有什么关系？

(2) "牛鞭效应"对企业的经营绩效有哪些影响?

(3) 供应链协作的机制有哪些?几者之间的关系如何?

(4) 信息共享的主要内容有哪些?

(5) CPFR 的优势有哪些方面?

(6) 不同的 CPFR 形式有哪些?如何给供应链合作伙伴带来利益?

(7) VMI 的含义和原则是什么?基本思想是什么?

(8) 简述 VMI 的实施步骤。

(9) JMI 的基本思想是什么?

(10) 简述 JMI 的实施策略。

3. 判断题

(1) "牛鞭效应"是供应链中的各层级销售商(总经销商、批发商、零售商)转嫁风险和进行投机的结果。( )

(2) 在"牛鞭效应"情形下,企业为了预防产品的缺货,往往会大量生产产品,形成规模经济,降低生产成本。( )

(3) 供应链管理的核心是如何实现供应链成员间的协作,而良好的协作离不开完善健全的协作机制。( )

(4) CPFR 的优势包括能够获得供应链上游和下游的各种信息,如销售数据、促销等,在获取这些信息的基础上能够使预测更为准确。( )

(5) 配送中心补货协作相对来说不容易实施,因为它需要的是共享详细的 POS 数据。( )

(6) VMI 策略的主要思想是供应商在用户的允许下设立库存,确定库存水平和补给策略,并拥有库存控制权。( )

(7) VMI 是企业实现库存成本降低和风险转移的一条重要途径。( )

(8) JMI 是解决供应链系统中由于各节点企业的相互独立库存运作模式导致的需求放大现象,提高供应链的同步化程度的一种有效方法。( )

4. 思考题

(1) 供应链的协作机制除本章中列举的机制外,还有什么机制可以促进供应链的协作?

(2) 通过对 4.5 节的学习,对库存管理有哪些新的理解?试写出其他的库存管理方法。

**案例分析**

## 通用汽车(巴西)公司的服务运营①

通用汽车公司(General Motors, GM)在巴西拥有 472 个经销商、9 个授权的汽车修理厂、10 个零部件配送企业,总共 491 个销售服务网点。在巴西服务环节的雇员总共有 650 人,在东南部的圣保罗有两个

---

① 资料来源:Joel D. Wisner, G. Keong Leong, Keah-Choon Tan. 供应链管理原理均衡方法[M]. 北京:清华大学出版社,2006.

零部件配送中心。到目前为止，GM 公司总共有 75 000 个零部件，频繁使用的有 700 个，为 20 个生产平台提供支持。

GM（巴西）公司和它在巴西的分销商是分别独立运作的。和许多供给网络一样，GM 公司在巴西的网络节点也是单独管理的，这样就形成了零和博弈的结果，即在许多情况下，谈判中一方所得另一方所失。这就导致了不太合作的关系和分散管理带来的不良后果。

1. "牛鞭效应"

一个不良的后果就是在下游需求中一个很小的变化就会导致上游一个很大的变化。GM 公司配送中心的需求来自库存管理系统的计算并受到经销商库存战略的影响。针对每个部件，如果有再订货点的要求，经销商会通过 EOQ 系统采购最经济的订货批量。这就意味着它们会等到某个部件的需求达到再订货点的时候再通过 EOQ 系统进行订货，其结果就是最终消费者的需求只有会聚成大块的需求才会传递到配送中心。因为经销商是从终端客户那里接到连续的订单为零，直到经销商的经济订货批量达到了才进行补货。

具有库存管理系统的销售点有 483 家，这些销售点会在没有约定的不同时刻发出补货订单，这些订单的数量也是没有约定的。这样的一个体系就会导致传递到配送中心的需求随机性很大，具有较强的"牛鞭效应"。假设 10 家配送中心都有自己的库存管理系统和独立定义的库存方法和参数，那么"牛鞭效应"会得到增强并传递到其供应商，以及供应商的供应商。这些增强的影响是随机的。因此，它给企业带来的结果就是增加安全库存。

对于上游的制造企业来说，极度不确定的生产安排会导致供应链效率的下降。当"牛鞭效应"带来的需求增加时，工厂不得不加班加点地工作，而当需求减少时，则工厂无事可做。这给所有供应链成员都增加了成本，而这增加的成本最终传递了最终消费者。这就是为什么客户从 GM 公司的经销商处购买的部件会比其从灰色市场（直接从生产厂家出厂、贴着它自己而非 GM 标签的部件）中购买的相同部件高出 50%~100%。这个价格的差距也部分说明了 GM 零部件的市场占有率（据 GM 估计大概占 30%）的一个原因。

2. GM 的解决方案——AutoGiro

面对上述问题，GM 公司决定在巴西全国范围内调整供应商网络的管理方式，这个项目名为 AutoGiro，该项目实施的思路很简单，可以用下面的几个原则来说明。

（1）它是一个 VMI 系统：认为 GM 公司对经销商部件的库存管理负有责任。VMI 系统之所以有效，是因为 GM 公司作为销售网络的主导者，它可以看到所有 472 个经销商汇总之后的需求。GM 公司还可以在全国范围内找到满足需求的合作伙伴，并与合作伙伴一起对经销商的需求进行预测，因为需求预测是管理库存的重要内容，所以，GM 公司被认为对库存管理负有责任。VMI 系统存在的另一个意义在于它可以处理 GM 公司向一组经销商运送上千种不同的部件（平均每个经销商经常用到的部件是 6 000 个，大约每个月要购买 2 500 个）。这就意味着如果安排好合理的运送路线，几家经销商可以分担一个送货车的成本，特别是在几家临近的经销商可以为此而统一时间和方式的前提下。这种统一的安排可以由 GM 公司来完成（GM 签约 Emery 来提供物流服务）。

由 GM 公司对经销商的购买时间、购买数量及购买部件提供建议。以前 GM 公司为了最大化地销售这种部件而向供应链下游极力推销，现在经销商之所以坚持要求由 GM 公司来管理库存就是要改变这种局面。

（2）GM 公司承诺对部件缺货和积压采取对策。经销商担心 GM 公司会为了更多的实现部件的销售而将其不需要的部件推销过来。为打消经销商的疑虑，AutoGiro 保证，凡接受 VMI 计划的经销商，如果有超过 9 个月都没销售的部件，则 GM 公司会以现在或购买时较高的那个价格进行回收。这就表示 GM 公司愿意为不实施 AutoGiro 之前，经销商要自行消化缺货所带来的损失，而且如果订加急货物的话需要支付很高的加急费用。

（3）GM 公司提供一个基于互联网"部位定位仪"。GM 公司为了能够管理经销商的库存并提供自动补货，需要经销商在第一时间更新每种部件的最新库存数据。GM 公司要让所有的经销商都知道这些数据。在某个经销商缺货并需要给客户紧急服务时,可以搜索 GM 公司的外部网络找到最近的有这个配件的经销商,在最短的时间内拿到这个部件(根据经销商位置的比较,从邻近经销商处得到补充只需要两天时间)。

(4) 给经销商的补货频率取决于经销商的需求数量。经销商目前所使用的再订货系统是分别处理每个部件。降低物流成本的一个基本思路是提高每个采购部件的数量,但这样会提高库存水平(补货频率越低,平均库存越高)。最常用的的系统将补货的次数限制在每月最多三次。这就意味着,对于使用程度最高的部件,每次订货的数量不能高于月使用量的 1/3。在 AutoGiro 系统中,在几乎每天都可以实现运输的情况下,每次补货的数量大约是月使用量的 1/20。AutoGiro 系统认为降低运输成本的方法不见得非要每个部件订购大批数量,还可以采用每种部件的数量不多但订购的品种很多的方法。系统可以实现不同的部件在同一批进行补货。这就可以实现即使每种部件的数量不多也可以降低运送成本。除了不同的部件在同一批补货所产生的经济运输以外,每个地区的经销商都按牛奶配送巡回路线逻辑分别在周一、周三和周五收到补货。这种协同装卸也可以降低成本。

(5) 使用一个库存定期检验系统。为了实现规模经济的运输,很有必要在固定的周期进行补货。在 VMI 中,某种形式的库存管理系统也受到阶段性地检查。这个系统可以确保经销商所有的服务用品会得到阶段性地检查(AutoGiro 系统每天检查)。根据检查时某个部件的库存状态,会自动产生一个订货数量。这个数量是根据原先确定的最大订货水平和实际库存的差额计算出来的。补货订单随后发出,在一段运输时间之后,补货就运到目的地了。这个系统中,检查是按规定的阶段进行的,但每次补货的数量是不定的。

3. AutoGiro 的信息流

下面是流程的介绍。

(1) 流程 1。销售点在每天下午 6 点到晚上 10 点通过 EDI 向 GM 公司发送电子数据,包括每天销售的部件和库存情况。GM 公司根据提供的数据,就这个销售点的部件作出短期需求预测。在汇总了所有销售点的数据以后,GM 公司就每个部件在每个销售点的 SKU 作出准确预测,确定国家或地区的补货模式。

(2) 流程 2 和 3。每个周一的早晨,AutoGiro 会重新进行需求预测,为这个算出每个 SKU 的最大库存水平。更新后的每个销售点的各个部件的最大库存量可以在互联网上查到。周一早晨各销售点的部件管理经理要对这些数据进行分析,进行确认或提出不同意见。引起需求变化的一个主要因素是促销。很显然各销售点都希望销售增长,但这个增长不会从 AutoGiro 上体现出来。部件管理经理对部件的最大库存量进行修正并通过 AutoGiro,这些最后确认的数据作为 AutoGiro 每天自动补货的依据。

(3) 流程 1 和 4。在这一周当中,AutoGiro 每天收到各销售点的库存数据,计算各销售点最后确认的数据和目前拥有库存的差额,并自动将这些数据发回 GM 公司配送中心。

(4) 流程 5。GM 公司配送中心给每个销售点发出通知,通知销售点补货已经在路上,以及这批货物的品种和数量。

(5) 流程 6。运送的部位经过筛选归类(根据路线的合理安排和装运的需要)后装上运输车辆,然后在沿途分配给各销售点。这里还要考虑到各销售点要货的频率(每周两次、三次或天天送)。

这些流程说明了日常自动补货的执行情况。

**讨论题**

(1) GM 公司期望降低在销售点和其他网络节点中的安全库存水平的同时,各销售点的销售绩效有所提升。应用 AutoGiro 模式的特性,解释 GM 公司这种预期的基本原理。

(2) 试解释为什么 GM 公司的 AutoGiro 系统会减轻它在巴西供应链环节统中的"牛鞭效应"。

# 第5章 供应链柔性管理

【本章教学要求】

| 知识要点 | 掌握程度 | 相关知识 | 应用方向 |
| --- | --- | --- | --- |
| 柔性的基本概念 | 熟悉 | 柔性的定义、国内外学者对柔性的不同理解 | 掌握有关柔性和供应链柔性的基本知识，并在此基础上分析影响供应链柔性的主要因素 |
| 供应链柔性的基本概念 | 重点掌握 | 供应链柔性的基本定义 | |
| 供应链柔性的作用 | 了解 | 供应链柔性对企业绩效的重要作用 | |
| 供应链柔性的能力构成 | 了解 | 供应链柔性的能力 | |
| 供应链柔性的维度分析 | 了解 | 影响供应链柔性的8个维度 | |
| 柔性供应链的动态特性分析 | 熟悉 | 柔性供应链的动态特性 | 柔性供应链的构建对于供应链企业来说非常重要，设计好柔性供应链的模型为企业提高供应链柔性奠定了基础 |
| 构建柔性供应链的过程中会遇到的问题 | 熟悉 | 对柔性供应链构建研究过程中存在的问题进行分析 | |
| 柔性供应链的模型设计 | 重点掌握 | 柔性供应链模型设计的两个层次和3个要求 | |
| 未来的柔性供应链模式 | 了解 | 未来3种柔性供应链模式的含义和特点 | |
| 提高供应链柔性的途径 | 重点掌握 | 从供应阶段、生产阶段、需求阶段3个方面说明提高供应链柔性的途径 | 掌握提高供应链柔性的途径，有利于在不同的内外部环境下选择恰当的方法来提高供应链柔性 |

## 以需定产的柔性供应链锻造法[①]

### 1. 东风日产公司——混线生产的效力把控

在中国汽车行业，东风日产公司有最丰富的车型，覆盖了从微型车、中级车、豪华车到SUV、皮卡等全系的车型，而且品牌众多。尽管拥有最丰富的车型，东风日产公司的生产线设置却是相同的。一年60多万辆不同种类的车都同时在生产线上混流生产。也就是说，不同车型、相同车型不同配置、相同配置不同颜色的各种车辆在同一条生产线上同时生产。

对于汽车企业而言，首先要做到能预测需求，引导顾客消费，而当有了真实需求后，再根据订单反馈信息定制生产。在这个过程中，组织货源、进行零部件采购和合作伙伴的选择显得尤为重要。汽车企业需要预先选定好钢材、发动机，然后安排供货。从物流配送到汽车制造厂组织生产，然后运出去，这个看起来简单的供应链，在多品种、大批量生产中就显得不简单了。

### 2. 取货制，保证高效配送

每辆汽车都有上万个零部件，而这些零部件的生产分散在国内很多不同的零部件生产企业。以往是由零配件供应商自己配送，这样不仅成本高，而且时间和配送的周期也难以保证。

事实上，汽车的供应链主要包括生产组织和物流两个环节，而物流又分为进厂物流、出厂物流和售后服务的物流。进厂物流主要是调拨零配件，出厂物流则是整车运输，而售后服务物流主要是配送保养、维修所需要的配件。

但现在情况完全改变了，零配件供应商可以不用奔波就把零配件送达东风日产公司，这一切源于东风日产公司率先采用的"取货制"模式。在国内，东风日产公司采取的模式是由主机厂向零配件供应商下达配货指令，然后由企业派出的车辆到当地去取货。

东风日产公司具体的做法是向社会物流公司招标，最终选出3家物流公司，它们分别位于上海、广州和武汉，其中，40%的零配件在华东地区，50%的零配件在华南，其余10%的零配件在华北。

东风日产公司具体的操作流程首先是选择物流企业，之后公司会将年度的订货计划提供给物流供应商，让供应商做到心中有数，制订出具体的物流计划。待月度生产计划确定后，将计划分发给物流供应商，由零配件订购计划生成订单，计算机自动生成后发送给物流供应商，取货时间、品种、数量都在订单上清楚地显示，物流公司可直接派车去零配件企业处取货。

在运输配送环节，如果遇到零配件企业不能按时交货或者货物质量出了问题，这时物流公司会及时地把情况反馈给企业，企业采取人工协调的方式，判断应该采取什么样的措施。例如，在预先不知道的情况下，零配件企业交不了货，信息反馈回来后，通过人工的方式进行评估，如果3天之内给不了货，会影响生产的正常进行，就需要空运，而这笔费用则由供货商承担。如果企业自身的生产计划发生变化而导致要进行空运，这笔费用则由主机厂自己来承担。

对于大型的零部件，东风日产公司采用了同步供货模式。例如，轮胎、座椅、顶棚、仪表板等，这些零部件不需要备货太多，也不需要太多的库存。为此，东风日产公司与几家大型零部件企业建立起战略合作关系，要求这些企业在东风日产公司周边建立厂房，与东风日产公司同步生产，这样做，既降低了物流成本又减少了库存压力。

虽然东风日产公司和这些企业建立了长期的战略合作关系，但是公司也没有对这些零部件企业放松要求，每个月都要对其进行评价和打分，低于75分的则会要求其进行整改。

---

[①] 资料来源：佚名. 以需定产的柔性供应链锻造法[EB/OL]. [2011-07-07]. http://www.nbd.com.cn/newshtml/20110108/20110108113635776.html.

### 3. 打造最优的生产制造效率

汽车制造环节都是围绕质量、成本、交货期、安全和士气这5个方面展开工作的。汽车企业之间在制造环节并不保密，而是经常"礼尚往来"，这在汽车行业被称为"对标"，也就是做标杆活动。东风日产公司和上海通用公司在对标方面交流很充分，双方都互相参观流水线、互相学习，力图打造出最优的生产制造水平并且降低制造成本。

在汽车制造流程中，都需要冲压、焊接、车身涂装、喷漆和总装备5个环节。不同的生产线自动化程度是不同的，设备存在差异，焊接不一样，机器人的数量也不同。但汽车企业之间最看重的还是人均生产车辆的数量，如东风日产公司和上海通用公司之间，如果上海通用公司的人均产量大，东风日产公司就要对比每一个环节，根据不同车型和时间进行调整。

东风日产公司的生产线和其他汽车企业相比，车型更多而且完全混线生产。在东风日产公司基本没有两辆同款的车先后生产，流水线上几乎没有相同配置的车辆。

对于工人而言，如何不装错零件，这是人工很难做到的。只有通过计算机在备件环节就提前在仓库按照顺序排好，到了人工安装环节，有电脑进行提示，哪个灯亮了，工人就去拿哪个零件安装。

由于流水线上车型众多，配置完全不同，安全工艺也不尽相同，为了降低成本，就要求工人掌握多种工艺。因此，东风日产公司对工人的技能有很高的要求，一人多干，就是要求一个人会干三个人的活，这样就可以降低生产成本。

为了降低库存和提高生产效率，东风日产公司的生产环节采用同期生产的模式，保证上下工程同步，这样可以做到最短时间交货。但这种生产方式也存在问题，那就是一旦出了问题，就没有办法弥补。例如，出了质量问题，像划痕、划伤等情况，要处理这个问题就要生产线停下来，这样很影响生产效率。但是如果不停下来处理，继续生产下去问题就很容易被忽略，进入整车安装阶段后就更无法补救，这样生产出来的车就是存在问题的车辆。

为了不影响整个生产线的生产，东风日产公司创造了一种有效的办法，就是一旦出现问题，工人随时可以在生产线上拉铃申报，在出问题的部位贴上标签，写上问题所在，这样到了最后的环节，就会有人专门维修。这样的情况在生产线上有1%的发生概率，东风日产公司要求工人在记录单上写清楚问题，加在随车单上，到了专门的调整线会重新修理，这样就不会有问题车辆出现。

就是在这样的生产模式下，东风日产公司的整车生产目标可控制在半个月以内，如果一个月生产5万辆，库存最多不超过2.5万辆。

**讨论题**
(1) "取货制"的主要流程是什么？这样做有哪些优点？
(2) 东风日产公司如何处理生产线上出现的质量问题？
(3) 东风日产公司所采用的新措施对于应对各种不确定性有什么帮助？

在当今全球经济一体化的环境中，任何企业都不可能单独并且出色地完成企业的所有业务，而必须要联合其上下游企业实施供应链管理，协同完成全部业务过程。然而，随着科学技术和经济的快速发展，企业所面对的内外部环境的迅速变化，供应链管理所面临的不确定性因素在不断地增加。这些不确定性会对供应链上下游产生巨大的影响，可能会使供应链中断，不能满足消费者需求，同时也会带来"牛鞭效应"、浪费资源等。为了缓解和解决不确定性对供应链管理所带来的挑战，学者提出了供应链柔性的概念。通过提高供应链柔性，可以提高供应链的响应速度、顾客的满意程度，同时可以巩固供应链各成员企业间的战略伙伴关系。

## 5.1 供应链柔性相关理论

### 5.1.1 柔性的定义

柔性的定义是学习供应链柔性的基础。尽管国内外学者对柔性的研究已经近20年的历史，但是对于柔性的定义至今十分模糊，主要有以下3个原因：①不同的作者在定义柔性这个术语时范围相互重叠；②一些用于定义柔性的术语包含了其他方面的内容；③不同的研究者在使用同一术语来定义柔性时，对这个术语强调的是意思不完全相同的。

柔性的研究与开发最早出现在制造系统，但是对其的界定却不仅仅源于企业范畴，也源于其他学科领域，如生物进化学科、人类学科、系统论以及控制论等。

在现阶段对柔性的研究中，许多学者对柔性的理解可以概括为以下几点。

（1）柔性是系统与其外部环境之间相互作用的体现。在这里，柔性起着过滤器、缓冲器的作用，其功能就是吸收不确定性。有国外学者曾将柔性定义为避开环境的差异性，同时为分析柔性提出了一个一般性的框架结构。差异性是整个环境的一个特性，它也常用来表达变异性、多样性、复杂性或不确定性的意思。许多现存的柔性模型都曾在这种背景下对柔性进行了定义。

（2）柔性是系统动态效率与自动控制程度的体现。这是一种基于控制系统论的观点，主要考察的是系统如何在受到不确定性干扰情况下保持其适应性。有学者将柔性看成是一个二维概念：①柔性被看成是一个管理任务而且涉及有关控制环境能力的扩展性，也就是说组织被界定为一个控制机体而环境作为一个目标系统。因此，柔性意味着成功控制环境的能力。②柔性被认为是一个组织设计任务而且涉及的是来自环境的组织控制性，也就是说环境被界定为一个控制机体，而组织被看成是一个目标系统。因此，较高的柔性与来自环境的较低控制是相对应的。

（3）柔性是系统适应或变化能力的体现。有学者将柔性描述为行为柔性和状态柔性，前者是指有能力通过来自系统外部的干涉来适应变化，即通过组织和过程的结构变动，增加系统的适应变化的能力。与此相反，后者是指系统有能力在不同的环境里良好地运行，即系统不受环境变化影响，保证生产系统相对稳定、继续有效地运转的能力。还有学者将柔性定义为系统所具有的处理环境变化或处理由环境引起的不稳定性的能力。

从以上对柔性的理解中不难看出，虽然不同研究者对柔性的研究存在差别，但是都有一个共同点，即柔性是处理不确定性的能力，这也反映了柔性的本质。

**阅读链接 5-1**

柔性研究的框架

---

柔性研究的框架如下所述。

（1）从功能的角度，在企业运作、市场营销和物流系统等环节中，柔性均起到非常重要的作用，如企业运作中采取的延迟零部件的组装这一策略，便是应用了增加柔性这一原理。

> (2) 从层面的角度，可以从商店到工厂再到整个企业这3个不同层面来理解柔性的应用。
> (3) 从柔性衡量的角度，可以对柔性进行总体衡量，也可以就柔性的某一方面进行衡量。
> (4) 从战略的角度，可以得出企业应以柔性战略为核心。
> (5) 从时间范围的角度，如企业应考虑采取长期柔性还是短期柔性的问题。
>
> （资料来源：王在龙. 供应链柔性研究与评价[D]. 长沙：中南大学，2005.）

## 5.1.2 供应链柔性

1. 供应链柔性的定义

供应链柔性的概念首先由国外学者于1987年提出，当时将供应链柔性定义为供应链响应顾客需求变化的能力。我国的马士华教授也指出，供应链柔性对于需求方而言，代表了对未来变化的预期；对于供给方而言，它是对自身所能承受的需求波动的估计。

目前对供应链柔性的研究主要是从制造柔性的研究中延伸而来的，制造柔性只是局限于企业内部，没有涉及企业的上下游。然而在当今社会，竞争不只是局限于企业与企业之间，已经扩展到供应链与供应链之间。基于供应链的重要性以及现实不确定性因素的增加，有关专家学者对供应链柔性也作了一些研究，其基本的方法是在制造柔性的基础上，结合供应链的自身特点来研究。

根据供应链和供应链管理的概念可以得知，供应链柔性应该包括产品从原材料到最终客户所经过的所有活动，即原材料和部件的采购、制造和组装、仓储与库存、订单的录入和管理、各渠道的分销、交付给客户和为了监控所有这些活动所需要的信息系统。供应链柔性将柔性从单个企业内部延伸至整个供应链，这一延伸体现在对供应链不同节点的柔性和供应链柔性的不同构件的研究上。这意味着在研究供应链柔性时既要研究供应链中单个企业节点的柔性，也要从整个组织的角度出发，研究供应链整体的柔性。

简单地说，所谓供应链的柔性，是指供应链的弹性，也就是指供应链成员之间相互合作，综合利用供应链中的资源和技术以满足外部市场与顾客不断变化的需求的能力。

2. 供应链柔性的作用

由于当前市场环境和经济环境的不确定性日益增强，柔性已成为影响供应链绩效的重要指标之一，它关系企业的生存和发展。供应链的柔性水平决定了其对市场机遇和内外部环境变化的反应速度和适应能力。企业作为供应链中的一员，在选择贸易合作伙伴、供应商、分销商和承运商时，需要重点考虑安全和柔性两个方面。

总体来说，供应链柔性对企业绩效的影响主要有以下几个方面。

1) 加强战略伙伴关系

提升供应链柔性需要供应链各节点企业相互配合、相互合作，供应链中的企业应该结成战略伙伴关系来支持供应链的运作。因此，从一定角度看，提升供应链的柔性可以加强供应链各成员企业间的战略伙伴关系，使得各个企业间的配合更加密切，从而取得更大的赢利空间。

2) 提高顾客的满意程度

提高供应链柔性可以提高供应链按照顾客的要求时间进行交货的能力、供应种类繁多的产品的能力以及向身处不同位置的顾客交货的能力。同时，供应链柔性的提高还可以减少供应链对顾客个性化需求作出反应的时间。现如今大多数顾客对产品种类、产品质量、服务水平和交货速度的要求比以往任何时代都要高，很多顾客都要求个性化的服务。所以，提高供应链的柔性对于提高顾客对服务水平的满意度有重要的作用。

3）提高供应链的响应速度

提高供应链柔性，可以提高供应链的响应速度同时获得较高的有效性。这在一定程度上解决了传统供应链管理中出现的片面追求响应性或有效性的问题，降低了成本，提高了企业快速响应市场的能力，最终提高了供应链企业的综合竞争力和应变能力。

4）提高供应链资源利用水平

供应链的库存水平和供应链所提供的顾客服务之间存在一种平衡，如果只是一味地追求低库存以降低成本，有可能导致顾客服务水平的下降；但反过来，如果只注重服务水平的提高从而提高库存水平，则会给供应链增加很多运作成本。供应链的柔性要求每个节点企业在按照顾客需求量进行生产的同时保持低水平的库存，并且要提高服务水平，力求缩短交货时间。因此，提高供应链的柔性在一定程度上可以提高整条供应链的资源利用水平。

5）加强新管理思想的运用

随着供应链管理思想的发展，出现了诸如第三方物流、供应商管理库存和电子商务等一些新的管理思想和技术。若是仅从降低企业自身成本和提高自身响应能力出发，常常会给企业的合作方带来很大的压力，有可能会导致这些管理思想和技术的优势无法完全体现，甚至导致合作关系的破灭，从而影响了供应链的稳定性。如果供应链中的合作者能够结成战略合作伙伴关系，根据提高供应链柔性的需要来具体设计和运用这些新的管理思想和技术，这样就提高了这些管理思想和技术的利用率，同时企业目标成功的概率也变大。这样使得这些新思想的优势得到了充分体现，同时实现了提升供应链柔性的目标。

3. 供应链柔性的能力构成

供应链柔性是应对变化与不确定性的一种能力，它所应对的变化可以分为"可预料的变化"和"不可预料的变化"。供应链所面临的不确定性包括内部不确定性和外部不确定性。供应链采取行动、应付变化的方法可以归纳为3种，从简单到复杂依次为缓冲变化、适应变化、变革和创新。供应链柔性的能力构成如图5.1所示。

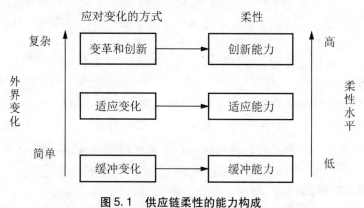

图5.1 供应链柔性的能力构成

根据供应链系统应对变化的方式，将供应链柔性的能力从低到高划分为缓冲能力、适应能力和创新能力。缓冲能力是指供应链系统的各要素和各环节具备吸收和减少环境变化对系统影响的能力；适应能力是指供应链系统要素和各环节具有迅速适应环境变化的能力；创新能力是指供应链系统和各要素具有进行变革和创新以影响外部环境的能力。

缓冲能力是供应链柔性能力的一种，是系统抵御环境变化的一种手段。系统之所以具有缓冲能力，是由于供应链系统储备了缓冲变化的各种资源，如过剩的生产能力可以应付产量突然增加的变化，研发多种新产品可以应付需求的变化。以储备方式缓冲变化时，除了考虑储备量的多少，还要考虑储备品种的多少，也就是所谓的充实度。充实度是系统中具有不同功能的资源的多少程度，是衡量柔性的一个指标。缓冲是一种消极地应付变化的方法，它的出发点是以"不变或少变应变"。

适应能力是指当环境发生变化时，系统在并不改变其基本特征的前提下，能作出相应地调整以适应变化的能力。在这种情况下，柔性表现为稳定性。稳定性是指系统在不丧失预期行为水准时采取的行为的大体范围。系统的这种应对变化的能力称为适应能力。适应也是一种较为消极地处理变化的方法，它的出发点是"以变应变"，它是供应链中企业生存的必要手段。

创新能力是指采用新行为影响和控制外部环境变化的能力。供应链必须适应环境变化才能生存和发展，而适应环境变化的关键又在于不断地变革和创新，对外部环境的变化不仅能迅速作出响应，更重要的是能够预测这些变化。供应链柔性不是简单的"以变应变"，它强调供应链资源的优化利用，尽可能地发挥系统潜能。创新是一种积极主动地处理变化的方法，它的出发点是"求变"。它是企业长期发展的保证，是供应链柔性的主体。

4. 供应链柔性的维度分析

供应链柔性是供应链整个系统的属性，它受到系统内部各个子系统的影响。供应链从事的活动主要包括组织设计、供应、研发、构建并运行信息系统、调配资源、制造、物流运作和决策8种。为使供应链的整体活动具有良好的柔性，以上各种活动也需要具有良好的柔性。由此可知影响供应链柔性水平的因素主要包括组织柔性、供应柔性、研发柔性、信息系统柔性、资源柔性、制造柔性、物流柔性和决策柔性8个因素，将其称为供应链柔性的8个维度，各个维度的含义如表5.1所示。

表5.1 供应链柔性的维度及其含义

| 维　度 | 含　义 |
| --- | --- |
| 组织柔性 | 指具有适应能力和调整能力的组织，它的组织结构是扁平化的、网络化的、动态的，能够根据外部环境的变化作出相应的调整 |
| 供应柔性 | 指供应商能够根据制造商不断变化的需要提供产品和服务的能力 |
| 研发柔性 | 指针对外部市场环境的变化迅速开发出满足顾客需要的新产品的能力 |
| 信息系统柔性 | 指能够适应供应链的结构调整和业务调整的信息系统，它具有可重组、可重构、可扩展、模块化的特性 |
| 资源柔性 | 指供应链对各种资源（包括物料、能源、设备、人力、信息、技术和资金等）的利用率 |
| 制造柔性 | 指能够快速生产出满足顾客需求的产品、及时应对内外环境变化的制造系统 |

续表

| 维　度 | 含　义 |
|---|---|
| 物流柔性 | 指物流系统在强调快速响应外部环境变化的同时，还要快速响应生产及供应链物流系统内部各环节的变化，及时有效地协调各环节的关系，使之处于一种动态的平衡状态 |
| 决策柔性 | 指决策者根据观察到的信息以最小成本和最快速度为标准所作出的最优决策，包含反应速度、成本和信息要素，是一种最优反应能力 |

1）组织柔性

随着竞争环境的日益复杂，组织柔性已成为学术界和企业管理者关注的焦点问题。柔性组织就是具有适应和调整能力的组织，组织可以通过其在运作过程中的知识积累，以及对环境变化的预期来实现组织目标、战略和行为规范等要求之间的重新选择与整合，最终达到与环境发展趋同。相比之下，传统的等级组织的封闭性决定了机械性操作系统，使企业总是在旧的行为规范与眼前的策略间进行行为选择，从而表现出企业的现状与变革之间的摩擦与时滞。

柔性组织是一种松散的、灵活的、具有高度适应性的组织形式，能够弥补传统组织的不足。柔性组织主要有3个特征：①组织结构扁平化，柔性组织要求信息传递及时、准确、灵活，避免发生遗漏和误解；②组织结构网络化，首先是信息的传递具有网络化特征，其次供应链自身的结构也具有网络化的特点；③组织结构动态化，由于外部市场变化的动态性，要求组织结构应具备相应的柔性水平以应对不断发生的变化。

柔性组织是一种扁平化的、网络化的、动态的组织结构，它能够根据外部环境的变化作出相应的调整。它不同于传统的刚性组织，具有更大的灵活性和适应性。柔性组织是供应链柔性系统的一个有机组成部分，也是其他柔性子系统的基础和组织保障。

2）供应柔性

供应柔性是站在制造企业的角度来衡量供应链上游的柔性。供应商在供应链中占据重要的地位，供应商为制造企业的生产和经营供应各种生产要素（原材料、能源、机器、设备、零部件、工具、技术和劳务等）。供应商所提供要素的时间、数量和价格，直接影响制造企业生产的好坏、成本的高低和产品质量的优劣。在不断变化的环境中，供应链为了应付环境的变化，就必然要求供应商能够根据制造商不断变化的需要提供产品和服务，所以，供应柔性对整个供应链的柔性影响非常大。

3）研发柔性

研发柔性是指针对外部市场环境的变化迅速开发出满足顾客需要的新产品的能力，新产品推出越迅速，其研发柔性越大。对一个供应链的研发柔性的衡量可以以该供应链每年推出的让顾客满意的新产品的种类为指标，也可以以新产品从设计到上市所需要的研发时间为指标。研发柔性越强，其应对外部环境不确定性的能力越强。

研发柔性的获得，首先，需要能够敏捷的感知市场变化，知晓顾客的要求，这样才能开发出顾客真正需要的产品，这样的柔性才是有效的，否则，即使能开发出来很多种产品，但如果不能满足顾客的需要，这样的柔性就是无效柔性；其次，要采用先进的辅助研发的技术手段，如计算机辅助设计（Computer Aided Design，CAD）、计算机辅助制造（Computer Aided Manufacturing，CAM）等；最后，要有科学的思想指导。例如，大规模定制、敏捷产品开发等，对已有的产品和零件进行合理化、标准化和模块化，采用并行工程等方法。

4) 信息系统柔性

信息系统是供应链运作的平台，供应链的合作伙伴常分布于不同的地理区域，有效及时的沟通是合作成功的关键。供应链具有动态性，期间会有新的合作伙伴加入，也可能有原来的合作伙伴退出供应链，会导致供应链各个层面的重组或重构。因此，要求信息系统也要发生对应的改变。这就要求信息系统具有足够的柔性，以适应供应链的结构调整和业务调整。这样的信息系统应具有可重组、可重构、可扩展、模块化的特性。

5) 资源柔性

资源柔性是指供应链对各种资源(包括物料、能源、设备、人力、信息、技术和资金等)的利用率。由于环境的变化需要资源的用途发生改变，厂房设备可能需要用来生产其他产品，员工可能需要转移到其他岗位，技术可能需要与合作伙伴共享或者出售，资金也可能改变原定的使用计划，这就需要这些资源能够应付环境的不确定性。

例如，人力资源是构成企业系统的最基本元素，企业的任何活动都需要人来参加，企业的目标需要人来实现，人力资源的柔性对供应链整体柔性的影响是至关重要的。供应链的运作过程与传统企业的运作过程有很大的差别，在供应链生命周期的各个阶段，经营的目标和管理的重点不尽相同，对应的人力资源管理的侧重点也应相应地调整，以适应不同阶段对人力资源管理的不同要求。

6) 制造柔性

当前产品的生命周期缩短、批次增加批量减少、顾客的需求日益个性化，这些对供应链制造系统的柔性提出了较高的要求。柔性制造系统存在已近40年，国内外学者对其研究很多。信息技术的发展，又进一步推动了柔性制造技术的发展，使其有了很大的跨越。

**阅读链接 5-2**

变刚性信息系统为柔性信息系统

将刚性信息系统变为柔性信息系统的方法主要有以下4种。

(1) 以业务、客户为出发点考虑信息系统问题，提高系统适应性，降低复杂度。

(2) 制定全面的信息战略，加强与核心业务相适应的信息系统能力建设。信息战略应选择有所为有所不为，与核心竞争力密切相关的系统要着重建设，并要做成一流，其他的尽可能利用社会力量，如外包、合作等其他方式。

(3) 利用先进技术。软件的关键是软件真正组件化，它是柔性信息系统的核心。软件特别是应用软件要具有适应多CPU、多主机、并行计算、动态分布、最大限度利用硬件资源等方面的能力，同时还要具有对不同客户不同需求的适应能力，如服务语言、个性化服务、差异化服务等。硬件的关键是提高稳定性和可扩展性，如虚拟化、动态存储及管理、负载均衡、动态分区、自动修复、智能监控、平滑升级与扩展等。网络技术应注意移动办公等。安全建设应包括防病毒、灾难备份、业务连续性等方面。

(4) 进行信息管理，包括管理组织和投资等。组织一定是扁平化组织，目的是提高组织机构的机动性和执行效率。投资的关键是提高投资效率，因为合理的信息系统投资必不可少，经验证明降低信息系统投资对于削减成本是事倍功半的。同时投资管理要注意一次性投入和长期投入的关系，必要时可采取融资租赁方式降低一次性投入。

(资料来源：佚名. 变刚性信息系统为柔性信息系统[EB/OL]. http://www.cdwssoft.com/show.asp?id=98. [2011-07-07].)

**阅读链接 5-3**

### 柔性制造系统产生的时代背景

第一次世界大战后，工业化生产逐渐取代了传统的手工生产，使得生产力得到了空前的发展。美国福特汽车公司在1910—1920年建立了一条生产线，创造了1分钟生产一辆"T"型车的纪录，刚推出时的成本是890美元/辆，到1926年成本降到了290美元/辆，从而使汽车从少数富翁的奢侈品变成了大众化的交通工具，开创了机械工业大规模生产的时代。20世纪30~50年代，各种机械的、电气的、液压的自动化装置被发明，各种高效的专用自动化机床被设计出来。通过自动输送带将各单位联结成各种各样的自动化生产线，从而使单一品种、大批量生产的刚性自动化生产达到成熟阶段。

进入20世纪60年代以后，世界市场需求发生了巨大的变化，用户对产品的功能与质量的要求越来越高，对产品的需求趋于个性化，用户的要求多样化，并且要求送货及时。经济全球化脚步加快，全球化生产给制造企业的生产经营带来了巨大的挑战：产品的生产周期缩短，产品的更新速度加快，产品的生产由少品种大批量向多品种小批量甚至是单件生产的生产类型过渡。产品上市时间缩短，产品质量要求日益提高，产品成本日趋降低，产品的售后服务日趋完善，传统的刚性制造系统已经不能适应这种多变的市场需求。这一切都迫使工业界努力寻找一种具有高柔性、高生产率、高质量和低成本，能够快速响应市场需求的产品零件加工制造系统，柔性制造系统正是在这种情况下产生的。

（资料来源：华中生. 柔性制造系统和柔性供应链：建模、决策与优化[M]. 北京：科学出版社，2007.）

7）物流柔性

物流柔性在借鉴生产管理柔性理论的同时，还要考虑供应链内部物流工作的特殊性。因为供应链物流系统不仅要适应市场，更要保证生产需要。所以，物流柔性在强调快速响应外部环境变化的同时，还要快速响应生产及供应链物流系统内部各环节的变化，及时有效地协调各环节的关系，使之处于一种动态平衡状态。物流柔性主要具备两方面的功能：①物流系统中各要素和各环节应该具备随市场要求的变化而迅速更新和重新组合的能力，即适应能力，达到"以变应变"，这种能力的大小直接影响供应链获取物料的经济性和供应链向客户提供产品的及时性；②物流系统中各要素和各环节应该具备吸收和弱化生产和市场需求变化对系统影响的能力，即缓冲能力，达到"以不变应万变"，从而做到既能保证随市场条件的变化及由此产生的生产任务的变更而迅速改变系统的输入和输出，又能保证供应链生产的连续性和稳定性。

8）决策柔性

决策柔性是指决策者根据观察到的信息以最小成本和最快速度为标准所作出的最优决策。决策柔性包含反应速度、成本和信息等要素，它是一种最优反应能力。与传统决策过程相比较，决策柔性主要具有以下特点：①参与决策的决策者是有限理性的，决策目标是柔性的；②决策者的偏好是柔性的；③决策的约束条件一般随着决策过程的进行而发生变化；④柔性决策的目标是得到满意解，决策过程中逐步放宽约束条件。

## 5.2 柔性供应链的构建

### 5.2.1 柔性供应链的动态特性分析

对供应链柔性产生原因的分析大多是从技术和管理的角度进行的，技术的改进和管理水平的提高是系统柔性产生和发展的动力。但同时供求规律作为市场运行的基本规律之一，也促进了供应链柔性的产生和发展。

合理水平的柔性能够提高供应链的竞争力并带来收益的增加，改善和提高柔性水平需要增加投资，并最终转化成为产品总成本的一部分。当产品进入流通渠道成为商品时，柔性成为增加商品价值的要素之一，由此柔性也可以被看成是一种特殊的商品。当商品被消费者购买发挥其使用价值时，柔性作为一种特殊的使用价值也被消耗。供求规律将促使企业不断提高其柔性水平。

供应链在其生命周期运作过程中具有明显的动态特性。在供应链的组建阶段，合作伙伴之间要建立动态的合作机制、动态的协调机制和动态的合同体系等；在供应链的运作过程中，会发生原来合作伙伴的退出或新的合作伙伴的加入，供应链的边界发生变化；运行结束时按照动态清算机制清算供应链的资产。生命周期的动态特性决定了供应链的柔性也具有动态特性，柔性产生的动力及其演进过程(如图 5.2 所示)可知，柔性的产生、发展是动态的。供应链的柔性水平与顾客的需求相关。当顾客的需求与系统的柔性水平供给相平衡时，系统的柔性水平处于动态平衡状态；当顾客对柔性的需求增加时，为满足顾客的需求和应对竞争，需要提高柔性水平，系统原来的柔性平衡状态被打破，并向新的平衡状态演进。

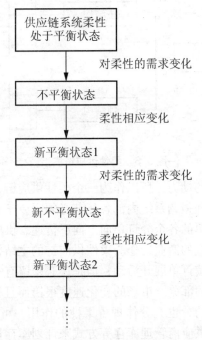

图 5.2　柔性供应链的动态演进过程

### 5.2.2 柔性供应链模型的建立

1. 柔性供应链的目标设定

作为供应链管理模型中的一种，设计供应链柔性的模式过程中有一些主要目标需要实现，这些目标主要包括以下几个方面。

（1）系统各环节能及时正确地得到市场反馈的信息，并且系统可以将部门内部信息通知等及时、有效地传递到位。

（2）根据对市场信息的分析，迅速组织供应链内部各环节进行协调运作，系统内部各环节需要进行有机协调，保持结构适当的张弛度，提高反应速度，并可根据市场需求变化调整组合构架。尤其是要针对顾客的差异化需求提供相应的解决方案，这是现代营销发展的主流方向，也是企业利润的主要来源。

（3）构建相应的预警机制，进行危机管理，为应对各种危机情境进行规划决策、动态调整并且对员工进行培训。这样可以保证出现突发事件时，系统可以有相应的措施化解危机，变不利为有利，尽可能地消除或降低危机所带来的威胁和损失。

2. 柔性供应链的模型设计

柔性供应链的模型设计可以分为两个层次和3个要求。

1）两个层次

两个层次主要包括主结构和辅结构。其中主结构由客户需求、订单和理性库存组成。辅结构由运输系统和信息系统组成。柔性供应链模型如图5.3所示。

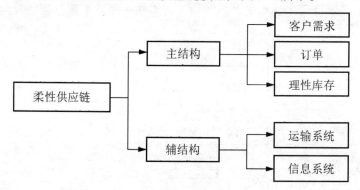

图5.3　柔性供应链模型

客户需求是整个供应链的动力，所以作为一个柔性供应链，最应该满足的就是多变的客户需求。柔性供应链的管理强调系统内部各环节必须听令于核心企业，而核心企业的指令就是订单，它将配合主订单的各个分订单向上向下传递，供应链中的其他部分只有在看到订单的情况下，才开始相应的商业运作。柔性供应链的主结构中还包括了一个部分就是理性库存，即各环节虽然是按订单展开活动，但是还必须留有一定的库存，这是供应链的柔性预警机制的另一个重要的部分。市场的变化速度很快而且很突然，所以，一定量的库存是应付紧急情况必不可少的，也充分体现了柔性的作用。可以采用经济订货数量模型、分发需求规划模型或者采用供应商管理库存等方式来计划库存量。

主结构的成功运行，必须要有第二层结构的辅助。物流是供应链中最为重要的环节之一，而运输又是物流管理的中心。在系统内部及时准确的货物递送是系统各环节高效协调运作的前提条件，在环环相扣的供应链中，没有高效的运输作保证，就不能称其为链状系统。在运输问题上要考虑的问题包括地理网络状况、车辆路径优化、减少交通费用和提高车辆利用率等。在企业条件允许的情况下，可以采用先进的运输信息传递设备和技术，提高管理效率。

但是如果只有以上的改进，供应链将无法顺利地运转，只有把信息的流动加进去，整个供应链系统才真正有生命。在整个柔性供应链的管理中，信息的流动是贯穿始终的。快速真实的信息传递就意味着企业可以与市场、顾客的需求更贴近，对市场的反应更敏捷。因此，企业可以获得更有利的发展机遇。在柔性供应链中将信息系统分成外部信息系统和内部信息系统。外部信息系统是核心企业获得市场和终端用户信息的主要通道。内部信息系统主要是指系统内部各环节之间的信息传递，包括订单信息传递、库存量信息、运输情况和货款收欠等。

柔性供应链对信息传递的要求主要包括以下几个方面：①供应链内部各环节间信息传递技术标准应该是统一、开放、易操作、可辨识、真实和通用的；②信息传递应该及时消除信息瓶颈；③对信息的处理应该科学、客观，同时集成各环节的信息建立相应的信息数据库；④尽量使用现代的信息传递工具，如 Internet、电子数据交换和电子商务等。

**阅读链接 5-4**

### POS 系统汇集顾客喜好

> ZARA 是西班牙著名时装品牌，生产该服装的公司位于西班牙的拉克鲁尼亚，有 2.7 万名员工，年销售服装 9 000 万件，在全球 50 多个国家拥有 2 000 多个销售商店。在销售商店里，ZARA 公司的信息技术应用看起来不是特别突出，只是利用了 POS 系统，但是通过与流程的紧密结合，这个简单、实用的系统发挥了巨大的效用。
>
> POS 系统即销售时点信息系统，是指通过自动读取设备（如收银机）在销售商品时直接读取商品销售信息（如商品名、单价、销售数量、销售时间、销售店铺、购买顾客等），并通过通信网络和计算机系统传送至有关部门进行分析加工以提高经营效率的系统。ZARA 公司就是利用销售商店里的 POS 系统获得了市场的需求信息，满足了顾客需求。
>
> 首先，借助各专卖店的 POS 系统，顾客在购买商品的同时，店员将商品特征及客户数据输入计算机中，并通过网络传送到 ZARA 公司总部。设计师可以对这些数据进行销售分析与顾客喜好分析，结合自身对时尚的敏锐嗅觉，预测下一批商品的设计走向与生产数量。
>
> 其次，通过对 POS 系统所显示的销售业绩和门店经理所反馈的信息进行分析，ZARA 公司的设计师可以不断对产品进行改进。设计师通过 POS 系统收集回来的信息，不断根据顾客的需求调整颜色、剪裁和质料等，从而最大限度地提高商品的销售率，有效降低库存。
>
> 再次，ZARA 公司没有采用服装行业惯用的标准化订单，而是大胆地实行订单个性化。ZARA 公司的 IT 系统已经部署到每个专卖店，每个专卖店都有自己的订单。专卖店经理负责盘点店中的销售情况，然后结合下一周的可能需求通过 POS 系统向总部订货。总部通过 Internet 将这些信息汇总，发给位于西班牙的工厂，以最快的速度生产和发货。
>
> （资料来源：佚名. POS 系统汇集顾客喜好［EB/OL］. http://media.ccidnet.com/art/2615/20070720/1150717_1.html.［2011-07-07］.）

2）3个要求

柔性供应链的模型设计的3个要求主要包括核心企业统一指令、系统内部建立联盟和建立系统整合目标。

在供应链的柔性中，首先要设定核心企业，它可以是供应链系统中的任何一个环节，只要具有相应的实力和整合能力，就可以作为供应链的中心，成为整个系统的组织者和协调者，它将起到上传下达的作用。核心企业要根据自己的核心业务以及市场竞争情况将系统搭建起来，在构建系统结构之前，预先设定系统的整合目标，即各环节经过协作最终要达到的终极目标，按照设定好的目标和相关的标准选择系统需要的各类企业，至于企业的数目和相关指标应该在进行测评时统一设定。

同时柔性供应链的建立有一个特点就是联盟内部要设立一套候补体系，即在选择过程中建立相应企业的信息资料档案，在选定了现有供应链企业的同时，同未入选的相关企业保持一定的联系。这样可以使供应链在出现不可预测事件时供应链能够及时响应顾客的需求，建立结构预警机制，做好危机管理。

供应链健康运行的前提是它的系统结构一定要保持稳定性，但是一切的解决方案还是要以市场的变化、顾客的需求为导向，做到及时调整、柔性管理。内部联盟的建立还要求相应的企业在调整自身目标的前提下，统一于系统的整体目标。因为核心企业的整合能力和市场运作实力可以带动整个供应链，只有同核心企业步调一致的协作才能保证个体最终利益的实现。

3. 未来的柔性供应链模式

柔性是一个多维的概念，它要求灵活性与多样性相统一，要求变革、创新和新颖，它给企业提供了应对内外部环境变化的能力。柔性的目的是使资源得以充分利用，增强对市场动态变化的适应能力，保持或增强企业在市场中的竞争力。企业组织形式将朝着开放性、灵活性、柔性化的方向发展，未来的柔性供应链主要有以下几种典型模式。

1）网络制组织模式

网络技术的出现与普及，对当代社会产生了巨大而深远的影响，并促使各领域重大变革的出现。面对一个网络世界，21世纪的企业组织形式必须对传统的"金字塔"式的组织结构进行改革，形成具有适应性的柔性网络组织，从而提高企业的生存与发展能力。实际上，这一组织模式是由若干相互独立的组织构成的一个成员不断变动的组织系统，在传统组织模式下通常由一些部门完成的工作任务，如产品设计、制造、人力资源管理、培训、会计、数据处理、包装、仓储和交货等，在网络制模式下将承包给其他公司完成。

网络制组织模式与传统的层级制组织模式相比，在组织结构上具有以下特点。

（1）网络制组织的中心不像传统层级制组织中的公司总部，它几乎没有直属的职能部门，通常只是一个小规模的经理人团体。这些经理人的职责不是直接进行一些生产经营活动，而是对那些从事制造、销售和其他一些主要职能的组织之间的关系进行协调，这些经理人的大部分时间往往用在通过计算机网络系统对外部关系进行协调和控制上。网络中心作为网络制组织的固定存在形态，它的各项业务主要是依靠网络外层的公司提供的职能来进行的。

（2）在组织结构中设置一定的非固定和非正式或临时性的组织机构，这些组织机构往往是以任务为导向的，可以根据需要而设置或取消，与正式的组织机构有网络型而不是直线型的关系。网络型组织把重点放在自己能够干好的职能工作上,可以把除此之外的人和职能工作,无论是制造、营销,还是运送或者其他职能工作,都割让给目前还不属于该网络组织的其他经营单位去做,只要这些经营单位所提供的产品或服务质量高、价格便宜,组织通过这样的方式保持了组织结构的灵活性。组织结构的柔性化,可以最大限度地提高网络型组织的经济效益。

(3) 网络型企业供给关系以企业间合作为基础,企业边界模糊,在网络型供给关系下,合作具有更为重要的地位,核心企业可以帮助供应商解决技术问题,节约的成本则双方共享。供给企业也可以修改核心企业的设计要求,减少的成本也可以双方共享。企业由追求自身利益最大化转向追求整个供应链的价值最大化。这样的合作关系使得企业与企业之间的传统界限变得模糊,这些相互联系的上下游企业组成了一个更大的虚拟企业,也称为虚拟一体化供给链。

2) 无界限组织模式

无界限组织寻求消除指挥链所带来的限制,让控制幅度无限扩大,用授权团队代替职能部门。无界限组织模式在组织结构上具有以下主要特点。

(1) 在一定程度上消除纵向结构上的界限,组织结构扁平化。这样可以最大限度地减少地位和等级方面的差距,使组织结构看起来像一个圆筒形谷仓,而不是一座金字塔,谷仓顶端的谷粒和底部的谷粒并没有什么区别。

(2) 减少横向组织结构上的界限。途径有两条:①用跨职能部门小组代替职能部门;②实行不同职能领域之间的人员横向转移和轮换。

(3) 突破地理距离所带来的组织成员的家庭所在地和工作所在地之间的隔绝,实行家中上班制度。

(4) 尽力打破组织与组织环境之间的界限。全球化、战略联盟和组织—顾客之间的联系渠道等都可以打破组织与外部环境之间的界限。

阅读链接 5-5

## 美国通用电气公司无界限组织——学习并收获着

无界限组织是美国通用电气(GE)公司前总裁杰克·韦尔奇设想的一种理想的组织结构。为使公司更具竞争力,GE 致力于构筑"无界限组织"。公司主要采取了以下措施。

(1) 从 20 世纪 80 年代起,韦尔奇就着手精减组织结构。此项措施主要针对消除公司上层与第一线的隔阂,这些隔阂阻碍了岗位之间的交流。此项措施的结果使得 350 件商品、27 项业务,被统一到 13 种业务中去,组织内的管理层从 9 层缩减到 4 层,从业人员裁减了 10 万人。

(2) 通过实施"Work Out(解脱出来)"这种形式为不同岗位与业务上的人们创造交流机会。1988 年,韦尔奇引入一个称作"Work Out"的概念,其最终目的是创造一个最佳工作环境,把员工从写报告、公司内部会议、书面请示等无用的程序中"解放"出来,员工能够自由地,同时又负责地完成个人任务。"Work Out"的基本做法是定期举行临时会议。在会上打破了生产、设计、顾客服务等岗位间的壁垒,从管理人员到一线责任人,从正式员工到合同工都可以自由交流,大家商讨解决问题的方法。

> （3）建立"Co-location"同屋办公制度，打破不同岗位之间的隔阂。韦尔奇努力促进不同岗位之间的交流，让每一个员工都关心整个业务程序。工程师不仅设计商品，还要被派到生产线上和市场、营销、财务人员组成一个团队，共同从事商品开发，同时公司全体员工都要关心售后服务。同屋办公制度是把拥有共同目标的所有岗位的负责人员组成一个团队，在一个办公室工作的制度。
>
> （资料来源：齐捧虎.GE 学习并收获着[J].企业管理，2002（2）：59-60.）

3）虚拟组织模式

虚拟组织是一种企业间的暂时组织形式，对于开发机遇产品来说这种组织具有很高的柔性。虚拟组织是为了抓住稍纵即逝的市场机会而快速组合起来的临时性的企业网络，是迅速聚集了一系列核心企业以利用市场机会的动态联盟。虚拟组织不是一个企业，而是一个由多个独立企业组成的企业群体，组成虚拟组织的独立企业称为虚拟组织单位。

虚拟组织中的每一个独立企业都拥有各自的核心能力和资源，为了一个共同的市场机会，这些独立的企业联合起来，贡献各自的核心能力和资源，相互协作，以谋求实现共同的市场目标，同时使虚拟组织整体价值最大化。不同的核心企业通过组建虚拟组织，可以各自发挥自己的竞争优势，共同开发一种或几种产品，最终把共同开发的产品迅速推入市场。当虚拟组织的目标一完成，先前组建的虚拟组织就宣布解散。为了新的战略目标，新的合作者又组成新的虚拟组织。虚拟组织与传统的企业组织形式相比较，具有以下特点。

（1）反应快。虚拟组织是由独立企业即虚拟组织单位所组成的联盟，这些虚拟组织单位通常比采用传统结构形式的企业规模小、层级控制少。因此，虚拟组织对外界的反应更快，具有小公司的特征。

（2）资源利用率高。为了抓住市场机会而采用虚拟组织的形式可以迅速聚集所需要的众多资源。对于一个加入虚拟组织的企业来说，它可以利用的资源是所有虚拟组织单位资源的总和。一方面虚拟组织冲破了传统组织的"围城"，充分利用了全球资源；另一方面，对成员企业来讲，外部资源的充分利用也能提高企业内部资源的利用率。

（3）以信息技术为依托。由于虚拟组织是由不同地域的组织共同组成的，它没有总部办公室，也没有固定的组织机构图和众多的组织层次。信息技术成为虚拟组织构建的基础，而且虚拟组织中各种资源的共享与合作只有在利用现代信息技术的前提下才能顺利完成。另外，虚拟组织中大多数是以项目为中心的协调管理，所以，高效的信息技术手段对于虚拟组织来说很重要。

（4）生命力强。当今市场激烈竞争的背后是资本、技术的较量。首先，虚拟组织分享技术、分担成本费用的特性，使其能迅速融资，综合多种科技手段，组织最强的新产品开发阵容；其次，虚拟组织的各成员都贡献了最擅长的设计技术和制造技术，开发的产品具有一流的质量；最后，虚拟组织通过各方联盟达到适宜规模从而获得单个企业无法得到的规模经济效益，可以节约大量费用和时间。由于虚拟组织具有如此多的优点，为了得到更高的利润，企业更愿意使虚拟组织能够长时间的存在。

## 5.3 提高供应链柔性的途径

提高供应链柔性的途径有很多，本节从供应阶段、生产阶段、需求阶段和整个企业的文化等方面分别介绍相应的途径。

## 5.3.1 提高供应阶段柔性的途径

提高供应阶段的柔性，可以采取以下3种措施，即保持适量库存、采用多头供应商策略和供应商关系管理。

### 1. 保持适量库存

减少不确定性对企业造成的影响最直接的办法就是保持适量库存。由于不确定性在供应链中的传播十分复杂，在成本能够承受的情况下，保持适量的库存在供应链运作中是十分必要的。准时生产方式的核心思想是通过计划生产和控制库存，追求一种无库存或库存达到最小的生产系统。但是，在潜在的瓶颈点持有一定数量库存的战略部署却能大大提高供应链的柔性。随着世界范围内的经济、环境和政治变化，企业的管理者开始对准时生产方式产生怀疑。为了能够及时应对环境变化，许多企业开始建立冗余，采用的最基本的冗余形式就是安全库存。提高安全库存水平可以使生产线在供应延误甚至是失效时能够正常运转，同时能够保证下游顾客的供应。

在库存方面也可以采用供应商管理库存(VMI)来提高供应链柔性。VMI是以用户和供应商双方都获得最低成本为目的，在一个共同的协议下由供应商管理库存，并不断监督协议执行情况和修正协议内容，使库存管理得到持续地改进。它的核心内涵就是供应商监控或预测客户的需求和库存，并负责补充库存。VMI在零售业、医院、IT行业等其他第三产业应用比较广泛。通过VMI，补货决策的控制权从零售商转移到了制造商。通过将客户需求的资料传递给制造商，制造商可以适时地进行生产计划。这就有助于提高制造商的预测精度，并更好地使制造商的生产与客户的需求保持一致。运用VMI方法可以有效降低供应链管理中的信息风险，增强供应链应对外界不确定性的能力。

### 2. 采用多头供应商策略

为了控制采购成本和质量，同时降低企业间的协调成本，供应链企业通常会希望从尽量少的供应商处采购原料、零件等。在有些企业中可能会只有一家供应商负责某一个零部件的所有供给。一旦这些独家供应商出了问题，对整个供应链的影响是非常大的，企业有可能会因此倒闭。由此可以看出，企业在选择供应商时，一定要有意识地保持一定的冗余，并且对每个供应商的合作情况进行系统研究和动态评价，而不能过于依赖一家供应商。这样如果某一供应商的情况突然发生变化时，企业就可以依靠其他供应商来应对变化。

**阅读链接 5-6**

### 诺基亚公司与爱立信公司的不同抉择

诺基亚公司(Nokia)诞生于1865年的芬兰，当时是一家造纸厂，一直到20世纪90年代才集中制造以手机为主的通信设备。在芬兰的邻国瑞典，爱立信先生早在1876年就开了一家修理电话的店铺，然后开始制造电话，直到进入90年代，手机开始普及，诺基亚公司和爱立信公司(Ericsson)在手机市场展开了激烈的竞争。

### 1. 一场大火引发的危机

2000年3月17日傍晚，美国新墨西哥州大雨滂沱，电闪雷鸣。雷电引起电压急剧增高，不知从哪里迸出的火花点燃了飞利浦公司第22号芯片厂的车间，工人虽然奋力扑灭了大火，但火灾仍然带来了巨大的损失，塑料晶体格被扔得满地都是，足够生产数千个手机的晶元被烧得黏在电炉上动弹不得，车间里烟雾弥漫。烟尘落到了要求非常严格的净化间，破坏了正在准备生产的数百万个芯片。芯片是移动电话中的核心部件，突然间的一场大火使处理无线电信号的RPC芯片一下子失去了来源。面对如此重大的变故，飞利浦公司需要花好几周时间才能使工厂恢复到正常生产水平。飞利浦公司的主管决定最先满足大客户诺基亚公司和爱立信公司的需求。诺基亚公司和爱立信公司一起购买的芯片占这家工厂总芯片的40%，此外还有30多家小厂也从这家芯片厂订货。

正是这场持续了10分钟的火灾居然改变了远在万里之外的位于欧洲的世界上两个最大的移动电话生产商的实力。

### 2. 诺基亚公司："危机是改进的机遇"

在火灾发生后的几天内，诺基亚公司的官员在芬兰就发现订货数量上不去，似乎感到事情有一点不对。3月20日诺基亚公司接到来自飞利浦方面的通知，飞利浦方面尽量把事情淡化，只是简单地说火灾引起某些晶元出现问题，只要一个星期就能恢复生产。

3月31日，也就是火灾两个星期以后，飞利浦公司正式通知诺基亚公司可能需要更多的时间才能恢复生产。高亨(负责诺基亚公司零部件供应的管理者)发现由飞利浦公司生产的5种芯片当中，有一种在世界各地都能找到供应商，但是其他4种芯片只有飞利浦公司和飞利浦公司的一家承包商生产。在得到这个坏消息几小时之后，高亨召集了中国、芬兰和美国诺基亚分公司负责采购的服务工程师、芯片设计师和高层经理共同商讨怎样处理这个棘手的问题。经过诺基亚整个公司的不懈努力，找到了日本和美国的供应商，承担生产几百万个芯片的任务，从接单到生产只有5天准备时间。诺基亚公司还要求飞利浦公司把工厂的生产计划全部拿出来，尽一切努力寻找可以挖掘的潜力，并要求飞利浦公司改变生产计划。飞利浦公司迅速安排了1000万个Asic芯片，生产芯片的飞利浦工厂一家在荷兰，另一家在上海。为了应急，诺基亚公司还迅速改变了芯片的设计，以便寻找其他的芯片制造厂生产。诺基亚公司专门设计了一个快速生产方案，准备一旦飞利浦公司新墨西哥州的工厂恢复正常以后就可以快速地生产芯片，把火灾造成的200万个芯片的损失补回来。

与诺基亚公司形成鲜明对照的是，爱立信公司反应要迟缓得多，表现出对问题的发生准备不足。爱立信公司几乎是和诺基亚公司同时收到火灾消息的，但是爱立信公司投资关系部门的经理说，当时对爱立信公司来说，火灾就是火灾，没有人想到它会带来这么大的危害。

2000年7月，爱立信公司第一次公布火灾带来的损失时，股价在几小时内便跌了14%。此后，股价继续下跌不止。这时爱立信公司才开始全面调整零部件的采购方式，包括确保关键零部件由多家供应商提供。爱立信公司突然发现，生产跟不上，几个非常重要的零件一下子断了来源。火灾后遗症在2001年1月26日达到了高潮，飞利浦公司的官员说："实在没有办法生产爱立信公司所急需的芯片，已经尽了最大努力。"

在20世纪90年代中期，爱立信公司为了节省成本简化了供应链，基本上排除了后备供应商。当时，爱立信公司只有飞利浦一家供应商提供这种无线电频率芯片，没有其他公司生产可替代的芯片。在市场需求最旺盛的时候，爱立信公司由于短缺数百万个芯片，一种非常重要的新型手机无法推出，眼睁睁地失去了市场。

面对如此局面，爱立信公司只得宣布退出移动电话生产市场。诺基亚公司的努力没有白费，手机生产赶上了市场需求的高潮，生产按期完成。利用火灾给爱立信公司带来的困难，诺基亚公司奠定了在欧洲市场的主导地位，扩大了在全球手机市场的市场份额。当时，诺基亚公司的市场份额已经达到30%，而一年以前还只有27%，爱立信公司的市场份额为9%，一年以前则是17%。

> 2001年4月1日，爱立信公司宣布将停止生产手机，并将手机业务外包给了一家新加坡的制造公司Flextronics。消息传出，全世界为之震惊。一家生产了100多年电话机的企业，终于不再制造任何手机了。
>
> 　　3. 管理启示
> 　　在市场竞争激烈的今天，企业之间的联系越来越紧密，供应链中的任何一个企业发生危机都可能引发相关企业的危机。企业如果没有很强的危机管理能力，很可能因为供应链中相关企业的危机而陷入困境。爱立信公司和诺基亚公司的供应链中同时拥有相同的企业——飞利浦芯片厂，飞利浦芯片厂发生火灾后，由于两家企业危机管理能力不同，导致了结局的差异。两者的差异主要表现在供应链管理上的差异。爱立信公司为了节约成本，只找了飞利浦一家供应商提供这种无线电频率芯片，没有其他公司生产可替代的芯片。这样的采购策略使爱立信公司面临很大的供应风险。当危机发生时，爱立信公司只能坐等待飞利浦恢复生产，最终也没有及时寻求其他供应商。可以看出，多头供应商策略对于企业应对不确定性有很重要的作用。
>
> 　　（资料来源：佚名．诺基亚公司与爱立信公司的不同抉择[EB/OL]. http://wenku.baidu.com/view/7554ec0e344769eae009ed8f.html. [2011-07-07].）

　　3. 供应商关系管理

　　目前，全球经济一体化，企业经营全球化，以及高度竞争造成的高度个性化的客户需求，令企业在提高产品质量、降低产品成本和快速响应全球市场需求变化方面，面临巨大的压力。而大多数企业由于相当依赖于对外采购产品与服务，所以，其对供应商的依赖性非常之大。这样一来，如何全面地管理与供应商之间的关系，以此减少成本、增加利润，便成为企业相当重要的一个环节。

　　供应商关系管理是一种致力于实现与供应商建立和维持长久、紧密伙伴关系的管理思想和软件技术解决方案，旨在改善企业与供应商之间的关系。它通过对双方资源和竞争优势的整合来共同开拓市场、扩大市场需求和份额、降低产品前期的高额成本，进而实现双赢。同时，它又是以多种信息技术为支持的一套先进的管理软件和技术，它将先进的电子商务、数据挖掘、协同技术等信息技术紧密集成在一起，为企业产品的策略性设计、资源的策略性获取、合同的有效洽谈、产品内容的统一管理等过程提供了一个优化的解决方案。实际上，它是一种以"扩展协作互助的伙伴关系、共同开拓和扩大市场份额、实现双赢"为导向的企业资源获取的系统工程。

　　形成良好的合作关系并且管理这些关系对于应对供应链的不确定性来说相当关键。企业与供应商的利益关系越紧密，供应商越愿意帮助处于麻烦中的客户。更重要的是让供应商成为企业的创新伙伴，当市场需求变动时供应商能够根据企业创新的需要提供与之相对应的新产品。供应链成员之间的合作创新日益受到越来越多的关注，通过互派技术人员或联合技术开发等方式，不但可以加快创新的速度和降低创新的风险，而且有利于创新成果在供应链中的推广应用，从而为最终顾客提供创新的产品和服务。

## 5.3.2　提高生产阶段柔性的途径

　　提高生产阶段的柔性，可以采取以下措施。

1. 建立柔性生产系统

当前，柔性生产系统已经广泛应用于集成印刷电路板的制造、机械制造及汽车生产等工业行业。柔性生产系统是供应链柔性的重要组成部分，也是目前研究最多的领域。柔性生产系统包含多种类型的柔性，主要包括机器柔性、物料运输方式的柔性、零部件的操作柔性、人员柔性、产量柔性、零部件的选路柔性、过程柔性、混合柔性、产品柔性、扩张柔性、程序柔性、生产柔性、市场柔性和新产品开发/更新柔性等。

从作用的时间上来看，机器柔性、物料运输方式的柔性、零部件的操作柔性、零部件的选路柔性、过程柔性和程序柔性都属于中短期柔性。而产品柔性、扩张柔性和生产柔性都属于长期柔性。短期柔性的作用在于应对设备故障、小的设计变动、原材料供应不确定性和需求的变化性，以维持生产系统的正常生产。在中期时间范围内，产品设计和产量发生变化而制造系统的结构基本不变。中期柔性的作用是在新的产品和不同的需求结构下有效利用现有设备与能力进行生产。在长期时间范围内，制造系统本身也变化了，长期柔性的作用在于改变生产规模。

2. 采用延迟化策略

延迟化策略是一种在有效支持产品多样化的同时又保持规模经济的策略，其核心内容是制造商事先只生产通用化或可模块化的部件，尽量使产品保持中间状态，以实现规模化生产，并且通过集中库存减少库存成本，从而缩短提前期，增强应对个性化需求的柔性。所以，延迟化策略的基本思想是表面上的延迟实质上是为了更快速地对市场需求作出反应，即通过定制需求或个性化需求在时间和空间上的延迟，实现供应链的低生产成本、高反应速度和高顾客价值。

延迟化策略带来的柔性不仅反映在需求的快速响应上，而且也反映在供应上。延迟策略可以进行大批量生产，而不用管最终产品的定制化需求的差异。这反应在供应上意味着原材料可以在不同的工厂生产，相当于采用了多头供应商策略，提高了供应链的柔性。延迟技术可以有效地降低需求不确定性。因此，对于不确定性高的情况采用延迟化策略。而对于不确定性较低的情况采用不带延迟化的生产方式。这样，就可以获得较高的由延迟技术带来的收益，又减少了因延迟技术而带来的生产成本的增加。

阅读链接 5-7

延迟染色

在时尚零售业中，顾客的需求是多种多样的，尤其是顾客对颜色的偏好总是处于变化之中。在20世纪80年代中期，意大利服装制造和零售商Benetton公司就面临着如何应对顾客始终变化的需求的问题。虽然该公司对每种风格和尺寸的服装的总需求预测较为准确，但是对于哪些颜色会满足那些对时尚极其敏感的顾客却总是预测错误。由于缺少流行的颜色，公司销售量下降，顾客对此很失望，同时公司还必须对不受欢迎的颜色进行打折销售。为了补救这一情况，公司更改了生产和分销的流程。

多数的服装制造商在制造的过程中先对毛绒染色，再织成纤维，然后裁剪制成成衣。在这种传统的制造体系下，制造商在补充商店存货的6~9个月前就必须决定各种颜色各生产多少。

> 相比之下，Benetton 公司重新设计了生产流程，把一些颜色需求很难预测的服装用没有染过色的本色纱来生产。Benetton 对每种新服装都染一批测试颜色，把服装放在精心选择的并且销售受到密切监控的商店中去，以此来测试顾客对于颜色的偏好。有这些信息在手，要预测哪些颜色将在本季度中余下的时间里旺销就容易多了。Benetton 公司可以在短短 5 个星期内把衣服染成流行色，并把这些最流行的衣服运到所有商店。
>
> 　　这种延迟染色的操作让每件衣服的制造成本上升了 10%。但在另一方面，减少流行颜色的缺货首先增加了销售，并且减少了过量存货的持有成本，以及与之关联的折扣损失和清理成本，同时最大限度地满足了客户不断变化的需求。
>
> 　　(资料来源：[美] 尤西·谢菲. 柔韧[M]. 杨晓雯，戴悦，章琦，等译. 上海：上海三联书店，2008：163-164.)

3. 建立高效的信息系统

信息系统是一个由人、计算机及其他外围设备等组成的能进行信息的收集、传递、存储、加工、维护和使用的系统。其主要任务是最大限度地利用现代计算机及网络通信技术加强企业的信息管理，通过对企业拥有的人力、物力、财力、设备、技术等资源的调查了解，建立正确的数据，分析处理成各种信息资料，及时提供给管理人员，以便进行正确的决策，不断提高企业的管理水平和经济效益。目前，信息系统已成为企业进行技术改造及提高企业管理水平的重要手段。

随着我国与世界信息高速公路的接轨，企业通过计算机网络获得信息必将为企业带来巨大的经济效益和社会效益，企业的办公及管理都将朝着高效、快速、无纸化的方向发展。信息系统通常用于系统决策，它最终的目的是使管理人员及时了解公司现状，把握将来的发展路径。在整个供应链中，信息的传递、反馈和共享都需要有效的信息系统来支持。要满足构建供应链柔性的需要，不但每个供应链成员要建立高效的企业信息系统，而且供应链的各个节点企业之间的信息系统能够实现有效的整合，从而为整个供应链的信息处理和供应链成员之间的信息共享提供支持。

信息系统之所以能成为实现柔性的一个重要因素，首先，特定的信息技术类型提供了多种灵活的方法来提高柔性；其次，信息系统基础设施的设计有利于组织去适应新的竞争环境，从而相应地为自身的运作提供更多的柔性。但是过分依赖信息系统也会给企业带来风险，一旦信息系统出现故障，将影响企业的运行，给与之连接的供应链带来严重的打击。因此对信息系统或数据备份有时是十分必要的。

## 5.3.3 提高需求阶段柔性的途径

企业从突发事件中复苏的主要行动是确保客户不受事件的影响，或者帮助客户尽快地从事件所造成的冲击中恢复。因此，企业面向客户的职能部门(尤其是销售、营销、配送和公关关系)在维持客户关系、与客户(以及其他利益相关者)沟通，并且在发生突发事件时安排服务顺序等方面起到关键性的作用，由此可见客户关系管理对于提高供应链柔性的重要性。

客户关系管理是一个不断加强与顾客交流、不断了解顾客需求，并不断地对产品及服务进行改进和提高以满足顾客需求的连续的过程。其内含是企业利用信息技术和互联网技术实现对客户的整合营销,是以客户为核心的企业营销的技术实现和管理实现。客户关系管理注重的是与客户的交流,企业的经营是以客户为中心,而不是传统的以产品或以市场为中心。为方便与客户沟通,客户关系管理可以为客户提供多种交流的渠道,这样可以最大限度地提高客户满意度及忠诚度。

提高需求阶段的柔性,可以采取客户关系管理的措施。如果企业可以通过客户关系管理领先于其他人掌握市场和客户的需求,那么企业就可以提早准备应对市场将要发生的变化。因此,可以获得更多的利润和市场份额。供应链管理和客户关系管理的一体化将大大提高企业的竞争能力,真正实现企业实时响应客户需求、实现需求和供应链中资源的最优化配置,从而全面提升企业的竞争能力。客户关系管理还可以为供应链带来长期的战略利益,企业可以从客户那里获得重要信息,提高企业应对市场需求不确定性的能力。

## 本 章 小 结

本章主要介绍柔性的基本概念和研究框架,供应链柔性的基本概念、作用、能力构成和维度分析等。在柔性供应链的构建中,主要介绍了柔性供应链产生和发展的动力、构建中可能会遇到的问题、供应链柔性的模型设计和未来的柔性供应链。最后通过供应阶段、生产阶段、需求阶段和企业文化方面说明增强供应链柔性的途径。

通过本章的学习,读者可以认识到供应链柔性对于节点企业和整个供应链的重要性,在以后的供应链设计环节中需要注重柔性环节,以提高整条供应链应对不确定性的能力。

 **关键术语**

| 柔性 | 供应链柔性 | 缓冲能力 | 充实度 |
| 柔性组织 | 虚拟组织 | 供应商关系管理 | 客户关系管理 |

## 习　　题

1. 选择题

(1) ＿＿＿＿是指有能力通过来自系统外部的干涉来适应变化,即通过组织和过程的结构变动,增加系统的适应变化的能力。

　　A. 行为柔性　　B. 资源柔性　　C. 供应柔性　　D. 研发柔性

(2) 供应链柔性的最高能力为＿＿＿＿。

　　A. 缓冲能力　　B. 柔性能力　　C. 适应能力　　D. 创新能力

(3) ＿＿＿＿是企业长期发展的保证,是供应链柔性的主体。

　　A. 减少变化的能力　　　　　　B. 缓冲能力
　　C. 适应能力　　　　　　　　　D. 创新能力

(4) ＿＿＿＿的出发点是"以变应变"。

　　A. 缓冲　　　B. 适应　　　C. 创新　　　D. 调整

(5) ＿＿＿＿是站在制造企业的角度来衡量供应链上游的柔性。

A. 供应柔性　　B. 研发柔性　　C. 物流柔性　　D. 资源柔性

（6）设计合理的_____是核心企业实现供应链功能和目的的首要任务。

A. 供应链组织　B. 信息系统　　C. 柔性制造系统　D. 物流活动

（7）_____不属于虚拟组织的特点。

A. 松散性　　　B. 反应快　　　C. 生命力强　　D. 资源利用率高

（8）_____不属于柔性生产系统。

A. 人员柔性　　B. 产量柔性　　C. 组合柔性　　D. 资源柔性

2. 简答题

（1）柔性研究的主要框架是什么？
（2）影响供应链柔性水平的因素主要由哪几个子系统所组成？
（3）柔性组织有哪几个特征？
（4）供应链的柔性的模型设计可以分为哪些层次？它的要求有哪些？
（5）未来的企业供应链的柔性主要有几种典型模式？
（6）提高供应阶段的柔性需要采取哪些措施？
（7）提高生产阶段的柔性需要采取哪些措施？

3. 判断题

（1）供应链柔性对于供给方而言，代表了对未来变化的预期；对于需求方而言，它是对自身所能承受的需求波动的估计。（　　）
（2）对供应链柔性的研究主要是从制造柔性研究中延伸而来。（　　）
（3）系统之所以具有适应能力，在于供应链系统储备了缓冲变化的各种资源。（　　）
（4）缓冲是一种消极地应付变化的方法，出发点是以"不变或少变应变"。（　　）
（5）柔性信息系统应具有可重组、可重构、可扩展、模块化的特性。（　　）
（6）当顾客对柔性的需求增加时，为满足顾客的需求和应对竞争，需要降低柔性水平，系统原来的柔性平衡状态被打破向新的平衡状态演进。（　　）
（7）任何一种柔性水平可以看做是有限空间中的一个点，而一个最佳点，应是合理边界内具有技术上的先进性、经济上合理性的特点。（　　）
（8）网络型企业供给关系以企业间合作为基础，企业边界清楚。（　　）

4. 思考题

（1）本章在构建柔性供应链的过程中设定了哪些目标？你认为还需要设定哪些目标？
（2）通过对本章的学习，对于供应链柔性的重要性你有什么新的理解吗？

**案例分析**

## 柔性供应链让海尔集团更有竞争力[①]

有一个传统的民族工业制造企业，成立16年来，保持了80%的年平均增长率，现在已成长为一个业

---

[①] 资料来源：佚名. 柔性供应链让海尔集团更有竞争力[EB/OL]. http://www.youshang.com/content/2010/12/01/85520.html. [2011-07-07].

务遍及全球的国际化企业集团,其管理模式被收入欧盟商学院的管理案例库,其总裁被英国《金融时报》评为"全球30位最受尊重的企业家"之一,这家企业就是海尔集团。

海尔集团取得今天的业绩,和企业实行全面的信息化管理是分不开的。借助先进的信息技术,海尔集团发动了一场管理革命:以市场链为纽带,以订单信息流为中心,进而带动物流和资金流的运动。通过整合全球供应链资源和用户资源,逐步向"零库存、零营运资本和(与用户)零距离"的终极目标迈进。

### 1. 以市场链为纽带重构业务流程

从生产规模看,海尔集团现有10 800多个产品品种,平均每天开发1.3个新产品,每天有5万台产品出库。海尔集团一年的资金运作进出达996亿元,平均每天需做2.76亿元结算。随着业务的全球化扩展,海尔集团在全球有近1 000家供货方(其中世界500强企业44个),营销网络53 000多个,海尔集团还拥有15个设计中心和3 000多名海外经理人。如此庞大的业务体系,依靠传统的金字塔式管理架构或者矩阵式模式,很难维持正常运转,业务流程重组势在必行。

总结多年的管理经验,海尔集团探索出一套市场链管理模式。海尔集团认为,在新经济条件下,企业不能再把利润最大化当做目标,而应该以用户满意度的最大化、获取用户的忠诚度为目标。这就要求企业更多地贴近市场和用户。市场链简单地说就是把外部市场效益内部化。过去,企业和市场之间有条鸿沟,在企业内部,人员相互之间的关系也只是上下级或是同事。如果产品被市场投诉了,或者滞销了,最着急的是企业领导人。下面的员工可能也很着急,但是无能为力。所以,海尔集团不仅让整个企业面对市场,而且让企业中的每一个员工都去面对市场。由此,海尔集团也把市场机制成功地导入企业的内部管理,把员工之间的同事、上下级关系转变为市场关系,形成内部的市场链机制。员工之间实施SST,即索赔、索酬、跳闸。如果你的产品和服务好,下道工序给你报酬,否则会向你索赔或者"亮红牌"。

结合市场链模式,海尔集团对组织机构和业务流程进行了调整,把原来各事业部的财务、采购、销售业务全部分离出来,整合成商流推进本部、物流推进本部、资金流推进本部,实行全集团统一营销、采购、结算;把原来的职能管理资源整合成创新订单支持流程即研发、人力资源、客户管理和基础支持流程即全面预算、全面设备管理、全面质量管理),这些流程相应成立独立经营的服务公司。

整合后,海尔集团商流本部和海外推进本部负责搭建全球的营销网络,从全球的用户资源中获取订单;产品本部在支持流程的支持下不断创造新的产品满足用户需求;产品事业部将商流获取的订单和产品本部创造的订单执行实施;物流本部利用全球供应链资源搭建全球采购配送网络,实现JIT订单加速流;资金流搭建全面预算系统;这样就形成了直接面对市场的、完整的核心流程体系和支持体系。

商流本部、海外推进本部从全球营销网络获得的订单形成订单信息流,传递到产品本部、事业部和物流本部,物流本部按照订单安排采购配送,产品事业部组织安排生产;生产的产品通过物流的配送系统送到用户手中,而用户的货款也通过资金流依次传递到商流、产品本部、物流和供货方手中。这样就形成横向网络化的同步的业务流程。

### 2. ERP、CRM:快速响应客户需求

哈尔滨用户宋先生因房间摆放需要,想要一台左开门冰箱,宋先生首先想到了海尔集团,到海尔集团的网站一看,果然有用户定制服务,用户可以选择冰箱开门方式等十几个特殊需求。宋先生按需要下了订单后,海尔集团冰箱生产部门立即在定制生产线上组织生产。接受信息、组织生产、配送、交易整个过程,7天时间就搞定,最终海尔集团获得了用户的好评。对用户宋先生来说,只需轻松单击海尔集团的网站,对海尔集团来说,一张小小的订单牵动了企业的全身——设计、采购、制造、配送整个流程。

在业务流程再造的基础上,海尔集团形成了"前台一张网,后台一条链"(前台的一张网是海尔集团客户关系管理网站,后台的一条链是海尔集团的市场链)的闭环系统,构筑了企业内部供应链系统、ERP系统、物流配送系统、资金流管理结算系统和遍布全国的分销管理系统及客户服务响应Call – Center系统,并形成了以订单信息流为核心的各子系统之间无缝链接的系统集成。

海尔集团的ERP系统和CRM系统的目的是一致的,都是为了快速响应市场和客户的需求。前台的CRM网站作为与客户快速沟通的桥梁,将客户的需求快速收集、反馈,实现与客户的零距离;后台的

ERP 系统可以将客户需求快速触发供应链系统、物流配送系统、财务结算系统、客户服务系统等流程系统，实现对客户需求的协同服务，大大缩短对客户需求的响应时间。

海尔集团于 2000 年 3 月 10 日投资成立海尔电子商务有限公司，在家电行业率先建立企业电子商务网站，全面开展面对供应商的 B2B(Business To Business) 业务和针对消费者个性化需求的 B2C(Business-to-Consumer) 业务。通过电子商务采购平台和定制平台，海尔集团与供应商和销售商终端建立紧密的互联网关系，建立起企业动态联盟，达到双赢的目的，提高了双方的市场竞争力。在海尔集团搭建的电子商务平台上，企业和供应商、消费者之间实现互动沟通，使信息增值。

面对个人消费者，海尔集团可以实现全国范围内网上销售业务。消费者可以轻按鼠标，在海尔集团的网站上浏览、选购、支付，然后可以在家里静候海尔集团的快捷配送及安装服务。海尔集团首先推出 23 种将近 800 多个产品在网上直接销售，各大城市网上订购的用户可以在两天内拿到自己需要的产品和零距离的全天候星级服务。

**讨论题**

（1）什么是市场链管理模式？

（2）简述海尔集团在信息系统方面所做的改进，以及这些改进对于供应链柔性的提高的作用。

（3）你认为海尔集团在哪些方面还可以改进以提高供应链柔性？

# 第6章 供应链优化方法

【本章教学要求】

| 知识要点 | 掌握程度 | 相关知识 | 应用方向 |
| --- | --- | --- | --- |
| 供应链优化的概念 | 熟悉 | 供应链优化的定义 | 通过对供应链优化的概念等基础知识的了解,运用优化的两个基本原则实现对供应链问题的优化 |
| 供应链优化的原则 | 熟悉 | 供应链优化的两个原则,分类与时间管理的重要性 | |
| 供应链采购概述 | 了解 | 采购的地位及特点 | 在掌握基础知识的前提下才能根据采购的流程模式进行有效的优化 |
| 供应链采购的模式 | 熟悉 | 采购的4种模式以及模式优化需要注意的问题 | |
| 供应链采购优化策略 | 了解 | 采购优化的3种策略 | |
| 供应链的采购外包策略 | 熟悉 | 采购外包的概念、优势和优化实施的步骤 | |
| 供应链生产的特点 | 了解 | 供应链环境下生产的新特点 | 对于供应链环境下的协同生产,掌握协同生产的原理并根据协同生产的策略实现生产环节的供应链优化 |
| 供应链协同生产的策略 | 重点掌握 | 供应链协同生产的原理,实现供应链协同生产的策略 | |

续表

| 知识要点 | 掌握程度 | 相关知识 | 应用方向 |
|---|---|---|---|
| 库存的基本概念及存在的主要问题 | 熟悉 | 库存的两种定义以及存在的6个问题 | 在了解掌握库存的基础知识才能做出有效的库存优化 |
| 库存补给的基本策略 | 了解 | 订货点法库存补给的4种基本策略 | |
| 供应链库存优化的方法 | 熟悉 | 供应链库存优化的5种路径方法 | 掌握供应链环境下的库存问题才能从根本上解决库存问题 |

导入案例

## 压缩时间：宝洁公司供应链优化[①]

宝洁公司供应链优化的总体思路就是通过压缩供应链时间，提高供应链反应速度，来降低运作成本，从而提高企业竞争能力。下面以宝洁公司的香波产品供应链优化为例，详细剖析宝洁公司供应链的优化方法。

1) 供应商管理时间压缩

宝洁公司和供应商一起探讨供应链中非价值增值点以及改进的机会，压缩材料采购提前期，开与供应商建立相互信任关系。压缩供应商时间管理分为以下3个方面。

(1) 材料不同制订的时间不同。生产香波的原材料供应最长时间为105天，最短为7天，平均为68天。根据原材料的特点，宝洁公司将其分为A、B、C三类分别进行管理：A类品种占总数的5%～20%，资金占60%～70%；C类品种占总数的60%～70%，资金占15%；B类介于二者之间。

(2) 原材料的库存由供应商管理。宝洁公司的材料库存管理策略是供应商管理库存。对于价值低，用量大、占用存储空间不大的材料，在供应链中时间减少的机会很少，这类材料占香波材料的80%，适合采用供应商管理库存的方式。首先双方一起确定供应商订单业务处理过程所需要的信息和库存控制参数；然后改变订单处理方式，建立基于标准的托付订单处理模式；最后把订货交货和票据处理各个业务处理功能集成在供应商一边。

(3) 与供应商进行全面合作。在香波生产的供应链中，总会有一两个供应商拥有供应用量大、材料占据空间大、价值高的A类材料。这类供应商的供应提前期已经很短，已经找不到时间压缩空间，所以，宝洁公司和供应商寻找在操作和管理系统中存在的机会。

首先是供应商内部改进。瓶形之间转产时间为1小时，供应商为不同品种的香波瓶制定不同的生产周期。对于个别品种，以建立少量库存的方式保证供货，在生产能力有富裕的时候生产这些品种补充库存。

其次是供应商和宝洁公司合作改进。将100多种印刷版面合并成80多种，减少了转产频率。在材料送货方面，宝洁公司雇佣专门的运输商每天将同一区域的材料收集运送到宝洁公司。

2) 内部供应链时间压缩

除了加强与供应商之间的紧密合作和共享信息之外，宝洁公司还对企业内部供应链时间压缩进行了改进。

---

① 资料来源：中国物流与采购网 压缩时间：宝洁公司供应链优化。http：//www.chinawuliu.com.cn/xsyj/201103/23/144129.shtml。

（1）用产品标准化设计压缩时间。摒弃原来不同品牌香波使用不同形状的包装设计，改为所有香波品牌对于同一种规格采用性质完全一样的瓶盖，不同的产品由不同的瓶盖颜色和印刷图案区分。

（2）用每日计划来缩短计划时间。公司推行每日生产计划，这样大大缩短了供应链反应时间，加快了产品对市场变化的反应。

（3）用工艺对生产过程改进压缩时间。通过对现状分析，制造部门进行了如下的改进：香波生产部门和技术部门合作，制订了储缸分配计划来减少转产及生产批量，分别生产5种A类配方产品，制造车间每次生产12吨。包装车间可以根据每笔订单需求量的大小，选择不同的批量大小包装产品。

（4）用缩减不增值过程缩短包装时间。包装部门的改进策略主要考虑以下3点：减少包装尺寸的转换时间、减少非计划停机时间、人员技能的提高。

① 减少包装尺寸的转换时间。对于一些不同尺寸转换时必须更换的零件，设计了一个零部件可以同时包容两个到三个包装尺寸，使转线时间从原来的25分钟降低到15分钟；

② 减少非计划停机时间。非计划停机的时间损失由原来的9%降低到4%；

③ 人员技能的提高。宝洁公司实施"人员技能提高"策略，改变相应的人员管理和培训制度，使员工在任务紧的时候，可以在不同生产线随意调配；在生产任务不紧的时候，员工可以自主做一些自我培训或者改进项目。

包装部门改进后的总体效果是在每日计划模式下，转产频率比以前提高3倍，非计划停机时间由原来的9%降低到4%，人员技能更全面，生产可靠性仍然保持了超过85%的水平，反应能力大大提高，库存大大降低。

（5）优化仓储管理缩减货物存取时间。以黄埔工厂管理为例，黄埔工厂的仓储在开始实施每日计划时也同步进行了改进。原来的情况是有两种货架，宝洁公司做了以下改进：增加一个货架设计，仍然是3层开入式提取和存放货物。但是通过改进，每一层都是一个单独的产品品种，使得产品能够根据规模在合适的货架进行存放和提取。

3）供应链下游优化

（1）运输环节的优化与管理。宝洁公司采用第三方物流运送产品从工厂到全国仓库，与物流供应商签订详细的运输协议。每天跟踪运输业绩，考察由供应商造成的货物损坏率，以及由于运输不及时造成的客户订单损失。利用统计模型分析不同类型产品的运输调货频率，进行最优化设计，找到保留库存、卡车利用率和满载率的平衡点。

（2）与客户之间的订单处理与信息共享。与大客户建立电子订单处理系统，与个别客户统一产品订货收货平台，及时了解客户的销售活动信息并反馈回工厂，保证客户有新的市场活动时，宝洁有充足的产品供应。

宝洁公司通过与供应链上下游伙伴的合作，不断挖掘自身生产过程中的时间压缩机会，以实现对客户需求的快速响应，不断提高作为公司竞争力的供应链反应速度。

**讨论题**

（1）宝洁公司分别从哪些方面对其供应链进行了优化？

（2）宝洁公司实施供应链优化的目的和意义是什么？

（3）对于供应链，你认为还可以从其他哪些方面进行优化？简述之。

供应链的发展过程是一个持续优化的过程，这是企业发展的必然要求。企业要想获得竞争优势，一方面要加强内部职能部门的协调与管理，实现企业内部的一体化；另一方面又必须不断地加强与其他企业的沟通与合作。但是由于经营范围相对集中于核心业务，企业经营发展所需要的许多资源本企业并不具备，这样企业就需要将其他企业所拥有并能为本企业所用的资源整合起来，实现企业的价值目标，这就决定了企业必须根据环境的变化不断地对供应链以及各成员企业的关系进行优化。供应链优化是一项系统的工作，涉及供应链决策优化的目标、策略、模式、方法等内容。

## 6.1 供应链优化概述

### 6.1.1 供应链优化的概念及必要性

供应链优化即在有约束条件或资源有限的情况下的决策方案,它主要有整体优化和局部优化两种类型。整体优化是从大量方案中找出最优方案。然而,实际情况下由于受到很多条件的限制,可能没有最优方案或者没有方法来检测所得方案是否最优。因此,有必要进行局部优化。局部优化是在条件有限的情况下,从大量类似方案中找出最优方案,此方法取决于方案的最初解。

优化问题由决策变量、目标函数和约束条件组成。决策变量是需要作的决策,供应链中有如下决策变量:何时、何地从供应商中订购原材料;何时生产;何时把多少产品交给客户,等等。目标函数是经济上或其他方面所要达到的目标,供应链中有如下目标函数:利润最大、供应链成本最低、生命周期最短、客户服务质量最高、延误最短、产量最大、满足所有客户需求,等等。约束条件是变量必须满足的条件,供应链中有下列约束条件:供应商生产材料、零件的能力、生产线每天工作的时间、配送中心的处理数据等能力。

### 6.1.2 供应链优化的原则

供应链优化有很多方法,这些方法结合具体行业企业又有不同的表现形式。供应链虽然复杂,但也有一些基本的优化逻辑,对其进行归纳整理有两个基本优化原则:分类管理和时间管理。

1. 分类管理

供应链是复杂的,为此需要进行分类以便管理。例如,把采购物料分为原材料、辅助材料和备品备件,把供应商分为一级、二级、三级,把产品分为不同的系列,把客户分为直销商和经销商,把市场分为中心城市和农村市场,等等。不同的类别有不同的特征,采取与不同类别特征相适应的策略可以实现对供应链的优化。

分类作为供应链优化的基本逻辑,就是要对供应链中各个环节的业务要素进行分类,根据各个类别分别采取最合适的策略,从而实现供应链优化。采用该原则,关键在于选择合适的分类方法以及针对每一个类别制定合适的策略,同时,确保供应链上下游以及各个环节之间分类的匹配。

(1) 分析分类的合理性。这需要对供应链管理的每一个环节,如需求、生产、采购、物流、计划等各个环节进行详细分析,从实际业务运作的需要审视分类的合理性,可以参考各种管理模型,可以参考各种业务最佳实践。例如,就快速消费品的渠道划分来说,粗的划分可以分为传统渠道和现代超商,详细的划分可以细致到路边小店。

(2) 针对不同类别采取合适的策略。显然分类越细致,采取的策略就更具有针对性,更为有效。例如,把路边修车店作为一个渠道,这个渠道显然有独自的特征,针对这个渠道采取的策略肯定与商场超市的策略不一致。

（3）确保各个环节分类策略的匹配性。例如，新增一个销售渠道类别，它有新的特征，是否应该有相应的物流类别去支撑这个销售渠道。在快速消费品行业，针对经销商的物流服务可以全外包，针对市内超市这个渠道很多企业采取了自主做配送的方式。显然，针对不同的销售渠道有不同的物流业务类别。

**阅读链接 6-1**

## 分类策略优化材料供应

根据通常对库存的管理方法，宝洁公司也对采购的材料按照 ABC 方法分类：其中 A 类品种占总数 5%～20%，资金占 60%～70%；C 类品种占总数 60%～70%，资金所占比例小于 15%；B 类品种介于二者之间。单纯的 ABC 分类还不足以找到最优的采购策略，还需要进一步细分。根据不同的分类结果，采取了相应的策略。

（1）对于价值低、用量大、占用存储空间不大的材料，在供应链中时间减少的机会很少，这类材料占生产材料的 80%，适合采用供应商管理库存的方式来下达采购订单和管理库存。

效果：节省材料的下单和采购成本，库存由 30 天减少到 0 天。

（2）对于价值不高、用量大且占用存储空间很大的材料适合采用压缩供应链时间的方法来管理材料供应。

效果：结合对存储和运输过程的改变以及延迟和检测时间减少，总体提前期最后减少了 18 天（1/4 的提前期）；材料库存从 30 天减少到 20 天，库存价值每个月减少了 2 万美元。

（3）全面合作：帮助供应商改进生产技术，宝洁公司与供应商一起优化物料结构，协调供应商与宝洁公司的生产计划，宝洁公司雇佣第三方物流代替客户自有的物流。

效果：供货周期从 7 天减少到 2 天，可靠性从 88% 增加到 97%，成本下降 11%。

（资料来源：http://wiki.mbalib.com）

从宝洁公司的例子可以看出，分类要与供应链运作的具体情况相适应，详细分类并采取有针对性的策略可以实现显著的优化供应链。当对供应链整体优化方法无解的时候，不妨先对业务详细分类，分类可以引导找到优化方法。

2. 时间管理

分类是供应链优化的一个基本原则，供应链优化的另外一个基本原则是时间管理原则。

SCM 的核心就是时间管理，尤其对于时尚类的产品时间管理非常重要。例如，戴尔公司在计算机行业最低的库存天数是其获得竞争优势的关键。对于一些非时尚类的产品，如大众消费品，时间管理也是非常重要的。

SCM 有两个目标：提升客户服务水平以及降低运作成本。这两个方面目标常常是互相矛盾的，即要提高服务水平，就要以运作成本升高为代价；而降低成本往往会带来服务水平的下降。时间对这两方面目标都有着重要的影响：对于服务水平，最重要的是对市场需求的响应速度，即对需求的响应时间；对于成本来说，时间的延长会导致各种运作成本的升高，如存储成本、产品滞销的损失等。加强时间管理，可以实现在服务水平与运作成本两个方面的同时优化。

## 6.2 供应链采购的优化

### 6.2.1 供应链采购概述

采购涵盖了从供应商到需求方之间的货物、技术、信息和服务流动的全过程。企业通过实施有效的采购计划、组织与控制等活动，合理选择采购方式、采购品种、采购批量、采购频率和采购地点，以有限的资金保证经营活动的有效开展，在降低企业成本、加速资金周转和提高企业经营质量等方面发挥着积极作用。

1. 采购在企业生产及供应链中的重要地位

采购成本是企业成本控制中的主体和核心部分。对于典型的制造型企业来说，采购成本(包括原材料和零部件)要占产品总成本的60%。例如，汽车行业的采购成本约占一辆车成本的80%。可见采购成本直接影响着企业最终产品的定价和企业的利润，良好的采购将直接增加企业的利润和价值，有利于企业在市场竞争中赢得优势。同时，合理采购对提高企业竞争能力、降低经营风险也具有极其重要的作用。一方面，科学的采购不仅能降低产品生产成本，而且也是产品质量的保证；另一方面，合理采购能保证经营资金的合理使用和控制，从而以有限的资金有效开展企业的经营活动。

随着经济全球化和信息网络技术的高速发展，全球经济运行方式和流通方式产生了巨大变化，企业采购模式也随之不断发展。供应链中各制造商通过外购、外包等采购方式从众多供应商中获取生产原料和生产信息，采购已经从单个企业的采购发展到了供应链中的采购。

在供应链中，采购使供应链各节点间的联系和依赖性进一步增强，对于降低供应链运作成本，提高供应链竞争力起着越来越重要的作用。

2. 供应链采购的特点

与传统采购相比，供应链采购具有以下特点。

(1) 从为库存采购转向为订单采购。在传统的采购模式中，采购的目的就是为了补充库存，即为库存采购。在SCM下，采购活动是以订单驱动方式进行的，制造订单是在用户需求订单的驱动下产生的，然后制造订单驱动采购订单，采购订单再驱动供应商。

(2) 从采购管理转向外部资源管理。外部资源管理就是将采购活动渗透到供应商的产品设计和设计质量控制过程。

(3) 从一般买卖关系向战略合作伙伴关系转变。在传统的采购模式中，供应商与采购商之间是一种简单的买卖关系。因此，无法解决一些全局性、战略性的供应链问题，而基于战略伙伴关系的供应链采购方式为解决这些问题创造了条件。

传统采购模式与供应链采购的主要区别归纳起来如表6.1所示。

表6.1 传统采购与供应链采购的主要区别

| 项目 | 传统采购 | 供应链采购 |
| --- | --- | --- |
| 采购数量 | 大批量 | 小批量 |
| 合作关系 | 可变的 | 长期的 |

续表

| 项　目 | 传统采购 | 供应链采购 |
|---|---|---|
| 设计流程 | 先设计产品后询价 | 供应商参与产品设计 |
| 供应商数量 | 多，越多越好 | 少，甚至一个 |
| 信息沟通频率 | 离散的 | 连续的 |
| 供应商/买方关系 | 相互对立 | 合作伙伴 |
| 与供应商的信息沟通 | 采购订单 | 网络 |
| 运输策略 | 单一品种整车发送 | 多品种整车发送 |
| 质量问题 | 检验/再检验 | 无须入库检验 |
| 交货安排 | 每月 | 每周或每天 |
| 产量 | 大量 | 少量 |

### 6.2.2　供应链采购的模式

企业的采购应该着眼于供应链的整体框架，考虑供应的速度、柔性、风险，优化采购模式，从单一的竞争性采购模式变成为集中采购、全球采购、准时采购等多种模式及其优化组合以增强供应链竞争力。

1. 集中采购模式

集中采购是相对于分散采购而言的，即采购组织同时为多个企业实施采购，通过全面掌握多个企业的需求情况，与供应商签订统一合同，实现大批量订购，利用规模优势，提高议价能力，从而大大降低采购成本。例如，2004年我国几家大型钢铁企业联手与全球最大的多种资源矿业公司达成合作意向，成立合营企业并通过该公司在25年内每年向这几家钢铁企业提供约1 200万吨铁矿砂。据估计协议采购价格约25美元/吨，到岸价约为59美元/吨，这同当时120美元/吨的澳矿到岸价相比，采购成本降低50%以上，极大地降低了企业的生产成本。

2. 全球采购模式

利用全球的资源，基于电子商务交易平台，整合互联网技术与传统工业资源，在全世界范围内寻找供应商和质量最好、价格合理的产品。全球采购在地理位置上更加拓展了采购的范围，也是大型企业全球化战略的必然要求。例如，戴尔公司全球采购的实施是通过建立全球采购中心、设立众多国际采购网点以提高采购效率，在全球范围内采购5 000多种零部件。这种全球化采购模式充分发挥了现代物流、信息流的功用，使戴尔的采购成本降到了最低。

3. 准时采购模式

准时生产的基本思想是只在需要的时候，按需要的量生产所需的产品。它是在多品种、小批量混合生产条件下高质量、低消耗的生产方式，其核心是追求无库存的生产系统或使库存最小化。准时采购模式建立在供需双方互利合作的战略伙伴关系的基础上，当需求商对原材料或半成品的需求产生时，有能力适时地从供应商处得到质量可靠的所需物料。

准时采购模式对于降低原材料和外购件的采购价格、大幅度减少原材料和外购件的库存、提高生产率等方面作用明显。例如，生产复印机的美国 Xerox 公司通过实施准时采购，使该公司采购物资的价格下降了 40%~50%，库存降低了 40%，劳动生产率提高了 2%。

**阅读链接 6-2**

### 准时采购的实践——ZARA

西班牙服装品牌 ZARA 凭其快速反应能力赢得了成功，在销售额达到数十亿欧元的情况下，仍旧保持了非常快的响应速度：10~14 天的反应型生产配送，而中国大多数企业从接单到产品上市需要 90 天；每年推出 12 000 个新款，而中国服装企业只有 4 000 款左右；库存周转率大约为每年 11 次，而中国服装企业只有大约 3 次。

ZARA 的准时化采购作为其供应链中重要一环，发挥了重要作用。在南京西路的 ZARA 店里，店长迪维娜总是手持 PDA 巡视。这台 PDA 内置了 ZARA 订货系统和产品系统等模块，并与总部保持密切联系。因此，当迪维娜在自己门店发现某种产品库存不足时，通过与宽带连接的 PDA，向总部发出订单。ZARA 总部的建议订量是综合了各门店每天传送的销售数据，以及产品经理对当地市场的预估，再加上对历史销售数据的综合分析而得出的。迪维娜将通过 PDA 发出订单，一般情况下，从发出订单直到货物送达，最快只用三天时间，便可以让顾客得到满意的服装。

（资料来源：丁建勇.供应链管理环境下的准时化采购研究[J].信息科技（学术版），2008(9).）

#### 4. 电子商务采购模式

电子商务采购是在电子商务环境下的采购模式，也就是网上采购。通过建立电子商务交易平台，发布采购信息，或主动在网上寻找供应商、寻找产品，然后通过网上洽谈、比价、网上竞价实现网上订货，甚至网上支付货款，最后通过网下的物流过程进行货物的配送，完成整个交易过程。

电子商务采购是一种非常有前途的采购模式，它主要依赖于电子商务技术的发展和物流技术的提高，依赖于人们思想观念和管理理念的改变。我国目前已经有不少企业以及政府采用了网上采购的方式，对降低采购成本，提高采购效率，杜绝采购腐败起到了十分积极的作用。因此，应该大力提倡这一新的采购方式。

**阅读链接 6-3**

### 联想集团采购模式的优化

联想集团基于供应链的采购管理优化是企业采购模式优化的成功案例。作为 IT 行业的龙头企业，该集团每年的采购金额大约在 110 亿美元左右。联想集团在采购流程中面临的主要问题是原材料价格波动性较大、客户需求个性化日益强烈、供应商寡头垄断等。

> 针对这些主要问题，联想在供应链和采购方面采取了一体化的运作体系以加强企业内部的协同。首先，在协同作业上，将采购、生产、分销以及物流整合成统一的系统，整个集团形成统一的采购策略；其次，科学地推进与供应商的协同管理。集团有约300家供应商，物料的采购面向国际和国内，拥有非常复杂的供应链体系，联想采取了全程紧跟的策略，在供应商端设立了相应的采购平台，加强日常管理。
>
> 在与供应商合作关系管理上，确定供应商的总体策略。例如，价格成本以及采购比例的控制等；引入淘汰机制，签署框架协议；对于重要零部件的上游供应商进行管控，定期对供应商工厂生产线进行审核；对供应商财务状况进行分析等。
>
> 在采购绩效评价方面，坚持对采购管理和绩效进行定期评估。评估主要是从质量、服务、成本等方面来进行，然后根据评估的结果对日常采购进行管理。
>
> 通过采购模式的优化，联想逐渐由传统的采购管理转变为供应链采购管理，降低了供应链运作成本。
>
> （资料来源：中国物流与采购协会．供应链环境下企业采购模式的优化及案例．http：//www.chinawuliu.com.cn/xsyj/20/008/06/143040.shtml.）

供应链环境下，企业间由单一的竞争关系转变为共同利益下的协同合作关系。这也意味着企业的采购模式也必须从供应链整体利益的角度对传统的单一竞争模式进行优化，才能降低企业采购成本、降低库存，从而协调整个供应链的流程运作，取得供应链整体效益的最大化。

### 6.2.3 供应链采购优化的策略

1. 采购流程及优化程序

采购流程包括由用户向采购人员传递物料需求信息，然后由采购人员将采购信息传递给供应商。在采购单传递给合适的供应商后，供应商把所购物料交付给用户，把发票送到会计部门。同时，采购方对购买物品的质量和数量进行核实与验收。一般来说，采购流程有6个步骤，如图6.1所示。

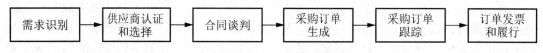

图6.1 采购流程

采购优化是一项复杂的工作，必须按照一定的程序来进行，基本的步骤如下所述。

1）确定采购目标

根据企业的总体经营目标，确定企业的采购目标。企业采购的总目标是实现及时准确的采购，满足经营的需要，降低采购费用，提高经济效益。根据采购的总目标，可制定采购的具体目标，如订购批量目标、订购时间目标、供应商目标、价格目标、交货期目标等。

2）收集有关的信息

信息是采购的依据，信息的可靠性决定采购的正确性。信息按来源不同分为外部信息和内部信息。企业外部信息包括宏观的法律、经济政策、货源的信息、运输方面的信息等。企业内部信息包括物资需求情况、根据销售计划和生产计划制订需求计划,再结合库存情况,制订采购计划、本企业采购队伍情况等。

3) 拟定多个可行方案,选择满意的方案

针对多个可行方案综合分析,选择满意方案。方案的选择问题是一个对各种可行方案进行分析评价的过程。具体的评价标准因企业不同以及企业外部环境不同而异。

对于采购的优化可以从很多方面进行考虑,如供应商的选择、采购渠道的选择、采购商品的品种、规格和质量的选择等。不同的内容有不同的优化方法。采购优化的方法很多,有定量的方法,也有定性的方法。主要有采购人员估计法、经理人员意见法、数学模型法和直接观察法。总之,根据问题的特点,选择一种方法或几种方法结合起来,能提高采购优化的正确性,减少采购风险。

4) 实施与反馈

有了采购目标和满意的采购方案,还要制定具体的实施细则,以使采购方案得以实施。同时,还应注意收集、整理方案在实施过程中出现的新情况和新问题,进行必要地调整,以保证采购目标的实现。最后,对采购方案的实施进行检查和分析。在实施与反馈过程中,应将实际执行情况与原定决策目标进行比较。

根据上述的采购流程和具体的采购程序,通过采取以下不同的采购策略,针对不同的采购流程进行优化,从而达到对采购的优化。

2. 供应链采购优化的策略

下面主要介绍的采购策略主要有采购计划策略、采购过程策略和货源策略。采购计划策略通过实现整个供应链中成员企业间信息的共享来更好地获得有关采购需求的信息,通过对需求识别阶段的优化来实现对采购的优化。采购过程策略则是针对供应商选择以及合同谈判两个环节实施的策略。采购货源策略则首先需要确定是采用内购还是外购,根据具体的环境及采购的要求确定选择。

1) 采购计划策略

(1) 信息共享策略。对于主要的供应链成员,采购必须共享信息。尤其是共享战略信息,以便企业能制定最佳的方法和采取有效的手段来满足需求。采购优化的主要基础是关于可行性方案的实际信息,信息的来源在上面的优化程序中已经介绍,依据这些来源快速收集信息,从而根据这些信息制订相关的采购计划策略。

(2) 采购计划的制订策略。企业内部提供的是关于各个任务部门的具体信息,决定是否需要采购、采购方式、采购各类、采购数量、采购时间。对采购来说就是物资需求的种类、数量、日期和质量。此外,还需要考虑企业内部的约束条件。例如,仓库与运输工具的容量、财务预算、两种物资之间的可替代性,等等。

在采购计划中,主要定义采购需求,生成工作说明和规范。工作说明能够清晰地说明按照合同要求提供的产品或服务要求。在采购计划制订阶段,应该在自制或外购中进行选择,选择时需要考虑采购所引起的直接成本和间接成本,特别是外购时管理和监控采购过程的间接成本。自制或外购中决策需要考虑的因素主要有成本、可用于生产的内部能力、所需的控制水平、保密性要求、可利用的供应商等。

2) 采购过程策略

完成采购计划的编制,就应该进入询价计划编制、询价、供应商选择、合同管理和合同收尾为内容的采购过程阶段。从本质上讲,询价和供应商选择都围绕合同管理这个中心。因此，将从询价过程和合同过程两个方面来分析采购过程的策略。

（1）询价过程管理。在询价过程中，邀请可能的供应商提出建议书或报价单。各种采购文档的通用名称是投标邀请书、邀请投标建议书、报价邀请等。在询价的基础上，获得来自供应商的建议书，并根据评价标准对建议书进行综合评价，从而选择满足需要的供应商。

（2）合同过程管理。在合同过程管理中，主要包含合同谈判、合同变更和合同收尾三个基本过程。采购审计是合同管理过程中一个非常重要的步骤，审计工作检查从采购计划编制到合同管理的一系列过程。

3）采购货源策略

（1）内购与外购。货源策略是关于哪种品种或服务由企业内部生产（即内购），哪种产品或服务由外部供应商提供（即外购）的高水平策略。显然，货源策略对于企业的运营至关重要。对于内购或外购选择，可以从内购或外购优化的影响因素角度进行分析。内购或外购优化的影响因素，如表6.2所示。

表6.2 内购或外购优化的影响因素

| 因 素 | 对内购的支持 | 对外购的支持 |
| --- | --- | --- |
| 环境不确定性 | 低 | 高 |
| 供应商市场的竞争程度 | 低 | 高 |
| 监控供应商绩效的能力 | 低 | 高 |
| 产品/服务与采购企业核心竞争力的关系 | 高 | 低 |

如表6.2所示在环境不确定性低（因此会降低产能投资的风险），供应商市场发育不完善，产品或服务与采购企业的核心竞争力直接相关的情况下，企业往往会倾向于选择内购。相反，在供应商市场竞争加剧，产品或服务在战略上不甚重要以及环境不确定性使预期的内部投资存在风险的情况下，外购更具有吸引力。因此，与相对稳定行业中的企业相比，那些面临较短的产品生命周期以及不确定的市场条件下的高科技企业更多地采用外购策略，这种选择具有很重要的意义。

（2）货源策略。企业在制定了采用外购方式来获取产品或服务之后，依然面临抉择。若采用单一货源的方式，采购企业依靠一家企业提供某些特殊产品或服务的所有或大部分供应服务。若采用多重货源的方式，采购企业将其供货业务分摊多家供应商。针对单一货源和多重货源的优劣势，可以考虑以下两种采购策略。

一种为双重货源策略。这种策略是选用两家供应商提供相同的产品或服务。双重货源策略在一定程度上吸纳了单一货源战略和多重货源战略的优点。

另一种为交叉货源的折中策略。这种策略可以使企业走出单一货源/双重货源战略的两难困境。采用折中战略的企业依靠单一供应商来提供业务流程某一环节中所需的特定零件或服务，借助另一家具有同样生产能力的供应商提供其他业务领域所需的类似零件或服务。采购商根据供应商的绩效分别给予新的业务以激励两家供应商持续改善和提高其业绩。这种方式还为企业准备了一些后备供应商，预防原来的供应商无法按要求完成任务。

### 6.2.4 供应链采购的外包

外包是许多制造企业讨论的焦点，这些企业认为包括采购、生产和加工在内的任何事情都可以外包。管理者将重点放在了股票的价值上，企业面临着巨大的提高利润的压力，当然一个"简单"的获取利润增加的办法就是通过外包降低成本。

1. 采购外包的概念

外包是一个战略管理模型，所谓外包是指企业为维持组织竞争核心能力，且因组织人力不足的困境，动态地配置自身和其他企业的功能和服务，将组织的非核心业务委托给外部的专业公司，并利用企业外部的资源为企业内部的生产和经营服务，以降低营运成本，提高品质，集中人力资源，提高顾客满意度。外包业是新近兴起的一个行业，它给企业带来了新的活力。

采购外包就是企业在关注自身核心竞争力的同时，将全部或部分的采购业务活动外包给供应商，采购人员可以通过自身分析和理解供应市场相关的知识，来辅助管理人员进行决策。

采购外包的特点是具有并行的作业分布模式；在组织结构上，实行采购外包的企业，由于采购业务的精简而具有更大的应变性；以信息技术为依托实现外部资源的整合；采购外包可以使企业专注于核心竞争力的发展。

2. 采购外包的优势

采购外包通过把低效资产或流程转交给能够提供更大的规模经济、流程效率和专业知识的第三方来提高采购的价值。换句话说，如果一个企业自己不能有效地管理采购流程，或流程并不支持公司的差异化竞争战略，那么，就应当考虑将其采购活动外包。采购外包正在成为供应链管理未来发展的一个重要方向。采购服务供应商(Procurement Services Providers，PSP)为许多企业提供了采购的规模经济性，产品和服务的专业知识，以及相关的基础设施。采购和分析技术的进步为供应链全程提供了更好的可见性和可控性，为企业有效地管理采购外包关系提供了技术手段。

企业通过采购外包可获得以下3个方面的好处。

1) 降低成本

据 Aberdeen 咨询公司的研究，那些将特定的采购流程或采购项目外包的企业，其物料获得成本平均降幅达10%~25%。有时特定采购项目的采购成本降幅可达30%。PSP 之所以能够如此大幅度降低采购成本，主要是因为其具有丰富的产品采购经验和市场专业知识、成熟的采购流程和持有众多客户聚集起来的采购批量。PSP 要为众多的客户服务，这种规模经济性使其能够采用最新的技术和设备，并把这些基础设施的使用成本分摊到所有的客户。结果就能够以比大多数企业自己做效率更高和成本更低的方法来运作某些采购流程。因此，采购外包应当被看成是一个将产生固定成本的固定资产转变成产生可变成本的，并能够迅速改变和调整以满足客户动态需求的流动资产的经营战略。

2) 获得流程和专业知识支持

降低成本并不是采购外包的唯一理由。PSP 能够向客户提供一流的采购技术，以及有效地开发和利用这些技术的方法。PSP 能够提供一流的采购解决方案。PSP 能够利用以往的采购自动化调配经验和方法进一步优化采购成本和缩短采购周期。大多数的 PSP 还提供改进谈判，供需双方磨合和合同一致性审核等计划和策略帮助。

## 供应链设计理论与方法

PSP 能够提供广泛的产品专业知识,在更大范围内寻找合适的供应商,并具有丰富的供应商管理经验。但是,和一般企业一样,PSP 也会在某些特定商品的采购领域显示出更大的竞争优势。因此,企业在考虑采购外包的时候,应对每个 PSP 的竞争优势进行全面的评估。企业可能要维护多个采购外包关系以便获得更好的费用覆盖和流程管理。

3)专注于核心竞争力

采购外包让企业能够专注于自己真正的核心竞争力所在。例如,设计新产品,开发和服务新客户。特别是可以使企业避免为那些既非战略的,也非资源保证的采购项目建立和维护一个现代化基础设施的负担。把次优的采购活动交给第三方能够帮助企业在特定领域迅速获得更大的效益。现在,企业正逐步的把采购活动移交给 PSP。将近 20% 的大公司至少已经将其采购活动的一部分外包。但据估计采购外包的市场规模还不到全部商务流程外包市场的 5%。不过传统的咨询公司和集团采购组织(Group Procurement Organization,GPO)都十分看好采购外包市场的潜力。

**阅读链接 6-4**

### 思科公司外包策略的代价

> 2000 年,思科公司被迫宣布对其过期库存计提 22 亿美元的减值准备,8 500 名员工被解雇,原因是思科公司无法对电信基础设施市场需求的显著下降采取有效的应对措施。但有趣的是,其他小公司却发现了将要到来的需求的下滑,并在几个月前就调低了销售预期,同时减少了库存。思科公司的问题来自它的全球制造网络,这个网络导致了重要的零部件很长的供货提前期。于是思科决定保存这些零部件库存,而这些库存是在很久之前订货的,这导致了思科公司巨额的存货贬值。
>
> (资料来源:Lakenan. B, D. Boyd, E. Frey. Why Outsourcing and Its Perils[J]. Strategy Business. 2001(24).)

3. 采购外包优化过程及实施

采购外包优化过程模型由 4 部分组成:内部高标定位分析、外部高标定位分析、合同谈判和外包管理。内部高标定位分析主要是分析业务的内部效率,识别企业的核心竞争力,分析管理与采购外包服务提供商的关系;外部高标定位分析是基于采购外包服务提供商的关系,根据企业的战略关系管理目标,做出选择合适采购外包服务提供商的决策;合同谈判是前两项分析和决策的结果;最后实施外包管理计划。

1)内部高标定位分析

(1)识别核心竞争力。首先企业要识别企业自身的核心竞争力。例如,与竞争对手相比较,提供差异化的服务。内部高标定位分析通常被认为是监控所提供服务的质量和确定其他竞争对手的市场地位的工具。例如,宝洁公司的核心技能领域是其市场营销领域。确定组织的核心竞争力往往不是件容易的事。例如,车辆公司的所有者和经营者可能会做是否外包或自制的决策。在一线员工众多的车辆公司里,一线员工的车辆往往被视为营运能力的外延,而车辆公司取得良好竞争能力的关键就在于一线员工。外包决策取决于诸多因素,每个组织必须基于自己的目标、目的、长期战略等来评价这些因素。

(2) 分析外包企业和采购外包服务提供商的关系。外包关系错综复杂,本文仅分析关系的两个主要特征:特异性和复杂性。特异性是指服务商在选址、资源和技术等运作能力的变异度。复杂性是指监控、商定合同条款和外包程序的难易程度,根据这两个特征组合得到 4 种外包关系:传统的供应商、暂时性关系、战略联盟和网络组织。企业可据此选择自己的外包关系。

2) 外部高标定位分析

外部高标定位分析就是如何选择采购服务提供商,采购外包的企业可以选择单一供应商、多个独立的供应商或多个供应商联盟组成的单一供应商,于是对应 3 种采购服务提供商战略:单一服务提供商、多个服务提供商和整合的服务提供商。

3) 合同谈判

由于书面合同的冗长繁琐和缺乏审计价格与服务的资源,外包带有隐性成本。在某些情况下,外包采购、制造、物流、IT 系统和其他业务功能所带来的成本节约可能只占到外包合同所承诺的 5%~10%。因此,在与电子制造供应商签订的合同中,原始设备制造商往往要求包含供应商定价、季度物料清单成本更新,包括采购数量和价格说明的提前期报告,以及供应商的产品描述。

即使合同条款明确也并不意味着外包一定成功。关键要规范管理外包者和供应商之间的关系,确定时间进度表、期望目标以及评估的标准等。

4) 外包管理流程

(1) 时间进度控制。外包者和提供服务的供应商应对目标和检查点达成一致,确定服务标准协议的绩效指数是控制时间进度的关键。所谓的服务标准协议(service level agreement,SLA)是由各相关团队达成的协议,包括签订的合同。在大公司里,由一群专家组成的服务质量管理部门,负责监督、控制和评估服务质量以及负责供应商关系。

(2) 动态监控。采购外包中存在的最大问题是,采购服务提供商在向外包企业传递价格降低信息上存在延迟。专门从事外包合同审计的 2nd Edison 公司在一项调研中发现,大多数电子制造供应商通知价格上涨只需 2 天,而通知价格降低则需要 22 天。因此,企业应按季审查采购服务提供商为其采购的物料,从而对价格变化了如指掌,并密切关注成本趋势和数据分析。外包企业要经常拜访采购服务提供商,以确保额外的成本不被隐藏在报价中,如果不跟踪市场动态和对服务公司进行审计,将会造成很大的经济损失。

遵循以上模型的步骤来实现对采购外包的优化,从而完善采购外包管理流程,可以帮助外包企业更好地保护自己的利益,实现外包带来的益处,创造更大的价值减少不必要的成本。

## 6.3 供应链生产的优化

对于企业而言,供应链生产是在企业资源规划的基础上发展起来的,它把公司的制造过程、库存系统和供应商产生的数据合并在一起,从一个统一的视角展示产品制造过程中的各种影响因素,把企业活动与合作伙伴整合在一起,成为一个严密的有机体。

### 6.3.1 供应链生产概述

供应链环境下的生产过程的特点主要有以下 3 点。

(1) 决策信息多元化。在传统的生产计划决策模式中，企业计划决策主要依据用户订单、企业自身对顾客的需求预测，还有企业现有的资源信息。根据以上 3 个方面的综合考虑，制订出企业的各级生产计划。而在供应链中，企业可共享到整条供应链中的需求信息，所以，信息多源化是供应链环境下的主要特征。另外，在供应链环境下，资源信息不仅仅来自于企业内部，还包括来自供应商、分销商和用户的资源信息。

(2) 信息反馈机制多样化。企业的生产计划能否得到很好的贯彻执行，需要有效的监督机制作为保障。进行有效的监督就必须建立一种信息反馈机制。传统的企业生产计划的信息反馈机制是一种链式反馈机制，即信息反馈在企业内部是从一个部门到另一个部门的直线传递。

(3) 计划运行的动态环境。供应链所处的环境要求企业能够适应动态多变的市场环境，复杂多变的环境增加了企业生产计划运行的不确定性，这就要求生产计划与控制系统具有更高的柔性和敏捷性，如生产和交货的提前期的柔性、生产批量的柔性等等。供应链环境下的生产计划涉及的多是订单化生产，这种生产模式动态性更强。因此，生产计划与控制要更多地考虑不确定性因素和动态因素，使生产计划具有更高的柔性和敏捷性，使企业能对市场做出快速反应。

### 6.3.2 供应链协同生产计划的优化策略

供应链生产是指从原材料供应、零部件生产装配到成品形成过程的供需网络，在虚拟企业组织下协调、有序进行的物流过程，涉及多个自主实体的参与。企业生产的协同包括企业内部的协同和供应链范围内的协同（即企业间的协同）。

企业内部协同生产是依据企业目标来评价各项生产经营活动的一系列原理、程序和技术的全方位生产管理思想。实现供应链管理有两大技术支柱：集成和协同。而供应链的协同功能则以 3 项技术为基础：现代的信息和通信技术、过程标定以及高级计划与排产技术（Advanced Planning and Scheduling，APS）。过程标定（基准）以行业的最佳实践企业的运行效果为基准模板，实现以后对供应链的改进都向这个模板看齐。APS 能够统一和协调企业间的长、中、近期的计划，是供应链管理的核心。

**阅读链接 6-5**

## 高级计划与排产技术

APS 是支持 SCM 进行供应链各个环节之间的计划和协同的最主要的手段。没有 APS，SCM 就只能作为一种管理理念，而不可能成为计划和协同的工具，更不可能形成可推广的软件。

APS 的核心是数学算法或解决方案。但 APS 所采用的并不是单一的技术，具体应用的算法（如线性规划、整数混合规划、推理、约束理论、模拟，等等），视需要解决问题的类型而定。APS 从 ERP 系统下载数据到专用服务器上做常驻内存的处理，实现计划的反复运算或对可选方案进行评估，直至得到可行的或基本上可获利的计划或进度表。由于这些系统通常不存在数据库查询和存取的问题，APS 的反复运算可以很快完成。这样就形成了高级计划与排产的 3 项技术特征：①基于约束理论；②采用多种数学解析的优化算法；③采用脱离主服务器常驻内存运行的计算机技术。

> 由于APS是一种在资源约束前提下的优化技术，既可用于单个企业内部的短期的计划与排产，又可用于在已知条件下的长期预测和在企业间进行计划，成为改进和优化企业供应链管理的有力工具，所以，自APS成熟之日起，就将它的应用范围与供应链联系在一起。长期以来只有概念缺少有效工具的供应链管理在APS的支持下，得到迅速发展。
>
> （资料来源：全球纺织论坛．供应链管理与高级计划与排产技术．http://club.tnc.com.cn/thread-1444-1-1.html．）

在供应链生产过程中，可能会遇到如生产准备工作不周全或者生产现场偶然因素等状况，会使原计划和实际计划产生差异。因此，必须对生产过程进行监督和检查，以保证优化目标的实现。此外，要实现供应链生产的优化就需要对生产过程采取一些优化策略和方法，而对生产过程的优化主要是对协同生产计划的优化。对协同生产计划的优化策略主要有以下几种。

1）生产进度监控策略

在进行生产进度监控时引入虚拟库存的概念，即将参与敏捷供应链协同生产的各成员企业的库存信息进行集中管理，但实际的物理库存仍存在于地理位置分散的各成员企业内。利用虚拟库存管理机制，可以把协同生产过程的监控划分为如下几个级别。

（1）商品级监控。商品级监控主要是指对供应链所有成员企业最终产品的完工情况进行监控，主要通过提取虚拟库存中心提供的各成员企业产成品入库信息来实现，它适用于重点监控成员企业和普通监控成员企业两种监控类型。

（2）库存级监控。库存级监控主要是指对供应链成员企业内部的具体生产作业活动进行监控，主要通过提取虚拟库存中心提供的成员企业毛坯领出、装配领料和半成品入库等信息来实现，它主要适用于需要重点监控的成员企业。

（3）工序级监控。工序级监控是指对供应链成员企业关键零部件生产的每道工序进行监控。这个级别的监控只适用于重点监控成员企业的关键零部件。

（4）承包部件监控。供应链对承包部件的监控可采用商品级监控、部件的库存级监控，以及必要时对该部件下属的零部件进行的工序级监控。

2）缓冲策略

在协同生产优化中可以采用时间缓冲和物料缓冲两种策略，以保证瓶颈环节不因物料短缺而闲置，使其生产能力得到最大发挥。

（1）时间缓冲策略。通常，时间缓冲的位置应设在瓶颈资源环节、装配企业环节和交货环节这样几个比较重要的地方。对于时间缓冲大小的设置，一般要考虑两方面的因素：①时间缓冲的大小应该能够充分保证协调中心解决突发性事件问题的时间长度要求；②时间缓冲设置的大小应该在足以保护协同生产系统整体运作的前提下处于最低水平。

（2）物料缓冲策略。采用物料缓冲的目的与采用时间缓冲的目的是一样的，主要是为了在瓶颈环节出现突发性事件而影响到正常生产的时候，可以有一个机动的时间缓冲变量，从而可以在生产过程控制中心的调控下，采取相应的应对措施。区别只是在于物料缓冲利用已经提前存在的缓冲库存取代了时间缓冲中的时间缓冲变量，来确保瓶颈环节不因所需物资的短缺而中断生产。物料缓冲的位置与时间缓冲的位置也基本一致。

3）生产调度策略

为了应对生产中的不确定性变化，确保生产的稳定和协调，需要加强生产调度。供应链协同生产的生产调度主要包括合作伙伴任务调整、合作伙伴资源共享和资源调拨。

（1）合作伙伴任务调整。由于市场环境的复杂性和各成员企业实际生产情况的变化，会对预先制订的供应链协同生产计划和各成员企业的任务分配比例产生一定的影响，出现这种情况时，协同生产监控中心可根据实际情况对生产任务进行再分配，或者寻找新的具有此类型任务生产能力的合作伙伴企业。

（2）合作伙伴资源共享。敏捷供应链协同生产的重要特色之一就是合作伙伴生产资源的共享性，并且通过协同生产的生产资源层次化建模得以实现。

（3）资源调拨。在协同生产计划执行的过程中，必须建立一种有效的协调机制，它的目的在于使整个供应链的生产过程信息能及时地、准确地、顺畅地在供应链中传递，使整个供应链的生产活动能够保持步调一致，从而适应供应链同步化相应市场的需求变化。协同生产过程的生产协调控制模式可分为集中式协调、分布式协调和混合式协调三种模式。

## 6.4 供应链库存优化

### 6.4.1 供应链库存概述

在企业物流活动的各个环节中，合理的库存起着一定的缓冲作用，它可以满足不确定的顾客需求，平滑对生产能力的需求，缓解运营过程中不可预料的问题，降低单位订购费用与生产准备费用，利用数量折扣，避免价格上涨。

在企业接到顾客订单后，当顾客要求的交货时间比企业从采购材料、生产加工，到运送货物到顾客手中的时间（供应链周期）要短时，就必须预先储存一定数量的该物品，来弥补这个时间差。

一般来说，企业在销售阶段，为了能及时满足顾客的要求，避免发生缺货或延期交货现象，需要有一定的成品库存；在生产阶段，为了保证生产过程的均衡性和连续性，需要有一定的在制品库存、零部件库存；在采购生产阶段，为了防止供应市场的不确定性给生产环节造成的影响，保证生产过程中原材料、材料以及外购件的供应，需要有一定的原材料、外购件库存。

从另外一个方面来看，库存物品要占用资金，发生库存维持费用，并存在库存积压而产生损失的可能。因此，既要利用库存加快企业物流各环节的快速实现，又要防止库存过量，占用大量不必要的库存资金。

1. 供应链库存面临的主要问题

1）供应链整体意识不强

供应链库存管理目标的实现需要各成员企业通力合作，共同努力。由于供应链成员企业都是独立的经济实体，都有自己的库存管理目标和相应的库存控制策略，有些目标和供应链的整体目标是不相干的，甚至是相冲突的。在这种情况下，很少有企业考虑到供应链整体的效能、服从供应链大局的，绝大部分企业都是从自己的利益出发，各自为政，甚至以牺牲其他成员的利益为代价，这就极大地阻碍了供应链整体库存管理水平的提高。

2)"牛鞭效应"增加了库存成本

供应链中的各节点企业一般只根据相邻节点企业的需求信息来确定自己的采购计划和库存并进行生产。在这种情况下,需求信息的不真实性就会沿着供应链逆流而上,产生逐级放大的现象,到达源头供应商时,其获得的需求信息和实际消费市场中的顾客需求信息发生了很大的偏差。受这种效应影响,在市场需求拉动下,为保证物料供应的准时,上一级供应商要比下一级供应商保持更多的库存量,以预防物料需求波动的影响。这就产生了"牛鞭效应",它增加了整个供应链的库存水平。

3)低效率的信息传递系统

有效的供应链库存管理,离不开需求预测、库存状态、生产计划等重要数据的准确、实时传递,而这些数据分散在供应链各成员企业之间,各企业总是为了自身的利益而自我封闭,并不能很好地将这些数据集成起来,进行快速传递、交流和共享,虽然企业之间也有一些信息交流,但这些交流的信息常常是延迟的或不准确的,这就影响了库存的精确度,企业不得不为了应付不测而设立较高的库存。

4)忽视不确定性对库存的影响

供应链运作中存在着许多不确定性因素,如物流供应时间延迟累计效应导致的交货期的不确定性、供应商过分追逐自身的利益导致的质量的不确定性、订货提前期、市场需求变化,等等。

5)缺乏合作与协调

供应链是由若干个节点企业组成的一个动态的开放系统,供应链的业绩好坏取决于各节点企业能否通力合作,相互协调,步调一致,供应链管理所需要的信息能否在供应链成员企业之间无缝地、流畅地传递。然而,如前所述,由于供应链各个节点企业都是独立的经济单位,都有自身独立的经济利益,加之供应链整体观念不强,各成员企业基本上都是各自为政,自己管理自己的库存,根据自己的利益实施相应的库存管理策略,彼此之间缺乏应有的合作、协调和沟通,即便有一些沟通,其信息的透明度也不高,为了应付不确定性,几乎每个成员企业都不得不维持一个较高的安全库存。

6)库存管理手段单一

大部分成员企业总是把目光盯向单一企业,采取的库存管理与控制措施并没有体现供应链的管理思想,更谈不上用时间序列分析法、指数平滑法、聚焦预测法、协同供应链管理等先进的预测手段和管理方法去加强库存管理与控制。因此,管理手段极其单一,库存水平居高不下。

2. 库存优化问题的分类

库存优化问题可以从以下几个角度进行分类。

1)单周期需求库存问题与多周期需求库存问题

单周期需求指仅仅发生在比较短的一段时间内或库存时间不可能太长的需求,又称一次性订货。实际中,圣诞树问题和报童问题都属于单周期需求问题。单周期需求出现在以下两种情况。

(1)偶尔发生的某种物品的需求,如由奥运会组委会发行的奥运会纪念章或新年贺卡。

(2)经常发生的生命周期短的物品的不确定量的需求。(如那些易腐物品(如鲜鱼)或其他生命周期短的易过时的商品(如日报和期刊)等。)

多周期库存则指足够长的时间内对某种物品的重复的、连续的需求，其库存需要不断地补充。与单周期需求比，多周期需求问题普遍得多。

对单周期需求物品的库存优化问题称为单周期需求库存问题，对多周期需求物品的库存优化问题称为多周期需求库存问题。

2）独立需求库存问题与相关需求库存问题

独立需求是指对一种物料的需求，在数量上和时间上与对其他物料的需求无关，只取决于市场和顾客的需求。相关需求也叫从属需求或非独立需求，它是指对一种物料的需求，在数量上和时间上直接依赖于对其他物料的需求。

独立需求最明显的特征是需求的对象和数量不确定，只能通过预测方法粗略地估计。例如，来自用户的对企业产品和服务的需求就是独立需求。而企业内部物料转化各环节之间所发生的需求则是相关需求，它可以根据对最终产品的独立需求准确地计算出来。例如，某汽车制造厂年产汽车30万辆，这是通过预测市场对该产品的独立需求来确定的。一旦30万辆汽车的生产任务确定之后，对构成该种汽车的零部件和原材料的数量和需要时间是可以通过计算精确地得到的。对零部件和原材料的需求就是相关需求。

对独立需求物品的库存优化问题称为独立需求库存问题，对相关需求物品的库存优化问题称为相关需求库存问题。

独立需求库存问题和相关需求库存问题是两类不同的库存问题。另外，相关需求和独立需求都是多周期需求，对于单周期需求，是不必考虑相关与独立的。企业里成品库存的控制问题属于独立需求库存问题，在制品库存和原材料库存控制问题属于相关需求库存问题。

### 6.4.2 供应链库存优化方法

**1. 库存补给基本策略**

独立需求库存控制大都采用的是订货点控制策略。订货点法库存补给策略很多，最基本的策略有以下4种。

1）连续性检查的固定订货量、固定订货点策略

连续性检查的固定订货量、固定订货点策略，即$(Q, R)$策划。$(Q, R)$策略的基本思想是对库存进行连续性检查，当库存降低到订货点水平$R$时，即发出一个订货，每次的订货量保持不变，都为固定值$Q$。该策略适用于需求量大、缺货费用较高、需求波动性很大的情形。

2）连续性检查的固定订货点、最大库存策略

连续性检查的固定订货点、最大库存策略，即$(R, S)$策略。$(R, S)$策略和$(Q, R)$策略类似，都是连续性检查类型的策略，也就是要随时检查库存状态。当发现库存降低到订货点水平$R$时，开始订货，订货后使最大库存保持不变，即为常量$S$，若发出订单时库存量为$I$，则其订货量即为$S-I$。该策略和$(Q, R)$策略的不同之处在于其订货量是按实际库存而定，因而订货量是可变的。

3）周期性检查策略

周期性检查策略，即$(t, S)$策略。$(t, S)$策略是每隔一定时期$t$检查一次库存，并发出一次订货，把现有库存补充到最大库存水平$S$，如果检查时库存量为$I$，则订货量为$S-I$。

如此周期性检查库存,不断补给。该策略不设订货点,只设固定检查周期和最大库存量。该策略适用于一些不很重要的或使用量不大的物资。

4) 综合库存策略

综合库存策略,即$(t,R,S)$策略。$(t,R,S)$策略是策略$(t,S)$和策略$(R,S)$的综合。这种补给策略有一个固定的检查周期$t$、最大库存量$S$、固定订货点水平$R$。当经过一定的检查周期$t$后,若库存低于订货点,则发出订货,否则,不订货。订货量的大小等于最大库存量减去检查时的库存量。如此周期进行下去,实现周期性库存补给。

阅读链接6-6

库存控制策略效果明显

> 从2007年下半年开始,广州市二轻研究所新采用的库存控制策略是"ABC库存分类管理法"和"定期观测库存控制模式"相结合的策略,即首先把原材料参照"ABC库存分类管理法"进行分类,然后按"定期观测库存控制模式"把每个品种设定目标库存量,当实际库存低于目标库存量时,ERP系统会自动发出报警信息,采购部门则结合生产部门提供的原材料采购计划和材料的分级,根据计算公式确定该原材料的订购量,合理进行采购,补充库存。采用这样的库存控制策略后,一定程度上降低了研究所的原材料库存量。使用周期在180天以上的原材料已由33%下降至28.6%,下降了4.4%;30~90天的下降至29.3%,下降了6.7%;30天以内的增加至19%,增幅是6.5%。可见实施新的库存控制策略半年时间对降低原材料库存,提高资金周转率已有一定成效,相信继续坚持实施该策略会取得更好的效果。
>
> (资料来源:周敏坚,胡挺. 优化库存管理对企业流动资金周转的影响[J]. 现代管理科学,2008(3).)

2. 供应链库存优化的方法

1) 实施业务流程再造

业务流程的有效衔接是供应链高效运作的基本要求。然而,由于各成员企业基本上都是站在自己的角度独立设计自己的业务流程,并未认真考虑到与其他企业的业务进行衔接,致使供应链业务运作存在着许多不合理的现象,具体表现为各环节协调效率不佳,信息流、物流、商流、资金流和服务流自成体系,互不支持,不能充分实现资源共享;各企业基于传统职能管理,面向权力分割,而不是面向市场和客户;未能建立起以客户为中心,以需求为导向的供应链体系等,所有这些严重制约着供应链的高效运作和经营效益,其结果必然会增加库存,削弱供应链的整体竞争优势。因此,需要基于业务流程和市场需求来整合企业的业务流程。除此之外,为了适应整合后的业务流程的需要,各成员企业还应对其组织结构进行调整,要将科层等级制度转变为扁平化组织结构或网络化组织结构,确保信息传递畅通无阻、不失真,以利于业务流程的高效运作。

2) 结成战略伙伴关系

在供应链管理下,库存不仅影响着某一节点企业的成本,而且也制约着供应链的综合成本、整体性能和竞争优势。因此,节点企业之间必须结成紧密的战略伙伴关系,要充分认识到库存管理不再仅仅是单个供应商、生产商的管理活动,不能再以各自为政、局部最优的思想指导其库存管理，而应该更多地从供应链伙伴关系的角度考虑其库存管理战略，大家要本着信息共享、利益均沾、风险分担的原则共同参与库存的管理活动，这样才能推动供应链库存管理思想和方法的进化，最终提高库存管理的效益。

3）建立信息共享平台

在供应链中，各个节点企业之间的需求预测、库存状态、生产计划等都是供应链库存管理的重要数据，这些数据分布在不同的供应链组织之间，供应链库存管理能否做到准确、合理，取决于这些信息能否准确、实时传递。然而，由于需求预测修正、价格波动、订货批量、环境变异、短缺博弈、库存失衡、缺少协作等因素的影响，这些信息在供应链中上传时，往往会出现层层加码的现象，导致信息的扭曲和失真，产生了致命的"牛鞭效应"。"牛鞭效应"会危害整个供应链的运作，导致总库存增加。因此，需要在成员企业之间增加信息的透明度，加强信息的沟通与共享。要建立一个信息沟通的渠道或系统，以保证需求信息在供应链中的畅通和准确性，提高整个供应链的需求信息的一致性、稳定性和供应链各方的协作效率，从而使所有的供应链成员步调一致，共同采取行动，实现库存的合理化。

4）加强需求协同预测

在以顾客为中心的市场经济时代，企业关注的焦点应由过去关注产品转移到关注顾客上来。顾客不仅是市场的核心，也是市场的主要驱动力。因此，加强市场需求预测，摸清顾客的需求和偏好，是优化库存的关键手段之一。通过需求预测，不但可以了解和把握市场的未来需求变化，还可以揭示和描述市场需求的变动趋势，勾画未来市场需求发展的轮廓，并能对市场需求发展可能出现的种种情况——有利的方面和不利的方面、成功的机会和失败的风险，进行全面的、系统的分析和预见，从而为制定库存战略提供依据，避免决策的片面性和局限性。

5）建立协调沟通机制

加强协调沟通是使供应链库存不断得到优化的重要保证，也是供应链成员企业加强深度合作、减少矛盾和分歧的有效方法。因此，供应链成员企业之间应建立协调沟通机制，定期交流情况，协调处理库存管理中存在的各种问题。由于协调沟通涉及合作各方及其各自的多个部门和人员，是一项十分复杂的工作。因此，在加强协调沟通时应注意把握好以下原则。

（1）及时性原则。要及时发现和解决合作各方之间出现的矛盾和问题，这样才能减少经营损失，提高库存管理水平。

（2）关键性原则。对要解决的问题，不能治标不治本，就事论事泛泛而谈，而要抓住关键性问题加以解决，使问题解决一个少一个，并防止同类问题重复发生。

（3）激励性原则。协调沟通要能调动各方的积极性，更好地发挥各自组织和员工的作用，同心协力地做好库存管理工作。因此，在加强协调沟通的过程中，必须建立起激励机制，使合作各方及其员工自觉站在供应链整体的高度，不断强化自己的正确行为，使其在实现供应链库存优化目标的同时实现自身的需要，增加其满意度，从而使其积极性和创造性继续保持和发扬下去。

总之，供应链优化的目标主要是实现供应链整体运作成本的最小化。为了获取最小化的成本，一个重要的方面就是供应链节点企业必须有效地管理供应链中的库存。合理减少库存对企业来说可以降低管理成本，提高资金的利用率。

## 本 章 小 结

供应链优化涉及供应链的各个环节,其中对采购、生产和库存环节的优化最为重要。本章主要介绍了采购的优化应遵循的采购流程,运用的采购策略,并介绍了采购外包的相关知识。对于供应链生产的优化主要着重在生产计划方面,本章主要介绍了供应链协同生产计划,根据协同生产计划的具体内容进行生产优化。在采购、供应、生产和销售的环节都会产生库存,既要利用库存实现企业物流,又要防止库存过量而占用大量不必要的库存资金。

通过本章的学习,在对供应链各个环节的具体内容加深了解的基础上,运用所学到的优化策略和优化方法,从采购、生产和库存方面对供应链进行优化,具有重要的实践价值,是供应链设计的重要组成部分。

### 关键术语

| 供应链优化 | 准时采购 | 电子商务采购 | 采购外包 |
| 总生产计划 | 协同生产 | 供应链库存优化 | 供应链库存优化 |

## 习 题

1. 选择题

(1) 供应链优化问题的核心原则是_____。

A. 分类管理　　B. 时间管理　　C. 最优化原则　　D. 成本最小原则

(2) 供应链采购与传统采购的根本区别在于_____。

A. 采购环节不同　　　　　　B. 信息沟通方式不同

C. 相互关系不同　　　　　　D. 送货方式不同

(3) 在决定外包的过程中,_____扮演非常重要的角色。

A. 外包项目的质量　　　　　B. 成本的降低

C. 双赢的结果　　　　　　　D. 核心竞争力的提升

(4) _____能够统一和协调企业间的长、中、近短期的计划,是供应链管理的核心。

A. 现代信息和通信技术　　　B. 高级计划与排产技术

C. 最优化生产　　　　　　　D. 过程标定(基准)

(5) 以下_____不是库存补给基本策略。

A. $(Q, R)$策略　　　　　　B. $(R, S)$策略

C. $(R, S)$策略　　　　　　D. $(Q, S)$策略

(6) 以下_____不是建立协调沟通机制所需注意的原则。

A. 互惠原则　　　　　　　　B. 关键性原则

C. 及时性原则　　　　　　　D. 激励性原则

2. 简答题

(1) 供应链优化问题的原则有哪些？
(2) 传统采购模式与供应链采购模式的区别是什么？
(3) 供应链外包优化的实施步骤是什么？
(4) 供应链环境下制订生产计划面临哪些问题？
(5) 供应链协同生产的管理策略包括哪些方面？
(6) 供应链库存优化的方法有哪些？

3. 判断题

(1) 供应链优化的目标就是追求效益的最大化。                                      (   )
(2) 供应链采购是一种基于需求的供应商主动型采购。                                (   )
(3) 电子商务采购是一种非常有前途的采购模式，它主要依赖于电子商务技术的发展和物流技术的提高，依赖于人们思想观念和管理理念的改变。                    (   )
(4) 敏捷供应链协同生产的生产调度主要包括合作伙伴任务调度、合作伙伴资源共享和资源调拨。                                                          (   )
(5) 独立需求库存问题和相关需求库存问题是两类不同的库存问题。另外，相关需求和独立需求都是单周期需求，是不必考虑相关与独立的。                      (   )
(6) 加强协调沟通是使供应链库存不断得到优化的重要保证，也是供应链成员企业加强深度合作、减少矛盾和分歧的有效方法。                              (   )

4. 思考题

(1) 面向供应链的生产组织计划模式是怎样实施的？
(2) 4 种库存补给基本策略分别适用哪些情况？请举例说明。

**案例分析**

### 优化供应链：宏图三胞、海尔、英迈组建联合经营体①

2008 年 11 月 24 日，宏图三胞、海尔电脑、英迈中国三家公司召开以"携手同创、共赢未来"为主题的"海尔－宏图三胞－英迈联合经营体成立暨战略合作签约仪式"，宣布三方成立联合经营体，同时还签署了一份 15 万台电脑阶段性经销协议。

三方高层领导对联合经营体的成立均给予了高度评价。领导认为，联合经营体体现了一种新的合作模式，它将颠覆厂商与渠道之间传统的合作方式，在"共赢"的目标下充分发挥各自的优势，即海尔电脑公司专注于产品研发与制造、英迈中国公司专注于物流与资金流管理、宏图三胞公司专注于销售与市场信息收集，各司其职，提高运转效率，优化供应链。

宏图三胞公司的执行总裁李晓将联合经营体称为铁钳供应链，"如果把海尔电脑、英迈中国分别比喻为一把'铁钳'的两个手柄的话，宏图三胞就是这把铁钳的钳口和利刃。我们与海尔电脑、英迈中国的合作是一种新型的合作模式。三方将进行全方位对接。其核心一是资源共享、利益共享；二是供应链各环节职能的细化。"

海尔计算机本部部长高以成也表示："联合经营体是海尔电脑实现 2008 年战略目标的有力保障。三

---

① 资料来源：云南物流师考试网．物流师案例分析．http://www.yh21job.com/wls/ShowArticle.asp? ArticleID = 13508.

方将作为一个整体，形成合力，在清晰角色定位和分工的基础上，加强互动，形成高效的一体化运营，以应对瞬息万变的市场竞争，从而达到三方共赢的目标。"

联合经营体是一个虚拟组织，由宏图三胞、海尔电脑、英迈中国公司三方共同派员管理，并采用项目运作与管理方式，即对它实行单独的销售考核标准与奖惩激励制度。借助联合经营体，三方将实现零部件采购、成品库存、物流、资金、营销、维修备件等管理的对接，并在行业发展趋势、消费动向、用户档案等方面实现信息共享。

宏图三胞公司副总裁花贵侃说："我们三方都有各自的信息管理平台，将来彼此开放，即我们可以到海尔电脑的订货系统里直接下单。"

这意味着宏图三胞公司除了能够为全国消费者提供价格优惠的海尔电脑外，还可以根据市场状况，参与海尔电脑的新产品研发，在产品性能、款式、配置等方面帮助海尔电脑更好地满足用户需求。

"我们力争在四个方面进行创新：供应链、体验销售、应用模式、专业服务。"花贵侃说。

另外，会上英迈中国与海尔电脑签下全球40万台电脑的分销协议。该协议总价值为2.5亿美元，既有台式电脑又有笔记本电脑。

据悉，该协议是不久前英迈国际总部与海尔集团首席执行官张瑞敏会晤的成果。当时，双方达到初步协议，英迈将帮助海尔电脑正式实施全球扩张，不仅把海尔电脑带给中国经销商，也带给其他国家的经销商。

英迈中国首席运营官张凡在会上表示："英迈在全球范围内拥有首屈一指的渠道资源，而海尔是最具国际知名度的中国品牌，双方建立长期、深入的合作关系是必然的结果，英迈希望通过自己的渠道资源优势，协助海尔电脑加快实现'走出去'的品牌发展战略。双方合作的目的是携手同创、共赢未来。"

据悉，会后针对即将到来的寒促，海尔电脑、宏图三胞、英迈中国公司共同制定了海尔电脑专项促销方案，并以此为试点，来"磨合"联合经营体的运营，争取让其达到最优状态。

**讨论题**

(1) 海尔电脑、宏图三胞以及英迈中国三家公司组建的联合经营体在供应链优化方面做了哪些努力？

(2) 相比组建之前，联合经营体的组建具有哪些优势？

# 第7章 集成化供应链管理

【本章教学要求】

| 知识要点 | 掌握程度 | 相关知识 | 应用方向 |
| --- | --- | --- | --- |
| 集成化供应链的基本概念 | 重点掌握 | 集成与供应链集成的含义；集成化供应链的定义 | 供应链集成管理的基本知识，重点掌握供应链的集成思想和基本原理 |
| 集成化供应链管理的基本特征 | 熟悉 | 复杂性、动态性、面向客户需求和交叉性是集成化供应链管理的4个基本特征 | |
| 集成化供应链的基本原理 | 重点掌握 | 资源横向集成原理、系统原理、多赢互惠原理、合作共享原理、需求驱动原理、快速响应原理 | |
| 集成化供应链战略联盟 | 熟悉 | 集成化供应链战略联盟的含义、形成和维系 | 在集成化供应链环境下，企业在战略联盟管理、信息管理、质量管理、风险控制等方面提出了新的要求，如何利用集成化供应链的优势，加强企业建设，避免集成化带来的风险，是每个企业必须关注的问题 |
| 集成化供应链信息管理 | 熟悉 | 信息技术在集成化供应链管理中的作用；目前有哪些信息技术及其应用；信息技术在集成化供应链中发展的趋势 | |

续表

| 知识要点 | 掌握程度 | 相关知识 | 应用方向 |
| --- | --- | --- | --- |
| 集成化供应链质量管理 | 了解 | 集成化供应链环境下质量管理的6个特点；全面质量管理的含义、要求和实现步骤 | |
| 集成化供应链风险管理 | 了解 | 集成化供应链环境下风险的含义、产生；集成化供应链风险的识别、评估及控制措施 | |
| 集成化供应链管理面临的问题 | 熟悉 | 了解当前企业在集成化过程中面临的主要问题 | 当前企业在集成化过程中，尚存在一些问题有待解决，按照集成化供应链管理的要求，企业要根据自身实际和发展阶段，分阶段逐步实现集成化 |
| 集成化供应链管理的实现 | 重点掌握 | 实现集成化供应链管理的5个阶段 | |

## 导入案例

### 耐克公司的全球集成化供应链管理战略[①]

包括耐克公司在内，世界各国的体育用品公司纷纷针对青年人设计出符合时尚潮流和个性特点的运动品牌产品，当然耐克公司一直走在行业的前列。耐克公司把市场上原来的普通运动系列转变为高质量、富有表现力的产品，就像高级女士服装那样，同时也给这些产品赋予了相应的标价。从技术层面上讲，耐克公司的产品都是处于领先地位，同时它用超级体育明星做广告并在青年一代中建立起自己的品牌形象。但是不管怎样，在全球网络中，物流与供应链管理是耐克公司的关键性战略。

从总部位于美国俄勒冈州的比美顿市开始，耐克公司逐渐成长为全球性的企业。其核心是它全球集成化的业务流程：采用最先进的研发能力，并在全球范围内寻求低成本制造的策略，同时利用全球化的分销系统针对世界不同地区的客户定制符合当地销售习惯的高质量产品。例如，它的"Air Max Penny"篮球鞋，在俄勒冈州和田纳西州设计，并由美国和亚洲的技术工程师在俄勒冈州、韩国共同开发，鞋的制造分为很多类，男士尺码是在韩国制造，孩子尺码则是在印度尼西亚制造，其中的52个组成部分分别是由日本、韩国、印度尼西亚以及美国供应。在这样的复杂产品生产过程中，意味着每双鞋都要有超过120双手为其生产。

将耐克公司全球几百个部门有效组织起来的是其系统集成能力。公司的众多行为通过信息系统调控，同时公司的物流系统也能按时高效的将各部分组合到一起，包括管理各个系统并完成将这些商品转送到世界各地。并且这两者还要有足够的灵活性应付不间断的产品、原材料、技术等的革新过程，这也使得公司每年都能够向市场推出超过300双新设计的鞋。当然，这其中的风险就是如果销售预测不准确，将会为创新带来比较高的库存。

---

① 资料来源：张晓东，韩伯领. 供应链管理原理与应用[M]. 北京：中国铁道出版社，2008.

## 供应链设计理论与方法

在美国和欧洲,耐克公司的产品配送基本由第三方物流公司负责,同时这些第三方企业也与公司的销售与客户服务支持系统进行信息交换。通过与耐克公司的信息交换,物流承包企业可以很好的做出决策,分出产品配送的优先层次并实施有效的成本管理。同时,公司还能够根据物流公司的信息和决策,为其提供下一步的产品策略和发展方向。例如,若青年人对公司设计的运动鞋感到厌烦或没有吸引力时,公司还可以依靠其在运动器材、衣服、表、眼镜等方面的产品扩大销售量。当供应链成为全球性的时候,产品的信息集成和信息共享能力也就成为商业成功或失败的一个关键性的因素。

**讨论题**
(1) 耐克公司在全球化竞争中成功的秘诀是什么?
(2) 信息技术在集成化供应链管理中扮演的角色是什么?
(3) 如何看待耐克公司的每双鞋由超过120双手完成的?在其管理系统中是如何实现的?

集成化供应链是供应链发展的新的阶段。随着信息技术、柔性制造、智能管理等新技术、新方法的不断发展,集成化供应链的管理正逐渐被社会和企业所重视。本章介绍集成化供应链管理的基本概念和有关知识,包括战略联盟、信息技术、质量管理、风险管理等内容。

## 7.1 集成化供应链管理的基础理论

供应链理论与方法的应用,已经逐渐改变企业的发展和运营模式,不再简单地追求"大"而"全"的传统发展理念,而是立足于企业核心竞争能力,充分发挥社会的整体资源优势,以最低的成本、最佳的质量、最好的服务满足客户的需求。集成化供应链管理的思想就是在这种背景下被提出并逐步被越来越多的企业接受和认可。

随着信息技术、网络技术的广泛应用,集成化供应链管理已经迅速从理想变成现实。集成化供应链是把企业内部以及节点企业之间的各种业务看作一个整体功能,形成集成化的供应链管理体系。通过现代信息、制造、管理技术,将与企业相关联的人员、资金、物料、产品、服务、技术、管理等有形要素和无形要素有机地集成起来,系统考虑,统筹安排,全过程控制,以适应在新的竞争环境下客户对供应链全过程提出的高质量、高柔性、高度满意和低成本的全方位要求。

**阅读链接**

### 集成化供应链管理概念的引入

集成化供应链(Intergrated Supply Chain,ISC)的概念是由美国麻省理工学院的福瑞斯特(J. W. Forrester)教授首先提出的。1961年,他发表了经典著作《工业动力学》(Industrial Dynamics),在该书中他为分析生产管理及库存管理等企业问题而提出了系统仿真方法,集成化供应链管理的思想是在这种情况下产生的。随后,系统动力学应用范围日益扩大,几乎遍及各个领域,逐渐形成了比较成熟的新学科——系统动力学。系统动力学是一门分析研究信息反馈系统的学科,也是一门认识系统问题和解决系统问题的交叉综合学科。从系统方法论来说,系统动力学是结构的方法、功能的方法和历史的方法的统一。它基于系统论,吸收了控制论、信息论的精髓,是一门综合自然科学和社会科学的横向学科。

(资料来源:范伟博,Peter Everaert. 竞争新武器:集成化供应链. 百度文库,2009.)

## 7.1.1 集成化供应链的概念

供应链是由实现各种功能的实体企业组成的网络,其职能在于从供应商获取原材料,由制造商加工产成品和半成品,并经过物流公司运送到分销商手中,再通过零售系统把产品传送到顾客。供应链的发展过程是一个不断集成的过程,中间通过节点企业不断实现产品价值的增值。该集成过程大致经历了 5 个阶段,即初始阶段、功能集成阶段、内部集成阶段、外部集成阶段和集成化供应链动态联盟阶段。前 3 个阶段主要限于企业内部的一体化过程,并没有体现出供应链集成的特征——跨组织一体化,真正意义上的供应链集成主要发生在第 4、5 个阶段。

什么是供应链的集成?根据 Webster 大词典的定义,集成是指"把部分组合成一个整体"。具体到一个企业,就是指组织中的每一个部门都有权使用与其任务有关的信息,能够预测其行为将会对其他部门产生的影响,因而可以选择适当的方案,使组织目标最大化。将这个概念拓展开来,即可得到供应链集成的概念:成员企业通过信息的协调和共享,紧密合作,从而优化供应链的整体绩效。

集成化供应链是供应链集成管理的更高阶段,即通过供应链各节点企业,如原料供应、生产、销售等各环节,在战略、信息、资金、产品、物流、质量等方面的系统集成,实现供应链成本最低、效率最高、产品质量最佳、顾客满意度最好的目的。

## 7.1.2 集成化供应链的基本特征

集成化供应链是供应链发展的新阶段,与一般供应链相比,也有其明显的特征。

1. 结构更加复杂性

因为集成化供应链节点企业组成的跨度(层次)不同,集成化供应链往往由多个、多类型甚至不同行业的企业构成,所以,集成化供应链结构比单一供应链的结构更为复杂。

2. 成本更加低廉

集成化供应链从全局角度考虑社会总成本,并不局限于生产的某一单一环节或企业,而且更加追求长期目标,避免个别企业的短视行为。在一般供应链中,不同的企业会因为所处供应链的不同阶段,以及竞争对手或合作伙伴的不同,而经常改变竞争策略,造成供应链不稳定,供应链内的企业会因为彼此间的竞争关系而被淘汰或替换。集成化供应链更注重整体的平衡,更关注联盟所有企业的成本和利润水平,在保证整体成本最低的情况下,实现供应链内各成员企业的有序发展。

3. 追求全局效率

集成化供应链成员企业间有统一的信息、技术、管理平台。在集成化供应链内部,信息是共享的,成员企业都能够通过统一的平台获取产品生产、运输、采购及客房的相关信息,从而能够保证集成化供应链成员企业间效率优先,资源共享。

4. 集约社会资源

从某一集成化供应链来说,必然能够使该供应链成本最低、效率最高的企业占有最大的优势,同时,集成化供应链也能够提供给成员企业最优质的资源去组织生产,参与竞争。因此，集成化供应链能够真正体现集约社会资源的能力。

5. 强度技术及标准通用性

一般情况下，供应链成员企业关注的是企业自身的技术能力与创新能力，经常以自身技术的专有性设置行业壁垒，防止其他企业进入。然而集成化供应链更强调技术及标准的通用性，即使不能通用，在不同企业间，或者上下游企业也要能够设立技术统一接口，保证集成化供应链企业在产品、生产过程、技术及信息方面能够自由流动，实现无缝对接。

## 7.2 集成化供应链管理的基本原理

### 7.2.1 资源横向集成原理

资源横向集成原理揭示的是新经济形势下的一种管理思维。该原理认为，在经济全球化迅速发展的今天，企业仅靠原有的管理模式和自己有限的资源，已经不能满足快速变化的市场对企业所提出的要求。企业必须放弃传统的基于纵向思维的管理模式，朝着新型的基于横向思维的管理模式转变。企业必须横向集成外部相关企业的资源，形成"强强联合，优势互补"的战略联盟，结成利益共同体去参与市场竞争，以实现提高服务质量的同时降低成本，在快速响应顾客需求的同时给予顾客更多选择的机会。

不同的思维方式对应着不同的管理模式及企业发展战略。纵向思维对应的是"纵向一体化"的管理模式，企业的发展战略是纵向扩展；横向思维对应的是"横向一体化"的管理模式，企业的发展战略是横向联盟。该原理强调的是优势资源的横向集成，即供应链各节点企业均以其能够产生竞争优势的资源来参与供应链的资源集成，在供应链中以其优势业务的完成来参与供应链的整体运作。

该原理是供应链集成管理最基本的原理之一，表明了人们在思维方式上所发生的重大转变。

### 7.2.2 系统集成原理

系统集成原理认为，供应链是一个系统，是由相互作用、相互依赖的若干组成部分结合而成的具有特定功能的有机整体。供应链是围绕核心企业，通过对信息流、物流、资金流的控制，把供应商、制造商、分销商、零售商直到最终用户连成一个整体的功能网链结构模式。

供应链系统具有以下特征。

（1）在其整体功能上，这一整体功能是组成供应链的任一成员企业都不具有的特定功能，是供应链合作伙伴间的功能集成，而不是简单叠加。供应链系统的整体功能集中表现在供应链的综合竞争能力上，这种综合竞争能力是任何一个单独的供应链成员企业都不具有的。

（2）在供应链系统的目的性上，供应链系统有着明确的目的，这就是在复杂多变的竞争环境下，以最低的成本、最快的速度、最好的质量为用户提供最满意的产品和服务，通过不断提高用户的满意度来赢得市场。这一目的也是供应链各成员企业的共同目的。

(3) 在供应链合作伙伴上,这种关系是基于共同利益的合作伙伴关系,供应链系统目的的实现,受益的不只是一家企业,而是一个企业群体。因此,各成员企业均具有局部利益服从整体利益的系统观念。

(4) 在供应链系统的环境适应性上,企业当今所面对的是一个迅速变化的买方市场,要求企业能对不断变化的市场作出快速反应,不断开发出符合用户需求的、定制的"个体化产品"去占领市场以赢得竞争。集成化供应链(有别于传统的局部供应链)就是为了适应这一新的竞争环境而产生的。

(5) 在供应链系统的层次性上,供应链各成员企业分别都是一个系统,同时也是供应链系统的组成部分。供应链是一个系统,同时也是它所从属的更大系统的组成部分。从系统层次性的角度来理解,相对于传统的基于单个企业的管理模式而言,供应链管理是一种针对更大系统(企业群)的管理模式。

### 7.2.3 多赢互惠原理

多赢互惠原理认为,供应链是相关企业为了适应新的竞争环境而组成的一个利益共同体,其密切合作是建立在共同利益基础之上的,供应链各成员企业之间是通过一种协商机制,来谋求一种多赢互惠的目标。供应链管理改变了企业的竞争方式,将企业之间的竞争转变为供应链之间的竞争,强调核心企业通过与供应链中的上下游企业之间建立战略伙伴关系,以强强联合的方式,使每个企业都发挥各自的优势,在价值增值链中达到多赢互惠的效果。

供应链管理在许多方面都体现了多赢互惠的思想。例如,供应链中的"需求放大效应"使得上游企业所获得的需求信息与实际消费市场中的顾客需求信息存在很大的偏差,上游企业不得不维持比下游企业更高的库存水平。需求放大效应是需求信息扭曲的结果,供应链企业之间的高库存现象会给供应链的系统运作带来许多问题,不符合供应链系统整体最优的原则。为了解决这一问题,一种新的供应链库存管理方法——供应商管理库存,这种库存管理策略打破了传统的各自为政的库存管理模式,体现了供应链的集成化管理思想,其结果是降低了供应链整体的库存成本,提高了供应链的整体效益,实现了供应链合作企业间的多赢互惠。

### 7.2.4 信息共享原理

信息共享是实现集成化供应链管理的基础,准确可靠的信息可以帮助企业作出正确的决策。供应链的协调运行建立在各个节点企业高质量的信息传递与共享的基础之上,信息技术的应用有效地推动了供应链管理的发展,它可以节省时间和提高企业信息交换的准确性,减少了在复杂、重复工作中的人为错误,因而减少了由于失误而导致的时间浪费和经济损失,提高了 SCM 的运行效率。共享信息的增加对 SCM 是非常重要的。由于可以做到共享信息,供应链中任何节点的企业都能及时地掌握到市场的需求信息和整个供应链的运行情况,每个环节的物流信息都能透明地与其他环节进行交流与共享,从而避免了需求信息的失真现象,消除了需求信息的扭曲放大效应。

此外,集成化供应链根据发展目标或关注点的不同还有客户需求原理、同步运作原理、动态重构原理等,有兴趣的读者可以参看集成化供应链管理其他方面的资料。

## 7.3 集成化供应链管理的内容

集成化供应链管理的核心思想是优化供应链企业间的资源配置，最大限度地降低生产和运营成本，优质高效地满足用户需求。因此，集成化供应链管理的内容就是围绕如何降低供应链的整体成本，如何实现供应链高效运作，如何实现供应链质量控制，如何防范供应链的风险等一些方面进行。

在集成化供应链管理中，战略联盟作为供应链集成的战略要求，是整个系统的最终实现形式；信息作为供应链管理的基础和重要资源，已经成为当前集成度最高也是发展速度最快的技术；质量管理是作为整个集成化供应链的保证体系，必须加以引导和重视；供应链成员企业的任何冲突、失误或决策失败，都可能影响到其他企业，如何在庞大的集成化供应链体系里有效控制，降低风险，是所有成员企业共同关心的话题。此外，当前集成化供应链管理在物流方面的应用越来越广泛，尤其在第三方物流上，被越来越多的企业所接受。

### 7.3.1 集成化供应链战略联盟

战略联盟是风险共担、收益共享的多个企业的一种长期合作关系。集成化供应链环境下的企业战略联盟有助于增加产品的价值，优化营销体系，增强技术实力，最大化资金流通能力，促进各成员企业的战略成长，符合集成化供应链资源整合和多赢互惠原理。集成化供应链的管理同时也要求整体系统成本最低、效率最高、功能最全、效益最好。因此，实现供应链系统下不同企业间的战略联盟，就显得尤为重要。

战略联盟能够加强供应链成员企业间的战略能力和运营能力，取得各方共同的持久利益，这种关系主要包括协调双方目标、削减总成本、改善质量和缩短周期、增强整体竞争优势。只有能够为彼此带来明显的价值改善时，这种战略联盟关系才能维持下去。成功的战略联盟要求极高水平的合作、信任、信息共享和标准化，要求高级管理层能够充分把握合作的机遇。

1. 战略联盟的形成

战略联盟的形成包括以下 4 个阶段，如图 7.1 所示。

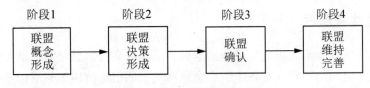

图 7.1　战略联盟的形成阶段

1) 阶段 1：联盟概念形成

供应链成员企业应该认识到协作方式对企业的战略发展具有吸引力，并为现有方式提供一个潜在的替代方式。这一阶段应该形成重要的合作计划以决定究竟"理想战略联盟"是什么，然后决定哪种类型的联盟更可能实现。

2) 阶段 2：联盟决策形成

联盟决策已经形成，供应链成员企业形成选择联盟伙伴的战略层面和运营层面的构想。

3）阶段3：联盟确认

这里的重点是有关战略伙伴的选择和确认。管理人员通过与联盟伙伴举行合作会议，签署合作协议，完成彼此间的合作意图。联盟确认过程中一定要明确合作方共同的战略愿景和合作目标。

4）阶段4：联盟维持完善

要进行不断监控，评价合作绩效，以决定是否应维持、修改或终止联盟，必须形成反馈机制。如果发生争端，供应链成员企业需要不同类型的争端解决机制。

2. 制约战略联盟形成的因素

形成战略联盟受以下3个因素的限制。

1）信任

缺少财务、产品和流程信息等方面的信任是无法形成战略联盟的主要原因。信任是一个值得共同关注的问题，缺乏信任的原因至少有以下3种：不愿意与同样向其竞争对手销售的供应商共享关键信息，也有可能供应商就是一个直接的竞争对手，或者将来可能是一个竞争对手。每一方都认为提供或共享信息的弊大于利。

2）联盟企业的规模与实力

战略联盟可能并不对所有成员企业都有利。一家供应商在某些关系中拥有杠杆作用和影响力，尤其当其处于寡头或垄断行业地位时。在这种情况下，由于成员企业间规模与实力地位相差悬殊，就有可能造成联盟内部企业间的利益失衡。

3）战略联盟企业的管理模式

传统的管理模式一般不适用集成化供应链联盟企业间的管理模式，而企业从一种管理模式向另一种管理模式转变并非易事，每个企业都有保持自身企业习惯和文化的惯性，企业越大，成立时间越久远，这种惯性就越大。拒绝变革的强大阻力需要时间、耐心和培训才能克服。

3. 集成化供应链战略联盟的维系

能否保持更高的信任度，进行更多的沟通和信息共享，与联盟是否令人满意有很大关系。合作发展和持续改进是联盟成功的关键。企业必须密切注意那些将影响合作关系成功的因素。

1）高层管理的支持

高层管理的支持是成功建立合作关系的最核心问题。一个组织的高层管理者把与其有交往的另一个组织当作合作伙伴，是联盟的开始。这种认识表达出一种信息：建立联盟对企业是有战略重要性的，有理由引起高层管理者的重视。高层管理者还有能力指定支持建立战略协议所需要的资源。人员、信息和资金对于这一过程都很重要，没有资源的支持，合作关系的成功机会大大降低。

2）选择合适的联盟伙伴

建立和管理战略联盟的工作量非常大，转换成本也非常高。因此，选择一个合适的联盟伙伴是战略联盟重要的决策。通常确定一个候选者要耗费大量的时间，绩效管理系统有助于从现有的合作伙伴中剔除绩效较差的候选者。另外，对有潜力的合作伙伴进行大量的实地考察、或对现有合作伙伴进行进一步了解，也是选择过程的重要部分。

3）建立信任，广泛沟通与信息共享

研究表明，信任是联盟关系成功的前提。信任是个无形的概念，它是指相信联盟伙伴的品质、能力、优势和诚实。如果联盟关系双方都在加深彼此间的信任，就会增加成功的可能性。

4）目标一致，不断关注双赢机会

目标一致非常重要，它暗示合作伙伴为建立目标花费了时间和精力，有了可操作的目标，更增加了成功的可能性；它意味着双方都在努力满足对方的需要和要求，如果目标不一致，双方不可能就联盟关系的价值达成一致。

5）建立联盟与伙伴关系支持体系

通过一个或更多的正式签订的文件来指导双方关系。该文件可能是一项长期协议，这些协议强调了各种各样的非价格问题，包括绩效改进要求、冲突解决机制、具体资产关系的指定、促使彼此进一步投资联盟战略的激励机制等。

## 7.3.2 集成化供应链信息管理

集成化供应链是一个多环节（多系统）交织在一起的复杂关系结构，实物产品或服务是各子系统的运行载体，通过运行载体将各子系统衔接起来。供应链系统的相互衔接是通过信息沟通的，基本资源的调度也是通过信息传递的，供应链的任何活动必须以信息为基础，一刻也离不开信息，若使供应链体系正常运行，必须保证供应链信息的畅通无阻。

供应链信息是指供应链中有关的知识、资料、图像、数据、文件的总称，是决定生产、存货、订货、运输、销售等要素的决策基础。供应链信息技术是指收集、处理、存储、传输和集成信息的技术。供应链信息系统是一个由人和计算机组成的，应用信息技术，能进行信息收集、传递、加工、保存、维护和使用的系统。

集成化供应链信息管理就是从集成化角度出发，对供应链有关信息进行集成、传输、共享、监控和管理的全过程。信息技术的应用改进并强化了企业物流、资金流及信息流的集成管理，对企业固有经营思想和管理模式产生了强烈冲击，带来了根本性的革命。在集成化供应链环境下，信息管理显得尤为重要。

1. 信息技术在集成化供应链管理中的作用

1）信息技术是集成化供应链日常运作的基础

集成化供应链管理中涉及的业务衔接、采购与存货管理、运输计划等，没有信息技术作支撑是不可能实现的。几乎所有的集成化供应链管理方法都充分利用了信息技术，信息技术为集成化供应链管理思想的产生和实践提供了保障。目前应用广泛的快速反应、有效客户反应、高效补货等供应链管理方法，都是各种信息技术的应用，尤其是条码技术，射频识别技术、EDI技术等信息技术的应用。

2）信息技术对集成化供应链起到支撑作用

信息技术是集成化供应链管理的支持和保障。传统的组织已不适应供应链管理的要求，必须建立以流程为基础的供应链组织，才能实现有效的集成化供应链管理，而以流程为基础的组织的建立，不论是虚拟企业、动态联盟、还是知识网络，都需要信息技术的强大支持。

3) 信息技术有效促进供应链系统的集成

供应链管理强调将企业内外的资源进行集成。在不断变化的关系模式中，集成过程使企业彼此之间，以及与顾客、与顾客的顾客、与供应商的供应商进行协同运作。集成的过程是资源整合的过程，把想象和知识连接成网络，以使可以对具体的机会采取决定性的行动。因此，集成的实现离不开信息的支持，信息技术的应用实现了资源集成，促进了供应链集成。

4) 信息技术是实现集成化供应链战略协同的关键

集成化供应链管理强调信息共享。在过去，业务环境中的信息受到信息处理速度的限制，数据的采集、处理、存储和传递速度十分缓慢，无法建立一个共享数据库，易造成供应链成员之间信息失真，弊端明显。以分布式开放系统为基础的共享数据库信息，不仅在供应链内部，而且在多个供应链中均可实现共享，业务数据不仅对顾客和供应商透明，对顾客的顾客、供应商的供应商也能够做到选择性的透明。只要供应链中贸易伙伴借助信息技术密切合作，就可以有效解决由信息失真引起的"牛鞭效应"。这些进步无疑依赖于当前飞速发展的信息技术。

2. 供应链中信息技术的分类

供应链中的信息技术按照其对信息的操作方式可分为供应链信息编码标识与采集技术、供应链信息传输技术、供应链信息存储技术、供应链信息集成技术等。

1) 供应链信息编码标识及采集技术

信息编码技术可分为信息分类编码与标识代码两类。信息分类编码就是将具有某种共同属性或特征的信息合并在一起，把不具有上述共性的信息区别开来，在此基础上，赋予信息某种符号体系，用代码加以表示。标识代码是对编码对象不进行事先分类，而对不同的对象分配不同的、唯一的号码即可。

供应链信息编码标识包含两部分内容，即对于供应链业务活动产生的各种有用信息的编码表示和识别采集。准确、可靠、合理的编码是物资在流动过程中得到有效监控和处理的关键环节，遵循标准化的编码标识方式有利于供应链信息的采集、存储、传输和处理，实现生产管理的优化。随着计算机软硬件技术的不断进步和自动识别采集数据技术的发展，供应链信息的自动采集和安全、可靠、快速的传输已经基本实现，并被成员企业广泛采用，成为供应链成员开展业务、提高竞争力、实现企业经营效益所需要的重要技术之一。

2) 供应链信息传输技术

信息传输技术是通信技术与计算机网络技术相结合的产物，是实现信息共享和信息交换的重要手段与方式。随着信息社会的来临和计算机技术的迅速发展，特别是高速计算、大容量存储、分布式处理等技术的发展，对信息传输技术提出了更高要求，极大地促进了网络与通讯技术特别是数字数据通信技术的发展。集成化供应链需要信息传输技术的支持，没有信息传输技术的发展，就不会有集成化供应链。信息传输技术具体包括国际互联网、企业内联网、企业外联网、全球卫星定位技术、地理信息技术、蓝牙技术、无线局域网技术、红外数据传输技术等。

3) 供应链信息存储技术

企业的组织者应当重视并参与企业的信息资源管理与实践，并应用信息存储技术实现对企业数据资源的管理、组织和利用。目前国内供应链的运行还没有达到预期效果，其中一个原因是信息资源没有充分地为供应链服务。电子商务虽然是解决信息流、商流、资金流的有效途径，但它不能将基本的业务数据转换成知识，成为处理业务规则中的决策。因此，大量的、杂乱的数据堆积到供应链成员内部，传统的联机事务处理系统（如MIS、OAS等）也只擅长处理面向事务层的操作型数据。可见，目前的信息供应链仅实现了数据传输功能（由于数据集成度低，传输效率并不高），信息存储及技术应用的缺乏使得信息供应链中积累的大量历史数据并未被充分利用和开发。目前主要的信息存储技术有数据库技术、数据仓库、数据挖掘技术。

4）供应链信息集成技术

供应链信息集成技术目前主要是基于EDI和可扩展标识语言两个方面。EDI将企业的业务规则包含在固定事务中，其数据交换过程无需人工介入，而由计算机系统自动处理；而可扩展标识语言技术则凭借其优秀的开放性、可扩展性、自描述性及平台无关性等特性，适应了供应链条件下企业多变性以及业务规则灵活性的要求，更好地解决了供应链条件下不同系统之间数据格式的交换问题，达到供应链信息的良好集成。

3. 集成化供应链中信息技术应用发展的趋势

集成化供应链是在供应链发展的基础上逐步集成的过程。同样，供应链中信息系统的应用也随着供应链发展的要求、市场的变化及信息技术的不断发展而变化。只有把握住这些发展趋势，才能推进信息系统在集成化供应链中更好地应用，提高供应链的敏捷性，降低运营成本，实现供应链的协同发展和整体利润最大化。

1）信息系统标准化水平不断提高

标准是集成化供应链上下游之间交流的共同语言，相互间共同标准的制定有利于提高系统实施的可行性，打破供应链各个环节之间的壁垒，扩展信息技术集成并在供应链中广泛应用。

2）信息集成技术在集成化供应链中将得到更广泛的应用

未来信息系统将充分利用EDI和可扩展标识语言技术，建立统一数据交互平台；自动化仓库管理技术、货物追踪技术、智能标签技术、射频技术的出现和全球卫星定位技术、地理信息技术、互联网技术的广泛应用加强了信息的共享并加快信息的流动，提高信息的交互率；各种基于网络和Web服务的信息系统的建立，以及各种架构平台的应用，是实现各种信息系统分布式应用的基础；人工智能、神经网络和系统动力学等智能技术，将为开发供应链高度智能信息系统提供支持；数据仓库和数据挖掘技术的应用，对提倡个性化服务，有效衡量和挖掘客户价值有着不可估量的作用；物联网、云计算的出现，更为信息及供应链的集成提供了现实可能。

3）集成化供应链信息系统综合集成和智能化程度不断提高

一方面，随着信息集成和信息共享的程度不断加大，仅用于单一部门拥有单一功能的传统信息系统、ERP、SCM，以及各类高层次的供应链战略管理系统将不断的集成和整合，使得供应链信息系统的综合性和集成性得到大大加强；另一方面，各个信息系统将进一步利用信息技术日益强大的功能，实现更复杂的信息分析和处理功能，逐步向自动化和智能化方向发展。

4）供应链信息系统应用的范围不断扩大

供应链中信息系统的应用范围将不断扩展。在ERP和SCM中，无论是水平方向还是垂直方向，其都是动态发展的。在水平方向，其具备延伸整个企业甚至更广的趋势。在垂直方向上，ERP 和 SCM 将覆盖了企业的所有运营活动，同时也向更高的战略规划层次拓展。

### 7.3.3 集成化供应链质量管理

在集成化供应链环境下，产品质量是由供应链中所有的成员企业共同保证的。因此，质量管理模式已由单一企业管理模式转变为联盟内企业协同质量管理模式，管理职能从企业内部质量管理扩展到企业间质量管理，产品或服务的质量将取决于构成供应链的所有企业的质量管理与控制水平。

集成化供应链环境下产品与服务的质量保证比单一企业内产品质量保证困难得多，质量问题的出现将使整个供应链系统产生异常波动，过程复杂，影响周期长，调整成本高。因此，在集成化供应链的质量管理中，为将质量问题消除在问题出现之前，确保系统稳定运行，研究集成化供应链管理模式下的质量管理就显得尤为重要。

1. 集成化供应链环境下质量管理的特点

随着一体化经济的形成，过去的纵向一体化已经逐渐被横向一体化所取代，企业之间的合作正日益加强，企业之间跨地区甚至跨国合作的趋势日益明显。在这些合作生产的过程中，大量的物资和信息在很广的地域间转移、储存和交换。因此，有必要对集成化供应链环境下企业的原材料、零部件和最终产品的供应、物流和销售系统进行总体规划，协调、控制和优化系统内所有的企业，以及对生产出来的产品和服务质量提出统一要求，从而减少质量缺陷，降低重构及维护成本，提高企业效益。今后单一产品或服务的竞争已经转变为企业间的竞争与合作，以及供应链与供应链之间的竞争与合作。

集成化供应链环境下质量管理与企业内部质量管理相比具有以下新特点。

1）质量过程的系统化管理

20 世纪初，泰勒的"科学分工"使得产品质量的形成过程分散于企业范围内的各个职能部门中。20 世纪末，这些质量职能开始跨越企业边界，扩展到了管理独立、地理分散的供应链各成员企业中。由于各成员企业技术规范、组织结构、管理方式以及文化的不同，各成员企业在同一供应链下的质量监控变得非常重要。对企业间的过程接口、信息接口和协调机制都提出了新要求，需要供应链间工作流程系统的支持，以实现复杂的过程控制。

2）跨企业的质量协同与合作

现代质量理论认为，设计过程是产品质量形成的最重要环节。产品制造、物流和使用过程中存在的质量问题，与产品设计有很大的关系。产品设计除了要满足最终顾客的需求外，还需要充分考虑其他过程的限制与要求。这就要求设计部门与相关职能部门（或供应商）进行广泛交流与协调。然而，供应链环境下质量职能分散在多个成员企业的特点，从空间和时间上限制了交流与协调活动的开展。因此，具有一个跨时空的协同工作环境是必须的。集成化供应链就是要求各成员企业在统一质量的要求下，成员企业间实现充分的协同与合作。

3）全面质量管理（Total Quality Management，TQM）扩展到整个供应链上

传统的企业组织结构是金字塔形的，通常可分为决策层、管理层和运作层。决策层制定企业发展战略，管理层制定战略实施计划和分配任务，运作层负责完成任务，同层部门

之间联系与交流较少。现代企业管理理论强调通过组织结构扁平化提高运作效率，并通过交叉职能增加交流与协调。在集成化供应链环境下，这种职能交叉跨越了企业边界。基于传统企业结构的 TQM 本质上是垂直的，基于职能交叉和扁平组织结构的 TQM，可看作是水平的或者扩展的。垂直 TQM 的主要特征是命令、控制、检查、封闭；水平 TQM 的主要特征是平等、协同、交流、开放。

4) 协同与信任

集成化供应链成员企业是主权独立的实体，相互之间没有隶属关系。同时，成员企业之间的关系已超越了单纯的物料供应关系，而成为一种共赢的合作伙伴关系。由过去的敌对、欺诈、控制和封闭，转变为平等、信任、开放和合作。成员之间需要共享质量信息、质量经验和质量知识。

5) 共同的战略与文化

单一供应链各成员企业间的战略目标或企业文化通常是不一致的。例如，一些成员以用户满意作为方针；另一些成员则可能注重成本。由于目标的不同，可能使各企业制订的计划相互冲突。在集成化供应链中，所有成员企业自身的命运与整个供应链的成败息息相关。只有所有成员企业向着既定目标共同努力，实现供应链在质量、价值和时间方面的最优，才能在供应链竞争中立于不败之地。顾客是供应链存在和发展的基础，供应链的所有成员企业都应把满足最终顾客的需求作为终极目标，并以此作为企业战略计划的指导原则。同时，在整个供应链内应培育一种注重交流合作和持续改进的质量文化。

2. 集成化供应链全面质量管理

TQM 的方法可以被用来测量集成化供应链管理的绩效、确认供应链中非增值的过程和活动，提高集成化供应链的管理效率，增加集成化供应链环境下成员企业的效益。

1) TQM 的含义

TQM 是一门管理哲学，主要关注的焦点是顾客满意。它鼓励降低成本、持续改进、提供高质量的产品或服务、让顾客满意、向员工授权、开展绩效考核。持续改进和员工授权是取得顾客满意的主要途径。

TQM 的定义可能千差万别，但其包含的内容和含义是明确的。在理解 TQM 的概念时，应明确以下几点。

(1) 质量管理的目的是充分满足需求，其中最重要的是顾客的需求(包括内部和外部顾客)。因此，必须利用现代化的信息手段和与顾客的接触面，进行充分的调查研究，让组织的全体成员清楚地了解顾客明确和隐含的需求，并将这些需求转化为与企业工作过程相联系的质量标准或目标。

(2) 要广义地理解 TQM 中"全面"的含义。这里的"全面"是相对于生产过程的统计质量控制而言的。要满足顾客的需求，单靠统计方法控制生产过程是不够的，还必须掌握质量管理的思想观点和理论方法，注重人本管理，从企业文化到组织、体系的建立，从资源的优化到经营成果的评价，从不同合作伙伴到整条供应链，以及供应链之间，都必须注重一系列的组织协调工作。"全面"也是相对于生产过程而言的，TQM 不仅仅是对生产过程的管理和控制，还包括对经营活动和管理决策的过程与控制。

(3) 质量应当是"最经济的水平"与"充分满足顾客需求"的统一。企业质量管理的最终目的是提高产品或服务质量和工作质量，满足社会和用户的需求。而不应是为了眼前的利益而损害顾客和社会的利益。同时，企业还必须从长远发展的战略角度考虑问题，合理有效地配置和使用资源，综合考虑数量、成本和价格等因素，控制成本，讲究经济效益。

2）TQM 的实现步骤

在集成化供应链中，若具体实施 TQM，可遵循五步法进行。这五步分别是决策、准备、开始、扩展和执行，下面介绍五步法中应当注意的要素。

(1) 决策。对于供应链内独立的企业来说，会有各种各样的驱动因素要求其实施 TQM，包括希望成为世界级企业的远景构想、保持行业内的领导地位、提高市场占有份额、更好地满足顾客需求等。也有的企业是由于面临不利的局面，如顾客不满意、丧失了市场份额、竞争的压力、成本的压力等。

对于集成化供应来说，TQM 是站在全局角度，帮助并保证供应链所有企业实现发展目标、促进供应链内企业和谐共处并更好地为顾客服务的产品服务管理方法。因此，TQM 是供应链内所有成员企业的共同决策，也是保证集成化供应链平稳发展的基础。

(2) 准备。供应链企业一旦决定实施 TQM，就应该开始准备工作。首先，联盟企业通过沟通商谈，形成 TQM 的共识；其次，要建立统一协调组织，包括组成质量团队或者质量小组，任命质量主管和成员，对管理者进行培训等；再次，确立集成化供应链质量管理的远景构想和质量目标，并制订为实现质量目标所必需的长期计划和短期计划；最后，选择合适的企业，成立质量控制团队，准备试点实施 TQM。

(3) 开始。这是 TQM 的具体实施阶段。在这一阶段，要求进行企业试点，在试点中逐渐总结经验教训。根据试点中总结的经验，着手评估试点企业的质量状况，主要从 4 个方面进行：顾客忠诚度、不良质量成本、企业质量管理体系和质量文件。在评估的基础上发现问题，然后有针对性的改进。

(4) 扩展。在试点取得成功的前提下，就应该向供应链内所有成员企业扩展。首先，各个成员企业根据试点单位的运行情况，进行评估和总结；其次，建立与之一致的质量目标和方针；再次，成立质量管理团队；最后，在战略联盟的组织领导下，对每个成员企业进行评估和验收，确定达到统一标准，并形成统一质量行动计划。

(5) 执行。在经过试点和扩展后，集成化供应链就基本具备了实施 TQM 的能力。为此需要对整个质量管理体系进行规划整合并付诸实践。

## 7.3.4 集成化供应链风险防范

在集成化供应链环境下，企业信息变得更加透明，企业间互相依赖程度越来越高，业务分工越来越细，供应链纵向越来越长，横向越来越宽，这就使企业暴露出更多的风险，一旦供应链的某个环节出现问题，就会波及很多相关企业。同时，社会经济的不稳定，各种自然灾害的发生，以及供应链成员企业间的相互合作与信任问题、道德操守问题等，也为集成化环境下供应链企业带来了不可预知的结果。很多公司已经充分认识到了这个问题，以识别、评估和处理风险为主要内容的集成化供应链风险管理已成为很多企业日常管理的重要内容。

1. 风险的含义

风险是由一系列人为和自然活动造成的客观存在的某种不确定性，这种不确定性可以通过实际结果与预期的偏离程度进行相对准确地衡量，它通常是人们所不希望发生的，结果可能是某种易于见到的纯粹风险,也可能是暂不可见的隐性损失。风险因素、风险事故和风险损失是构成风险的3个要素。

1) 风险因素

风险因素是指引起或造成风险事故发生的机会或影响损失程度的因素或条件。风险因素越多,风险事故发生的机会就越大,造成损失的可能性以及损失的幅度也越大。风险是风险因素不断出现和组合的过程。例如,发生火灾是化学条件、人为过失、防火设施不完备等各种因素出现和相互作用的结果。

2) 风险事故

风险事故是直接或间接造成损失的偶发事件,又称风险事件。一个或一个以上的风险因素就可能导致风险事故的发生。风险事故是造成损失的直接或间接原因,是损失的媒介物,即风险只有通过风险事故的发生才能导致损失。

3) 风险损失

风险管理中,风险损失是指由于风险事故的发生或风险因素的存在所导致的经济价值的意外丧失或减少。风险管理中的"损失"比一般意义上的"损失"在范围上要小,它必须满足两个条件:首先,损失是意外发生的,排除故意的、有计划的、预期的情况;其次,损失是经济价值的丧失或减少,即损失可以用货币单位来衡量。

2. 集成化供应链环境下风险的产生

集成化供应链本身是一个复杂的系统,由众多成员企业组成。纵向一体化使供应链向其上游和下游无限延伸,造成供应商和经销商距离越来越远,管理和控制难度越来越大;横向一体化使其竞争对手和合作伙伴也越来越多,不确定性增强,从而使整条供应链的风险逐步放大。下面从集成化的整体角度,介绍供应链中存在的风险。

1) 自然环境原因导致集成化供应链风险的产生

非人类所能控制的各种自然灾害经常导致整条供应链的运作异常,尤其对于集成化的供应链的影响更是如此。

1999年中国台湾"9·21"大地震使全球电脑业为之震动,以中国台湾为主要供货基地的欧美计算机厂商蒙受严重损失。中国台湾出产的芯片占据全球芯片产量的10%,全球个人电脑的主板货源有80%来自中国台湾。另外,中国台湾还是便携电脑、手机、网卡、调制解调器的重要生产基地。中国台湾发生地震的次日凌晨,美国市场上就有人对半导体产品进行"扫货",企图垄断半导体产品市场的供应来牟取暴利。可以替代中国台湾产品的韩国半导体公司的股价和产品开始暴涨,甚至拉动了当天韩国股市的整体上涨。与台湾有业务关联的商家,如摩托罗拉、博通、戴尔、盖特威等公司都受到不同程度的冲击,随着危机链条的各个环节逐渐清晰,显示台湾大地震造成的影响和冲击是全球性的。

此外,洪涝、海啸及其他自然灾害等还可能造成运输通道中断,进而对供应链造成有可能是致命的伤害和打击。

2) 信息沟通不畅导致集成化供应链风险的产生

供应链有效运作的基础条件就是供应链各成员企业进行良好有效的信息沟通,加强彼此间的协作,尽量将各种信息透明化,如此才能提高供应链的运作效率,将风险降到最低。然而,即使企业间形成一种密切合作的联盟关系,相互间信息沟通和透明的程度也不一定是完全的。不良信息的不断扩大势必对供应链的运作和管理产生严重影响。

3) 成员企业认识水平不一致导致风险

供应链集成思想是一个集现代管理思想和现代信息技术为一体的综合性理念，其顺利实施和高效运作必须以供应链领导者和供应链成员一致的思想认识为基础。在供应链中这通常表现为供应链合作中成员间的道德操守、参与供应链的积极程度等。认识水平上的差异和利润分配等问题易导致供应链合作的失败，而成员企业的不道德操作也易导致供应链风险的产生。

4) 企业自身产生的不确定性导致供应链风险的产生

企业的生产过程会因为设备故障、资金不足、关键人员临时短缺，以及受供应环节影响造成的缺货等问题而停滞。除此之外，供应链中多个企业的生产能力和可靠性处在不同水平上，当差距很大时，会造成生产的不平衡和协调困难。这种原本属于企业内部的不确定性，会随着企业加入供应链体系而影响到整个供应链的稳定。

3. 集成化供应链环境下风险识别

集成化供应链风险识别是集成化供应链风险管理的基本内容，只有在充分识别集成化供应链风险的基础上，才能高效和有针对性地对供应链风险进行处理和控制。集成化供应链风险识别是指供应链风险管理者通过大量的供应链信息、资料、数据、现象等对供应链系统中尚未发生的、潜在的及客观存在的各种风险，进行系统、连续地预测、识别、推断和归纳，并且分析供应链风险事故产生的原因，同时进行风险性质和风险归属确定的过程。风险识别是一个连续不断的过程。下面将识别风险的几个常见方法做简单介绍。

1) 供应链流程分析法

供应链流程分析法，又称流程图法，就是根据不同的流程，对每一阶段、每一环节逐次进行调查分析，进而从中发现潜在的危险，找出影响危险发生的因素，分析危险发生后可能造成的损失，以及对整个企业或者供应链所造成的不利影响。

这里所提到的流程是一个广义的概念，它不仅包括生产流程、作业流程等，还包括整个集成化供应链企业间的业务和操作流程，根据不同的研究和分析目的可以选择不同层次的流程进行相关的考察。例如，生产流程又叫工艺流程或加工流程，是指在生产工艺中，从原料投入到成品产出，通过一定的设备按顺序连续进行加工的过程。通过对生产流程的逐步分析，结合历史经验，就可以分析出企业在生产过程中可能存在的风险。

供应链中各种流程（包括物流、信息流、资金流甚至是人员的流动等）种类繁多，本书仅从供应链的角度对流程进行分解，并且以采购流程为例对流程分析法在供应链风险分析中的应用进行简要介绍。

在一个典型的供应链中，从供应商到销售商，最后到客户，每个环节都可能存在风险，在对整条供应链的风险进行分析时可以仔细考察每个环节，从而分析风险可能发生的环节。在此以生产商为例进行流程法风险分析的介绍。生产商的主要环节和部门可以分为计划、采购、生产、运输和服务。假设经过详细分析后发现采购环节是最可能产生风险的环节，历史上经常发生供货不及时，货物质量没有很好保证，给企业造成较大影响。

2) 历史分析法

世界万物的发展自有其规律，而规律有时并不明显地表现出来，而会通过一个个偶发事件逐渐表现出来。因此，分析历史对于预测未来有着重要的作用。

过去发生的风险事件都在不同程度上揭示了供应链各环节的弱点和问题。因此，通过搜集和整理历史上发生的风险事件，并对其进行详细分析和描述，进而列出风险清单和引起风险的主要因素,通过对比现在和过去的情况,可以识别出在新的情况下可能发生的风险。

历史分析法的关键在于全面系统的搜集历史风险事件,并且能够建立风险事件数据库,包括风险事件发生的时间、地点、事件诱因、损失后果等。在进行新的风险识别时,将现有情况与历史状况进行对比,分析原来引起风险的诱因是否已经解决,进而分析可能发生的风险以及风险发生的时空位置。

3)倒推法

风险事件发生的一般过程如图 7.2 所示。首先由于工作不当或者交流不畅等产生各种风险诱因,风险诱因积累到一定程度就会导致风险事件的发生,风险事件发生后首先对造成的损失进行评价,然后对发生该风险事件的原因进行分析。

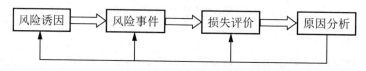

图 7.2 风险事件发生的一般过程

在原因分析中,一般从后向前,逐级分析评价,确定风险发生的主因,找到问题的根源,并制定可靠的控制措施以防再次发生。

从逆推法的过程可以看到,此种方法的关键在于充分调动所有人员的积极性和想象力,唯有如此,才能使得风险识别真正取得效果,风险识别才能更加全面。同时,在进行这 3 个步骤时尽量不带感情色彩,也不要提带有责备意味的问题。分析可能产生的后果时,为了克服员工的畏惧心理,可以无记名的方式创造一个民主、自由和宽松的环境,使员工能够充分表达出自己在工作过程中所惧怕的后果。进行情景分析时,为了更多地参考数据经验,应尽量分析出每种情景的可能性。根源分析是一个非常复杂的问题,这个过程最好要充分发挥所有相关员工的知识和工作经验,保证根源分析的准确性和全面性。

4)专家调查法

专家调查法又分为德尔菲法和头脑风暴法。

此处主要介绍头脑风暴法。头脑风暴法是美国人奥斯本于 1939 年首创的,是一种刺激创造性、产生新思想的方法。简单地说,就是根据企业或供应链风险识别的目的和要求,组成专家小组。通过会议形式,采用民主方式,让专家畅所欲言,最后综合专家的意见,做出判断,得出结论。专家集中讨论的问题有在企业或供应链中可能遇到哪些风险?引起风险的原因是什么?其风险程度如何?专家小组应由风险分析专家、风险管理专家、风险经理、供应链相关领域的专家组成,组成专家应具有较强逻辑思维能力和概括能力。该方法较适合讨论那些较直接的、目标较明确的风险问题及可能引起风险的种种决策和方案。

以上介绍了供应链风险识别的基本方法。除上述方法外,关于风险识别还有其他很多方法,如财务报表分析法、表格与问卷调查法、投入产出分析法、环境分析法、分解分析法以及幕景分析法等,读者有兴趣可以参阅相关资料。

**4. 集成化供应链环境下风险评估**

集成化供应链环境下的风险评估一般采用传统的评估方法,以概率统计方法和数学基础进行定量预测和计算，应用比较多的如蒙特卡洛法、故障树法等。然而，当今社会不可控和不可预见的因素逐渐增加，这给传统的基于历史数据的风险评估带来了很大挑战。同时，就目前我国多数企业的实际情况来看，历史数据的积累情况不够完善，历史数据的获得和准确性有一定难度，这也给传统评估方法的应用带来了挑战。基于此种情况，本书根据供应链的流程和特点，介绍一种基于综合评判思想的风险评估方法。

该方法的基本思路如图 7.3 所示。其中可能发生的风险由上一节供应链风险识别中可以得到，下面将分几个步骤对图 7.3 的供应链风险评估路线进行分析和介绍。

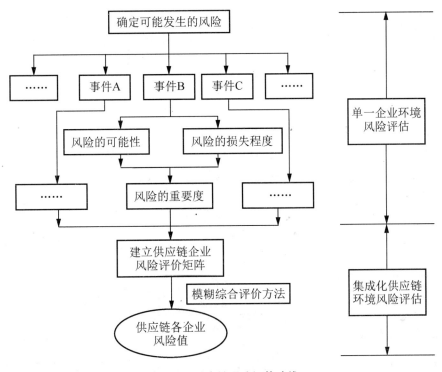

图 7.3　供应链风险评估路线

1) 供应链企业风险可能性估计

供应链风险可能性（即概率）的估计非常复杂而又难以达到一定精确性，对于风险可能性的估计可以依赖于有关专家和具有丰富工作经验的各层员工的历史经验进行评估，具体可以采用专家调查等方法。

对各种风险的描述如表 7.1 所示。

表 7.1　供应链企业风险可能性评估描述表

| 描　　述 | 可能性 | 等　　级 | 取　　值 |
|---|---|---|---|
| 高可能性 | ≥75% | 高 | 5 |
| 可能 | 50%≤ <75% | 较高 | 4 |
| 偶尔 | 25%≤ <50% | 一般 | 3 |
| 微可能性 | 10%≤ <25% | 较小 | 2 |
| 不可能 | <10% | 极小 | 1 |

对每一个风险都进行表 7.1 所示的分析确定过程,可以得到企业所面临的供应链风险可能性的描述矩阵,如表 7.2 所示。通过表 7.2 就可以对企业所面临的各种风险的可能性有一个清晰的了解,从而为风险决策和控制提供基础。

表 7.2 供应链企业风险可能性描述矩阵

| 风险名称 | 描　述 | 等　级 | 取　值 |
| --- | --- | --- | --- |
| 供货不及时 | 高可能性 | 高 | 5 |
| 供货质量欠缺 | 可能 | 中 | 4 |
| 运输中货物丢失 | 偶尔 | 小 | 3 |
| 客户需求变动 | 偶尔 | 小 | 3 |
| …… | …… | …… | …… |

2) 供应链企业风险损失程度估计

供应链风险评估的另一个重要内容就是风险损失的严重程度。对于风险严重程度的估计可以采用如表 7.3 所示的标准,进而将损失程度这一定性概念进行量化处理。

表 7.3 供应链企业风险损失严重程度确定准则

| 描　述 | 等　级 | 取　值 |
| --- | --- | --- |
| 灾难性 | 极大 | 5 |
| 关键性 | 大 | 4 |
| 严重性 | 较大 | 3 |
| 边缘性 | 较小 | 2 |
| 可忽略 | 无关紧要 | 1 |

对每一个风险都进行表 7.3 所示的分析确定过程,可以得到企业所面临的供应链风险损失程度的描述矩阵,如表 7.4 所示。通过表 7.4 就可以对企业所面临的各种风险的损失程度有一个清晰的了解,从而为风险决策和控制提供基础。

表 7.4 供应链企业风险损失程度描述矩阵

| 风险名称 | 描　述 | 等　级 | 取　值 |
| --- | --- | --- | --- |
| 供货不及时 | 灾难性 | 极大 | 5 |
| 供货质量欠缺 | 关键性 | 大 | 4 |
| 运输中货物丢失 | 严重性 | 较大 | 3 |
| 客户需求变动 | 关键性 | 大 | 4 |
| …… | …… | …… | …… |

3) 供应链风险重要度确定

可以采用如图 7.4 所示的规则将风险发生的可能性和损失程度综合起来,得到供应链企业所面临的各种风险的重要度,数值越大则说明风险的重要程度越大,对于公司的影响也就越大,是应加大力度进行解决的问题。

| 可能性大小 | 影响程度 | | | | |
|---|---|---|---|---|---|
| | 无关紧要 | 较小 | 较大 | 大 | 极大 |
| 高 | 1×5=5 | 2×5=10 | 3×5=15 | 4×5=20 | 5×5=25 |
| 中 | 1×4=4 | 2×4=8 | 3×4=12 | 4×4=16 | 5×4=20 |
| 小 | 1×3=3 | 2×3=6 | 3×3=9 | 4×3=12 | 5×3=15 |
| 极小 | 1×2=2 | 2×2=4 | 3×2=6 | 4×2=8 | 5×2=10 |
| 不可能 | 1×1=1 | 2×1=2 | 3×1=3 | 4×1=4 | 5×1=5 |

图 7.4　供应链风险重要度计算规则

至此，已经完成了供应链企业面临风险的可能性和损失程度的估计，并且衡量了各风险事件的重要程度，对企业所面临的各种风险及其严重程度有了一个全面的认识，在此基础上就可以根据企业的实际情况采取适当的风险防范和处理措施，对不同风险进行不同处理。

4）供应链各企业风险评价

在供应链总体范围内，各企业风险状况的相对关系、整条供应链的风险状况等是供应链集成管理的重要内容。本书将基于模糊综合评价方法对这一问题进行探讨，并仅就对供应链环境下风险模糊综合评价的主要过程进行介绍。

（1）原始数据的搜集和标准化处理。原始数据搜集主要是各种风险在各企业重要程度的取值。供应链企业风险重要矩阵表如表 7.5 所示。

表 7.5　供应链企业风险重要度矩阵表

| 供应链企业 | 风险 1 | …… | 风险 $n$ |
|---|---|---|---|
| 企业 1 | $x_{11}$ | …… | $x_{1n}$ |
| 企业 2 | $x_{21}$ | …… | $x_{2n}$ |
| …… | …… | …… | …… |
| 企业 $m$ | $x_{m1}$ | …… | $x_{mn}$ |

标准化处理采用公式（7.1）进行。

$$y_{ij} = \frac{x_{ij}}{\frac{1}{m}\sum_{i=1}^{m} x_{ij}} \tag{7.1}$$

其中，$\boldsymbol{X} = (x_{ij})_{m \times n}$，$i = 1, 2, \cdots, m$，$j = 1, 2, \cdots, n$，为原始数据矩阵；$\boldsymbol{Y} = (y_{ij})_{m \times n}$，$i = 1, 2, \cdots, m$，$j = 1, 2, \cdots, n$，为标准化处理后的矩阵。

（2）计算隶属关系矩阵。一般可以采用常用的隶属函数为

$$r_{ij} = \frac{y_{ij} - \min_{j}(y_{ij})}{\max_{j}(y_{ij}) - \min_{j}(y_{ij})} \tag{7.2}$$

（3）确定风险权重集 $W = \{\omega_1, \omega_2, \cdots, \omega_n\}$，即风险的重要程度。

（4）计算综合评价结果 $P = WR$。

通过计算可以得到各供应链企业的综合风险值如表7.6所示。

表7.6 各供应链企业风险值表

| 供应链企业 | 企业A | 企业B | 企业C | …… | 企业M |
|---|---|---|---|---|---|
| 风险值 | $p_1$ | $p_2$ | $p_3$ | …… | $p_m$ |

整条供应链的风险值为 $P_s = p_1 p_2 \cdots p_m$。

5. 集成化供应链环境下风险控制

集成化供应链环境下的企业，必然要面临自身生存与发展的风险，只要在当今社会环境下，任何企业都要面对。企业在风险不能避免或在从事某项经济活动势必面临某些风险时，首先想到的是如何预防风险发生或降低风险发生的频率；其次是一旦发生风险，如何控制风险所造成的损失；最后是明确风险损失后如何去面对和处理。集成化供应链的风险控制，就是在对供应链风险进行识别和评估的基础上，有针对性地采取积极防范控制措施的行为。

1) 供应链风险预防——缓解风险

预防风险主要有两层含意，一是预防风险因素，尽可能地减少引起风险的因素；二是降低发生的概率，在有限的范围内，降低风险发生的概率。这在一定程度上会缓解企业发生风险。

进行风险预防的一个行之有效的方法是进行风险组合，即将风险不同且互不相关的产品和投资项目进行优化组合，通过产品或项目的盈亏补偿，达到减少整体风险损失的目的。实施风险组合须注意：①高风险项目与低风险项目适当搭配，以便在高风险项目遭受损失时，能从低风险项目受益中弥补；②所选项目数适当；③要根据企业的核心能力给定一个风险承受的临界点，以此作为风险组合的标准。

2) 供应链风险转移——躲避风险

供应链风险转移是将供应链中可能发生风险的一部分转移出去的风险防范方式。其目的不是降低风险发生的概率和减轻不利后果，而是借助一定的方法将风险部分转移到有能力承担或控制风险的个人或组织。进行风险转移的主要方法有以下几种。

(1) 保险。保险是风险转移最主要的方法，它把风险转移给承保人，一旦发生意外损失，承保人就按保险合同约定补偿投保人的一种风险管理方法。保险的基本职能是防灾防损和分摊损失、经济补偿，其派生职能是筹资与资产管理。

(2) 分割风险单位。分割风险单位是将面临损失的风险单位分割，即"化整为零"，而不是将其全部集中在可能毁于一次损失的同一地点。这种方式减少了一次事故的最大预期损失。例如，大型运输公司分几处建立自己的车库、巨额价值的货物要分批运送等。

(3) 复制风险单位。复制风险单位是增加风险单位的数量，不是采用"化整为零"的措施，而是完全重复备用资产或设备，只有在使用的资产或设备损失后才会将其投入使用。例如，储存设备的重要部件、长途运输中配备后备司机等。

(4) 转包。集成化供应链成员企业将自己非核心业务进行外包，也能够将相应的风险转移给他人。例如，制造企业将物流活动外包给第三方物流服务公司，可以将物流过程中的种种风险转嫁给第三方物流公司。当然，这也可能会产生新的风险。因此，进行风险决策时一定要综合考虑，进行多方面衡量。

3）供应链风险回避——远离风险

风险回避是指放弃某项活动以达到回避因从事该活动而可能产生风险损失的行为，是一种不作为的态度。供应链风险回避是彻底规避供应链风险的一种做法，即断绝风险的来源，尤其当可能带来的收益不足以弥补风险损失的时候。供应链风险回避的方法是放弃或终止某项供应链合作，或改变供应链合作环境从而避开一些外部事件对企业造成的影响。例如，在德国毒豆芽案例中，俄罗斯停止进口德国的农产品，就是最典型的例子。

供应链风险回避方法具有一定的局限性，主要表现如下所述。

（1）有些风险是无法避免的。地震、暴风等自然因素，人的生老病死，以及世界性的经济危机等风险，对供应链来讲有时都是致命性的，但却是无法避免的。

（2）风险总是伴随着收益同时存在，回避风险就意味着放弃了可能的相应收益。

用采用改变工作性质或方式的措施来避免风险时，可能产生另一种风险。例如供应链中为了避免客户需求变动带来的风险而增加库存，虽然降低了缺货风险，却增加了库存成本可能过高、资金占用严重的风险。

4）供应链风险自担——包容风险

当集成化供应链成员企业既不能避免风险，又不能完全控制风险、转移风险和回避风险时，只能自己承担风险所造成的损失。

自担有主动自担和被动自担之分。前者指在识别风险的基础上，根据自身经济承受力和经济可行性决定的自留，它是供应链企业单位有意识、主动地承担风险成本的行为。后者则是未能识别出风险而被迫承担风险成本，它是因无法准确预测风险、缺乏足够信息情况下的被迫行为。

采取自留的风险处理方法，应注意考虑经济上的合理性和可行性。一般来讲，风险发生频率低和损失低，宜采取自留方法。也就是说，成本低的风险宜于自留。在可能转移风险的情况下，则应比较转移费用与自留成本，转移费用高者宜于自留，反之，则宜转移。但是，应注意的是，个别企业和个人，由于受风险单位数量和相关信息不足的限制，难以准确测定风险，一旦自留风险发生，所导致的损失比预期大得多，在自我承受力有限的情况下，必然引起财务上的不稳定，从而有悖自留的初衷。

以上介绍了 4 种常用的供应链风险处理方案，4 种方案各有优缺点，方案选择的基本依据如图 7.5 所示。供应链风险处理方法的选择是一种科学决策，要对供应链企业内部情况、外部环境有充分了解，同时还要注意方法的适用性和效果。通常，供应链风险处理方法的使用不是单一的，采取任何一种风险管理措施，都有其优缺点。因此，要将各种风险管理措施有效地结合运用，形成风险组合方案，才能达到预防、控制、转移风险的最终目

图 7.5　风险处理方案

的。同时，鉴于集成化供应链的特点，任何环节的风险都可能影响到整条供应链。因此，进行供应链风险防范还要加强供应链企业间的协调与合作，发挥全体成员的积极性与力量。

## 7.4 集成化供应链的实现

企业从传统的管理模式转向供应链集成管理模式，一般要经过 5 个阶段，包括从最低层次的基础建设到最高层次的集成化供应链动态联盟，各个阶段的不同之处主要体现在组织结构、管理核心、计划与控制系统、应用的信息技术等方面，其步骤如图 7.6 所示。

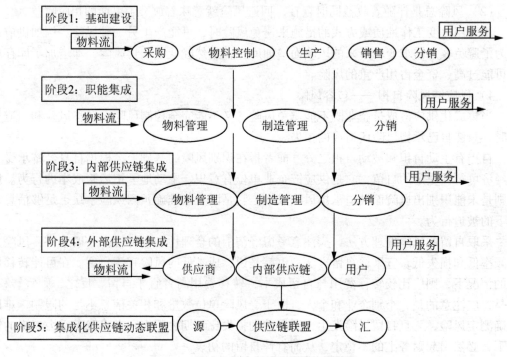

图 7.6 集成化供应链管理实施步骤模型

### 7.4.1 基础建设

这一阶段是在原有企业供应链的基础上分析、总结企业现状，分析企业内部影响供应链管理的阻力和有利之处，同时分析外部市场环境，对市场的特征和不确定性作出分析和评价，最后相应地完善企业的供应链。

在传统型的供应链中，企业职能部门分散、独立地控制供应链中的不同业务。企业组织结构比较松散。这时的 SCM 主要具有以下特征。

（1）企业的核心是注重产品质量。由于过于注重生产、包装、交货等的质量，可能导致成本过高，所以，企业的目标在于以尽可能低的成本生产高质量的产品，以解决成本—效益障碍。

（2）关于销售、制造、计划、物料、采购等的控制系统和业务过程相互独立、不相匹配，因部门合作和集成业务失败导致多级库存等问题。

（3）组织部门界限分明，单独操作，往往导致相互之间的冲突。采购部门可能只控制物料来源和原材料库存；制造和生产部门通过各种工艺过程实现原材料到成品的转换；销售和分销部门可能处理外部的供应链和库存，而部门之间的关联业务往往就会因各自为政而发生冲突。

处于这一阶段的企业主要采用短期计划，出现困难时需要一个一个地解决。虽然企业强调办公自动化，但这样一种环境往往导致整个供应链的效率低下，同时也增加了企业对供应和需求变化影响的敏感度。

### 7.4.2 职能集成

职能集成阶段集中于处理企业内部的流程过程，企业围绕核心职能对相关业务流程进行集成化管理，对组织实行流程重构，实现职能部门的优化。在该阶段，通常可以建立交叉职能小组，参与计划和执行项目，以提高职能部门之间的合作，克服这一阶段可能存在的不能很好满足用户需求的问题。

职能集成强调满足用户的需求。事实上，用户需求在今天已经成为驱动企业生产的源动力，而成本则在其次，但这样往往导致阶段2的生产、运输、库存等成本的增加。此时SCM主要有以下特征。

（1）将分销和运输等职能集成到物流管理中来，制造和采购职能集成到生产职能中来。

（2）强调降低成本而不注重操作水平的提高。

（3）积极为用户提供各种服务，满足用户需求。

（4）职能部门结构严谨，均有库存做缓冲。

（5）具有较完善的内部协定，如采购折扣、库存投资水平、批量等。

（6）主要以订单完成情况及其准确性作为评价指标。

在集成化供应链管理的阶段2一般采用MRP系统进行计划和控制。对于分销网络，需求得不到准确地预测和控制，分销的基础设施也与制造没有有效地衔接。由于用户的需求得不到确切地理解，从而导致计划不准确和失误，所以，在阶段2要采用有效的预测技术和工具对用户的需求作出较为准确的预测、计划和控制。

但是，以上采用的各项技术之间、各项业务流程之间、技术与业务流程之间都缺乏集成，库存和浪费等问题仍可能困扰企业。

### 7.4.3 内部供应链集成

这一阶段要实现企业对直接控制的领域进行集成，要实现企业内部供应链与外部供应链中供应商和用户管理部分的集成，形成内部集成化供应链。集成的输出是集成化的计划和控制系统。为了支持企业内部集成化供应链管理，主要采用供应链计划（Supply Chain Planning，SCP）和ERP系统来实施集成化计划和控制。这两种信息技术都是基于客户服务体系在企业内部集成中的应用。有效的SCP集成了企业所有的主要计划和决策业务，包括需求预测、库存计划、资源配置、设备管理、优化路径、基于能力约束的生产计划和作业计划、物料和能力计划、采购计划等。ERP系统集成了企业业务流程中主要的执行职能，包括订单管理、财务管理、库存管理、生产制造管理、采购等职能。SCP和ERP通过基于事件的集成技术联结在一起。

本阶段企业管理的核心是内部集成化供应链管理的效率问题，主要考虑在优化资源、能力的基础上，以最低的成本和最快的速度生产最好的产品，快速地满足用户的需求，以提高企业反应能力和效率。这对于生产多品种或提供多种服务的企业来说意义更大。投资于提高企业的运作柔性也变得越来越重要。在阶段2需构建新的交叉职能业务流程，逐步取代传统的职能模块，以用户需求和高质量的预测信息驱动整个企业供应链的运作。因满足用户需求而导致的高服务成本是此阶段管理的主要问题。

在这个阶段，企业可以考虑同步化的需求管理，将用户的需求与制造计划和供应商的物料流同步化，减少不增值的业务。同时企业可以通过广泛的信息网络（而不是大量的库存）来获得巨大的利润。

此阶段的供应链管理具有以下特征。

（1）强调战术问题而非战略问题。

（2）制订中期计划，实施集成化的计划和控制体系。

（3）强调效率和效果，即保证要做的事情尽可能好、尽可能快地完成。

（4）从采购到分销的完整系统具有可见性。

（5）信息技术的应用。广泛运用EDI和Internet等信息技术支持与供应商及用户的联系，获得快速的反应能力。EDI是集成化供应链管理的重要工具，特别是在进行国际贸易合作需要大量关于运输的文件时，利用EDI可以使企业快速获得信息和更好地为用户提供优质服务。

（6）与用户建立良好的关系，而不是"管理"用户。

### 7.4.4 外部供应链集成

实现集成化供应链管理的关键在于阶段4，将企业内部供应链与外部的供应商和用户集成起来，形成一个集成化供应链。

与主要供应商和用户建立良好的合作关系，即所谓的供应链战略联盟关系，是集成化供应链管理的关键。

此阶段企业要特别注重战略伙伴关系管理。管理的焦点要以面向供应商和用户取代面向产品，增加与主要供应商和用户的联系，增进相互之间的了解（产品、工艺、组织、企业文化等），相互之间保持一定的一致性，实现信息共享等，企业通过为用户提供与竞争者不同的产品/服务或增值的信息而获利。供应商管理库存和共同计划预测与库存补充的应用就是企业转向改善、建立良好的战略联盟关系的典型例子。通过建立良好的合作伙伴关系，企业就可以很好地与用户、供应商和服务提供商实现集成和合作，共同在预测、产品设计、生产、运输计划和竞争策略等方面设计和控制整个供应链的运作。对于主要用户，企业一般建立以用户为核心的小组，这样的小组具有不同职能领域的功能，从而更好地为主要用户提供有针对性的服务。

处于这个阶段的企业，生产系统必须具备更高的柔性，以提高对用户需求的反应能力和速度。企业必须能根据不同用户的需求，既能按订单生产，按订单组装、包装，又能按备货方式生产，这样一种根据用户的不同需求对资源进行不同的优化配置的策略称为动态用户约束点策略。延迟技术可以很好地实现以上策略。延迟技术强调企业产品生产加工到一定阶段后，等待收到用户订单以后根据用户的不同要求完成产品的最后加工、组装，这样企业供应链的生产就具有很高的柔性。

为了达到与外部供应链的集成，企业必须采用适当的信息技术为企业内部的信息系统提供与外部供应链节点企业的很好的接口，达到信息共享和信息交互，实现相互操作的一致性。这些都需要采用信息技术。

本阶段企业采用销售点驱动的同步化、集成化的计划和控制系统。它集成了用户订购数据和合作开发计划、基于约束的动态供应计划、生产计划等功能，以保证整个供应链中的成员同步化地进行供应链管理。

### 7.4.5 集成化供应链动态联盟

在完成以上 4 个阶段的集成以后，已经构成了一个网链化的企业结构，称之为供应链共同体，它的战略核心及发展目标是占据市场的领导地位。为了达到这一目标，随着市场竞争的加剧，供应链共同体必将成为一个动态的网链结构，以适应市场变化、柔性、速度、革新、知识等需要，不能适应供应链需求的企业将被供应链联盟淘汰。供应链从而成为一个能快速重构的动态组织结构，即集成化供应链动态联盟。

集成化供应链动态联盟是基于一定的市场需求、根据共同的目标而组成的，通过实时信息的共享来实现集成。同步化、可扩展的供应链计划和控制系统是主要的工具，基于 Internet、物联网的电子商务取代传统的商务手段，这是供应链发展的必然趋势。

## 本 章 小 结

集成化供应链是供应链发展的最高形式，是在信息技术、柔性制造及先进管理思想的推动下逐步形成并建立的。本章通过对集成化供应链概念及理论的介绍，着重论述了支持供应链集成化思想的 4 个基本理论，并对影响集成化供应链管理的主要内容进行了阐述，包括集成化供应链环境下企业间的战略联盟、信息管理、质量管理及风险防范，最后提出了实现集成化供应链的 5 个基本过程。

集成化供应链管理的研究目前尚处于起步阶段，通过对国内外相关文献的研究表明，集成化供应链、供应链的集成、供应链一体化等相关理论和概念有很多混淆和重叠的地方，有待于进一步地研究，有兴趣的读者也可以参考其他文献，作进一步的学习。

**关键术语**

| 集成 | 集成化供应链（ISC） | 战略联盟 |
| 电子数据交换技术(EDI) | 可扩展标识语言 | 全面质量管理(TQM) |

# 习 题

1. 选择题

(1) 供应链集成管理的基本特征不包括_____。
   A. 复杂性　　　　B. 面向用户需求　C. 交叉性　　　　D. 层次行

(2) 整个供应链沿上下游可以分为供应商、制造商、_____、零售商和顾客五个组成部分。
   A. 分销商　　　　B. 营销商　　　　C. 运营商　　　　D. 直销商

(3) 供应链纵向的最高层次是_____。
   A. 管理层次　　　B. 战略层次　　　C. 操作层次　　　D. 运营层次

(4) 下列哪项不是风险的要素_____。
   A. 风险因素　　　B. 风险事故　　　C. 风险处理方法　D. 风险损失

(5) 集成化供应链中的企业,在风险损失程度越大,风险损失概率越高的情况下,应该采取哪种措施_____。
   A. 风险回避　　　B. 风险自担　　　C. 风险转移　　　D. 缓解风险

(6) 系统原理认为,供应链是一个系统,是由相互作用、相互依赖的若干组成部分结合而成的具有特定功能的有机整体,是把_____连成一个整体的功能网链结构模式。
   A. 供应商与制造商
   B. 制造商与分销商
   C. 分销商与零售商
   D. 供应商、制造商、分销商、零售商直到最终用户

(7) 集成化供应链无法形成战略联盟的最主要原因是_____。
   A. 各方利益　　　B. 发展愿景　　　C. 信任　　　　　D. 领导的态度

(8) 全面质量管理是一门管理哲学,主要关注的焦点是_____。
   A. 顾客满意　　　B. 产品质量　　　C. 领导态度　　　D. 风险损失

2. 简答题

(1) 供应链集成管理的基本原理有哪些?
(2) 简述多赢互惠原理。
(3) 供应链中信息技术应用发展的趋势是怎样的?
(4) 集成化供应链环境下质量管理有哪些特点?

3. 判断题

(1) 供应链集成(或者一体化)是指成员企业通过信息的协调和共享,紧密合作,优化供应链的整体绩效。　　　　　　　　　　　　　　　　　　　　　　　　(　　)

(2) 纵向思维对应的是"纵向一体化"的管理模式,企业的发展战略是纵向联盟;横向思维对应的是"横向一体化"的管理模式,企业的发展战略是横向扩展。(　　)

(3) 供应链信息技术是信息技术在供应链领域的集成与应用,是供应链领域中发展速度最快的技术。　　　　　　　　　　　　　　　　　　　　　　　　　(　　)

(4) 内联网是供应链企业外联网的延伸，应用于构建企业间系统。它使企业与供应链上的伙伴相连来完成其共同目标。（　　）

(5) 全面质量管理是对集成化供应链内所有联盟企业的要求，一旦企业进入该联盟系统，就应该遵守。（　　）

(6) 供应链是动态系统，自从出现以来就没有停止发展。同样，供应链中信息系统的应用也随着供应链发展的要求、市场的变化及信息技术的不断发展而发展。（　　）

(7) 一旦实现真正的集成化供应链，在该集成化供应链内部就没有风险可言了。（　　）

(8) 集成化供应链动态联盟是基于一定的市场需求、根据共同的目标而组成的，通过实时信息的共享来实现集成。（　　）

4. 思考题

(1) 集成化供应链是否是企业今后发展的趋势？

(2) 多赢互惠原理与当今企业"在竞争中生存、在竞争中发展"的现实是否矛盾？

(3) 企业如何应对集成化带来的风险？

**案例分析**

### 信息技术与沃尔玛公司集成化供应链管理的成功启示[①]

沃尔玛公司是世界零售业巨头，蝉联全美500强企业第一名。优质、高效的供应链管理是沃尔玛的核心竞争力。沃尔玛公司只是供应链中的零售商，但是经过近十年尤其信息技术和网络技术的发展，现在的沃尔玛公司已经基本实现了集成化的供应链管理模式，即依靠全球化的需求网络和采购平台，运用先进的管理和技术实现产品需求信息同步化、采购订单流程化、库存管理标准化、销售价格一致化。沃尔玛公司注重运用先进的信息技术实现信息的传输与共享，技术应用始终走在许多零售连锁集团的前面，如最早与保洁公司等大供应商实现 VMI、ECR、产销合作等。

1985年，沃尔玛开始利用电子交换系统与供应商建立了自动订货系统，通过网络系统，向供应商提供商业文件、发出采购指令、获取收据和装运清单等，同时也让供应商及时准确把握其产品的销售情况。

1985—1987年，沃尔玛投资4亿美元与休斯公司发射了一颗商用卫星。从此公司总部与全球2 400多家分店、100个配送中心以及数千家供应商通过卫星和共同的电脑系统进行联系。这些分店、配送中心及供应商有相同的补货系统、相同的电子交换条形码系统、相同的库存管理系统、相同的会员管理系统、相同的收银系统。位于全球的门店通过全球网络可在一小时内对每种商品的库存、上架、销售量全部盘点一遍。

20世纪90年代初，沃尔玛在总部建立了庞大的数据中心，全集团的所有店铺、配送中心每天发生的一切与经营有关的购销调存等详细信息，都通过主干网和通信卫星传送到数据中心。沃尔玛每销售一件商品，都会即时通过与收款机相连的电脑记录下来，每天都能清楚地知道实际销售情况，管理人员根据数据中心的信息对日常运营与企业战略做出分析和决策。

数据中心还与全球供应商建立了联系，实现了快速反应的供应商管理库存(VMI)。供应商通过这套系统可以进入沃尔玛的电脑配销系统和数据中心，直接从POS得到其供应的商品流通动态状况，或查阅沃尔玛销售计划。这套信息系统为供应商和沃尔玛公司两方面都带来了巨大的利益。

---

① 资料来源：张晓东，韩伯领. 供应链管理原理与应用[M]. 北京：中国铁道出版社，2008.

**供应链设计理论与方法**

1995年,沃尔玛公司及其供应商Warner Lambert,以及它的管理软件开发商一起联合成立了零售供应和需求链联盟,进行合作、计划、预测与补给(Collaborative Planning Forecasting and Replenishment, CPFR),其研究成果和应用获得巨大成功。在供应链运作的整个过程中,CPFR应用一系列技术模型,对供应链不同客户、不同节点的执行效率进行信息交互式管理和监控,对商品资源、物流资源进行集中地管理和控制。通过共同管理业务过程和共享信息来改善零售商和供应商的伙伴关系,提高采购订单的计划性、提高市场预测的准确度、提高集成化供应链运作的效率、控制存货周转率、并最终控制物流成本。

此外,沃尔玛还十分注重为员工提供信息,将公司的经营理念灌输给个人。20世纪90年代建立了覆盖整个公司的内联网,并在分店里都设有计算机,员工可以随时上网查阅公司或个人的相关信息。

借助于先进的集成管理思想和信息技术的广泛应用,沃尔玛改变了传统零售业分散、弱小的局面,创造了零售业工业化经营的新时代。

**讨论题**

(1) 在沃尔玛公司的集成化供应链中,信息技术扮演什么角色?

(2) 请举例说明沃尔玛公司是如何降低运营成本的。

(3) 分析沃尔玛公司信息技术应用的总体趋势。

# 第8章 供应链合作伙伴的评价选择

【本章教学要求】

| 知识要点 | 掌握程度 | 相关知识 | 应用方向 |
| --- | --- | --- | --- |
| 供应链合作伙伴关系的基本概念 | 重点掌握 | 供应链合作伙伴关系的定义和3个特点 | 了解掌握了供应链合作伙伴的基本知识之后,才能更有效地对供应链合作伙伴进行选择 |
| 供应链合作伙伴关系与传统供应商关系的比较 | 熟悉 | 传统采购与供应链合作伙伴的比较及其各自的特点 | |
| 供应链合作伙伴关系的发展演进和建立的动力 | 了解 | 供应链合作伙伴关系的演变过程;建立的3种动力 | |
| 供应链合作伙伴关系的类型和发展 | 重点掌握 | 供应商合作伙伴的4种分类和4种发展类型划分 | |
| 供应链合作伙伴评价选择的原则 | 重点掌握 | 供应链合作伙伴评价选择的4个原则 | 企业应针对自己所处环境的实际情况,选择适当的评价指标体系,采用有效的方法,依照选择流程对供应链合作伙伴进行评价选择 |
| 供应链合作伙伴评价选择的流程 | 重点掌握 | 供应链合作伙伴关系建立的步骤 | |
| 供应链合作伙伴选择的指标体系 | 熟悉 | 指标体系建立的5个原则;指标体系的研究成果 | |
| 供应链合作伙伴评价选择方法概述 | 熟悉 | 供应链合作伙伴评价选择方法的两种类型;运用层次分析法对供应商进行选择 | |

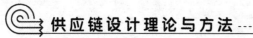

续表

| 知识要点 | 掌握程度 | 相关知识 | 应用方向 |
| --- | --- | --- | --- |
| 供应链合作伙伴关系的维护 | 熟悉 | 供应链合作伙伴关系维护的6个方面 | 对供应链合作伙伴进行有效地管理是供应链合作伙伴关系保持长久的关键 |
| 供应链合作伙伴关系的管理 | 了解 | 供应链合作伙伴关系管理的3个层次 | |
| 供应链合作伙伴的信息共享 | 了解 | 供应链合作伙伴信息共享的含义、两个特点、3个原则、5个信息共享内容 | |

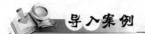
导入案例

## 本田公司(Honda)与其供应商的合作伙伴关系①

位于俄亥俄州的本田美国公司，非常重视与供应商之间的长期战略合作伙伴关系。该公司总成本的大约80%都是用在向供应商的采购上，这在全球范围是最高的。因为它选择离制造厂近的供应源，所以，与供应商能建立更加紧密的合作关系，能更好地保证准时供货。制造厂库存的平均周转周期不到3小时。1982年，27个美国供应商为本田公司提供了价值1 400万美元的零部件，而到了1990年，有175个美国的供应商为它提供超过22亿美元的零部件。大多数供应商与它的总装厂距离不超过200公里。1997年在俄亥俄州生产的汽车的零部件本地化率达到90%，只有少数的零部件来自日本。强有力的本地化供应商的支持是本田公司成功的原因之一。

本田公司与供应商之间是一种长期相互信赖的合作关系。如果供应商达到本田公司的业绩标准就可以成为它的终身供应商。本田公司也在以下几个方面提供支持帮助，使供应商成为世界一流的供应商。

(1) 2名员工协助供应商改善员工管理。

(2) 40名工程师在采购部门协助供应商提高生产率和质量。

(3) 质量控制部门配备120名工程师解决进厂产品和供应商的质量问题。

(4) 在塑造技术、焊接、模铸等领域为供应商提供技术支持。

(5) 成立特殊小组帮助供应商解决特定的难题。

(6) 直接与供应商上层沟通，确保供应商的高质量。

(7) 定期检查供应商的运作情况，包括财务和商业计划等。

(8) 外派高层领导人到供应商所在地工作，以加深本田公司与供应商相互之间的了解及沟通。

本田公司与唐纳利公司的合作关系就是一个很好的例子。本田美国公司从1986年开始选择唐纳利公司为它生产全部的内玻璃，当时唐纳利公司的核心能力就是生产车内玻璃，随着合作的加深，相互的关系越来越密切(部分原因是相同的企业文化和价值观)，本田公司开始建议唐纳利公司生产外玻璃(这不是唐纳利公司的强项)。在本田公司的帮助下，唐纳利公司建立了一个新厂生产本田的外玻璃。两个公司之间的交易额在第一年为5百万美元，到1997年就达到6千万美元。

---

① 马金麟，孟祥茹. 供应链管理[M]. 南京：东南大学出版社，2008.

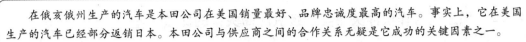

在俄亥俄州生产的汽车是本田公司在美国销量最好、品牌忠诚度最高的汽车。事实上，它在美国生产的汽车已经部分返销日本。本田公司与供应商之间的合作关系无疑是它成功的关键因素之一。

**讨论题**

(1) 本田公司在供应商选择方面有什么成功的经验？

(2) 你认为企业应该如何选择合适的供应链合作伙伴？

合作伙伴选择得合适与否直接关系着供应链的整体竞争优势和链中每一个成员的切身利益，选择得恰当与否又主要由对候选合作伙伴的评价准确与否决定的。在建立了供应链合作伙伴关系之后，如何保持和优化这种合作关系，即如何协调供应链企业之间的各种冲突与问题，直接影响到供应链的运营效率，是供应链管理的一个重要任务。

## 8.1 供应链合作伙伴关系概述

### 8.1.1 供应链合作伙伴关系的定义与特点

**1. 供应链合作伙伴关系的定义**

供应链合作伙伴关系（Supply Chain Partnership，SCP）也就是供应商、制造商、分销商等之间的关系，或者称为卖主—买主关系（Vendor – Buyer）。供应链合作伙伴关系可以确定为供应商与制造商、制造商与分销商（包括经销商和零售商，此时制造商也是一种供应商）之间在一定时期内的共享信息、共担风险、共同获利的协作关系。这种战略合作形成于集成化供应链管理环境下，形成于供应链中为了特定的目标和利益的企业之间。形成的原因通常是为了降低供应链总成本、降低库存水平、增强信息共享、改善相互之间的交流、保持战略伙伴相互之间操作的一贯性，产生更大的竞争优势，以实现供应链成员企业财务状况、质量、产量、交货期、用户满意度和业绩的改善与提高。

**2. 供应链合作伙伴关系的特点**

供应链合作伙伴关系是"横向一体化"思想的集中体现，即核心企业利用其他成员企业的资源和技术优势为自己服务，进而达到多赢的目的。供应链合作伙伴关系具有以下特点。

1) 长期相互信任

供应链合作伙伴关系是一种基于长远考虑的企业关系，合同或供应协议是长期的，并能够切实得到保证。这种关系意味着各成员企业都能够承担责任，期望提高供应链的整体竞争力，并最终使自己获益。

2) 共享信息与合作

合作伙伴通过共享市场信息，对供应链企业的生产与库存等进行协调，使企业及时作出决策或调整生产策略，以便在市场上占据主动地位。供应链企业对产品、工艺、市场、技术和开发问题定期进行信息交流，通过财务支持、人员参与或提供专门知识、实物等方法对企业生产能力进行有意识的投资战略。

3) 共担风险与共享利益

供应链合作不断改善合作关系，达成一致的方向和行动。经常评价改善的进展情况，通过反馈信息有组织地优化合作关系，提高供应链的整体效益。

## 8.1.2 供应链合作伙伴关系与传统供应商关系的比较

### 1. 传统的供应商关系

传统供应商关系是通过采购工作体现出来的。供应商对制造企业而言，主要的任务是提供生产所需的各种原材料。因此，传统的采购理论较多地把目光集中在采购活动的本身，即通过有效地进行采购管理，降低成本、增加企业利益。同时，以采购管理作为提供廉价产品，使企业利益与公共利益相一致的减低成本对策，对于企业经营者来说也是一项必须经常关注的活动。因此，对于采购的目标，经典的描述是以适当的价格，从适当的来源购买适当品质与数量的物资，并且交货至适当地点。

传统采购的重点在于如何和众多供应商进行商业交易的活动，重视交易过程中供应商的价格比较，从中选择价格最低的作为合作者。这种模式具有以下特点。

（1）制造商与供应商之间信息不能有效沟通，制造商为了能从多个竞争性的供应商中选择一个最佳的供应商，往往会保留私有信息以减少供应商的竞争筹码。

（2）制造商与供应商之间的竞争多于合作，供应商与需求方之间的关系是临时性或者短时性的，双方之间缺乏合作和协调，各种抱怨的事情比较多，很多时间消耗在解决日常问题上，没有更多的时间用来做长期性预测与计划工作，增加了许多运作中的不确定性，造成经营上的风险加大。

（3）采购品的验收检查是事后控制，质量控制难度较大。在传统的采购模式下由于制造商很难参与供应商的生产组织过程和有关质量控制活动，相互的工作是不透明的，只能采取事后把关的做法，导致对采购质量和交货期的控制难度加大。

（4）响应用户需求能力迟钝。在市场需求变化的情况下，制造商与供应商之间对用户需求的响应不能同步进行，缺乏应付需求变化。

### 2. 供应链合作伙伴关系

在供应链管理环境下，供应商和制造商之间是合作伙伴关系，它强调在合作的供应商和制造商之间共同分享信息，通过合作和协商协调相互的行为，以达到双赢的目的。合作伙伴关系具有以下特点。

（1）较好的信息沟通和及时的信息反馈。制造商和供应商通过比较多的信息交流，提高了双方共同应付市场需求变化的能力。

（2）长期的信任合作取代短期的合同关系。供应链管理环境下的制造商和供应商之间是建立在相互信任、相互合作的长期伙伴关系的基础上的，这大大减少双方交易谈判的时间和次数，降低了交易管理成本。

（3）制造商和供应商相互合作。制造商会协助供应商改进产品质量，降低产品成本、加快产品开发进度，提高供应商的快速反应能力。

### 3. 供应链合作伙伴关系与传统供应商关系的比较

供应链管理环境下的供应商合作伙伴关系强调长期的、直接的合作，强调共有的计划和共同解决问题的能力，强调相互的信任与合作，以保证供应链系统的协调性、集成性、同步性。这与传统的供应商关系有很大的区别。通过以上分析，两者之间的关系如表 8.1 所示。

表 8.1 供应链合作伙伴关系与传统供应商关系的比较

| 对比项目 | 传统供应商关系 | 供应链合作伙伴关系 |
| --- | --- | --- |
| 相互交换的主体 | 物料 | 物料、服务 |
| 选择标准 | 强调价格 | 多标准并行考虑 |
| 关系稳定性 | 变化频繁 | 长期、稳定、紧密合作 |
| 合同性质 | 单一 | 开放合同（长期） |
| 供应批量 | 小 | 大 |
| 数量 | 大量 | 少而精 |
| 规模 | 小 | 大 |
| 选择定位 | 当地 | 国内或国外 |
| 信息交流 | 信息专有 | 信息共享 |
| 技术支持 | 提供 | 不提供 |
| 战略控制 | 输入检查控制 | 质量保证 |
| 选择范围 | 投标评估 | 广泛评估可增值的供应商 |

## 8.1.3 供应链合作伙伴关系的发展演进

供应链合作伙伴关系发展的主要特征是以产品物流为核心转向以集成合作为核心。传统的供应关系向供应链合作伙伴关系转变大致经历了以下 3 个阶段：1960—1970 年，以传统的产品买卖为特征；1970—1980 年，以加强基于产品质量和服务的物流关系为特征；1990 年以后，以实现集成化战略合作伙伴为特征，如图 8.1 所示。

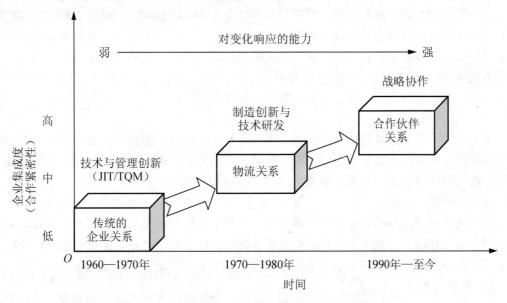

图 8.1 企业关系演变过程

在传统的观念中，供应管理就是物流管理，企业关系主要是"买—卖"关系。基于这种企业关系，企业的管理理念是以生产为中心，功效处于次要的、附属地位。企业间很少沟通与合作，更谈不上企业间建立战略联盟与协作。

从传统的以生产为中心的企业关系模式向物流关系模式转化，JIT 和 TQM 等管理思想起催化剂的作用。为了达到生产的均衡化和物流同步化，必须加强部门间、企业间的合作与沟通。但是，基于简单物流关系的企业合作关系，在信息共享、服务支持、并行工程、群体决策、柔性与敏捷性等方面都不能很好地适应越来越激烈的市场竞争的需要，企业需要更高层次的合作与集成，于是产生了基于战略伙伴关系的企业合作模型。

具有战略合作伙伴关系的企业体现了企业内外资源集成与优化利用的思想。基于这种企业运作环境的产品制造过程，从产品的研究开发到投放市场，周期大大地缩短了，而且客户导向化传递更高，模块化、简单化产品、标准化组件的生产模式使企业在多变的市场中柔性和敏捷性显著增强，虚拟制造与动态联盟加强了业务外包这种策略的利用。企业集成从原来的中低层次的内部业务流程重组上升到企业间的协作，这是一种最高级别的企业集成模式。和传统的企业关系相比，供应链合作伙伴关系更强调合作和信任，强调新产品、新技术的共同开发、数据和信息的交换、市场机会的共享和风险共担。

### 8.1.4 供应链合作伙伴关系建立的动力

供应链合作伙伴关系的形成是很多企业内外因素共同起作用的结果，如产品生命周期的缩短、客户的需求日益提高等。3 个最基本的动力是核心竞争力、不断变化的客户期望、外包战略。其中，核心竞争力是企业自身的优势保持和发展的内在动力，客户期望的不断变化是合作伙伴关系得以产生的外部压力，合作伙伴关系可以说是外包战略的延伸和深化。

1. 核心竞争力

核心竞争力是建立在企业核心资源的基础之上，企业的技术、产品、管理、文化的综合优势在市场上的反映。核心竞争力是一个组织在自己所从事的生产和服务中具有的一系列互补的技能和知识的结合，它具有一项或多项业务达到竞争领域一流水平的能力，又为客户提供某种特殊的利益。核心竞争力不是一种单个技术或一个小的生产单位的简单技能，它是一组技能的组合。企业的核心竞争力具有以下特点。

1）价值优越性

核心竞争力是企业独特的竞争能力，应当有利于企业效率的提高，能够使企业在创造价值和降低成本方面比竞争对手更优秀。同时，必须对客户提供"可感知"的价值。核心或非核心就在于其是否能为客户带来更多的"可感知"利益。

2）差异性

要确定一种技能是否可称为核心竞争力，且必须是同行业中与众不同的。这并不意味着它只是本企业所有，但至少应比其他竞争者优越。核心竞争力在企业长期的生产经营活动过程中积累形成，深深打上了企业特殊组成、特殊经历的烙印，其他企业难以模仿。

3）难替代性

由于核心竞争力具有难以模仿的特点，因而依靠这种能力生产出来的产品在市场上不会轻易地被其他产品所替代。

4）可延伸性

企业的核心竞争力不仅能为当前市场提供某种特殊的产品或服务，而且还可以帮助企业进一步开发新的产品或进入新的领域。没有前景的技能不能称为核心竞争力。

从长远考察，企业竞争力来源于比竞争对手更低的成本、更快的速度去发展自身的能力，来源于能够生产质量更高的、更具强大竞争力的核心能力。由于任何企业所拥有的资源是有限的，不可能在所有的业务领域都能获得竞争优势，因而必须将有限的资源集中在几种核心业务上。供应链合作伙伴关系是保持核心竞争力的有效手段。各成员企业通过合作伙伴关系的保持，把非核心业务交由合作伙伴来完成，自己则可以在核心领域更专注。供应链合作伙伴关系既是保持和增强自身核心竞争力的需要，也是企业在其他领域利用其他企业核心竞争力获取优势地位的手段。

2. 不断变化的客户期望

客户需求是企业生产的驱动源，生产的产品只有到达客户手中，才真正实现了价值。对客户需求的关注是供应链所有成员的首要任务，随着客户消费的更理性化和消费品市场的发展，客户的需求期望也不断变化，主要有以下几点。

1）质量和可靠性的提高

质量和可靠性是最基本的产品要求，质量的提高包括产品原料的选用、设计的合理、加工的精密、产品外观等，需要从产品设计到制造的各个环节对质量进行严格的审核和保证，才能保证最终产品的质量是无懈可击的。

2）现有产品范围的更多选择

客户越来越精明，客户开始希望能直接或间接的影响生产者以更好地让企业提供的产品切合客户需求。厂家不断地推出新品种，从而引起了一轮又一轮的产品开发竞争，结果是产品的品种数成倍增长。为了吸引客户，许多厂家不得不绞尽脑汁不断增加花色品种。网络技术的发展为客户的选择提供了方便之机，质量、价格、服务水平的透明给企业施加不断完善产品的压力。同时，任何产品上的优势都更易于模仿和改进，产品差异化的优势势必不能得到长久保持，为了保持市场竞争的优势，企业的压力加大了。

3）产品设计的个性化

随着市场的发展，差别化、个性化的产品越来越受客户的青睐，企业根据客户的需求量身定做成为企业争取市场的一种手段。产品客户化的程度，已成了许多企业的战略性决策。个性化产品对企业生产的柔性提出了更高的要求。接近客户，积极对客户的需求做出响应，要求企业能够更快、更准确地捕捉市场信息，提高企业对市场的反应能力和生产的柔性。

4）客户要求的更快满足

尽管不是所有的市场都要求即时反映，但在其他条件相同的情况下，更迅捷的反应能力让客户印象深刻，将该产品和其他产品区别开来。供应链合作伙伴关系的建立可以有效减少从客户需求到产品到达客户手中的时间浪费，使得企业可以以更快的速度满足市场需求，从而获得优势。

5）客户服务水平要求的提高

客户通常购买的不仅仅是单个商品，而是连同服务的"混合商品"。在大多数情况下，售后服务和持久维护已经被要求且是有价值的。客户的服务水平是赢得客户和让其成为终身用户的重要手段，越来越多的企业把提高客户服务水平当成是最基本的产品范畴。客户需求期望的不断变化提高，使得任何一家企业很难单独地满足其要求，正是在这样一种背景下，企业逐渐地开始不局限于自身的力量和资源，与其相关的企业取得联系与协作，建立合作伙伴关系。

3. 外包战略

外包就是把不属于自己核心竞争力的业务交给其他企业来完成，而自己专注于核心业务的做法。外包这种新经营理念的兴起将导致企业对现有模式进行重组，增强核心竞争力，外包出去的非核心业务又有可能形成新的商机，将两者结合在一起有极大的好处。外包把企业所有资源集中在能使企业取得绝对优势，并能为客户提供无可匹敌价值的核心能力上。很少企业能对其所有的产品或服务的专业水平进行有效的掌握和控制。而采用外包战略在成本、柔性、质量、专业、核心竞争力等方面都可给企业带来好处。

1）成本

生产每一种产品都需要在设备和专业技术上进行大量投资，而专业供应商却拥有这种资源而且会一直通过产品研究开发来提高生产水平和产品竞争力。因为专业供应商有不止一个购买者，所以，他能比任何购买者自己生产有更大的经济性。

2）柔性

企业改变产品组合的时候，必须重置、增加或转移生产资源，因而要花费更多的时间和精力。而且需求改变时，企业就会积压产品，重新调度。而采用外包战略只要向供应商发出订单就解决了问题。

3）质量

企业要生产的零部件越多，提高每一个零部件质量的速度就越慢，特别是对那些需要不同的技术的零部件来说更是如此。企业时间有限、资源有限，不可能同时提高每一个零部件的质量，相反，专业零部件供应商有更多的资源，而且在其专业领域能提供最好的产品。

4）专业

通常来说，专业零部件供应商对产品和流程能更好地理解，并能更好地专注新技术。企业能通过外包来共享专业的优势。

5）核心竞争力

采用外包战略可以使企业把非核心业务交给其他企业，而将精力集中于核心竞争力。

综上所述，外包能够给企业提供较大的灵活性。供应链合作伙伴关系就是某种特定形式的外包战略。在成员上下游直接形成某种形式的外包，如分销商为零售商管理库存，为制造商寻求销售渠道，就是库存、销售的两种外包形式。

## 8.2 供应链合作伙伴关系的类型与发展

### 8.2.1 供应链合作伙伴关系的类型

在 SCM 环境下，供应链合作关系的运作需要减少供应源的数量（但并不意味着单一的供应源），相互的连接变得更专有，在全球市场范围内寻找杰出的合作伙伴。因此，可以把合作伙伴分为两个层次：重要合作伙伴和次要合作伙伴。重要合作伙伴是少而精的，而次要合作伙伴是相对多的。供应链合作关系的变化主要影响重要合作伙伴，而对次要合作伙伴的影响较小。根据合作伙伴在供应链中的增值作用和竞争实力，可将合作伙伴分成不同的类别，分类矩阵如图8.2所示。

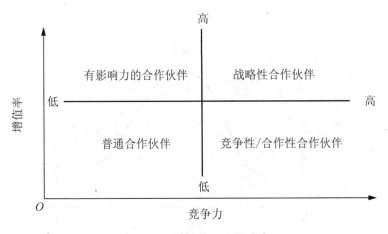

图 8.2 供应商合作伙伴分类

图 8.2 中，纵轴代表的是合作伙伴在供应链中的增值作用。对于一个合作伙伴来说，如果它不能对增值作出贡献，它对供应链的其他企业就没有吸引力。横轴代表某个合作伙伴与其他合作伙伴之间的区别，主要是设计能力、特殊工艺能力、柔性项目管理能力等方面的竞争力的区别。

在实际运作中，应根据不同的目标选择不同类型的合作伙伴。

(1) 对于长期需求而言，要求合作伙伴能保持较高的竞争力和增值率。因此，最好选择战略性合作伙伴。

(2) 对于短期或某一短暂市场需求而言，只需选择普通合作伙伴满足需求即可，以保证成本最小化。

(3) 对于中期需求而言，可根据竞争力和增值率对供应链重要程度的不同，选择有影响力的或竞争性、技术性的合作伙伴。

## 8.2.2 供应链合作伙伴关系的发展

企业由于战略需要，与外界发生关联。当现有的关系不能满足其战略要求时，就有进一步发展关系的动力。关系是逐级发展的，当战略需要满足时，关系不再继续深入。当战略发生改变时，原有的关系也必然会重新调整。供应链合作伙伴关系类型划分如图 8.3 所示。

(1) 合作萌芽关系是企业之间关系最低的一个层次，类似于企业生命周期的创业期。在这个层面上，企业之间强调的是交易的关系。这种关系要求对基本实物交易的最低程度的满足，是每一个企业生存所必需的。

(2) 合作成长关系类型类似于企业生命周期的成长期。这时的关系已经发展到双方能较为明确合作能给双方带来的利益，不再长期担心原有的关系破裂。双方已经能够开始了解彼此的经营之道，并且能够预期短期的未来，可以共同讨论需求的前景。

(3) 合作成熟关系类型类似于企业生命周期的成熟期。企业双方的关系已经达到了一个稳定而积极合作的关系，形成双赢的局面。双方的沟通已经完全通畅，企业往往建立了专门的合作团队。企业之间的关系已经发展成为一个不存在障碍的内部统一体，企业通过紧密合作挖掘双方的潜能以提升核心竞争力。

(4) 合作衰退关系类型类似于企业生命周期的衰退期，这种关系要求回归到对基本实物交换的满足。企业双方不再努力维护合作伙伴关系而倾向于和别的企业建立新的合作伙伴关系。

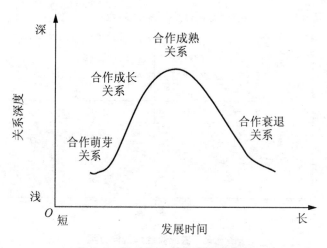

图8.3 供应链合作伙伴关系类型

## 8.3 供应链合作伙伴的评价选择

建立供应链合作伙伴关系,必须挑选合作伙伴以确保真正"双赢"的实现。随着企业对动态联盟实践的日益深入,越来越多的企业在专用的企业网上公开自己的实力和优势,核心企业将发现众多优秀的企业可供选择,而评价选择合作伙伴又是建立供应链合作伙伴关系的基础。

### 8.3.1 供应链合作伙伴评价选择的原则

在合作伙伴的评价选择过程中,应根据不同的供应链所面临的市场机遇等具体情况制定不同的评价选择原则和标准,一般有以下4个通用性原则。

1. 核心能力原则

要求参加供应链的合作伙伴必须具有并能为供应链贡献自己的核心能力,而这一核心能力也正是供应链所需要,从而避免重复投资。

2. 总成本核算原则

要求供应链总的实际运作成本应不大于个体独立完成的全部所有内部费用,如要求伙伴之间具有良好的信任关系、地理距离相对接近等。

3. 敏捷性原则

供应链管理的一个主要目标就是把握快速变化的市场机会。因此,要求各个伙伴企业具有较高的敏捷性,要求对来自供应链核心企业或其他伙伴企业的服务请求具有一定的快速反应能力。

4. 风险最小化原则

供应链运营具有一定的风险性。例如,市场风险依旧存在,只不过在个体伙伴之间得到了重新分配,因为伙伴企业面临不同的组织结构、技术标准、企业文化和管理观念,所以,必须认真考虑风险问题,尽量回避或减少供应链整体运行风险。

违反上述原则将会极大地影响供应链的效率。违反核心能力原则和总成本原则，难以满足供应链"外部经济性"的要求。违反敏捷性原则，则不能保证快速迎合市场机遇的目的，而忽视风险最小化原则，会为供应链的运营埋下巨大的隐患。因此，在选择供应链合作伙伴时，必须全面认真地考虑以上4个基本原则。

上述4个原则只是供应链合作伙伴选择的一般性原则或基本原则。由于具体问题的不同，以及供应链核心企业具体目标的差异，在选择合作伙伴时可能并不只限于4个基本原则，还要考虑很多其他方面的因素。例如，着眼于拓展市场边界的供应链可能还要考虑合作伙伴的所在地域、合作伙伴的商誉与品牌因素等。相应的供应链合作伙伴评价选择的特殊性原则应根据具体情况而定。

### 8.3.2 供应链合作伙伴评价选择的流程

在分析了供应链合作伙伴评价选择的原则后，本节介绍供应链合作伙伴关系建立的步骤。具体的供应链合作伙伴评价选择流程如图8.4所示。

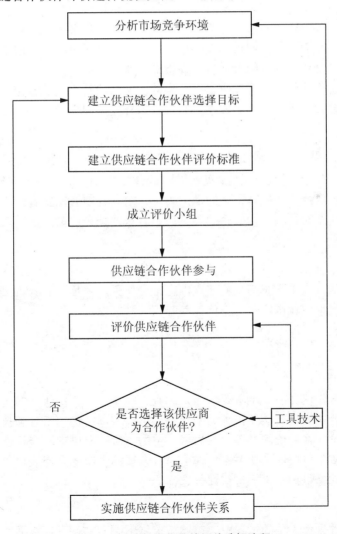

图8.4 供应链合作伙伴评价选择流程

1. 分析市场竞争环境

   市场需求是企业一切活动的驱动源，是建立信任、合作、开放性交流的供应链长期合作关系的基础。分析市场需求，现在的产品需求是什么，产品的类型和特征是什么，以确认用户的需求，确认是否有建立供应链合作关系的必要。如果已建立供应链合作关系，则根据需求的变化确认供应链合作关系变化的必要性，从而确认供应链合作伙伴评价选择的必要性。同时分析现有供应链合作伙伴的现状，总结企业存在的问题。

2. 确立供应链合作伙伴选择目标

   企业不但要确定供应链合作伙伴评价选择程序，例如何实施、信息流程如何运作、由谁负责等，而且必须建立实质性、实际的目标。其中降低成本是主要目标之一，供应链合作伙伴评价选择不仅是一个评价、选择过程，它本身也是企业自身、企业与企业之间的一次业务流程重构过程。实施得好，就可带来一系列的利益。

3. 建立供应链合作伙伴评价选择标准

   供应链合作伙伴综合评价选择的指标体系是企业对供应链合作伙伴进行综合评价选择的依据和标准，是反映企业本身和环境不同属性的指标，按隶属关系、层次结构有序组成的集合。根据系统全面性、简明科学性、稳定可比性、灵活可操作性的原则，建立供应链管理环境下供应链合作伙伴的综合评价选择指标体系。不同行业、企业、产品需求、不同环境下的供应链合作伙伴评价选择应是不一样的。但都涉及供应商合作伙伴的业绩、设备管理、人力资源开发、质量控制、成本控制、技术开发、用户满意度、交货协议等可能影响供应商合作关系的方面。

4. 成立评价小组

   企业必须建立一个小组以控制和实施供应链合作伙伴评价。组员以来自采购、质量、生产、工程等与供应链合作关系密切的部门为主，组员必须有团队合作精神、具有一定的专业技能。评价小组必须同时得到企业和供应链合作伙伴企业最高领导层的支持。

5. 供应链合作伙伴参与

   一旦企业决定进行供应链合作伙伴评价，评价小组必须与初步选定的供应链合作伙伴取得联系，以确认其是否愿意与企业建立供应链合作关系，是否有获得更高业绩水平的愿望。企业应尽可能早地让供应链合作伙伴参与到评价的设计过程中来。因为企业的力量和资源是有限的，企业只能与少数的、关键的合作伙伴保持紧密合作，所以，参与的供应链合作伙伴不能太多。

6. 评价供应链合作伙伴

   评价供应链合作伙伴的一个主要工作是调查、收集有关合作伙伴的生产运作等全方位的信息。在收集合作供应商伙伴信息的基础上，可以利用一定的工具和技术方法进行供应链合作伙伴的评价。在评价的过程后，根据一定的方法选择供应链合作伙伴。如果选择成功，则可以开始实施供应链合作关系，如果没有合适的供应链合作伙伴可选，则重新确立供应链合作伙伴选择目标，再次进行评价选择。

7. 实施供应链合作关系

   在实施供应链合作关系的过程中，市场需求将不断变化，可以根据实际情况的需要及时修改供应链合作伙伴评价标准，或重新开始供应商合作伙伴评价选择。在重新选择供应链合作伙伴的时候,应给予旧的供应链合作伙伴以足够的时间适应变化。

### 8.3.3 供应链合作伙伴评价选择的指标体系

供应链合作关系可以出现在供应链不同成员企业之间,其中以制造商对其供应商的评价选择最多。制造商只有拥有了强有力的原材料供应,才有可能在全球化的竞争中占据主动,才能减少自己的经营风险。合作伙伴的评价选择应尽可能的揭示对方的真实实力和经营活动的细节,那么建立一套合理有效的评价选择指标体系就显得更为迫切。

1. 供应链合作伙伴评价选择指标体系建立的原则

1)科学性原则

评价选择指标应准确地反映合作伙伴的实际状况,有利于企业通过评价选择指标公正、客观、全面地评价选择合作伙伴。

2)可行性原则

评价选择指标要贴近特定的工作目标,指标体系的设计尽量简化、突出重点,在实践中易于操作、切实可行。

3)可度量性原则

核心企业应该坚持定量指标与定性指标相结合的原则,设计科学合理的评价选择指标。评价选择指标所涉及的时间和空间范围、计算方法都应具有可比性。

4)灵活性原则

评价选择指标应具有足够的灵活性,从而使企业根据自己的特点及实际情况,对指标灵活运用。

5)层次性原则

评价选择指标应该能分出评价的层次,然后在各个层次中划分为不同的模块进行重点分析。

2. 供应链合作伙伴评价选择指标体系

本节以制造商对供应商的评价选择为例介绍合作伙伴评价选择指标体系的相关内容。

1966 年 Dickson G. W. 通过分析 170 份对美国采购经理协会的采购代理人和采购经理的调查结果,首次总结了供应商评价选择的标准,如表 8.2 所示。自 Dickson 之后,许多学者从不同的角度对供应商的评价选择指标问题进行了广泛、深入的研究,总体来说,这些指标如表 8.3 所示。

表 8.2 Dickson 的供应商评价选择指标

| 排 序 | 准 则 | 排 序 | 准 则 | 排 序 | 准 则 |
| --- | --- | --- | --- | --- | --- |
| 1 | 质量 | 8 | 财务状况 | 15 | 维修服务 |
| 2 | 交货 | 9 | 遵循报价程序 | 16 | 态度 |
| 3 | 历史效益 | 10 | 沟通系统 | 17 | 形象 |
| 4 | 保证 | 11 | 荣誉度 | 18 | 包装能力 |
| 5 | 生产设施/能力 | 12 | 业务预测 | 19 | 劳工关系记录 |
| 6 | 价格 | 13 | 管理与组织 | 20 | 地理位置 |
| 7 | 技术能力 | 14 | 操作控制 | 21 | 以往业务量 |

表8.3 供应商评价选择指标

| 一级指标 | 二级指标 |
| --- | --- |
| 质量 | 产品合格率和实物检验质量、产品寿命、产品维修率 |
| 成本 | 价格、运输费用率、期间费用率 |
| 交货 | 交货准时率 |
| | 交货提前率 |
| 生产状况 | 生产能力、设计能力、在同行中竞争地位 |
| | 技术装备水平和工艺水平 |
| | 生产柔性 |
| 设计研发 | R&D 投入比率 |
| | 员工培训支出 |
| | 人才技术水平 |
| 信誉 | 客户的直接经验和间接经验、市场业绩 |
| 其他指标 | 项目管理能力 |
| | 供应商的地理位置 |
| | 供应商的库存水平 |
| | 环境保护能力 |
| | 环境污染程度 |

（1）质量。质量是指合作伙伴所提供的产品或服务满足企业生产的程度。主要指合作伙伴所供给的原材料、初级产品或消费品等的质量。传统的评价选择指标体系都将质量问题摆在首要的位置，现在采购如电子商务环境下或供应链管理下合作伙伴评价选择一样把质量放在首要位置。衡量产品质量的指标不仅是产品合格率，还应该包括一套完整质量保证系统，如 ISO 质量认证体系、全面质量管理方法（TQM），以及质量改善计划等。

（2）成本。成本是竞争力的重要组成部分，成本控制程度通过运输费用率、产品价格、期间费用率来度量。合作伙伴的产品价格决定了消费品的价格和整条供应链的投入产出比，对生产商和销售商的利润率产生一定程度的影响。在现代采购环境下，企业虽然可以实时了解全球供应信息，却未必能支付高昂的运输成本，在合作伙伴选择的过程中运输费用必须重点考虑。

（3）交货。合作伙伴的供货能力十分重要，它将直接决定企业能否迅速满足市场的需求。其中，交货准时率反映的是合作伙伴在一定时期内准时交货的次数占总交货次数的百分比。在对合作伙伴企业能力如生产柔性和生产规模考核达到指定要求的基础上，如果合作伙伴的准时交货率低，就会影响生产商的生产计划和销售商的销售计划与销售时机，由此引起连锁反应，导致大量的浪费和供应链的解体。为了降低库存，许多企业都尽量实行准时生产，在这种形势下，合作伙伴交货的准时性就显得更为重要。

对于企业和供应链来说，市场是外在系统，它的变化或波动都会引起企业或供应链的变化或波动，市场的不稳定性会导致供应链各级库存的波动。由于交货提前量的存在，必然造成供应链各级库存变化的滞后性和库存的逐级放大效应。交货提前期越小，库存量的波动越小，企业对市场的反应速度越快，对市场反应的灵敏度越高。由此可见，交货提前期也是重要因素之一。

（4）生产状况。生产状况主要从生产设计能力、生产技术水平和生产柔性3个方面来衡量。

生产设计能力代表着一个企业的经营规模和经营范围。企业采购往往是大批量大范围的，寻找具有一定生产和设计能力的企业有利于发展长期的战略性合作伙伴关系。

生产技术水平决定了产品中的科技含量。往往科技含量高的设备，对使用企业而言能够节约成本、提高产值，更好地满足客户的需求，从而给企业带来较高的利润。

生产柔性对上游企业而言，是指达到所能承受的非计划的20%增产能力所需要的天数；对下游企业而言，是指在没有存货和成本损失的情况下，在交货期30天之前企业所能承受的订货减少百分比。

（5）设计研发。集成化供应链是供应链的未来发展方向，产品的更新与工艺的改进是企业的市场动力。产品研发和工艺改进不仅仅是制造商的事情，集成化供应链要求合作伙伴也应承担部分研发和设计工作，提高供应的灵活性。合作伙伴的设计研发能力主要从R&D投入比率、新产品开发率、人均培训支出3个方面综合反映合作伙伴在新产品研发方面的投入产出比率。

（6）信誉。信誉就是诚实和讲信用。企业推向市场的产品和劳务应具有信得过的质量、价格和交货期；对客户合理要求的承诺及企业在推销产品时对于售后服务中对客户所做的各种承诺要有及时兑现的信用；对与本企业发生各方面联系的以及具有契约关系的各方面要有真诚履约的行为。信誉对企业来说就是财富，是生存之本，企业有信誉，就会有市场竞争力并得到客户的喜爱，从而取得很好的效益。因此，企业信誉度是衡量企业的重要指标之一。

（7）其他指标。包括项目管理能力、供应商的地理位置、供应商的库存水平、环境保护能力、环境污染程度等指标。

目前我国企业在评价选择合作伙伴时，主要的标准是产品质量，这与国际上重视质量的趋势是一致的。价格、交货提前期、生产柔性也是企业考虑的主要因素。

通过调查分析，我国企业评价选择合作伙伴时存在较多问题：企业在评价选择合作伙伴时，主观成分过多，有时根据企业的印象来确定合作伙伴的选择，选择时大量存在一些个人的成分。选择的标准不全面，目前企业的评价选择标准多集中在企业的产品质量、价格、柔性、交货准时性、提前期和批量等方面，没有形成一个全面的综合评价选择指标体系，不能对合作伙伴做出全面、具体、客观的评价选择。

### 8.3.4 供应链合作伙伴选择方法概述

1. 供应链合作伙伴评价选择的常用方法

供应链合作伙伴评价选择的方法是指企业在供应商调查、评价的基础上，为确定最终供应商而采用的技术工具。目前选择供应链合作伙伴的方法很多，但可以归为定性分析法和定量分析法两种类型。

1）选择供应链合作伙伴的定性方法

（1）直观判断法。直观判断法是根据征询和调查所得的资料并结合个人的分析判断，对合作伙伴进行分析、对比评价的一种方法。这种方法主要是根据企业对合作伙伴以往业绩、质量、服务、价格等的了解程度，提出合作伙伴名单，然后由有经验的评审人员进行判断，确定最后的合作伙伴。这种方法比较直观、简单易行。但是该方法主观性太强，不适合选择企业的战略性合作伙伴，可用于少量辅助材料的一般合作伙伴的选择。

（2）招标法。当对供应需求量大而竞争又十分激烈的合作伙伴进行选择时，可采用招标法来选择适当的合作伙伴。这种方法是由企业提出招标条件，由招标合作伙伴进行竞标，然后由企业决标，与提出最有利条件的合作伙伴签订合同或协议。招标法可以是公开招标，也可以是指定竞争招标。公开招标对投标者的资格不予限制。指定竞标则由企业预先选择若干个可能的合作伙伴，再进行竞标和决标。

招标法竞争性强，企业能够在更广泛的范围内选择适当的合作伙伴。但招标法手续较繁杂，操作时间长，很难适应紧急定购的需要，定购机动性差，有时定购者对投标者了解不够，双方未能充分协商，从而造成供销不对路或不及时，不适用于选择战略合作伙伴。

（3）协商选择法。在可供选择的伙伴较多而供需相对平衡状况下，可采用协商选择的方法来选择合适的合作伙伴，即由企业先选出若干供应条件较为有利的备选合作伙伴，再分别进行协商后形成正式合作伙伴关系。与招标法相比，由于供需双方有更多的沟通，在供应质量、时间和售后服务等方面都有保障。但由于选择范围有限，不一定能够得到合理的价格和供应条件最有利的供应来源。当采购时间紧、投标单位少、竞争程度小、供方物资规格和技术条件复杂时此法较招标法更为有效。但由于这种方法没有对备选合作伙伴进行综合评价的过程，没考虑到需要和合作伙伴建立长期稳定的战略合作伙伴关系，所以，在选择战略合作伙伴时不是很适用。

以上3种方法是企业常用的用于传统采购环境下的决策方法。在供应链采购环境下，供应链合作伙伴的选择变得复杂，更加需要科学决策。

2）选择供应链合作伙伴的定量方法

（1）ABC成本法（Activity Based Costing）。鲁德霍夫（Filip Roodhooft）和科林斯（Jozef Konings）在1996年提出了用基于活动的成本分析法来评价选择供应商。该方法将企业生产过程视为一个前后一贯、上下关联的各种作业构成的链状结构，并进一步假设企业所耗用的一切资源都是由作业的发生所导致的，而作业之所以发生是为了生产产品。在这种假设的基础上，它找出了成本与产品之间的因果联系，将间接制造费用和非生产成本准确地归属于相关产品。通过这种方法，可以找出特定供应商，导致采购企业产生的直接和间接成本，从而选择总成本最小的供应商作为合作伙伴。

ABC法计算成本的结果同传统成本计算的结果往往差异很大，是因为它克服了后者仅仅采用直接人工工时或者直接机器工时等来分配成本所造成的扭曲。但推行ABC成本法存在不少困难：数据量大、收集困难；需要配备专门的人员和先进的数据处理水平；改变现有会计核算方法的阻力等。

（2）层次分析法。层次分析法（Analytic Hierarchy Process，AHP）是20世纪70年代著名美国运筹学家T. L. Saaty提出的。AHP将决策人对复杂系统的评价决策思维过程数学化，从而降低了决策中的主观臆断造成的低精确性。它的基本原理是根据具有递阶结构的目标、子目标、约束条件、部门等评价方案，采用两两比较的方法确定判断矩阵，然后把判断矩阵的最大特征值相对应的特征向量的分量作为相应的系数，最后综合给出各方案的权重（优先程度）用于该方法让评价者对照相对重要性函数表，给出各因素两两比较的重要性等级，因而可靠性高、误差小。不足之处是遇到因素众多、规模较大的问题时，该方法容易出现问题，如判断矩阵难以满足一致性要求，往往难于进一步对其分组。它作为一种定性和定量相结合的工具，目前已在许多领域得到了广泛的应用。

除了以上5种方法外，多目标数学规划法、数据包络分析法、人工神经网络算法、灰色关联度、聚类分析法、模糊综合评价法、遗传算法和组合优化算法等也应用于供应链合作伙伴的选择。

2. 基于AHP法的供应商选择模型

虽然AHP的应用需要掌握一些数学工具，从原理上有深刻的内涵，但AHP本质上是一种思维方式，其基本思路是决策人将复杂问题分解为若干层次，每一层次由若干要素组成，然后对同一层次各要素以上一层次的要素为准则两两比较、判断和计算，以获得各要素的权重，利用权重层层上推得到各方案对总目标(最高层目标)的相对重要性，从而得到各方案对总目标的排序，进而为选择最优方案提供决策依据。

1) AHP的递阶层次结构

应用AHP解决社会、经济、工程或管理决策问题首先要把问题条理化、层次化，构造一个层次分析的结构模型。在这个模型下，复杂的决策问题被分解为元素的组成部分，这种结构分为3个层次。

(1) 最高层。这一层只有一个元素，一般它是被分析问题的预定目标。因此，也称目标层。

(2) 中间层。这一层次包括了为实现目标所涉及的中间环节，它可以由若干个层次组成，它由目标分解得到的准则构成。因此，也称为准则层。

(3) 最低层。表示为实现目标可供选择的各种方案。因此，也称为方案层。

AHP的递阶层次结构如图8.5所示。

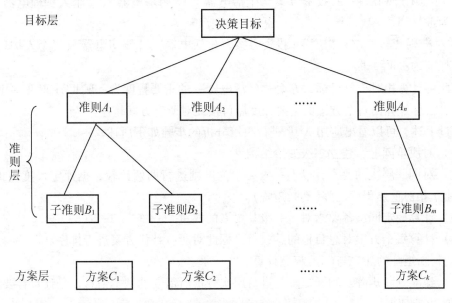

图8.5 AHP的递阶层次结构

【例8.1】设有以下决策问题。某投资者欲进行投资，有3种方案可供选择，而对每一种方案，投资者均要用"风险程度"，"利润率"及"转产难易程度"这3个指标(准则)来评价，对投资者来说希望能对3种候选方案按上述指标给出一个投资排序。

这是一个典型的层次决策分析问题，其递阶层次结构如图8.6所示。

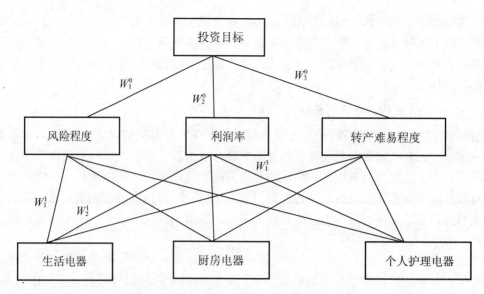

图 8.6　例 8.1 的递阶层次结构

假设以总投资目标为准则,已知:

① "风险程度"、"利润率"、"转产难易程度"的重要程度(权重)分别为 $W_1^0$,$W_2^0$,$W_3^0$,$(W_1^0+W_2^0+W_3^0=1,W_i\geq 0,i=1,2,3)$;

② 对准则"风险程度",投资方案"生活电器"、"厨房电器"、"个人护理电器"的重要程度(权重)分别为 $W_1^1$,$W_2^1$,$W_3^1$;

③ 对准则"利润率",投资方案"生活电器"、"厨房电器"、"个人护理电器"的重要程度为 $W_1^2$,$W_2^2$,$W_3^2$;

④ 对准则"转产难易程度",投资方案"生活电器"、"厨房电器"、"个人护理电器"的重要程度为:$W_1^3$,$W_2^3$,$W_3^3$。

由此可计算相对于总目标,方案"生活电器"的重要程度为:$W_1^0 W_1^1+W_2^0 W_1^2+W_3^0 W_1^3$

对总目标计算出每个方案的重要程度后可按此对所有方案排序。

通过上述,可以看出应用 AHP 进行决策分析的步骤如下所述。

(1) 对决策问题,建立多级递阶结构。

(2) 对同一层次的要素,以上一级要素为准则进行两两比较,据评定尺度(如表 8.4 所示)建立相对重要程度矩阵(判断矩阵)。

(3) 计算确定同层各要素对上一级某要素的权重。

(4) 计算每个方案对总目标的总权重,据此对所有替代方案进行排序。

2) 判断矩阵的建立与(分)权重计算

(1) 建立判断矩阵。判断矩阵是进行层次分析所需要的基本信息,是计算各要素优先级权重的重要依据。

判断矩阵是通过以上一层的某一要素 $E_H$ 作为判断准则,对本层要素 $A_1$,$A_2$,…,$A_n$ 进行两两比较来确定元素间的相对重要程度,得到的要素间相对重要程度矩阵,其表示法为

$$\begin{array}{c|cccc}
E_H & A_1 & A_2 & \cdots & A_n \\
\hline
A_1 & a_{11} & a_{12} & \cdots & a_{1n} \\
A_2 & a_{21} & a_{22} & \cdots & a_{2n} \\
\vdots & & & & \\
A_n & a_{n1} & a_{n2} & \cdots & a_{nn}
\end{array}$$

其中 $a_{ij}$ 表示从判断准则 $E_H$ 的角度考虑，要素 $A_i$ 对要素 $A_j$ 的相对重要性。显然，从逻辑上可知：$a_{ij} = 1/a_{ji}$。通过长期实践，得到了表 8.4 中的 9 级判断尺度。

表 8.4 判断尺度表

| 判断尺度 | 含 义 |
| --- | --- |
| 1 | 对 $E_H$ 而言，$A_i$ 和 $A_j$ 同样重要 |
| 3 | 对 $E_H$ 而言，$A_i$ 比 $A_j$ 稍重要 |
| 5 | 对 $E_H$ 而言，$A_i$ 比 $A_j$ 重要 |
| 7 | 对 $E_H$ 而言，$A_i$ 比 $A_j$ 重要得多 |
| 9 | 对 $E_H$ 而言，$A_i$ 比 $A_j$ 绝对重要 |
| 2，4，6，8 | 其重要程度介于上述两相邻判断尺度之间 |

本例中为了表述方便，设多级递阶结构的第一层的元素投资为 $Z$，第二层的各元素分别为风险程度 $B_1$，资金利润率 $B_2$，转产难易程度 $B_3$。

若通过领域问题决策人判断，得到判断矩阵为

$$\begin{array}{c|ccc}
Z & B_1 & B_2 & B_3 \\
\hline
B_1 & 1 & 1/3 & 2 \\
B_2 & 3 & 1 & 5 \\
B_3 & 1/2 & 1/5 & 1
\end{array}$$

这意味着，以"投资"为准则时，"资金利润率"比"转产难易程度"重要，"资金利润率"比"风险程度"稍重要。

（2）相对重要度（权重）的计算。由判断矩阵进行相对重要程度的计算，实际上是计算判断矩阵的特征向量问题，也称为权重解析问题，是 AHP 理论内涵最深刻的地方，为此得出了很多计算方法（如和法、根法、对数最小二乘法、最小二乘法等）。在实际计算中一般都用和法、根法等。

这里介绍的方法是根法，其本质是近似计算特征向量 $W$，然后归一化即得到各元素 $A_i$ 关于 $E_H$ 的相对重要程度（权重）。

用根法计算特征向量 $W = W(W_1, W_2, \cdots, W_n)$ 的公式为

$$W_i = \sqrt[n]{\prod_{j=1}^{n} a_{ij}}, (i = 1, 2, \cdots, n) \tag{8.1}$$

其中 $n$ 为判断矩阵的阶数。

对 $W = (W_1, W_2, \cdots, W_n)$ 进行归一化处理，即可得到 $A_i$ 关于 $E_H$ 的相对重要程度（权重）$W_i^0$ 的计算公式为

$$W_i^0 = \frac{W_i}{\sum_{i=1}^{n} W_i} \tag{8.2}$$

现在以例 8.1 中 $B_1$，$B_2$，$B_3$ 关于 $Z$ 的权重计算为例，进行上述计算过程。

$$W_1 = \sqrt[3]{\prod_{j=1}^{3} a_{1j}} = (a_{11} \times a_{12} \times a_{13})^{\frac{1}{3}} = (1 \times \frac{1}{3} \times 2)^{\frac{1}{3}} = \sqrt[3]{\frac{2}{3}} = 0.87$$

$$W_2 = \sqrt[3]{\prod_{j=1}^{3} a_{2j}} = (a_{21} \times a_{22} \times a_{23})^{\frac{1}{3}} = (3 \times 1 \times 5)^{\frac{1}{3}} = \sqrt[3]{15} = 2.47$$

$$W_3 = \sqrt[3]{\prod_{j=1}^{3} a_{3j}} = (a_{31} \times a_{32} \times a_{33})^{\frac{1}{3}} = (\frac{1}{2} \times \frac{1}{5} \times 1)^{\frac{1}{3}} = \sqrt[3]{\frac{1}{10}} = 0.46$$

$$W_1^0 = \frac{W_1}{(W_1 + W_2 + W_3)} = \frac{0.87}{(0.87 + 2.47 + 0.46)} = \frac{0.87}{3.80} = 0.23$$

$$W_2^0 = \frac{W_2}{(W_1 + W_2 + W_3)} = \frac{2.47}{(0.87 + 2.47 + 0.46)} = \frac{2.47}{3.80} = 0.648$$

$$W_3^0 = \frac{W_3}{(W_1 + W_2 + W_3)} = \frac{0.46}{(0.87 + 2.47 + 0.46)} = \frac{0.46}{3.80} = 0.122$$

即 $B_1$（风险程度）、$B_2$（资金利润率）、$B_3$（转产难易程度）关于投资总目标 $A$ 的权重分别为 0.23、0.648、0.122。

为了方便，上述结果一般用一个表格来描述，即

| $Z$ | $B_2$ | $B_3$ | $W_i^0$ | $W_i^0$ |
|---|---|---|---|---|
| $B_1$ | 1 | 1/3 | 2 | 0.23 |
| $B_2$ | 3 | 1 | 5 | 0.648 |
| $B_3$ | 1/2 | 1/5 | 1 | 0.122 |

类似可得：

| $B_1$ | $C_1$ | $C_2$ | $C_3$ | $W_i^0$ |
|---|---|---|---|---|
| $C_1$ | 1 | 1/3 | 1/5 | 0.105 |
| $C_2$ | 3 | 1 | 1/3 | 0.258 |
| $C_3$ | 5 | 3 | 1 | 0.637 |

| $B_2$ | $C_1$ | $C_2$ | $C_3$ | $W_i^0$ |
|---|---|---|---|---|
| $C_1$ | 1 | 2 | 7 | 0.592 |
| $C_2$ | 1/2 | 1 | 5 | 0.333 |
| $C_3$ | 1/7 | 1/5 | 1 | 0.075 |

| $B_3$ | $C_1$ | $C_2$ | $C_3$ | $W_i^0$ |
|---|---|---|---|---|
| $C_1$ | 1 | 1/3 | 1/7 | 0.081 |
| $C_2$ | 3 | 1 | 1/5 | 0.188 |
| $C_3$ | 7 | 5 | 1 | 0.731 |

3）综合权重计算

在计算各层元素对上一级元素的权重之后，即可通过计算得到各方案关于总目标的综合重要程度，即总权重，如图8.7所示。

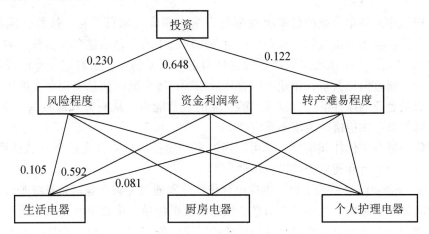

图8.7　例8.1的权重计算

方案"生活电器"关于总目标"投资"的权重为
$$\overline{W_1} = 0.105 \times 0.230 + 0.592 \times 0.648 + 0.081 \times 0.122 = 0.418$$
类似可得方案"厨房电器"、"个人护理电器"关于总目标"投资"的权重分别为
$$\overline{W_2} = 0.258 \times 0.23 + 0.333 \times 0.648 + 0.188 \times 0.122 = 0.298$$
$$\overline{W_3} = 0.637 \times 0.23 + 0.075 \times 0.648 + 0.731 \times 0.122 = 0.284$$

这说明3种方案"生活电器"、"厨房电器"、"个人护理电器"关于总目标"投资"的重要程度(权重)分别为0.418，0.298，0.284，其中方案"生活电器"的综合重要程度最大为0.418，故投资生产生活电器方案为宜。

## 8.4　供应链合作伙伴关系的维护和管理

供应链合作伙伴关系的构建包含许多方面的内容，其中合作伙伴的选择、评价和关系维护是最重要的3个环节。在合作伙伴关系的维护过程中，首先要解决的就是利益分配问题。在供应链中，企业是具有独立的经济主体，由于信息不对称、利益冲突而产生种种矛盾，影响到供应链合作伙伴关系的稳定性。供应链企业间保持长期稳定的合作关系的前提是企业加入供应链所能得到的利益要大于企业独自经营时的利益。

### 8.4.1　供应链合作伙伴的维护

**1．建立公平机制**

获利是形成合作伙伴关系的动力，程序公平则是维持良好合作伙伴关系的基础。无论合作伙伴实力的强弱，其在参与供应链运作时应一律平等，按照事先规定的流程办事。程序公平能使合作伙伴在心理上平衡，促进相互间的信任，确保供应链良性运转。合作伙伴可以对核心企业的决策提出异议，表明自己的观点和立场，双方就有关问题进行沟通协商，得到对双方都更为有利的解决方案。除了在出现问题的时候进行沟通外，核心企业与合作伙伴之间在平时也要加强交流，对公司的相关政策、行动、流程予以解释，一方面可以增进双方的了解和信任，另一方面也有利于发现新的合作机会。

2. 加强信息共享

在供应链中，各个企业的订单决策都是根据相邻成员的订单量，按照一定的方法预测。由于上游企业不直接接触终端市场，整条供应链中的订单信息会发生放大的现象，称之为"牛鞭效应"。"牛鞭效应"产生的这种需求不真实情况，会对企业排产或销售造成极大的压力。通过信息共享，企业可以直接根据来自零售商的信息安排企业的生产，随时监控下游成员企业的库存情况，以及上游企业的供货能力，从而有效地减少"牛鞭效应"的影响，降低整条供应链的需求不确定性。

实现供应链合作伙伴间信息共享可以通过多种途径，主要有完善企业信息系统平台、构建第三方系统平台和建立公共平台3种。

（1）完善企业信息系统平台。供应链合作伙伴间通过完善企业信息系统平台，协调供应链企业间的信息系统，从而实现信息的快速、准确传递。核心企业可以把信息直接传递给合作伙伴，合作伙伴可以直接把核心企业传递来的信息存放在自己的数据库中。

（2）构建第三方系统平台。在供应链中引入第三方信息企业，由第三方信息企业建设公共数据库，收集外部信息资料，加工处理与供应链相关的信息，向供应链企业提供额外的信息服务。

（3）建立公共平台。通过建设公共平台，实现企业内部信息数据库和信息平台数据库间的数据传输和处理的计算机自动化。信息平台服务商只对平台进行维护或根据用户的需求开发新的功能模块，不提供具体的信息服务，共享信息的种类和要求由供应链相关企业商定。

在实现信息共享的过程中，核心企业可以根据自身的财务及经营状况，选择合适的信息传输手段，只要能够将有价值的信息及时准确地传递给对方也就达到了信息共享的目的。

3. 建立信任机制

信任是企业合作的基础。合作双方签订合同时，很难拟定出涵盖一切偶然因素的合同，在这种情况下，只有建立了相互信任关系，才能弥补合同的不足。对于供应链中的企业来说，信任就意味着遵守合同、按时交货、按时付款、保持一贯的高质量、严格遵守合同条款。一般来说，企业会对合作企业建立信誉记录，形成有效的信任考察机制。然而在建立对方的考核机制时，企业也应该树立自己的信誉形象。在企业之中享有良好的声誉会使本公司更容易找到合适的联盟伙伴，也会使对方更加信任自己，从而使合作关系更长久。构建信任机制包括以下措施。

（1）协调供应链合作伙伴目标。在供应链的发展过程中经常会出现两种情况：一是伙伴的目标存在冲突，但在供应链建立初期有所掩盖；二是目标在开始时是一致的，但随着时间的推移逐渐产生冲突，形成对立。这就需要在合作的过程中不断调整目标，使其满足整体利益的需求，即一切从供应链整体的绩效需要出发。一般来讲，在供应链中，可能会存在相互冲突的长期目标，这主要是因为合作伙伴既希望从供应链中得到好处，又极力保持相当程度的自主权。自主权的存在会导致供应链目标的潜在冲突，目标的不一致就会促使各方为了各自的利益采取机会主义的行为，导致信任关系的破裂。因此，各方都要随时对供应链状况和发展目标进行定期的检查,以确保供应链目标的协调一致。

(2) 协调供应链企业间文化。统一的供应链文化能减少合作伙伴间的矛盾和冲突,确保彼此间的信任关系受到最小的干扰和破坏。要形成统一的供应链文化,就需要核心企业的管理人员敏锐地意识到各伙伴的文化差异,通过跨企业的管理培训、鼓励非正式接触、提高行为和策略的透明度等措施来努力消除彼此间的隔阂,使各种文化在供应链中相互渗透和相互交融,最终形成各方都能接受的、所信仰的文化基础,使供应链中不同文化背景的伙伴之间能够良好地沟通,以促进信任关系的建立和发展。

(3) 提高欺骗成本。在信息不对称的情况下,要使每个合作伙伴的行为理性化,就必须在供应链内部建立阻止相互欺骗和防止机会主义行为的机制,提高欺骗成本,增加合作收益。提高欺骗成本,可从以下3个方面入手。

① 提高退出壁垒,即如果伙伴退出供应链,那么他的某些资产,如场所资产、人力资产和商誉都将受到很大损失;

② 供应链可以通过伙伴相互间的不可撤回性投资来"锁住"对方,各伙伴像关心自己的利益一样来关心其他成员和整个供应链的兴衰,消除通过欺骗得益的可能性;

③ 供应链可以通过保护性合同或合法的契约来阻止机会主义行为,即对不诚信行为进行惩治。这样的合约条款可使合作伙伴清楚行为预期,消除投机心理,同时也可提高对其他合作伙伴的信任度。增加合作收益的一个重要内容就是为伙伴提供隐性"担保",即利用供应链拥有的无形资产,如信誉、商标等,使参与供应链的伙伴由于供应链本身的声誉和影响力,在客户心中树立起良好的商誉和品牌形象,从而获得较高的经济效益,使各合作伙伴都认识到,建立合作伙伴关系能比独立经营获得更大利益。

**4. 建立激励机制**

核心企业在建立信任机制后,应当加强建立激励机制(Encourage Mechanism),没有有效的激励机制,就不可能维持良好的合作伙伴关系。激励的手段包括以下方面。

(1) 价格、订单激励。在供应链管理环境下,各个企业在战略上是相互合作关系,但是并不能忽略各个企业的自身利益。价格的确定要考虑供应链利润在所有企业间的分配,以及供应链的优化所得额外收益在所有企业间的均衡。对供应商来说,高的价格能增强企业合作的积极性,不合理的低价会挫伤企业合作的积极性。但是,价格激励本身也隐含着一定风险,这就是逆向选择问题,即制造商在挑选供应商时,由于过分强调低价格的谈判,往往选中了报价较低的企业,而将一些整体水平较好的企业排除在外,其结果影响了产品的质量、交货期等。

因此,使用价格激励机制时要谨慎从事,不可一味强调低价策略。除此之外,在供应链中的企业也需要订单激励。一般地说,一个制造商拥有多个分销商,多个分销商的竞争来自于制造商的订单,更多的订单对分销商是一种有效激励。

(2) 建立淘汰机制在实施供应链合作伙伴关系中,为了能有效地使整个供应链的整体竞争力保持在一个较高的水平,核心企业必须建立起有效的淘汰机制,以此在供应链系统中形成一种危机激励机制,让各成员企业产生一种危机感,供应链中各成员企业为了维持长期的战略合作关系及其既得利益就会从各个方面注意自己的行为。

(3) 新产品的共同研发在供应链合作伙伴关系中,通过让可靠的合作伙伴参与新产品的开发和新技术的研制,并在其中占有相对合理比例的股份,可以调动合作伙伴的积极性,形成稳定的战略合作伙伴关系。另外,还可以对合作伙伴进行必要地投资,以维护这种合作关系。例如,核心企业可以从整体利益出发,对合作伙伴进行有关设备、流程设计、技术培训、技术创新等方面的投资。

5. 动态合同控制

动态合同即柔性合同(Flexibility Contract),在内容上视合作伙伴工作进展和市场变化情况设置相应的可灵活选择的条款,在形式上采用以序列合同为基础的合同形式,即若需要自动续签下一项合同,必须完成现有合同所规定的任务,并达到相应的标准。同时合同内容体现出对于完成不同阶段任务并达标的,给予相应的褒奖和优惠,动态合同执行过程中配以相应的动态检查机制、激励与惩罚机制、利益分配和风险分担机制和清算机制。动态合同具有以下优点。

(1)核心企业将所负责的任务或项目分割成不同的部分或阶段,避免一次性将任务全部交给一个合作伙伴而被套牢的现象,从而有效避免因合作伙伴选择不当所带来的风险。

(2)动态合同在形式上采用序列合同的形式,能有效地激励合作伙伴按时、按质、按量的完成所承担的任务。否则,不仅会损害自身的信誉,得不到足额的报酬,而且还会失去自动续签下一阶段项目或任务合同的机会。

(3)内容上可根据工作进展和市场变化情况,设置可灵活选择的条款,有利于供应链合作伙伴关系的协调管理和双赢目标的实现。

(4)能够进行动态检查,有利于随时了解合作伙伴的实际工作情况,为下一阶段的决策提供依据,同时也可以减少合作伙伴的弄虚作假等行为的发生,起到检查和监督作用。

### 8.4.2 供应链合作伙伴关系的管理

供应链是围绕核心企业,通过物流、信息流、资金流将供应商、制造商、分销商和最终用户组成一个整体的功能链。供应链中每一个成员企业既是后一个成员企业的供应商,同时也是前一个成员企业的采购商,供需关系贯穿整个供应链。供应链本身的动态性,以及成员企业在合作中由于信息不对称、利益冲突而引起的种种矛盾,注定供应链是一个典型的需要管理的系统,管理的目的就在于使得整个供应链获得的利益大于各成员企业单独获得的利益之和。

1. 供应链合作伙伴关系管理的含义

供应链作为一种特殊的组织形式,它的管理直接关系到供应链整体的效益。由于供应链是由多个独立的经济利益主体构成,如何管理各个成员企业之间的利益关系就显得至关重要。供应链合作伙伴关系管理就是要对供应链企业间的关系进行管理,建立解决问题的管理机制、渠道和平台,即供应链关系管理是以合作思想为关系协调的指导思想,广泛采用各种协调理论分析工具和技术实现手段,通过协商、谈判、约定、沟通等管理方式,建立供应链企业关系管理机制和管理渠道,达到同时改善和优化供应链整体绩效和成员企业绩效的目标。

2. 供应链合作伙伴关系管理的内容

从供应链合作伙伴关系管理的定义得知,供应链合作伙伴关系管理的主要对象是供应链企业间以供需交易关系为主体的一系列关系的总和,包括供应链企业间物流、资金流、信息流的管理和企业间的合作关系的管理。但从供应链关系管理问题的解决途径和手段来看，总可以将供应链关系管理的内容归纳为以下 3 个层次。

（1）供应链企业间的信息共享。这是供应链关系协调的第一层次。信息共享在供应链的运营中具有举足轻重的作用，也是供应链关系管理的一个重要的基础。如果没有信息的有效传递和共享，必然会导致供应链关系的不协调，如"牛鞭效应"。信息的有效共享是供应链协调的第一步。

（2）供应链企业间的经济利益协调。这是供应链关系协调的中间环节。为保证供应链的竞争力，必须防止成员企业片面追求自身利益最大化的行为。但是，由于供应链固有的外部性的限制，不可能要求成员企业无偿的放弃自身利益而维护供应链的整体利益。显而易见，只有供应链整体利益大于不存在战略合作时各企业利益之和时，供应链才可能维持下去。因此，核心企业必须从战略角度出发，挖掘出所处的供应链与其他供应链不同的竞争优势，保证供应链的利益，并将增加的利益进行公平合理的分配。

（3）供应链企业间的信任。这是供应链管理中的较高层次。供应链中的信任主要有两个方面，一方面是核心企业对其他成员企业的信任，这主要是一种忠诚信任。这种信任可以通过签订约束性的合同，或加大其他企业寻找新的战略伙伴的机会成本来实现；另一方面是其他成员企业对核心企业的信任，这主要是一种能力信任，即核心企业有能力在不确定的市场环境下通过构建和领导现有的供应链获得更大的市场份额，提高整体收益，并让各成员企业分享收益。这就要求核心企业不断提高自身的实力。

上述 3 个层次是一个渐进的过程，只有前面的层次能够实现，后面的层次才有保证。只有建立长久、稳定的战略伙伴关系才能保证高效率地实现供应链的管理。

## 8.4.3 供应链合作伙伴信息共享及其方式

1. 供应链合作伙伴信息共享的含义

供应链合作伙伴的信息共享是指在供应链环境下，合作企业间关于供应链运行的各种信息，如客户订单、销售数据、库存报告等，能够从一个企业（部门）开放地、有效地、自动地流向另一个企业（部门），即整个供应链中的企业（部门）可以分享信息资源。信息共享是建立供应链合作伙伴关系的一个重要基石。

2. 供应链合作伙伴信息共享的特点

1）信息内容多

由于供应链合作伙伴之间提高了协作关系形成了利益共同体，因而各种各样的信息，如来自客户或分销商的需求信息、来自供应商的供应信息以及库存信息等，通过供应链信息共享系统在所有的企业里流动与分享。

2）信息质量高

由于彼此之间的信任与合作，供应链合作伙伴之间共享信息的质量更高、更及时、更准确和详细。

3. 供应链合作伙伴信息共享的原则

1）开放原则

要建立一个开放的信息平台，让所有的成员能把自己新的信息（且适合交流与共享的信息)添加到信息平台中去,丰富企业的信息存量,同时必须及时跟踪、吸收和利用供应链以外的信息。

2)信息的保密与共享之间的平衡关系原则

信息在供应链合作伙伴之间交流、传播、共享与运用的前提是成员必须明确哪些信息属于企业核心的保密信息,保证企业的核心能力和竞争优势。同时也要参与供应链成员间的信息交流与共享,在交流与共享信息的同时使自己获得新的信息,不断丰富自身的信息库,因而必须明确:①哪些信息需要保护,哪些信息不需要保护;②应该使用哪些机制来保护有价值的信息;③根据适当的外部法律环境状况选择适当的保护力度与保护措施。

3)协调原则

供应链的高效率运行要求其成员在信息拥有上具有互补性;在信息存量、对于信息的学习能力与创造能力等方面具有协调性;在信息共享、交流等方面具有企业文化与经营理念的一致性。因此,在建立供应链合作伙伴关系时要充分考虑以上因素选择合格与合适的供应链成员。同时,对于共享过程中发现的信息间的冲突必须建立有效的解决机制。

4. 供应链合作伙伴信息共享的内容

供应链合作伙伴之间信息共享主要包括以下内容。

1)共享订单信息

通常客户很少知道其商品的状态,因为客户并不知道供应链的组成,从而也不知道商品何时到货,通常是在到了交货期的时候,才知道能不能按时交货。供应链成员企业相互之间了解各自接受订单的状况,确保在交货期内按时将产品提供给客户,提高决策效率。

2)共享生产与配送计划信息

企业的生产决定其对上游企业的需求,也影响到对下游企业的供给。在供应链中,下游企业需要依据上游供应商的生产来决定自己的库存和生产情况,同样,下游企业的生产又决定其对供应商的需求,从而影响供应商的库存和生产计划。所以,制造商可以利用供应商的生产与配送计划来提高自己的计划水平,供应商也可以根据制造商的生产计划来为制造商提供可靠的补给。

3)共享库存信息

过高的库存被认为是影响供应链绩效的"万恶之源",通过共享供应链中各个成员企业的库存信息,可以极大地降低整个供应链的安全库存水平,增加供应链的竞争力,如制造商通过了解分销商的库存信息,可以及时调整生产等。

4)共享需求预测信息

供应链中的每一家企业都需要对市场状况进行预测,越是靠近市场的供应链成员越是了解市场,越是可以准确预测市场需求。倘若这些成员将这些最新预测信息与上游的供应链成员共享,如通过共享最终端的销售数据分析销售趋势、客户偏好和客户分布等,从而决定库存水平、货架布置,设计出更准确的生产和供应计划。否则,上游的企业仅仅只是根据自己得到的信息来进行预测,就会放大市场需求波动的方差,从而形成"牛鞭效应"。

5)共享技术支持信息

客户得到的最终产品的每一次更新进步,都可能是供应链中所有企业共同努力的结果。因为在供应链环境下,每个企业都只专注于小范围内的核心业务,如果一两家企业的技术进步得不到其他企业相应的配套支持,则无法形成最终产品或服务。合作伙伴之间应该提供相关的技术支持信息。

**阅读链接**

### 美国沃尔玛公司无缝供应链管理每年节省 83.5 亿美元

沃尔玛公司是由美国零售业的传奇人物山姆·沃尔顿先生于1962年在阿肯色州成立。经过四十余年的发展，沃尔玛公司已经成为美国最大的私人雇主和世界上最大的连锁零售商。沃尔玛公司跻身为全球知名公司，是因为沃尔玛公司在物流配送系统与供应链管理方面取得了巨大的成就。沃尔玛公司拥有一整套先进、高效的物流和供应链管理系统。

20世纪70年代沃尔玛公司建立了物流管理信息系统（Logistiscs Information System，LIS），负责处理系统报表，加快了运作速度。20世纪80年代初，沃尔玛公司与休斯公司合作发射物流通信卫星，物流通信卫星使得沃尔玛公司产生了跳跃性的发展。1983年的时候采用了POS机。1985年建立了EDI系统，进行无纸化作业，所有信息全部在电脑上运作。1986年的时候它又建立了QR机制，快速拉动市场需求。

沃尔玛公司在全球第一个实现集团内部24小时计算机物流网络化监控，使采购库存、订货、配送和销售一体化。例如，客户到沃尔玛公司店里购物，然后通过POS机打印发票，与此同时负责生产计划、采购计划的人员以及供应商的电脑上就会同时显示信息，各个环节就会通过信息及时完成本职工作，从而减少了很多不必要的时间浪费，加快了物流的循环。

（资料来源：http://www.youshang.com/content/2010/05/27/15198.html.）

## 本 章 小 结

本章首先介绍了供应链合作伙伴的定义和特点、与传统供应商关系的比较、发展演进过程、建立的动力和分类，在此基础上介绍了供应链合作伙伴评价选择的阶段、评价选择的一般原则、评价选择流程、评价选择的指标体系和评价选择方法；然后总结供应链合作伙伴维护的措施；最后针对供应链合作伙伴关系管理的含义和内容进行介绍，并总结了供应链合作伙伴信息共享的含义、特点、原则和内容。

通过评价选择合适的供应链合作伙伴，对提高供应链的整体竞争优势和链中每一个成员的切身利益都是至关重要的。

**关键术语**

| | | |
|---|---|---|
| 供应链合作伙伴关系 | 核心竞争力 | 外包战略 |
| 供应链合作伙伴选择的方法 | ABC成本法 | 层次分析法 |
| 信息共享 | | |

## 习 题

1. 选择题

（1）_____不属于供应链合作伙伴的协作关系。

A. 共享信息　　B. 共担风险　　C. 共同获利　　D. 共同投机

（2）供应链合作伙伴关系不包括_____特点。

A. 长期相互信任　　　　　　B. 共享信息与合作

C. 共同成长与发展　　　　　D. 共担风险与共享利益

（3）传统的供应商关系向供应链合作伙伴关系转变的三大阶段不包括以下_____阶段。

A. 1960—1970 年　　　　　B. 1970—1980 年

C. 1980—1990 年　　　　　D. 1990 以后

（4）_____不属于供应链合作伙伴关系建立的动力。

A. 核心竞争力　　　　　　　B. 成本优势

C. 不断变化的客户期望　　　D. 外包战略

（5）对供应链核心企业或其他伙伴企业的服务请求具有一定的快速反应能力，必须遵循_____原则。

A. 核心能力原则　　　　　　B. 总成本核算原则

C. 敏捷性原则　　　　　　　D. 风险最小化原则

（6）供应链合作伙伴评价选择主要有3类方法：线性加权方法、统计概率方法和_____。

A. 数学规划方法　B. 层次分析法　C. 作业成本法　D. 多目标规划方法

（7）层次分析法不包括_____。

A. 最高层　　　B. 中间层　　　C. 最低层　　　D. 较高层

（8）供应链合作伙伴信息共享的原则不包括_____。

A. 开放原则　　　　　　　　B. 信息的保密与共享之间的平衡关系原则

C. 协调原则　　　　　　　　D. 成本最小原则

（9）_____不属于供应链合作伙伴信息共享的内容。

A. 共享订单信息和共享库存信息　　B. 共享生产与配送计划信息

C. 共享资金利用信息　　　　　　　D. 共享需求预测信息和共享技术支持信息

2. 简答题

（1）供应链合作伙伴关系的定义和特点是什么？

（2）简述供应链合作伙伴评价选择的流程。

（3）供应链合作伙伴评价选择指标体系建立的原则是什么？

（4）供应链合作伙伴评价选择常用方法有哪些？

（5）评价选择供应链合作伙伴时应遵循哪些原则？

（6）如何维护供应链合作伙伴？

（7）供应链合作伙伴关系管理的含义以及内容是什么？

（8）供应链合作伙伴信息共享的含义及特点是什么？

3. 判断题

（1）供应链合作伙伴关系也就是供应商、制造商、分销商之间的关系，或者称为卖主与买主关系。（　　）

（2）供应链合作伙伴关系与传统伙伴关系相比具有规模大、数量小而精和信息共享等特点。（　　）

(3) 供应链合作伙伴关系发展的主要特征是以产品和物流为核心转向以集成合作为核心。（  ）

(4) 企业的核心竞争力具有价值优越性、差异性、难替代性和可延伸性等特点。（  ）

(5) 供应链合作伙伴关系按照发展时间和发展深度分为合作萌芽关系、合作成长关系、合作成熟关系和合作衰退关系。（  ）

(6) 选择供应链合作伙伴时合作伙伴的数量越多越好。（  ）

(7) 建立供应链合作伙伴关系时应对所有的合作伙伴一视同仁，不应该对合作伙伴划分为不同的类型，进行分级管理。（  ）

(8) 实现供应链合作伙伴间信息共享可以通过多种途径，主要有完善企业信息系统平台、构建第三方系统平台和建立公共平台3种。（  ）

(9) 供应链企业在合作中不存在的利润分配、风险共担、沟通和信任等问题。（  ）

4. 思考题

(1) 供应链合作伙伴关系是否是固定不变的？

(2) 我国企业评价选择合作伙伴时存在哪些问题？

(3) 企业应该怎样建立不同类型的合作伙伴关系？

**案例分析**

## 宝钢集团的供应链合作关系管理[①]

宝钢集团有限公司是以宝山钢铁(集团)公司为主体，联合重组上海冶金控股(集团)公司和上海梅山(集团)公司，与1998年11月17日成立的特大型钢铁联合企业。宝钢集团是中国最具竞争力的钢铁企业，年产钢能力约为2 000万吨，赢利水平居世界领先地位，产品畅销国内外市场。2007年7月，美国《财富》杂志公布的世界500强企业的最新排名中，宝钢集团公司以2006年销售收入226.634亿美元居第307位，在进入500强的钢铁企业中居第6位。这是宝钢集团连续4年跻身世界500强。《世界钢铁业指南》评定宝钢集团在世界钢铁行业的综合竞争力为第3名，认为其是未来最具发展潜力的钢铁企业。在宝钢集团的辉煌中，其供应链合作关系管理也折射着宝钢集团创新管理的光芒。

1. 宝钢集团概况

宝钢集团专业生产高技术含量、高附加值的钢铁产品。在汽车用钢，造船用钢，油、气开采和输送用钢，家电用钢，电工器材用钢，锅炉和压力容器用钢，食品、饮料等包装用钢，金属制品用钢，不锈钢，特种钢材用钢以及高等建筑用钢等领域都用相应的产品。在成为中国市场主要钢材供应商的同时，产品出口日本、韩国、欧美等40多个国家和地区，并保持着先进的技术水平。

宝钢集团采用国际先进的质量管理，主要产品均获得国际权威机构认可。通过BSI英国标准协会ISO 9001认证和复审，获美国API会标、日本JIS认可证书，通过了通用、福特、克莱斯勒世界三大著名汽车厂的QS 9000贯标认证，得到中国、法国、美国、英国、德国、挪威、意大利等国的船级社认可。宝钢集团实施的国际化经营战略，已形成了近20个境外和国内贸易公司组成的全球营销网络，与国际钢铁巨头合资合作，广泛建立战略合作联盟，实现优势互补，共同发展。

在新一轮的发展战略规划中，宝钢集团将更好、更快地实施新一轮跨越式发展战略：到2012年，宝

---

① 邹辉霞. 供应链管理[M]. 北京：清华大学出版社, 2009.

钢集团的钢铁产能将达到 5 000 万吨以上,销售收入大幅提升。建成目标市场品种、规格齐全、产品系列配套、以精品钢材为核心的钢铁生产基地,提升战略产品的综合竞争力,在规模和产品上保持国内"领头羊"地位。努力开拓新的成长空间,提升公司在国内、国际市场上的控制力、产业链影响力和行业带动力。

2. 对上游供应商关系的管理

宝钢集团主要依靠上游的原材料供应生产高技术含量和高附加值的钢铁产品。

对国外供应商,宝钢集团注重建立长期合作关系。例如,2007 年 2 月,宝钢资源公司于澳大利亚弗太斯特金属集团有限公司(FMG)签订了为期 10 年的铁矿石合作协议,随着 FMG 产量的不断增加,该公司每年将向宝钢集团提供 2 000 万吨的铁矿石。2008 年 5 月 28 日,首船装载 FMG 铁矿石的衡山号轮顺利抵达宝钢马迹山港。FMG 首船矿到港仪式的开幕,标志着 FMG 从此开始成为宝钢集团重要的铁矿石供应商。宝钢集团认为,上下游产业链是唇齿相依、互相依赖的共同体,宝钢集团和 FMG 将积极探索互惠共赢、面向未来的合作方式,并不断拓展合作领域,共同抵御市场风险,谋求更大发展。从中不难看出宝钢集团正是以诚信来与国外供应商建立合作伙伴关系的。

对国内供应商,宝钢集团诚信合作,每年举行由会员单位高层领导参与的供应商联合会年度会议,评选优秀的供应商,对供应商关系实施制度化关系。集团按供应商所供物资的重要程度、历史供货能力及业绩,以及与宝钢集团的相互依存关系和供应商知名度等,分别按长期战略合作、一般合作、简单供需来划分合作伙伴关系类型,并从这 3 个层次建立相应的合作关系。战略伙伴关系供应商占供应商总数的 8%,一般合作关系占 32%,简单供需关系占 60%。通过实施末位淘汰、供应商评审、取消中间供应商和代理采购等管理方式,来调整宝钢集团的供应商关系结构(压缩、降级或新增供应商)。

宝钢集团对合作关系制度化管理包括制定供应商选择标准,建立供应商档案,将其基本情况、供应实绩、评审记录等输入计算机,实行动态管理。对供应商评审的量化内容包括业务量、质量、价格、合同履行、服务、生产制造能力、创新能力等。将这些方面量化打分,按 4 个等级(A、B、C、D)评定,作为供应商资格保留,取消和降级层次的主要依据。每年度集中评审,然后再供应商联合会中公布评审结果,其中,A 类供应商多为战略合作伙伴关系(协同型合作关系),D 类则属于末位自动淘汰范围。

3. 供应商合作信用关系构建

宝钢集团十分注重供应商合作信用关系的构建和管理。

宝钢集团与振华造漆厂的进行长期的诚信合作。宝钢集团与振华厂合作推行六西格玛质量管理,极大提高了飞虎卷材涂料的品质;组建实力雄厚的产品服务队伍,实行"全方位、全过程、全天候"服务,实现"零缺陷"质量目标;以信息技术、科学管理进一步优化库存管理和运输规范,配合宝钢集团"零库存"管理模式;依靠科技开发与技术进步,配合宝钢集团流水线提速,打破宝钢集团洋品牌垄断新产品的局面,成为宝钢集团卷材涂料供应商中唯一能提供全系列卷材涂料的企业。振华造漆厂连续多年被宝钢集团评为 A 类供应商,并由一般供需关系上升为战略合作伙伴关系。诚信合作,使振华厂和宝钢集团都取得了良好业绩,实现了双方"共赢"。

远东集团多次获得宝钢集团 A 类供应商荣誉,是宝钢集团最佳合作伙伴之一。在长期的合作中,宝钢集团注重合作信用关系的管理,使双方建立了互动共赢的良好合作关系。远东为宝钢集团提供优良的产品和优质的服务,并将自身的产品与宝钢集团一起建立集中管理、资源共享、优化增值、流程控制、透明规范、协同运作的供应体系,提升了供应配送和现场服务水平。

4. 对下游投资者的关系管理

自宝钢集团上市以来,始终秉承真诚沟通、互动双赢原则。通过投资热线、投资者调研接待、网上业绩发布会、分析师交流会等多种方式,加强与投资者的沟通,促进投资者对公司的了解和认同,使公司价值最大化。同时,宝钢集团积极采纳投资者的合理化意见,改善公司的经营管理和治理结构,提高公司核心竞争力,实现股东价值最大化。宝钢集团与投资者之间良好的沟通关系,满足了投资者的知情权,同时保证了公司运作的公正、透明、效率和质量,赢得了广大投资者的理解和支持,对其资本市场的可持续发展起到了良好的助推作用。2007 年 8 月,由《中国证券报》联合主办的年度中国投资者关系管理评选活动中，宝钢集团荣获2006年度中国最佳投资者关系管理百强奖。2007年度荣获中国质量协会"全国用户满意服务企业"称号。对下游投资者的关系管理，极大地提升了宝钢集团的社会信誉。

5. 重视世界供应链中自身信用关系的管理

宝钢集团也是世界供应链中的最佳供应商之一。宝钢集团的战略目标是成为世界一流的跨国公司，在2010年前钢铁业综合竞争力进入世界前3名。为了实现集团的战略目标，宝钢集团积极开拓国际市场，与国际钢铁巨头合资合作，广泛建立战略合作联盟，实现优势互补，共同发展。2005年8月，宝钢集团首次与韩国和日本合作，为这两国提供宽厚板产品供应，为宝钢集团开拓宽厚板海外市场打下了基础。2006年，宝钢特殊钢分公司成为西门子发电集团不锈叶片钢材料供应商。目前，宝钢集团已成为40多个国家和地区的供应商。在世界级的供应链中，宝钢集团作为供应商非常重视自身信用关系的管理。例如，宝钢集团在首次接到韩国和日本宽厚产品出口订单合同后，为保证订单的时间和质量，宝钢集团组织分公司制造部、销售部、厚板厂等有关部门进行了合理的资源分配，及时编排了轧制计划，同时积极组织船板的船级社认证，快速实现了批量生产。由于长期以来重视自身在世界级供应链中信用关系的管理，宝钢集团的世界级信用等级稳健提升。2004年12月底，标准普尔评价公司宣布将宝钢集团公司的信用评级从"BBB"调升至"BBB+"。2007年10月，标准普尔评级公司宣布：宝钢集团公司和宝钢股份长期信用等级从"BBB+"提升至"A⁻"。评级结果的提升肯定了宝钢集团稳健经营、快速发展的能力。

**讨论题**

（1）分析宝钢集团对其上游供应商关系的管理。

（2）分析宝钢集团对其下游投资者的管理。

（3）分析宝钢集团怎样进行供应链合作信任关系的管理。

# 第9章 供应链绩效评价

【本章教学要求】

| 知识要点 | 掌握程度 | 相关知识 | 应用方向 |
| --- | --- | --- | --- |
| 绩效评价的基本概念 | 熟悉 | 供应链绩效评价的内涵；供应链绩效评价和企业绩效评价的区别 | 供应链绩效评价的基础知识可以指导应用，并且在此基础上才能进一步学习具体的绩效评价方法 |
| 供应链绩效评价的原则 | 熟悉 | 供应链绩效评价的原则 | |
| 供应链绩效评价的作用 | 了解 | 供应链绩效评价在管理活动中的主要作用 | |
| 供应链绩效评价的关键点 | 了解 | 组织绩效、物流、供应商和顾客这4个供应链绩效评价中的关键点 | |
| 供应链绩效评价的指标体系 | 重点掌握 | 供应链绩效评价体系中的具体指标 | |
| 供应链绩效评价体系的实现基础 | 熟悉 | 技术方面和组织方面的供应链绩效评价实现基础 | 运用这两种绩效评价体系，在实际中可以很好地指导绩效评价实践。有的企业把两种或多种绩效评价方法结合使用 |
| 供应链绩效评价体系的建立流程 | 掌握 | 一般供应链绩效评价指标体系的建立流程 | |
| 供应链平衡计分卡 | 重点掌握 | 平衡计分卡的评价角度和具体的评价指标 | |
| 标杆法 | 掌握 | 标杆法的原理和标杆法的实施步骤 | |

续表

| 知识要点 | 掌握程度 | 相关知识 | 应用方向 |
| --- | --- | --- | --- |
| 委托—代理问题 | 了解 | 委托—代理问题中的逆向选择和道德风险问题 | 可结合管理实际用于供应链核心企业对上下游企业的激励 |
| 供应链企业激励的特点 | 了解 | 供应链企业激励的过程和特点 | |
| 供应链企业激励的手段 | 重点掌握 | 具体的激励方法 | |

## Flextronics 公司的供应链绩效管理周期①

电子制造服务(electronic contract manufacturing，EMS)提供商 Flextronics 国际有限公司面临着一个令人激动的、但也具有挑战性的环境。由于 HP 公司、诺基亚公司等高技术独创设备制造商外包战略(original equipment manufacturers，OEMs)的成功，使得 Flextronics 公司的年收入额在三年之后高达 120 亿美元，在这三年之内，公司年增长率超过 50%。然而，当时整个 EMS 行业的订单额正在呈下降趋势，同时，OEMs 依旧在迫切地要求显著降低制造成本和直接材料成本。不幸的是，尽管 Flextronics 公司的采购力经常超过其 OEM 客户，但它却并不能一直取得最低价格的原材料。Flextronics 公司与众不同的 IT 系统导致的采购修订问题使企业很难分辨和纠正价格过高的外包问题，并且难以利用市场上可以获得的最低价格。其原因在于，包括 Flextronics 公司在内，所有最好的 EMS 提供商已经通过兼并比其更小的同行和 OEM 机构获得了控制地位。传统的管理优势表现在产品运输和获取市场机会，而不是表现在流程整合以及整合跨世界范围的、广泛的信息系统网络。

与其他公司一样，Flextronics 公司首要的业务规则是改善交易流程和数据存储。通过安装交易性应用软件，企业同样能快速减少数据冗余和错误。例如，产品和品质数据能够通过订单获得，并且和库存状况及消费者账单信息保持一致。第二个规则是将采购、车间控制、仓库管理和物流等操作流程规范化、流程化。这主要是通过供应链实施软件，如仓库管理系统等实现的，分销中心能使用这些软件接受、选取和运送订单货物。

管理绩效的两种传统的方法是指标项目法和平衡计分卡法。在指标项目法中，功能性组织和工作小组建立并跟踪那些被认为是与度量绩效最相关的指标。但是指标项目法存在很多的局限性。为了克服某些局限性，许多公司采取了平衡计分卡法，虽然概念上具有强制性，但绝大多数平衡计分卡仅作为静态管理"操作面板"实施，不能驱动行为或绩效的改进。Flextronics 公司也被供应链绩效管理的缺陷苦苦折磨着。

1. 供应链绩效管理周期

Flextronics 公司实施供应链绩效管理带给业界很多启示：供应链绩效管理有许多基本的原则，可以避免传统方法的缺陷；交叉性功能平衡指标是必要的，但不是充分的。供应链绩效管理应该是一个周期，包括确定问题、明确根本原因、以正确的行动对问题做出反应、连续确认处于风险中的数据、流程和行动。

---

① 资料来源：中国物流与采购网. 从两个成功案例看如何进行供应链绩效管理. http://old.www.chinawuliu.com.cn/oth/content/200410/200415094.html.

Flextronics 公司认为，定义关键绩效指标、异常条件和当环境发生变化时更新这些定义的能力是任何供应链绩效管理系统令人满意的一个特征。一旦异常情况被确认，就需要知道潜在的根本原因、可采取的行动，以及这种可选择行为的影响。以正确的行动对异常的绩效作出快速的响应是必要的。但是，一旦响应已经确定，只有无缝地、及时地实施这些响应，公司才能取得绩效的改进。这些响应应该是备有文件说明的，系统根据数据、信息以及异常绩效的解决做出不断地更新、调整。响应性行动导致了对异常、企业规则、业务流程的重新定义。因此，周期中连续地确认和更新流程是必要的。

在统计流程控制中，最大的挑战往往是失控情形根本原因的确认。当确认异常时，对此的管理需要能确认这些异常的根本原因。供应链绩效管理应该也能在适当的位置上支持理解和诊断任务。这允许管理迅速重新得到相关的数据，相应地合计或者分解数据，按空间或者时间将数据分类。

2. Flextronics 公司的成功案例

Flextronics 公司的成功，确认了供应链绩效管理作为供应链管理的基础性概念和实践的力量和重要性。

Flextronics 公司使用了供应链绩效管理的方法，使它能确认邮政汇票的异常情况，了解根本原因和潜在的选择，采取行动更换供应商、缩减过度成本、利用谈判的力量。绩效管理的方法包括了实施基于 Web 的软件系统加速供应链绩效管理的周期。Flextronics 在 8 个月的"实施存活期"中节约了几百亿美元，获得了巨大的投资回报。

Flextronics 公司根据邮政汇票信息连续比较了合同条款和被认可的卖主名单，如果卖主不是战略性的或者订单价格是在合同价格之上的，系统就提醒买方；另一方面，如果邮政汇票价格是在合同价格之下的，系统就提醒货物管理人员可能的成本降低机会。向接近 300 个使用者传递的邮件通告中包含了详细绩效信息的 Web 链接和异常情况的总结。

Flextronics 公司的管理人员随后使用系统了解问题和选择方案。管理人员评价异常情况并且决定是否重新谈判价格，考虑备选资源或者调整基于业务需求的不一致。同样，采购经理分析市场状况、计算费用，然后通过商品和卖主区分成本解决的优先次序。在供应链绩效管理周期开始之前或者周期进行中，Flextronics 公司确认数据、流程和行动的有效性。当实施绩效系统时，Flextronics 公司建立指标和界限，并且保证数据的质量和合时性。通过使用绩效管理系统，Flextronics 公司已经能通过资本化各种机会节约成本并获得竞争优势。

**讨论题**

（1）如何理解一个完整的供应链绩效管理周期？

（2）通过这个案例，你认为绩效评价的作用有哪些？

（3）除了平衡计分卡法，还有哪些供应链绩效评价体系？

进行任何工作，都需要对工作的效果进行评价。供应链管理作为一项综合性和复杂性很强的管理活动，更需要一个特定的绩效评价系统，以使供应链企业能够判断既定的目标是否能实现，并以一种发展的、科学的、全面的角度分析和评价供应链的运营绩效。在世界范围内，成功的企业都非常注重绩效评价工作，这些公司的管理者一致认为卓越的合作和竞争优势都依赖于恰当的绩效评价。

供应链绩效评价与供应链企业激励紧密相连，对成员企业的绩效评价之后，还应该根据供应链的运行要求，对供应链成员企业进行恰当的激励。

## 9.1 供应链绩效评价概述

### 9.1.1 供应链绩效评价的概念

**1. 供应链绩效评价的内涵**

从语言学的角度来讲,绩效的含义是进行的某种活动或者已经完成的某种活动而取得的成绩与效益,既可以看做一个过程,也可以看做是该过程产生的结果。但若把它引入科学评价范畴,还必须规定它的具体的科学内涵,以反映它的本质属性。从这个角度讲,绩效是指人们从事实践活动过程中所产生的、与劳动耗费有对比关系的、可以度量的、对人类有益的结果,其内涵如下所述。

(1) 客观性。绩效必须是客观存在的、人们实践活动的结果。

(2) 效果性。绩效必须是产生了实际作用的结果。

(3) 主、客体关联性。绩效必须体现一定的主体与客体的关系,是主体作用于客体所表现出来的结果。

(4) 可对比性。绩效必须体现投入与产出的对比关系。

(5) 可度量性。绩效的度量是比较复杂的,它虽然不像长度、重量那样可以度量得非常精确,但它必须是可以度量、可以用量值表示的,否则,对绩效的评价也就失去了意义。

绩效评价过程如图9.1所示。

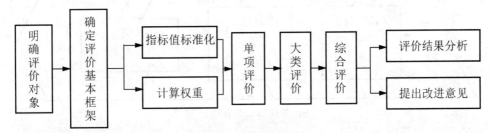

**图9.1　绩效评价过程**

从价值角度考察供应链绩效,其含义为供应链各成员通过信息协调和共享,在供应链基础设施、人力资源和技术开发等内外部资源的支持下,通过物流管理、生产操作、市场营销、客户服务、信息开发等活动增加和创造的价值。

本书将供应链绩效评价定义为围绕供应链的目标,对供应链整体、各环节(尤其是核心企业运营状况以及各环节之间的运营关系等)所进行的事前、事中和事后分析评价。从着眼点来看,供应链的绩效评价应服务于供应链的目标;从客体来看,应包括供应链整体及各组成成员;从空间来看,涉及内部绩效、外部绩效和供应链综合绩效;从内容来看,涉及反映运营状况和运营关系的各种指标;从时间来看,包括事前、事中和事后评价。

**2. 供应链绩效评价和企业绩效评价的区别**

现行的企业绩效评价体系侧重于评价单个企业,评价的对象是单个职能部门或者员工,其评价指标具有以下特点。

（1）现行的企业绩效评价指标主要来源于财务指标，在时间上存在滞后性，是静态的，不能反映供应链动态的运营情况。

（2）现行的企业绩效评价体系侧重于评价工作完成的情况，不能对供应链的业务流程作出评价。

由此可见，供应链绩效评价与传统的企业绩效评价有着本质上的不同，评价供应链的运营绩效，不仅要评价核心企业的绩效，还要考虑该企业的绩效对上下层企业或整个供应链的影响等。

一个好的供应链绩效评价体系应该能恰当地反应供应链整体的运营情况和上下节点间企业的运营状况。例如，如果孤立的对供应链中的某一供应商进行评价，那么肯定是价格越低越好，但是如果考虑到这种低价格的原料可能降低产品质量、提高生产成本，从而导致供应链整体的利益受损，那么这个供应商就不再是一个恰当的选择。

传统的企业绩效的评价思想主要是基于部门职能的，不适用于评价供应链绩效，如图9.2(a)所示。供应链绩效评价指标则是基于业务流程，如图9.2(b)所示。

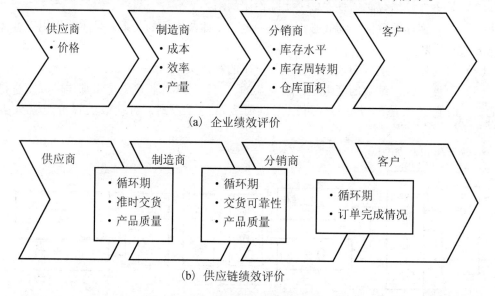

图9.2 企业和供应链绩效评价

**3. 供应链管理思想下绩效评价体系的改变**

从单个企业的竞争转变为供应链整体的竞争，很多企业都意识到供应链管理的潜力，但是传统的绩效评价中重视单独职能部门的思想是很难对供应链生产力有推动作用的。供应链绩效评价体系的改变主要体现在以下两个方面。

（1）对成本绩效的要求没有改变，时间、地点、柔性变成关注的中心。

（2）随着供应链的增值点从大批量生产的规模经济转向客户化大量生产的范围经济，供应商和客户在增值链中的作用越来越大，与此相伴的是原始设备制造商的增值作用降低了。所以，现阶段的供应链绩效评价应侧重于流程评价、核心企业与上下游的关系评价，并且应着重评价供应商和客户服务的表现。

传统的企业绩效指标侧重于成本指标，评价指标内部的系统性不足。虽然不论管理思想如何变革，利益最大化都是企业经营的主要目标，但是单纯的财务指标已无法满足实际操作的需要，现行的绩效评价体系更加具有系统性，并与供应链的战略思想保持一致。

## 9.1.2 供应链绩效评价的原则和作用

1. 供应链绩效评价的原则

随着 SCM 理论地不断拓展、SCM 实践地不断深入，为了能科学地反应供应链营运的客观情况，必须考虑制定一套与之相适应的供应链绩效评价方法，并给出相应的指标体系。实际上，可以进行评价的指标几乎是无穷无尽的，供应链绩效评价的规模也是可大可小的。在实际操作中，为了在效率和成本间达成平衡，为了兼顾传统的会计指标和动态流程指标，为了通过这些具体的评价指标制定决策、寻找发展瓶颈、评价成员企业，为了建立有效的绩效评价体系，对供应链绩效作出客观、公正、科学、合理的评价，应该遵守以下几个原则。

（1）绩效评价应该突出重点，锁定关键绩效指标，并运用数学或信息工具进行重点分析。

（2）应采用能反映供应链业务流程的指标。

（3）评价指标不仅要反映单个企业的运营状况，还要能反映供应链子系统和供应链整体的运营状况。

（4）尽可能地采取实时评价的方法，因为这样比仅做事后分析更有意义。

（5）必须确保供应链绩效评价的目标和供应链整体的战略目标保持一致，否则就不会对战略目标有任何贡献。

（6）应选择支持战略的绩效指标。

（7）任何供应链的最终目的之一都是使客户满意，为了满足客户真正的需求，管理者需要明白这些需求是什么，并从客户的角度对供应链绩效有一个清晰的认识。

2. 供应链绩效评价的作用

大型供应链企业，如戴尔公司、联合利华公司等，都非常重视供应链的绩效评价。这些公司的管理者一致认为卓越的合作和竞争优势都依赖于恰当的绩效评价。绩效评价在管理中具有以下几个方面的作用。

（1）供应链绩效评价提供了对增值流程属性的洞察和认识，管理者在没有认真和正确地进行绩效评价前，是不能充分理解一个流程的。

（2）供应链绩效评价塑造了行为，引导了结果，对员工和供应链成员来说，绩效评价比沟通、培训或其他管理行为更为重要。

（3）供应链绩效评价还为供应链在市场中生存、组建、运行的相关决策提供必要的依据，并且管理者需要通过绩效评价了解整个供应链的运营状况，找出供应链运作方面的不足，及时采取纠正措施。

（4）供应链绩效评价一方面用于对供应链中的成员企业做出评价，激励优秀企业、剔除不良企业、吸引新的合作伙伴；另一方面用于对供应链内企业与企业之间的合作关系作出评价。

## 9.1.3 供应链绩效评价体系的特征

为了能在众多评价指标中制定最有效率的评价体系,需要了解一个良好的供应链绩效评价体系所具有的特征。对于一个良好的供应链绩效评价体系的标准框架,应具有 10 个特征,如表 9.1 所示,各特征的具体含义如下所述。

表9.1　良好的供应链绩效体系标准框架

| 特　征 | 具体描述 |
| --- | --- |
| 可量化 | 测量指标可以表现为一种客观价值 |
| 易于理解 | 能够让操作人员理解评价的是什么以及如何进行评价 |
| 能够引导正确的行为 | 绩效评价促使产生能够获得回报的建设性行为,消除"非合理行为" |
| 可视 | 对流程评价的结果是显而易见的 |
| 可定义 | 可以为所有参与者(内部和外部)定义 |
| 涵盖了投入产出等各个方面 | 绩效评价结合了供应链流程的所有方面 |
| 衡量了重要方面 | 集中在对流程管理具有现实价值的关键绩效指标 |
| 多维度 | 能够实现在利用率、生产率和绩效之间的均衡 |
| 经济性 | 评价带来的收益大大超过了数据收集和分析所产生的代价 |
| 能够促进信任与合作 | 评价推动了各方面的参与 |

(1) 可量化。供应链评价指标中分为定性指标和定量指标,可量化的指标一方面在操作性上具有优势,一方面也更客观,如一个物流承运商运送一百次货物只失误一次就可以评为优秀。

(2) 易于理解。该特征与"可定义"特征密切相关。

(3) 能够引导正确的行为。绩效评价体系的一个基本原则就是绩效评价能引导正确的行为。如果一个仓库管理员以立体空间利用情况为衡量标准,他一定会把仓库堆得满满的,这就会造成存货成本增加,降低库存周转率,这样的评价指标就不能引导正确的行为,就是值得商榷的。

(4) 可视。一个好的评价体系应该能让使用者容易使用、容易理解、容易观察。

(5) 可定义。事实表明,当人们参与到定义、计算和评价的过程中时,他就可以更深入地理解绩效评价体系。例如,供应链中常用的一个评价指标"及时配送"就是一个常被误解的指标,这种不一致的理解经常发生在运输商和客户之间,如果受评价体系影响的所有参与者都能参与到评价的过程中,这个指标就容易得到互相理解。

(6) 涵盖了投入产出等各个方面。评价供应链流程需要把原因和结果等因素整合到计算和评价的过程中。例如,及时配送率的降低有可能缘于延迟分拣,也有可能因为生产终端的问题。

(7) 衡量了重要方面。供应链运作每天会产生大量的数据,如果仅仅依据可得的数据进行衡量就失去了重点。有的数据可得却并不关键,有的数据很关键,但需要特意搜集,所以,应该首先决定什么是关键的,然后再去搜集数据,而不是根据哪些数据可得就评价哪些方面。

(8) 多维度。单个评价指标可能不是多维的，但是评价体系一定要是多维的，这就是很多企业为什么要运用平衡计分卡和战略矩阵管理的原因，这些体系均衡的反映了生产率、利用率及绩效。

(9) 经济性。企业和供应链整体是否从绩效评价中获得了真正的收益，而不是仅仅产生了成本。为了收集绩效评价中运用的数据往往要耗费大量的时间和金钱，所以，评估绩效评价为企业带来的远期效益就变成了必要之举。

(10) 能够促进信任与合作。一个良好的供应链绩效评价体系还有一个重要的特征就是"能够促进信任与合作"，如果一个供应链绩效评价体系符合了上述9个特征，这个特征也就容易达成了。

## 9.2 供应链绩效评价的指标体系

### 9.2.1 供应链绩效评价的层次

供应链绩效评价的指标体系非常繁杂，可以进行评价的指标数量较多，所以，首先把握大的方向就可以更好的理清评价的思路。一般而言，进行供应链绩效评价可以从以下3个方面考虑。

(1) 企业内部绩效的衡量。内部绩效主要指供应链企业内部的绩效，常见的指标有成本、质量、客户满意度和生产率等。

(2) 企业间绩效的衡量。企业间绩效主要是一些基于流程的评价指标，对供应链中企业之间的运行状况和合作关系进行评价，常见的指标有客户满意度、交付可靠性和准时交付率等。

(3) 供应链整体绩效的衡量。现今的市场竞争早已是供应链间的竞争，这就要求提出一些能从整体审视供应链绩效和效率的评价指标。如果缺乏从整体、综合的角度衡量供应链的绩效，就会出现供应链上下游对产品和客户服务的想法完全背道而驰的现象，综合指标提出研究的时间相对较短，现阶段主要从客户满意度、柔性、资产和创新等几个方面展开。

### 9.2.2 供应链绩效评价的关键点

不论是设计供应链、管理供应链还是评价供应链，都必须强调组织的协调性、供应商的选择、物流系统的高效准确性和客户的满意度。本节分别从组织绩效、供应商、物流和客户4个方面介绍进行供应链绩效评价时应该注意的关键点。

1. 组织绩效

供应链设计的过程中，在构建供应链组织结构的基础上，提高供应链组织绩效对提高整体绩效是非常重要的。组织绩效的评价应该注意以下几个方面。

(1) 柔性。柔性是指供应链对内部或外部干扰导致的变化所能做出的调整范围的能力。传统的单独企业之所以无法适应当今的市场环境，很大一部分原因就是因为柔性的缺乏，如"牛鞭效应"的产生就是与柔性的缺乏密切相关的。供应链这种组织形式就是为了提高对客户的服务水平，及时满足客户的各种要求。

在评价指标上，可以具体地评价供应链的生产柔性、物流柔性、客户服务柔性等。为了提高柔性，除了良好的组织结构，还需要 EDI、ERP 等信息技术的支持，以加速信息在供应链上传播和共享的速度。

(2) 集成度。供应链式企业以集成的形式存在，在这样的形式中，企业的优势资源可以共享、缺陷可以互补，充分地提高整体利益。供应链的集成度指供应链企业信息的集成度、物流的集成度和管理的集成度。集成度的高低关键在于信息的集成度和管理的集成度，即供应链应该形成信息中心和管理中心。

(3) 协调性。供应链作为一个整体参与到市场竞争中，供应链中的企业又是一个单独的利益个体，所以，供应链的协调比企业中不同部门的协调更加复杂。供应链中的协调主要包括利益协调和管理协调。在供应链构建时，就应该明确企业间的利益分配规则。管理协调则要求适应供应链组织结构的计划和控制管理以及信息技术的支持，共同协调物流、信息流的有效流动，提高供应链柔性，降低管理成本，提高供应链的整体竞争实力。

(4) 稳定性。供应链应该具有相对的稳定性，如果供应链成员和组织结构变动过多，就会影响供应链的协调性和集中度。影响稳定性的因素是供应链中的企业和供应链的结构。

2. 供应商

有效的采购与供应管理可以为大多数现代企业的成功做出显著贡献。有效采购被定义为做到 5 个"合理"，即以合理的价格、合理的质量、合理的数量、合理的时间和合理的资源获得产品、货物和服务。在这 5 个要素中，选择合适的供应商是采购过程的关键。评价供应商可以从以下几个方面进行。

(1) 采购提前期。这是一种有效考虑整个供应链经营状况的全面指标。过长的采购提前期涉及很多方面，如过长的调整准备期、频繁的停机时间、不可靠的供应商、过长的运输时间，以及大规模存货等一系列的问题。

(2) 供应商柔性。供应链的运行处于不确定的环境中，当客户需求、市场形势发生改变时，供应商的柔性就成了其生存的关键。提高柔性可以提高客户满意度，增加应变能力，减少错过机会的可能性。

(3) 采购成本。成本是传统绩效评价中非常重要的部分。从供应链整体运营的角度出发，采购过程中发生的成本一般包括供应链通信成本、供应链库存费用和各节点企业外部运输总费用。

3. 物流

物流的改进对于提高整个供应链的客户满意度、减少库存水平、降低运输成本都有极大地推动作用。对物流系统绩效的评价应该关注以下几个方面。

(1) 物流速度。物流速度的评价包括物流业务中相关行为的数据传输速度、计划更新速度和物流执行速度。

(2) 物流的柔性。对客户需求变动的应变能力，以及对客户定制化、运输要求变动处理的能力。

(3) 物流的可视性。物流的可视性描述的是供应链中共享物流信息的程度。这样做的目的是提高供应链的整体运作透明度，消除由于信息不透明而引起的物流中断及其他问题。

物流的可视性一般分为企业内和企业外两个方面，企业内部的重要部门可以看到物流调度计划可以方便为客户提供更好的服务；供应链企业之间的可视性可以使企业能及时地掌握供应链的运营情况，主动做好相应的生产计划调整、物流计划调整等工作，从而提高整个供应链的绩效。

4. 客户

供应链对客户提供的服务应该包括在客户需要时，在客户需要的地点，提供合适的、可购买的产品。对客户服务的评价一般集中在可用性、时间和满意度等3个方面。

（1）可用性。这一方面主要考察物流系统完成订单的能力和比率。当缺货发生时，客户会去别的地方做出替代的购买选择，或者改做延期交货。

（2）时间。时间的评价强调的按时交付和周期时间。产品的按时交付在采购、生产、销售等供应链的各个环节中都是至关重要的，在上述任何一个流程中的延迟交付都会影响整条供应链的成本和客户服务。周期时间描述了从订单接收到订单交付的整个时间长短，周期时间的缩短无疑会增加供应链的柔性和企业应对客户需求变化的能力。

（3）满意度。客户服务一般而言关注的是客户满意度和客户抱怨。客户满意度是比较传统的评测方式，最近的研究表明，倾听那些对产品和服务不太满意的客户的说法是一个更加真实地评测客户满意度的方式。

## 9.2.3 供应链绩效评价的具体指标

在评价工作中，被评价对象往往是一个由多种因素构成的系统。因此，评价指标也是多种多样的、相互关联的，这些相互关联的评价指标所构成的指标系统就是评价指标体系。评价指标体系中，指标的联系是由系统本身各要素间的关系和评价目的所决定的。按不同的标准划分，评价指标可以分为多种类型，如数量指标、质量指标等，各类指标的具体含义不同，其应用范围也不同，在形成指标体系时应注意不同类型指标的综合应用，以便全面、客观地反映被评价对象。

反映整个供应链运营的绩效评价指标，应综合考虑指标评价的客观性和实际可操作性，常用的有以下7个评价指标，各指标具体含义如下所述。

1. 产销率指标

产销率是指在一定时间内已销售出去的产品数量与已生产的产品数量的比值，具体公式为

$$产销率 = \frac{已销售出去的产品数量(S)}{已生产的产品数量(P)} \tag{9.1}$$

该指标反映供应链在一定时间内的产销经营状况，其时间单位可以是年、月、日。随着SCM水平的提高，时间单位可以取得越来越小，甚至可以做到以天为单位。该指标也反映供应链资源(包括人、财、物、信息等)的有效利用程度，产销率越接近1，说明资源利用程度越高。同时，该指标也反映了供应链库存水平和产品质量，其值越接近1，说明供应链成品库存量越小。

2. 平均产销绝对偏差指标

平均产销绝对偏差是指在一定时间内，所有节点企业已生产的产品的数量与其已销售

的产品数量之差的绝对值之和的平均值,具体公式为

$$平均产销绝对偏差 = \frac{\sum_{i=1}^{n}|P_i - S_i|}{n} \tag{9.2}$$

公式(9.2)中,$n$ 为供应链成员企业的个数;$P_i$ 为第 $i$ 个成员企业在一定时间内生产产品的数量;$S_i$ 为第 $i$ 个成员企业在一定时间内已生产的产品销售出去的数量。

该指标反映在一定时间内供应链的总体库存水平,其值越大,说明供应链成品库存量越大,库存费用越高。反之,说明供应链成品库存量越小,库存费用越低。

3. 产需率指标

产需率是指在一定时间内,成员企业已生产的产品数量与其上层成员企业(或客户)对该产品的需求量的比值,具体分为以下两个指标。

(1) 供应链成员企业产需率,具体公式为

$$供应链节点企业产需率 = \frac{成员企业已生产的产品数量}{成员企业对该产品的需求量} \tag{9.3}$$

该指标反映上、下游节点企业之间的供需关系。产需率越接近1,说明上、下游节点企业之间的供需关系越协调,准时交货率越高;反之,则说明下游节点企业准时交货率低或者企业的综合管理水平较低。

(2) 供应链核心企业产需率,具体公式为

$$供应链核心企业产需率 = \frac{一定时间内核心企业已生产的产品数量}{一定时间内用户对该产品的需求量} \tag{9.4}$$

该指标反映供应链整体生产能力和快速响应市场的能力。若该指标数值大于或等于1,说明该供应链整体生产能力较强,能快速响应市场需求,具有较强的市场竞争能力;若该指标数值小于1,则说明供应链生产能力不足,不能快速响应市场需求。

4. 供应链产品出产(或投产)循环期或节拍指标

当供应链成员企业生产的产品为单一品种时,供应链产品出产循环期是指混流生产线上同一种产品的出产间隔。由于 SCM 是在市场需求多样化经营环境中产生的一种新的管理模式,其成员企业(包括核心企业)生产的产品品种较多。因此,供应链产品出产循环期一般是指成员企业混流生产线上同一种产品的出产间隔期。它可分为如下两个具体的指标。

(1) 供应链成员企业(或供应商)零部件出产循环期。该循环期指标反映了成员企业库存水平及对其上层节点企业需求的响应程度。该循环期越短,说明该成员企业对其上层成员企业需求的快速响应性越好。

(2) 供应链核心企业产品出产循环期。该循环期指标反映了整个供应链的在制品库存水平和成品库存水平,同时也反映了整个供应链对市场或客户需求的快速响应能力。核心企业产品出产循环期决定着各节点企业产品出产循环期,即各成员企业产品出产循环期必须与核心企业产品出产循环期合拍。该循环期越短,说明整个供应链的在制品库存量和成品库存量都比较少,总的库存费用都比较低;另一方面也说明 SCM 水平比较高,能快速响应市场需求,并具有较强的市场竞争能力。

5. 供应链总运营成本指标

供应链总运营成本包括供应链通信成本、供应链总库存费用及各节点企业外部运输总费用,反映供应链运营的效率。具体分析如下所述。

(1) 供应链通信成本。供应链通信成本包括各节点企业之间的通信费用，如 EDI、Internet 的建设和使用费用、供应链信息系统开发和维护费等。

(2) 供应链总库存费用。供应链总库存费用包括各节点企业在制品库存和成品库存费用、各节点之间在途库存费用。

(3) 各成员企业外部运输总费用。各成员企业外部运输总费用等于供应链所有成员企业之间运输费用总和。

6. 供应链核心企业产品成本指标

供应链核心企业的产品成本是 SCM 水平的综合体现。根据核心企业产品在市场上的价格确定出该产品的目标成本，再向上游追溯到各供应商，确定出相应的原材料、配套件的目标成本。只有当目标成本小于市场价格时，各个企业才能获得利润，供应链才能得到发展。

7. 供应链产品质量指标

供应链产品质量是指供应链各节点企业（包括核心企业）生产的产品或零部件的质量。主要包括合格率、废品率、退货率、破损率、破损物价值等指标。

## 9.3 供应链绩效评价方法

### 9.3.1 供应链绩效评价体系和评价方法概述

供应链绩效评价体系的重点不仅是建立一个绩效评价体系，更为重要的是建立绩效评价体系得以运作和分析的平台，让绩效评价体系变成一个切实可用的管理工具。本小节介绍了供应链绩效评价体系的实现基础和建立供应链绩效评价体系的具体方法步骤，以及常用的几个供应链的绩效评价方法。

1. 供应链绩效评价体系的实现基础

供应链的主要核心参与人能够在一定的共识下达成合理正常的运作流程和经营战略框架，绩效评价就能够在较好的范围内进行。达到有效供应链运作的基础包括两个层面。

(1) 技术层面。所谓技术层面就是在供应链企业运营信息系统、生产运作系统集成化，以及 EDI 等先进技术的采用方面。技术层面同时包括产品服务设计体系。在跨供应链的信息集成系统中，供应链的信息（产品、运输、电传、文本）都可以较为顺利地传递到各个节点企业的相关决策点，同时共享的信息系统在整个供应虚拟网链中起到了神经作用，使得整体得以协调和统一。

(2) 组织层面。组织层面就是供应链企业之间的人力、无形智力资源、管理组织结构的无缝嵌合，以及企业文化的彼此融合。从博弈论角度来看，每一个经济个体都是为自身的利益而与其他实体进行博弈（交易），选择对自己最优化的博弈结果。但是由于信息的不对称，或者参与人的不同意识而导致零和博弈结果的出现。供应链企业之间的关系正是一连串的博弈交易过程的集合，必须考虑的是每一个个体在交易过程中总是以单一的交易利益为重，必然会导致整个供应链在收益上大受亏损。所以，供应链成员能够在各个方面尽可能的传达有效"信息"（非技术信息，而是交易信息），那么供应成本/交易成本会因为彼此的共同改进而达到整体的改进。这也就是供应链总成本能够在实践中得以运用一个重要因素。组织层面上供应链参与人通过彼此的人事渗透或是组织的彼此互补来达到隐性信息的交流，增加彼此的信任和共识。

在这两个基础上,供应链绩效的信息不但在战术上能够得到控制,在战略上也可以得到反馈。所以,供应链绩效评价系统在整个供应链范畴内可以设计为一种绩效战略。在绩效战略的前提下,以提高供应链绩效为远景,整合供应链绩效为目的,以供应链共同的发展为导向,建立基于流程的绩效改进机制。

2. 供应链绩效评价体系的建立

基于流程建立供应链绩效评价体系,有助于评价体系在各自的流程范围内发挥作用。绩效评价体系本身就是一个收集、整合、交流资料的过程和准则,在整个供应链关键的绩效方面,有效地分析问题,并用这种分析结果指导实际的运作。绩效评价体系设计总框架模型如图9.3所示。

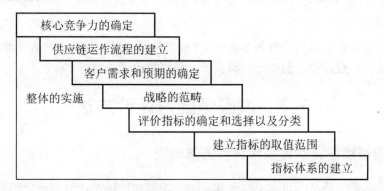

图9.3 绩效评价体系设计总框架模型

供应链环境中的绩效评价体系的建立需要经历以下过程。

(1) 首先就是确定对供应链核心竞争力的发掘和培养,这对于供应链运作和管理至关重要的。如果供应链成员能够将自己视为供应链运作中的成员,这一点就比较容易做到。

(2) 每一个供应链的竞争力是不同的,由确定竞争力的过程,就可以确定供应链的属性、方式、内在资源的配置和供应链运作的流程。

(3) 建立供应链的客户化评价角度,就可以从客户的需求角度确定供应链运作的方向和出发点,从而以客户为导向进行运作。

(4) 确定战略范畴的实施步骤中,必须将目标进行分解,使之与相应的流程对应,以求证目标和绩效产生的根源。供应链中必须求证目标和各个伙伴企业目标之间的联系和内在因果关系。

(5) 评价指标的确定、选择和分类中最重要一点就是需要供应链成员一起共同协商确定合适的评价指标。

(6) 确定这些指标的取值范围是最后一步,这涉及各个企业实际利益和责任的大小,如何协调处理是一件非常困难的事情。

(7) 指标体系实施的步骤是和其他步骤并行处理的,这样一来供应链绩效评价系统在实施过程中就可以进行实时地改动,使之更为有效地运行和提供反馈。

这一流程的前4步主要考虑了供应链的特征和评价要求,后3步则在绩效评价指标体系上进行了探讨。

**阅读链接**

### 3Com 公司的绩效管理

自从 1979 年 3Com 公司成立和创建以太网标准以来，3Com 公司具有前瞻性的渗透性网络理念，受到了全世界的广泛认同和支持，其全球渠道合作伙伴已超过五万多家。

2003 年，3Com 公司开始开发一套利用绩效管理帮助企业竞争战略执行的方法。3Com 公司将销售、市场、产品管理、研发和供应链运作集中在一起，支持所有产品线。3Com 公司希望开发出一个基础架构，让企业各职能部门领导者都能够协调组织活动和优先要务与整体企业目标相一致，监督关键绩效指标，及时提供信息，以更好地做出决策与反应。

3Com 公司建立了一个项目团队，同时组织了一个跨职能指导委员会，以提供执行监督。在项目开始之前，3Com 公司就制订了重大的战略计划。公司首席信息执行官兼指导委员会主席艾瑞铂斯（Ari Bose）表示："我们想确保公司具有清晰定义且大胆且有前瞻性的竞争战略。只有职能部门领导者清楚地了解了公司的战略，才能依据战略执行。"

3Com 公司的竞争战略制定之后，便开始专注于协调各个职能部门。公司利用平衡计分卡的框架，要求各个职能部门依据财务、内部（运作）、客户、创新和学习（人员）4 个方面，设定行动与绩效评价指标。各个职能部门的目标与行动都必须以支持企业整体战略为前提，关键的提案也是从企业整体目标衍生出来的。举例来说，服务部门有一项提案，提升支持 3Com 公司重新进入一个细分市场的能力，而运营部门有一项提案，需要制造业务外包给合同制造伙伴。每个职能部门的平衡计分卡汇总在一起，就形成了 3Com 公司的全球整体运作计分卡。

接下来，供应链组织需要选择一套绩效指标体系，既要对业务流程的关键绩效进行评估，以支持业务目标，同时还需要逐层细化绩效指标，对职能部门的绩效进行评估，包括交货可预测性、缺货率、订单周期、退货授权（Return Material Authorization，RMA）、自动流失率、供应链成本等，其中供应链成本可进一步分解为物流成本、管理费用和期间费用。

现在，3Com 公司每一位主管的办公室电脑上都有一份全球整体运作计分卡，主管们每天利用这份计分卡监督公司整体绩效及职能部门绩效。在每周的主管例会上，各个职能部门轮流汇报，内容包括计分卡的总结及调整各更新相关的关键提案，以确保职能部门的运作与公司整体目标相一致。"这样确实实能帮助公司的供应链组织更专注于最关键的事项，"3Com 公司供应链运作副总裁吉姆蒂克纳（Jim Ticknor）指出，"更有益的是，还帮助了整体团队了解团队自身的活动与决策如何影响到公司的其他领域。"

（资料来源：[美]肖尚纳·柯恩，约瑟夫·罗塞尔. 战略供应链管理：供应链最佳绩效管理原则[M]. 汪蓉，等译. 北京：人民邮电出版社，2006.）

3. 供应链绩效评价方法概述

建立在绩效评价指标基础上的体系模型，对于精确地进行绩效评价和控制尤为重要。供应链绩效评价是一项比企业绩效更加复杂的系统工程，简单的指标组合不能正确反映企业的绩效水平，单一企业的绩效评价不能反映供应链的绩效水平，必须采用合理的体系构架。

在供应链绩效评价体系研究方面，产生了大量的研究成果。为了能够更加清晰地描述供应链绩效评价方法，下面将简要介绍其中 4 个。

（1）供应链平衡计分卡（Balanced Score Card，BSC）最初被定义成企业的业绩衡量工具，经过十多年的发展和演化，到今天它已经和企业战略紧密结合在一起，成为战略执行的有效工具。

（2）标杆法（benchmarking）又称基准法，是一种已具有很多成功实践的绩效管理工具，近年来又被广泛的应用于供应链绩效评价中。标杆管理可以作为企业业绩提升与业绩评估的工具，标杆管理法通过设定可达到的目标来改进和提高企业的经营绩效。标杆管理法还是一种辨别世界上最好的企业实践并进行学习的过程，通过辨别行业内外最佳企业业绩及其实践途径，企业可以制定业绩评估标准。然后对其业绩进行评估，同时制定相应的改善措施。

（3）SCOR 是由供应链协会开发，适合不同工业领域的供应链参考模型。在此模型中，供应链协会提出了度量供应链绩效的 11 项指标，这些指标包括交货情况、订货满足情况（包括满足率和满足订货的提前期）、完美的订货满足情况、供应链响应时间、生产柔性、总物流管理成本、附加价值生产率、担保成本、现金流周转时间、供应周转的库存天数和资产周转率。供应链协会的许多成员企业都在使用该评价指标体系。

（4）供应链管理成熟度（supply chain management maturity）的主要作用之一就是分析供应链的管理绩效，以及管理投入所带来的效率、效益和效能。供应链管理成熟度是供应链绩效评价体系的组成部分，通过建设和纳入供应链管理成熟度这一指标，能够有效补充和完善供应链绩效评价体系，得出制约整个供应链运营的关键因素，从而为供应链的动态优化提供依据，同时为供应链绩效评价体系进行指标的选取和权重的分配提供参考。

在一个管理层次上，供应链管理成熟度应用管理结构、管理策略、管理环境 3 个方面的指标来形成一个具有增值能力的指标体系。管理结构包括组织结构、权力结构、工作流程结构、产品流设施结构、信息流设施结构、风险与回报结构；管理策略包含规划与控制方法、管理方法；管理环境包含文化和态度。

供应链管理成熟度可用管理回报率（Return Of Management，ROM）量化表示，ROM 体现了管理价值，计算方式为释放的生产性组织能量除以投入的管理时间和精力。

供应链管理成熟度从不同侧面，全方位、多角度地反映了作为供应链管理体系的信息集成、知识集成和过程集成的程度。因此，供应链管理成熟度可以作为一项综合的评价指标来反映供应链的整体绩效。

## 9.3.2 供应链平衡计分卡

### 1. 供应链平衡计分卡概述

供应链运作需要有强大的、彼此互相支持的评价体系，用以满足综合评价的需要。在实际操作中，人们希望平衡运作各个方面的绩效指标，能够同时反映供应链整体战略执行情况，从而体现集成、跨流程指标和诊断性指标之间的相互作用，着重强调企业战略在绩效评价中所扮演的角色。

20 世纪 90 年代初，哈佛商学院的 Robert S. Kaplan 教授和诺朗诺顿研究所所长 David P. Norton 研究了在绩效测评方面处于领先地位的 12 家大型企业，在其成功经验基础上，从财务层面、客户层面、内部经营过程层面、学习和成长层面等 4 个层面构建了一个完整的评价考核体系——平衡计分卡。平衡计分卡的出现，改变了从前财务指标一统天下，绩效指标极端失衡的状况。

平衡计分卡最初被定义成企业的业绩衡量工具，经过十多年的发展和演化，到今天它已经和企业战略紧密结合在一起，成为战略执行的有效工具。国外对 BSC 的研究与应用始于 90 年代初期的美国，它是在经济全球化、市场竞争日趋激烈、产品生产客户化、信息技术不断发展这一历史背景下提出和发展起来的。

平衡计分卡是从多角度入手，应用一系列绩效考核指标，对企业经营思想的系统化表达。BSC 模型从 4 个角度来评价组织的绩效：财务、客户、内部业务流程及革新与增长角度。

(1) 财务的角度：为了让股东满意，企业应该取得财务上的成功。
(2) 客户的角度：让客户满意是整条供应链共同努力的目标之一。
(3) 内部业务流程角度：为了让股东和客户满意，业务流程应保持高效、顺畅。
(4) 革新与增长角度：为了达到供应链组织的共同目的，企业应该如何保持革新和学习的能力。

BSC 绩效考核体系的基本框架如图 9.4 所示。

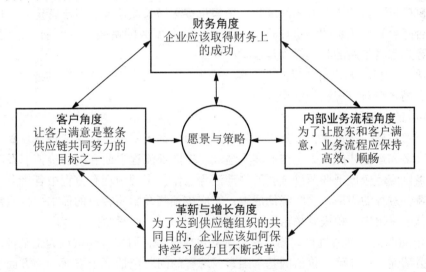

图 9.4　BSC 绩效考核体系的基本框架

2. 供应链平衡计分卡的评价角度

本节分别从各个评价角度出发，提出了一些指标实例，用以反映 BSC-SC（平衡供应链计分卡）在各个角度的目标和任务。这些指标是不全面的，对于特定的供应链运作还缺少很多，大多数 BSC-SC 指标较少用到，只在诊断级的指标中具有更强的操作性。

1) 客户角度

供应链的主要目的之一就是为整个供应链中的客户提供持久稳定的收益。因此，供应链管理的核心之一就是客户管理，全面了解客户的需求，评价满足客户需求程度的大小。客户最关心的有 4 件事：时间、质量、性能和服务、成本。供应链订单完成循环期可以衡量供应链满足客户需求所需的时间；质量一直以来都是至关重要的竞争手段，但已经不再是必要的战略竞争优势，而作为一项硬性指标存在；性能与服务成为客户保持以及获取新客户的重要因素；除这些方面之外，客户对其所负担的产品成本保持极高的敏感性。交易的过程中，价格只是成本的一部分，其他还包括与供应商交易造成的成本。这些评价指标的选择集中体现了客户需求，指标既可以是反映客户价值、客户反馈的一般指标，也可以是如客户价值等的特定范畴指标，如服务质量、柔性、成本等。

（1）供应链订单完成的总循环期。供应链订单完成的总循环期是评价整个供应链对于客户订单的总体反应时间。其中包括了订单的接单时间、投料到生产的时间、生产到发运的时间、发运到客户签单的时间、客户签单到客户收到的时间。

（2）客户保有率。供应链利润的持久来源是核心客户。若想保有或增加市场份额，最为方便的就是保有现有的客户，努力经营和客户的关系，尽量满足客户的需求。允许客户积极参与产品的设计开发过程，使客户成为持久的利润来源。除了留住客户外，SCM 还要分析客户的忠诚度。当然，公司要增加利润，就要在现有的客户基础上，制定不断扩大客户范围的战略。

（3）客户对供应链柔性响应的认同。这个指标用于评价客户在供应链提供的运营服务中对客户化以及响应速度的认同。

（4）客户销售增长以及利润。表现为供应链产品的年销售增长和利润率。这类指标主要反映了供应链下游的3个方面的绩效：销售量按年增长的情况、对于特定客户服务所获得收益是否随着合作关系的增进而进一步提高、接受服务的基数是否增加。扩大销售量、增加新的客户都将是新的利润提高点。

（5）客户价值。客户价值反映在为客户提供产品或服务时为客户节约或增值方面做出的贡献，提高客户对供应链的依赖度。

2）供应链内部运作角度

客户绩效指标固然重要，但是必须将其转化为内部流程指标后才能得以反映。优秀的组织流程决策和运作才能产生优秀的客户绩效。把内部流程方面和财物价值以及客户目标结合起来，供应链应该把握两种全新的内部流程运作：①理顺现有流程中各个参与方的关系，缩短经营过程的周期，同时降低成本；②应该预测并影响客户的需求。供应链运作应从短期经营中跳出去，积极开拓市场、进行产品创新，从而紧紧抓住客户。

（1）产品改良、创新过程评测。在传统的供应链中，研发工作被认为是某种业务的辅助或者支援功能，而非确定价值的基本因素。现有的问题包括两个方面。一方面投入产出的关系不明确；另一方面企业对产品的创新重视不足，人们忽视产品开发设计的业绩评价。但是作为供应链价值的长期影响因素，必须对其进行评价。

评价指标包括新产品在销售额中所占的比例、开发下一代新产品的时间、第一次设计出的全面满足客户要求的产品百分比。

（2）经营过程评测。经营过程是一个短周期过程，这一过程包括自企业受到客户的订单开始到客户发售产品和提供服务为止的全部内容。评价的具体内容有供应链有效提前期率、供应链生产时间柔性、供应链目标成本达到比率、供应链运作质量、完美订单完成水平。

3）学习成长角度

供应链学习成长性直接关系到供应链的价值。严峻的全球竞争要求供应链必须不断地改进和创新，发掘和整合供应链内外部资源，提高现有流程、产品服务和开发新产品的能力。

4）财物价值角度

虽然供应链绩效的评价侧重于流程导向及非财务指标，但 BSC‐SC 依旧将财务目标作为所有目标的中心。供应链最终的成功应该是财务上的成功。经营目标的实现使得成本大为降低，提高了边际收益率，现金流得以更好地优化，获取更高的收益和资本回收率。以上3个方面绩效的提高可以保证财务方面的长期受益。因此，整个供应链的财务优化，依旧是重中之重。

（1）供应链资本收益率。这个指标的度量等于客户的利润除以在此期间使用的供应链平均资产，反映了使用其资产的增值性。

（2）现金周转率。这是一个联系供应链整个流程的关键指标，评价供应链运作过程中现金在原材料、劳动力、在制品、完工产品直至现金的全过程。

（3）供应链总库存成本。供应链中，库存成本包括了原材料、生产装配中的在制品、成品，以及在途的库存成本。现阶段，由于客户的要求不断苛刻，库存管理在降低整个供应链中的成本显得日益重要。

（4）供应链的库存天数。反映了资本在供应链运营中以库存形式占用的天数。

BSC‐SC 在以上4个方面提出的绩效评价方法如表9.2所示。

表9.2 供应链绩效评价 BSC 指标体系

| 财务价值角度 | 内部运作角度 | 学习成长角度 | 客户角度 |
| --- | --- | --- | --- |
| 供应链资本收益率 | 有效提前期率 | 产品最后组装点 | 订单总提前期 |
| 供应链总库存成本 | 时间柔性 | 信息共享率 | 客户保有 |
| 现金周转率 | 目标成本 | 团队参与程度 | 客户响应时间认同 |
| 供应链的库存天数 | 新产品销售率 |  | 客户价值率 |

## 9.3.3 标杆法

标杆法又称基准法，其起源于20世纪70年代末、80年代初美国学习日本的运动中。标杆管理法由美国施乐公司于1979年首创，是现代西方发达国家企业管理活动中支持企业不断改进和获得竞争优势的最重要的管理方式之一，西方管理学界将其与企业再造、战略联盟一起并称为20世纪90年代的三大管理方法。

Xerox、摩托罗拉、IBM、杜邦、GM 等公司纷纷采用标杆管理法，在全球范围内寻找行业内外管理实践最好的公司进行标杆比较并努力超越标杆企业，都成功的获得了竞争优势。此后，西方企业开始把标杆管理法作为获得竞争优势的重要思想和管理工具，通过标杆管理来优化企业实践，提高企业经营管理水平和核心竞争力。

目前对供应链绩效的研究更注重集成化供应链的整体绩效，所以，采用标杆法进行整体比较更符合系统均衡性的要求。运用标杆法提高了供应链绩效评价的科学性，减少了主观性和随意性，能够真正实现以事实为基础的比较。而且标杆法更有针对性，更注重实际供应链的改善效果，能使管理者和利益相关者能够有针对性地提出管理改进方向。因此，标杆法在供应链评价中具有不可替代的优势。

标杆法就是将本企业经营的各方面状况和环节与竞争对手或行业内外一流的企业进行对照分析的过程，是一种评价自身企业和研究其他组织的手段，是将外部企业的持久业绩作为自身企业的内部发展目标并将外界的最佳做法移植到本企业的经营环节中的一种方法。实施标杆法的公司必须不断对竞争对手或一流企业的产品、服务、经营业绩等进行评价来发现优势和不足。

1. 标杆法的主要作用

标杆法的主要作用主要体现在以下 5 个方面。

（1）通过与竞争对手的标杆比较，有助于确定和比较竞争对手经营战略的组成要素。

（2）通过分析行业内外一流企业的标杆，可以从任何行业中最佳的企业、公司那里得到有价值的情报，用于改进本企业的内部经营，建立起相应的赶超目标。

（3）通过建立跨行业的技术性的标杆，有助于技术和工艺方面的跨行业渗透。

（4）通过对竞争对手的标杆比较，对客户的需求做对比分析，可发现本企业的不足，从而将市场、竞争力和目标的设定结合在一起。

（5）通过比较竞争对手的标杆，可进一步确定企业的竞争力、竞争情报、竞争决策，以及相互关系。

2. 标杆法的步骤

标杆管理的具体实施内容因行业与企业而异。不用行业有不同的衡量标准，要根据企业自身所处行业的发展前景，结合企业发展战略，考虑成本和收益，来确定企业标杆管理计划。企业坚持系统优化的思想，追求企业总体最优，根据获益的可能性确定标杆管理的内容、环节、先后次序，逐层深化。

标杆管理一定要注重可操作性，标杆管理的具体实施方法大致分为以下 4 个步骤。

（1）确定标杆内容。企业实施标杆管理，首先要确定标杆项目和标杆目标。分析最佳模式与寻找标杆项目是一项比较繁琐的工作，需要开发一套标杆研究策略。首先实地考察并搜集标杆数据；其次对标杆数据进行处理、分析；最后与企业自身同组数据进行比较，进一步确立企业自身应该改进的地方。

必要时还需要借助外部咨询和外部数据库。另外在分析对比同行业的企业时，不仅需要参照行业第一，更重要的是还要参照一些与自身情况相近的企业，从而全面地确定威胁与机会、优势与劣势，最终才能制定出可操作性的、可实现的分步实施目标。

（2）制定具体策略与计划。这个步骤是实施标杆法的关键，在这个环节中，一方面要创造一种环境，使企业中的人员能够自觉和自愿地进行学习与变革，以实现企业的目标；另一方面要制定一系列切实有效的策略和计划，在实践中不断地修正目标和方法，最终赶上并超过标杆目标。这个步骤同时也是创造企业核心竞争力的关键环节。标杆本身并不能解决企业存在的问题，企业必须根据与标杆的比较，采取切实的行动来实现既定的目标。

（3）比较与系统学习。将本企业指标与标杆指标尽心全面比较找出差距，分析差距产生的原因，然后提出缩小差距的具体行动计划与方案。在实施计划之前，企业应当培训全体员工，让员工了解企业的优势和不足，并尽量让员工参与具体行动计划的制订。

（4）效果评估与改进。实施标杆法管理法是一个长期的渐进过程。在每一轮学习完成时都需要重新检查和审视标杆研究的假设和标杆管理的目标，从而不断提升实施效果。标杆管理法只有起点，没有终点，企业将在持续的学习中不断把握机遇，提升优势，避免危机并发扬优势。

3. 成功的标杆管理对企业的基本要求

标杆管理需要企业内部各方面的积极参与，管理者应有充分的信心达到标杆目标。标杆管理是一门应用学科，仅仅通过书本和培训难以完全掌握，必须通过实践不断完善、不断修正方向。实践中失误不可避免，但是管理者应尽量避免一些无谓的损失。

成功的标杆管理活动对现代企业的基本要求主要有以下几个方面。

（1）高层管理人员的兴趣与支持。
（2）实施者对企业运作和改进要求充分的了解。
（3）接受新观念，改变陈旧思维方式的坦诚态度。
（4）致力于持续的标杆管理。
（5）有能力把企业运作与战略目标紧密结合起来。
（6）能将财务和非财务信息集成起来，供管理层和员工使用。
（7）选择一个无偏的第三者在不公开企业名称的情况下来集成和提供竞争性数据。

标杆管理是一个需要关注细节和需要大量时间经费的过程。世界一流公司使用它作为企业不断改进计划的一部分，但它并非仅仅适用于大公司，企业要生存，要获得竞争能力，就要全面实施标杆管理。

## 9.4 供应链企业激励机制

要想理解供应链企业激励机制的含义及为什么要建立供应链企业激励机制等问题，不妨分析一个实际例子。某大型笔记本电脑制造商为了促进其生产的笔记本电脑的销售情况，向分销商提出了一个销售的激励措施。公司规定，只要经销商的销售额达到一定数额，年底时制造商将付给经销商一笔奖金。此举推行下去之后，曾出现一阵销售热潮，库存量明显下降。但是，到年底一算账，制造商才发现出了问题。原来，经销商为了扩大销售业绩，纷纷下调价格出售笔记本电脑，结果笔记本电脑卖出去不少，经销商也得到了实惠，但是制造商却损失惨重，不得不承受低价销售的损失，使本来就步履维艰的生产经营活动更加雪上加霜。于是制造商不得不检讨该项措施的失误，第二年重新制定新的促销战略。

导致出现这种不利情况的原因是多种多样的，其中之一就是在本章将重点讨论的实现委托—代理过程中出现的风险。

在市场竞争环境中生存的供应链必然涉及众多企业，其中核心企业（制造商或采购商）在整个供应链中处于支配地位，但由于供应链中的所有参与者都具有独立法人的地位，彼此之间不存在任何行政上的隶属关系，是靠某种共同利益所产生的凝聚力暂时维系在一起的，不存在真正完整的组织机构和严格的等级制度。供应链中的企业，从本质上说都是供应与需求之间的关系，其中任何一个企业偏离整体约束的任何行为，都将或多或少的损害供应链的整体利益。因此，供应链中的各加盟企业实际上处在一个动态的利益战略联盟之中，各加盟企业之间必须遵守共同的约束，在目标上取得共识，将方向各异的分散力量形成一致的合力，尽可能减少成员之间的冲突，这是供应链管理的基本要求。

但由于供应链中核心企业与外部供应链企业之间是典型的委托—代理关系，两者拥有的信息不对称，容易导致逆向选择和道德风险问题。因此，必须建立一个有效的供应链企业激励机制，处理好供应链企业之间由于信息不对称引起的委托—代理问题，充分发挥供应链的整体优势。该机制将直接影响到供应链企业成员的利益和积极性，进而决定供应链运作的效率。

从某种层面上讲，供应链是否具有强大的竞争力、能否协调运作，将取决于供应链企业的激励机制是否公正、合理和有效。

### 9.4.1　供应链企业管理的委托—代理问题

20世纪30年代，美国经济学家伯利和米恩斯因为洞悉企业所有者兼具经营者的做法存在着极大的弊端，于是提出"委托—代理理论"，倡导所有权和经营权分离，企业所有者保留剩余索取权，而将经营权利让渡。"委托—代理理论"早已成为现代公司治理的逻辑起点。

"委托—代理理论"是由契约理论发展演化而来。管理学家詹森和麦克林曾经指出，这种委托代理关系"存在于一切组织、一切合作性活动中，存在于企业的每一个管理层级上"。由于委托人和代理人所掌握的信息不对称，容易导致逆向选择和道德风险问题。

"委托—代理理论"是建立在非对称信息博弈论的基础上的。非对称信息指的是某些参与人拥有但另一些参与人不拥有的信息。信息的非对称性可从以下两个角度进行划分：一是非对称发生的时间；二是非对称信息的内容。从非对称发生的时间看，非对称性可能发生在当事人签约之前，也可能发生在签约之后，分别称为事前非对称和事后非对称。研究事前非对称信息博弈的模型称为逆向选择模型，研究事后非对称信息的模型称为道德风险模型。从非对称信息的内容看，非对称信息可能是指某些参与人的行为，研究此类问题的称为隐藏行为模型；也可能是指某些参与人隐藏的知识，研究此类问题的模型称为隐藏知识模型。

在实际情况中，委托—代理关系经常表现为以下5个方面的非均衡性。

（1）委托人的非完全理性，即委托人不可能订立一份契约，把代理人可能的机会主义全部规避。

（2）利益的非完全一致性。委托人的主要目标是其自身利益的最大化，包括资本保值和出资收益的最大化，但代理人的主要目标是代理利益的最大化，包括经营业绩和代理利益的最大化，双方存在着潜在的利益冲突。

（3）风险的非完全共同性，即委托人往往是"风险中性"者，代理人往往是"风险厌恶"者，双方对风险的态度不一致，代理人会因为回避风险而放弃有利于增进委托人利益的行动。

（4）信息的非均衡性，即委托人无法完全掌握代理人的"私人信息"，两者的信息不对称，这就为代理人的"逆向选择"提供了可能。

（5）环境的非确定性。企业面临的环境是复杂多变的，企业利润必然受到代理人无法控制的多种因素的影响，且委托人不能直接观测到代理人实际的努力水平，这就为代理人的"规避责任"提供了方便。

基于以上非均衡性的存在，委托人为实现其自身既定的目标，必须通过一系列激励和约束机制使代理人与其利益尽可能的趋于一致，促使代理人最大限度地增加委托人的利益。

在供应链关系中，核心企业为委托人，外部的供应链企业为代理人。核心企业追求自身利益的最大化(总成本最低、货物交付的及时性、以及服务质量等)，同时他知道外部供应链企业同样追求自身利益的最大化(利润最大化),显然,两者存在着潜在的利益冲突,可以说,两者本质上是一种既合作又竞争的关系。外部供应链企业为了建立与核心企业持久的合作关系,就有可能有意或无意地向核心企业传达失真甚至错误的信息,以表明其具备较高的能力水平。而核心企业对外部供应链企业的评价标准不仅包括容易观察的价格因素,还包括价格、质量、服务、交货期等众多核心企业无法甄别的要素。两者存在信息不对称。

从以上两点可以看出,核心企业与外部在存在委托—代理关系的同时,也存在着委托—代理问题,即逆向选择和道德风险问题,两者都是由信息不对称引发的。

逆向选择问题是指在签订契约前,外部供应链企业其实不具备提供某种质量的产品或某种服务的能力,而做出错误的承诺,而核心企业又难以正确辨识其真正的能力,从而最终损害了核心企业的利益。道德风险问题指外部供应链企业可能在签约后采取欺骗核心企业的行为,最终直接影响供应链整体利益。

解决逆向选择问题的关键就是要尽可能多地了解代理人,对代理人的评价体系要全面,不仅要包含战略方面还要包含围观运作方面的指标,如价格、质量、交货提前期、交货准时性、生产柔性、设计能力、管理能力、地理位置等。多要素的评价指标体系可以弥补委托人在获取代理人私有信息方面的劣势。对于道德风险问题,则需要通过一定的激励措施,促使代理人采取有利于委托人的行动,以此来约束供应商的欺骗行为。

正是由于供应链企业间是一种合作竞争的关系,而且存在委托—代理问题,所以,居于支配地位的核心企业除了要订立严密的契约,还必须设计出合理的激励机制,协调供应链企业之间的交易活动,节约交易费用,使供应链的运作更加顺畅,实现供应链企业的"多赢"。

### 9.4.2 供应链企业激励机制的特点

激励是一个心理学范畴,在管理学的应用中,对激励的研究一般限于个人行为的范围。供应链激励因其对象包括团体(供应链和企业)和个人(管理人员和一般员工)两部分,而将研究范围扩大为个人心理和团体心理。一般而言,供应链的社会心理作为一个"整体"具有"个体"心理的一般特性,根据组织行为学的基本观点,一个人的工作成绩与他的能力、动机都是正相关。如果一个人的积极性被调动起来,即动机被激发,那么他就能取得较大的成绩。但整体毕竟不是个体的简单相加,供应链的社会心理同时又具有独特的一面。

作为众多企业的集合,供应链管理也存在许多问题,如成员企业的积极性不够,核心企业的开拓精神不强烈,有些企业是小富即安,更有一些企业安于现状。一个企业如同一个人一样,也需要行为的动机,也需要激励,所以,供应链企业激励是供应链管理的一项重要工作。

供应链企业的激励过程可以借用传统的激励过程来描述,如图9.5所示。

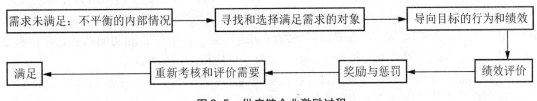

图9.5 供应链企业激励过程

激励的主体指激励者,激励的课题指被激励者,即激励对象。供应链管理激励的客体主要指其成员企业,如上游的供应商、下游的分销商等,也包括供应链企业内部的管理人员和员工。

供应链管理环境下的激励主体与客体主要涉及以下几个方面。

(1) 核心企业对成员企业的激励。

(2) 制造商对供应商的激励,即下游企业对上游企业的激励。

(3) 制造商对销售商的激励,即上游企业对下游企业的激励。

(4) 供应链对成员企业的激励。

(5) 成员企业对供应链的激励。

供应链激励的目标是调动成员企业的积极性,兼顾所有企业的共同利益,消除各种因素带来的风险,使供应链的运作更加顺畅,实现供应链企业的共赢。

### 9.4.3 供应链企业激励方式

在供应链企业间,核心企业为了维护供应链的高效运营,应采取一些合理的机制激励合作企业。一个好的激励机制应具有激励相容特征,激励相容特征是指即使在没有外在强制力的条件下,合作企业也愿意自觉实施,因为它符合合作企业利益最大化的目标。

常用的激励方式有以下几种。

(1) 价格激励。在现阶段,价格激励仍然是最有效的激励方式之一。在供应链环境下,供应链企业间的利益分配主要体现在价格上。高的价格能增强企业的积极性,不合理的价格会磋商企业的积极性。

(2) 合同激励。合同是用来详细说明并约束采购商的订购行为以及供应商满足其订购合同要求的法律文本。合理的合同将数量柔性作为一种商品在供应商和采购商之间进行交易,共享合作利润,共担风险,实现供应链总体利益的最大化。目前国内也有部分企业采用回购合同和弹性数量合同激励采购商,这两种合同激励方式的目的都是针对分销商,特别是零售商予以激励,以提高其平均订货数量,从而提高供应链整体绩效。但同时也应防止"牛鞭效应"的出现。

(3) 商誉激励。商誉是企业的无形资产。"委托—代理理论"认为,代理人的代理量决定于其过去的代理质量和代理评价。即使没有显性激励合同,代理人也有努力工作的积极性,因为这样做可以提高自己在代理市场上的声誉,从而提高未来收入。现阶段,我国市场经济发展还不成熟,很多企业只看到眼前的利益,不顾长远声誉,供应链核心企业应该引导合作企业加强商誉意识,充分发挥商誉的激励作用。

(4) 淘汰激励。为使供应链的整体竞争力保持在一个较高水平,供应链管理必须建立对成员企业的淘汰机制。淘汰激励就是使合作企业产生危机感,这样绩效较差的企业为了避免淘汰必然积极努力,从而使供应链获得整体竞争优势。

(5) 新产品、新技术的共同开发与投资。新产品或新技术的开发按照团队方式在供应商、制造商、经销商之间开展全面合作。上下游企业通过共同开发与投资,不仅可以降低新产品、新技术的风险,同时也缩短了研发周期,提高了供应链企业的团队意识。因此,新产品、新技术的共同开发与投资就形成了对整个供应链的激励作用。

(6) 信息共享激励。在信息时代,信息就意味着生存。信息流是供应链管理的重要环节,而信息共享是实现供应链管理的基础。信息共享不仅可以弱化供应链中因信息扭曲产生的"牛鞭效应",还可以改善由于信息不对称引起的供应链失调。通过建立良好的供应链信息共享机制,以及有效的信息共享管理机制,可以提高供应链的柔性,实现供应链成员的"多赢"。

供应链作为一种合作竞争的动态联盟,核心企业与成员企业之间是典型的委托—代理关系,而且由于信息不对称,也存在逆向选择和道德风险问题,通过构建合适的激励机制,可以使供应链企业间保持稳定的、长期的合作关系,从而保证供应链的整体利益。

# 本 章 小 结

本章从 Flextronics 公司的案例开始,首先介绍了供应链绩效评价的概念、原则、作用,其中重点介绍了供应链绩效评价和传统企业绩效评价的区别,进而介绍了供应链绩效评价体系的建立方法,并重点介绍了两种供应链绩效评价的方法:供应链平衡计分卡和标杆法。在介绍供应链绩效评价的基础上,最后介绍了如何对供应链中的企业进行激励。

通过建立适当的绩效评价体系,对供应链绩效进行评价,并采取适当的激励措施,这样才能实现供应链整体健康稳定地发展,实现供应链企业的共赢。

### 关键术语

| 绩效评价 | 供应链绩效 | 产销率 | 产需率 |
| 标杆法 | SCOR 模型 | BSC | 供应链管理成熟度 |

# 习 题

1. 选择题

(1)现行的企业绩效评价主要来源于_____。
A. 财务指标　　B. 运营指标　　C. 统计指标　　D. 生产指标

(2)绩效是指人们从事实践活动过程中所产生的、与劳动耗费有对比关系的、可以度量的、对人类有益的结果。它的内涵包括了客观性、_____、关联性、可度量性、可对比性。
A. 连续性　　B. 确定性　　C. 效果性　　D. 制约性

(3)_____不属于供应链绩效评价的关键点。
A. 信息系统　　B. 组织　　C. 供应商　　D. 物流

(4)_____不属于供应链总运营成本组成部分。
A. 供应链通信成本　　　　　B. 供应链库存费用
C. 各节点企业外部运输总费用　　D. 供应链研发成本

(5)供应链订单完成的总循环期是评价整个供应链对于客户订单的_____。
A. 全部完成时间　B. 总体反应时间　C. 平均反应时间　D. 平均完成时间

(6) 标杆管理法通过设定_____来改进和提高企业的经营绩效。
　　A. 理想目标　　　　　　　　B. 可达到的目标
　　C. 高于实际情况的目标　　　D. 完美目标

(7) 由于委托人和代理人所掌握的信息不对称，容易导致_____和道德风险问题。
　　A. 决策冲突　　B. 分配不公　　C. 信息扭曲　　D. 逆向选择

(8) 供应链平衡计分卡的4个评价方面包括财务方面、客户方面、_____、学习与成长方面。
　　A. 组织方面　　B. 供应商方面　　C. 流程方面　　D. 柔性方面

2. 简答题

(1) 简述供应链绩效评价的作用。
(2) 供应链绩效评价和传统企业的绩效评价区别有哪些？
(3) 供应链绩效评价中对组织的评价需要把握住哪几个关键点？
(4) 简述一个好的绩效评价体系应该具备的特点。
(5) 简述如何通过标杆法来提高供应链的整体水平。
(6) 简述供应链平衡计分卡评价的4个方面。
(7) 委托—代理关系容易导致哪两种委托—代理问题？为什么会产生这两个问题？
(8) 供应链企业激励的手段有哪些？

3. 判断题

(1) 供应链绩效评价定义为，围绕供应链的目标，对供应链整体、各环节所进行的事后评价。（　）
(2) 一个好的供应链绩效评价体系应该能恰当地反应供应链整体的运营情况和上下游节点间企业的运营状况。（　）
(3) 供应链绩效评价应该全面，尽量反应供应链运作的方方面面。（　）
(4) 集成度的高低关键在于信息的集成度和组织的集成度。（　）
(5) 在供应链绩效评价选择指标的过程中应选择支持战略的绩效指标。（　）
(6) 成本利润率是指单位产品毛利润占单位产品总成本的百分比。（　）
(7) 供应链的主要核心参与人能够在一定的共识下达成合理正常的运作流程和经营战略框架，绩效评价就能够在较好的范围内进行。（　）
(8) 委托—代理关系中，委托人往往是"风险厌恶"者，代理人往往是"风险中性"者。（　）
(9) 标杆法就是将本企业经营的各方面状况和环节与完美企业模型进行对照分析的过程。（　）
(10) 在供应链环境下，供应链企业间的利益分配主要体现在价格上。（　）

4. 思考题

(1) 供应链绩效评价的实现基础有哪些？你认为哪个更重要一些？
(2) 标杆法的实施步骤有哪些？你认为在实施过程中应该注意哪些问题？
(3) 通过对本章的学习，对于供应链绩效评价你有什么新的理解吗？

**案例分析**

## CPDW 公司的麻烦[①]

哈里·葛洛夫斯眉头紧锁，看起来很累、很不愉快，他是宾夕法尼亚配送和仓储公司（Central PA Distribution and Warehouse，CPDW）的 CEO，他刚刚召开了 CPDW 董事会的月度订购会议。CPDW 刚刚度过了一个令人沮丧的月份，这在月度财务报告和哈里的月度活动描述中都可以看出来。

1. 公司背景

CPDW 位于宾夕法尼亚的 Milroy，临近宾夕法尼亚中部一条东西向铁路的枢纽处。公司在 5 年前由几个拥有当地企业的企业家和一群在当地企业中举足轻重的管理层创立。董事会成员都是企业的合伙人。因此在企业的财务方面都有着特殊的利益。

合伙人在哈里的领导下，从 Sanyo 公司购买了一座建筑物 A（12 000 平方英尺）和大量的土地（32.6 英亩）。这座建筑开始时作为 Sanyo 公司的制造工厂使用。合伙人买下这座建筑物的特殊目的是将它作为配送设施使用，从而为宾夕法尼亚的公司提供物流服务。由于其天花板的高度，这一建筑物并不适合储存，但合伙人坚信它在物流方面会具有多种用途，如重新包装、订单履行、回收物流等。

目前面临的困境是这座建筑完全被众多托盘的玻璃塞满了，这些玻璃来自当地一家玻璃制造商。事实上，最初对可用存储面积的预计（除去走廊、办公室和休息室等）是 99 500 平方英尺。然而，公司的 COO Jon Parton 不断地进行挤压，最后使用面积到达 110 000 平方英尺。

2. 董事会会议

看了使用率后，杰伊·雷纳德向哈里问了一些关于他们目前情况的一些额外问题。他的问题是这样开始的："希望将建筑 A 装满，我们也正在这样做，这样将会赢利。当看到 110 000 平方英尺的利用率时，我想这是最好的绩效衡量标准，我非常高兴，但你却告诉我这是一个问题。根据这一衡量标准，我无法理解目前的财务状况。"

哈里叹息道："杰伊，我倒真希望事情能有这么简单。我开始意识到评价平方英尺利用率的基础衡量标准太过狭隘了。就目前的情况而言，即使使用更多的地方，哪怕超出我们认为可以使用的地方，还是不能达到收支平衡。当设施装满时，没有东西进出，我们就陷入麻烦中了。我们需要改变我们的衡量标准，并将它同新的评价策略结合起来。"

3. 面临的问题

CPDW 公司面临的问题是，虽然建筑 A 的空间被充分地利用了，里面装满了玻璃，可是财务指标却并不乐观，甚至不能达到收支平衡。这是因为建筑 A 空间的充分利用，而不是充分周转，不能给公司带来可观的经济收益。

关于绩效评价有一个名言："正确的绩效评价引领正确的行为。"那么错误的绩效评价呢？

**讨论题**

（1）结合绩效评价的作用，讨论这家公司的绩效评价是否发挥了应有的作用。

（2）结合本案例，讨论绩效评价和财务指标的关系。

---

[①] [美]C·小约翰·兰利．供应链管理：物流视角[M]．北京：电子工业出版社，2010．

# 参 考 文 献

[1] 王道平，鲍新中．供应链管理教程理论与方法[M]．北京：经济管理出版社，2009．
[2] 马金麟，孟祥茹．供应链管理[M]．南京：东南大学出版社，2008．
[3] 邹辉霞．供应链管理[M]．北京：清华大学出版社，2009．
[4] 刘伟，王文，赵刚．供应链管理教程[M]．上海：上海人民出版社，2008．
[5] 闫秀霞，殷秀清．供应链管理[M]．北京：经济科学出版社，2008．
[6] 刘伯超．供应链合作伙伴选择研究[D]．吉林：吉林大学，2007．
[7] 李奎刚．供应链合作伙伴选择和关心维护研究[D]．广州：广东工业大学，2008．
[8] [美]C·小约翰·兰利．供应链管理：物流视角[M]．北京：电子工业出版社，2010．
[9] 张汉宁．基于业务流程的供应链绩效评价研究[D]．天津：天津大学，2006．
[10] [美]肖尚纳·柯恩，罗塞尔．战略供应链管理：供应链最佳绩效管理原则[M]．汪蓉，等译．北京：人民邮电出版社，2006．
[11] 闫子刚，吕亚君．供应链管理[M]．北京：机械工业出版社，2003．
[12] 王耀球，施先亮．供应链管理[M]．2版．北京：机械工业出版社，2010．
[13] 张良卫．供应链管理教程[M]．2版．北京：中国商务出版社，2005．
[14] 董晨，陈国华．供应链网络均衡模型研究[J]．物流科技，2008，31(7)．
[15] Nagurney A, Dong J, Zhang D. *A supply chain network equilibrium model* [J]. *Transportation Research*, Part E, 2002, 38 (5)：281 – 303.
[16] 谌贻庆，邱建松，崔爱平．供应链协作动因研究[J]．价值工程，2004，41(5)．
[17] 邱建松，陈运娟．供应链协作动因和协作机制研究[J]．价值工程，2003，31(5)．
[18] 曹翠珍，汤晓丹，陈金来．供应链管理[M]．北京：北京大学出版社，2010．
[19] 赵道致．供应链管理[M]．北京：中国水利水电出版社，2007．
[20] 王道平，杨建华．供应链物流信息系统[M]．北京：电子工业出版社，2008．
[21] 王在龙．供应链柔性研究与评价[D]．长沙：中南大学，2005．
[22] 刘利猛．供应链柔性研究[D]．西安：陕西科技大学，2007．
[23] 凤晓星．柔性理论在供应链系统中的应用[D]．上海：上海交通大学，2007．
[24] 牛中强．基于实物期权的供应链柔性研究[D]．厦门：厦门大学，2008．
[25] 傅禄忠．我国汽车制造业供应链柔性实证研究[D]．杭州：浙江大学，2007．
[26] [美] 大卫·辛奇-利维，菲利普·卡明斯基，迪斯·辛奇-利维．供应链设计与管理：概念、战略与案例研究[M]．3版．季建华，邵晓峰译．北京：中国人民大学出版社，2010．
[27] 蒋长兵，白丽君．供应链理论技术与建模[M]．北京：中国物资出版社，2009．
[28] 刘永胜．供应链管理基础[M]．北京：中国物资出版社，2009．
[29] [美] 李令遐．供应链管理：概念、方法与实践[M]．陈旭，马常松译．北京：中国财政经济出版社，2010．
[30] 王道平，周叶．现代物流决策技术[M]．北京：北京大学出版社，2009．
[31] 汤世强，施丽华．供应链管理[M]．北京：清华大学出版社，2008．
[32] 林玲玲．供应链管理[M]．北京：清华大学出版社，2008．
[33] [美]斯坦利·E·福西特，莉萨·M·埃尔拉姆，杰弗里·A·奥格登．供应链管理：从理论到实践[M]．蔡临宁，邵立夫，译．北京：清华大学出版社，2009．
[34] 王道平，张学龙．现代物流仿真技术[M]．北京：北京大学出版社，2010．
[35] 彭扬，伍蓓．物流系统优化与仿真[M]．北京：中国物资出版社，2007．
[36] 严武元．基于系统动力学的工业企业物流研究[D]．武汉：武汉理工大学，2003．

[37] 王凌.智能优化算法及其应用[M].北京：清华大学出版社，2000.
[38] 顾启泰.离散事件系统建模与仿真[M].北京：清华大学出版社，1999.
[39] 张晓东，韩伯领.供应链管理原理与应用[M].北京：中国铁道出版社，2008.
[40] 林勇，马士华.集成化供应链管理[J].工业工程与管理，1998(5).
[41] 赵小惠.集成化供应链管理[M].西安：西安交通大学出版社，2002.
[42] 董明.供应链设计：过程建模、风险分析与绩效优化[M].上海：上海交通大学出版社，2010.
[43] 王凤山，叶素文.供应链管理[M].北京：机械工业出版社，2010.
[44] 马士华，林勇.供应链管理[M].3版.北京：机械工业出版社，2010.

## 21世纪全国高等院校物流专业创新型应用人才培养规划教材

| 序号 | 书　名 | 书　号 | 编著者 | 定价 | 出版日期 |
|---|---|---|---|---|---|
| 1 | 物流工程 | 7-301-15045-0 | 林丽华　刘占峰 | 30.00 | 2009.4 |
| 2 | 现代物流决策技术 | 7-301-15868-5 | 王道平　王　煦 | 30.00 | 2009.10 |
| 3 | 物流管理信息系统 | 7-301-16564-5 | 杜彦华　吴秀丽 | 33.00 | 2010.1 |
| 4 | 物流信息管理 | 7-301-16699-4 | 王汉新 | 38.00 | 2010.1 |
| 5 | 现代物流学 | 7-301-16662-8 | 吴　健 | 42.00 | 2010.2 |
| 6 | 物流英语 | 7-301-16807-3 | 阚功俭 | 28.00 | 2010.2 |
| 7 | 第三方物流 | 7-301-16663-5 | 张旭辉　杨勇攀 | 35.00 | 2010.2 |
| 8 | 物流运作管理 | 7-301-16913-1 | 董千里 | 28.00 | 2010.2 |
| 9 | 采购管理与库存控制 | 7-301-16921-6 | 张　浩 | 30.00 | 2010.2 |
| 10 | 物流管理基础 | 7-301-16906-3 | 李蔚田 | 36.00 | 2010.2 |
| 11 | 供应链管理 | 7-301-16714-4 | 曹翠珍 | 40.00 | 2010.3 |
| 12 | 物流技术装备 | 7-301-16808-0 | 于　英 | 38.00 | 2010.4 |
| 13 | 现代物流信息技术 | 7-301-16049-7 | 王道平　周　叶 | 30.00 | 2010.4 |
| 14 | 现代物流仿真技术 | 7-301-17571-2 | 王道平　张学龙 | 34.00 | 2010.8 |
| 15 | 物流信息系统应用实例教程 | 7-301-17581-1 | 徐　琪 | 32.00 | 2010.8 |
| 16 | 物流项目招投标管理 | 7-301-17615-3 | 孟祥茹 | 30.00 | 2010.8 |
| 17 | 物流运筹学实用教程 | 7-301-17610-8 | 赵丽君　马建华 | 33.00 | 2010.8 |
| 18 | 现代物流基础 | 7-301-17611-5 | 王　侃 | 37.00 | 2010.8 |
| 19 | 现代企业物流管理实用教程 | 7-301-17612-2 | 乔志强　程宪春 | 40.00 | 2010.8 |
| 20 | 现代物流管理学 | 7-301-17672-6 | 丁小龙 | 42.00 | 2010.8 |
| 21 | 物流运筹学 | 7-301-17674-0 | 郝　海　熊德国 | 36.00 | 2010.8 |
| 22 | 供应链库存管理与控制 | 7-301-17929-1 | 王道平　侯美玲 | 28.00 | 2010.11 |
| 23 | 物流信息系统 | 7-301-18500-1 | 修桂华　姜　颖 | 32.00 | 2011.1 |
| 24 | 城市物流 | 7-301-18523-0 | 张　潜　吴汉波 | 24.00 | 2011.1 |
| 25 | 营销物流管理 | 7-301-18658-9 | 李学工　王学军 | 45.00 | 2011.4 |
| 26 | 物流信息技术概论 | 7-301-18670-1 | 张　磊　吴　忠 | 28.00 | 2011.4 |
| 27 | 物流配送中心运作管理 | 7-301-18671-8 | 陈　虎 | 40.00 | 2011.4 |
| 28 | 物流项目管理 | 7-301-18801-9 | 周晓晔 | 35.00 | 2011.5 |
| 29 | 物流工程与管理 | 7-301-18960-3 | 高举红 | 39.00 | 2011.6 |
| 30 | 交通运输工程学 | 7-301-19405-8 | 于　英 | 43.00 | 2011.8 |
| 31 | 国际物流管理 | 7-301-19431-7 | 柴庆春 | 40.00 | 2011.8 |
| 32 | 供应链管理 | 7-301-19734-9 | 刘永胜　杜志平 | 49.00 | 2012.1 |
| 33 | 逆向物流 | 7-301-19809-4 | 甘卫华 | 33.00 | 2012.1 |
| 34 | 供应链设计理论与方法 | 7-301-20018-6 | 王道平　李　淼 | 32.00 | 2012.1 |

请登录 www.pup6.cn 免费下载本系列教材的电子书(PDF版)、电子课件和相关教学资源。

欢迎免费索取样书，并欢迎到北大出版社来出版您的大作，可从 www.pup6.cn 在线申请样书和进行选题登记，也可下载相关表格填写后发到我们的邮箱，我们将及时与您取得联系并做好全方位的服务。

联系方式：010-62750667，dreamliu3742@163.com，lihu80@163.com，欢迎来电来信咨询。